进化之道

新闻传媒攻略

传媒商业模式创新的N种可能

方平凡 ◎ 著

华中师范大学出版社

内容简介

本书是一部深入研究传媒转型发展的全新专著，它立足互联网时代技术变革与媒介生态重构的大背景，将商业模式的原理、方法应用于媒介研究，围绕传媒商业模式创新实践与传媒生产要素调整展开论述，比较系统地构建起万物互联、万物皆媒时代的传媒"进化之路"。

全书共有十二章：一、二章为概论，阐述商业模式概念、研究现状，以及传媒价值补偿方式演变；三至六章介绍近代以来传媒商业模式变迁历程，论述"二次售卖"经典商业模式以及国际国内传媒商业模式创新探索，分别从"内容＋""媒体＋""文化＋"三大维度展开；第七章着重分析媒介生态环境与进化趋势；八至十二章主要论述媒介平台、技术、数据、资本、管理、人力等诸要素重构。

全书聚焦传媒理论前沿与行业最新动态，精选了36个延伸阅读案例，视野宏阔，立论新颖，深入浅出，不仅适合广大传媒从业者阅读，也为传媒行业研究者和传媒市场参与各方提供了有益借鉴。

新出图证（鄂）字10号

图书在版编目（CIP）数据

进化之道：新闻传媒攻略/方平凡著. —武汉：华中师范大学出版社，2024.3
ISBN 978-7-5769-0516-8

Ⅰ. ①进… Ⅱ. ①方… Ⅲ. ①新闻—传播媒介—研究 Ⅳ. ①G210

中国国家版本馆 CIP 数据核字（2024）第 055778 号

进化之道：新闻传媒攻略
传媒商业模式创新的 N 种可能
ⓒ方平凡 著

责任编辑：胡小忠	责任校对：王 炜
封面设计：胡 灿	
编辑室：第一分社	电话：027-67867317
出版发行：华中师范大学出版社	
社址：湖北省武汉市洪山区珞喻路 152 号	邮编：430079
电话：027-67863426（发行部）	
网址：http://press.ccnu.edu.cn	电子信箱：press@mail.ccnu.edu.cn
印刷：湖北新华印务有限公司	督印：刘 敏
开本：880mm×1230mm 1/16	印张：18
版次：2024 年 4 月第 1 版	印次：2024 年 4 月第 1 次印刷
字数：460 千字	定价：78.00 元

欢迎上网查询、购书

敬告读者：欢迎举报盗版，请打举报电话 027-67867353

作者简介

方平凡，研究员，主任记者、高级经济师。传媒从业经历近30年，主要研究方向为传媒经济、媒介融合、媒介体制与管理、资本运作等。

现任湖北日报传媒集团改革发展办公室主任，曾任荆楚网和大楚网董事长、荆楚网总编辑，入选湖北省宣传文化战线"七个一批"人才、上海证券交易所首批"企业上市领军人才"。先后参与集团经营性资产借壳上市运作和"事企分开"体制改革设计，成功推动荆楚网、特别传媒新三板挂牌及多家经营实体转企改制，执笔起草了集团"十一五"（2006）、"十三五"（2014）、《关于进一步推动产业高质量发展的实施意见》（2021）等重要发展规划，以及多项管理与内控制度。

发表传媒上市、经营管理论文多篇，主编湖北日报传媒集团"经管丛书·广告卷"，曾获湖北新闻奖一等奖、湖北省报业改革发展论文一等奖、中国报业经营管理优秀论文奖、湖北省优秀调研成果奖等。

推荐语

沈 阳
清华大学新闻传播学院教授

在快速变化的时代中，如何理解和应对持续演变的商业、技术、社会和文化环境。本书提供的不仅仅是对现状的解读，更是对未来可能性的探索。

适应和创新是任何行业乃至整个社会得以持续进化的关键。在这个不断演替的世界里，对于"进化"的理解，已经从单一的技术或产品创新，扩展到了更为广泛的领域，包括管理理念的更新、组织结构的适应性调整，以及对于新兴技术和市场趋势的敏感度。

书中所探讨的"以人为本"的原则、平台战略的重要性、以及新技术的深远影响，都不仅仅局限于传媒行业。它们代表了一种更普遍的理念：在任何领域，持续的创新和对环境变化的适应，都是走向成功的必经之路。我们不仅仅要对一个行业分析，更要对现代社会变化和个体发展策略深刻反思。

强月新
武汉大学新闻与传播学院院长、教授

不息为体，日新为道。新闻是一门求新求变的艺术，传播研究永远在路上，《进化之道》带来了业界的最新消息：数字技术改变了环境、业态和商业模式，媒介融合引发了大范围的产业变迁以及社会的结构性变化。媒介经济发展的新动能来自这样的进化与重构，所谓"进化之道"，不也就是"生存之道"吗？

张明新
华中科技大学新闻与信息传播学院院长、教授

在深度媒介化的时代，信息传播已经成为整个社会的基础设施。传播正在以前所未有的开放性，连接社会的各个系统、各类组织、各种群体甚至个体，发挥着不可替代的价值和效能。不仅如此，在《进化之道》中可以看到，主流媒体积极拥抱技术变革，在守正创新中实现融合转型，既任重道远，又令人欣喜。

万 忆
华中师范大学新闻传播学院院长、教授

互联网技术的飞速发展，使传媒行业面临前所未有的生存和发展压力。在这个充满变革与挑战的时代，传媒机构如何通过创新商业模式来提升竞争力，已成为行业内外关注的焦点。《进化之道》立足移动互联网技术变革与媒介生态重构的时代背景，围绕传媒商业模式实践与生产要素调整展开系统论述，深入探寻传统媒体盈利模式的转型之道，力图构建"万物皆媒"环境下传媒机构发展的创新路径，值得传媒业界、学界及社会各界的共同期待！

卢志武

中国人民大学高瓴人工智能学院教授、智子引擎首席科学家

《进化之道》是关于传媒商业模式创新的精彩著作。它全面探讨了商业模式、价值补偿等多个领域，着重于内容产业与技术赋能的重要性。书中对媒介进化的解读独具洞察力，尤其是在平台战略和跨界图景方面提供了新颖视角。通过资本运营和管理变革，作者强调了以人为本的商业哲学，为传媒行业的创新发展提供了深刻的指导。

江南春

分众传媒创始人、董事局主席

在数字化浪潮中，大众正在走向分众，碎片化改变了市场结构，媒介的功能与边界不断拓展，《进化之道》揭示了这种趋势和潮流。媒介进化不仅创造了差异化的产品与场景，还带来了新的价值维度，唯有顺应大势，才能穿越周期。

李春燕

重庆华龙网集团股份有限公司董事长

"万物皆媒"的 AI 时代，内容、渠道、受众、市场逻辑闭环被打破，传媒经营规则和结构被深度改写。新场景下的媒介生态，正在赋予技术、产品、运营、产业、资本等全面融入的跨界新格局。传媒如何探索数字驱动深融新路径，革新经营模式，重塑产业生态，做好商业模式的进化？《进化之道》以全新的思维和视角，带给我们不一样的答案。

钟胜辉

北京思拓合众科技有限公司董事长、CEO

《进化之道》是应对当今传媒业转型挑战的力作。本书通过深入分析技术变迁对媒介生态的影响，深刻剖析跨越时空的进化规律，揭示了传媒商业模式创新的多种可能性。作者结合传媒理论与实践，运用丰富的案例研究，系统阐述了如何利用先进技术推动内容、平台、模式和管理的革新，比较全面地解答了转型困惑，生动描绘了未来图景。对于寻求引领传媒变革的从业者、研究者和政府主管来说，本书不仅提供了宝贵的灵感和洞察，还提供了一份未来行动路线图。

王　鸣

杭州凡闻科技有限公司董事长

人找信息到信息找人，融合十年"技术赋能"的概念日益丰富，外延不断拓展。科技的力量如何重构传媒生态推动世界进步？《进化之道》以全新视角抽丝剥茧、通俗易懂地将诸多新兴媒介技术具象化，细述其内在逻辑，也带给读者更多思考与想象——未来已来，还有哪些不可能正在实现？

序一

在"进化"中"进步"

黄学龙

我与平凡相识于十多年前。彼时，我在省级文化体制改革的主管部门工作，具体负责国有文化资产监管，他供职于湖北日报传媒集团，司职报业传媒转型及集团改革发展工作；更早，平凡还曾借调参与全省文化体制改革政策制定、督办等工作。就文化体制改革与媒体融合发展而言，平凡既有宏观视野也有中微观感知，既有理论思考也有实践探索，他先后推动集团下属的荆楚网、特别关注两家传媒公司新三板挂牌。其间，因为工作关系，我们有过广泛而深入的交流、探讨甚至"争论"，话题也不仅仅局限于报业转型、融合发展，还涉及文化企业转企改制、国有文化资产监管以及对文化产业发展的开放式思考等。后来，尽管我离开了相关工作岗位，但我们之间的交流与探讨一直在延续。

2014年被称为"媒体融合元年"。我与平凡相识的这十年，正是媒体融合发展不断深入推进的十年。如果将媒体融合发展放入《进化之道》开篇不久即提到的"康氏长波周期"中考察，从2012年"移动互联网元年"，到2013年4G牌照发放，再到2019年5G牌照发放，正是移动互联网技术在我国快速普及的时间段。这段时间，传统媒体包括都市类报纸、广电地面频道，经营活动受到巨大冲击，传统媒体广告收入在2012年"见顶"后出现断崖式下跌，而基于PC端的新闻网站也渐被归为传统媒体，传媒业"二次售卖"商业模式难以为继。经营的困境、业界的困惑，不仅引起了学界的广泛讨论，也引起了政界的高度关注。

2013年全国宣传思想工作会议明确指出，很多人特别是年轻人基本不看主流媒体，因为大部分信息都可以从网上获取；强调必须正视这个事实，加大力量投入，尽快掌握互联网舆论战场主导权，不能被边缘化了。从2014年中办、国办出台《关于推动传统媒体与新兴媒体融合发展的指导意见》，到2020年印发《关于加快推进媒体深度融合发展的意见》，其间还有多个重要会议与部委文件予以推动、转企改制政策扶持予以保障，可以说是顶层设计持续强化、改革目标不断聚焦。从中央和省级媒体全媒体转型、建设新型主流媒体集团，到县级融媒体中心建设全覆盖，我国的媒体融合发展之路，既是坚持问题导向、技术赋能的转型之路，也是一场主动识变求变、回答时代之问的自我革命。

在此过程中，业界的困惑是值得研究的真问题。随着移动互联网成为信息传播主渠道，以及5G、大数据、云计算、物联网、区块链、人工智能技术的不断发展，媒介形态不断进化，出现了全程媒体、全息媒体、全员媒体、全效媒体，信息无处不在、无所不及、无人不用，导致传播方式、舆论生态、媒体格局发生深刻变化，传媒机构融合转型、创新发展的压力与日俱增，传媒业商业模式变革势在必行。在深度融合发展的大潮中，传统媒体机构既面临自身体制机制改革的问题，也面临来自各类互联网传播平台以及为数众多的自媒体的严酷竞争，唯有运用新技术、迎接新挑战，坚定推动改革创新，才有可能缓解焦虑、走出困境。

《进化之道》一书，从传媒商业模式创新的角度切入，以理论思考与创新探索相结合的维度展开，系统梳理传统主流媒体在"二次售卖"失灵后开启的融合转型之路：无论是内容付费、版权运营、内容创业、信息服务以及迈向分众垂直传播的"内容+"产业，还是媒体+政务、媒体+数据、媒体+电商、媒体+活动等"媒体+"场景应用，抑或是文化+园区、文旅文博文创、文化+教育、文化+娱乐、文化+投资等"文化+"产业的跨界图景，既是近年来业界实践探索的历史回溯、系统总结，也是对未来创新的理论思考、路径探讨，既为"道"，亦为"术"。

新一代互联网信息与数字技术已经下沉为整个社会新的"操作系统"，作为一种底层逻辑的存在，它影响的不仅仅是传媒行业，也不局限于各类产业，而是必然推动社会生产、生活方式的重构。一方面，《进化之道》分析了数字技术对传媒行业的影响，从报纸"消失"与电视革命的话题谈起，从"媒介即讯息"到万物互联、万物皆媒，再到整个社会的"深度媒介化"，直面以 ChatGPT 为典型代表的 AIGC，充分体现了对新技术新应用的热情拥抱与冷静思考。另一方面，《进化之道》还指出，面向未来，深化文化体制改革、推进媒体深度融合，技术赋能、资本运营、管理变革、以人为本等，既是媒介的"进化之道"，也是当下媒体发展的"进步之路"。正是这些，汇聚成为《进化之道》的价值所在。

在这个急剧变化的时代中，我们许多人步履匆匆，时常忘了为什么出发，又将要到何处去。平凡长期在传媒一线工作，既亲历了纸媒时代的辉煌，也执掌过新闻网站，还历经采编、经营、管理多个岗位锻炼，他是一个有心人，爱琢磨、善积累，久久为功，终成此书。捧读此书，我时时为平凡对传媒业的痴心不改、真情投入而感动，也敬佩他干一行爱一行钻一行的专注与纯粹。于互联网时代的传媒业而言，商业模式创新是进化之道，于我们每个人来说，静得下心来、耐得住寂寞，又何尝不是一个人心向光明、不断成长成熟的进步之路？是为序。

湖北省社会科学院院长

序二

探寻传媒"进化之路"

赵洪松

欣闻平凡同志的专著即将出版，有幸先睹为快，令我耳目一新。

他是一个知行合一的人，不仅勤于学习，而且敏于思考，更善于探究解决之道。与他共事近30年，没想到他对媒介理论和传媒产业竟有如此深刻的见地，作为多年的同事和朋友，我由衷地为他的研究成果感到高兴，也真诚地祝贺他的大作面市！

提起他著书缘由，与我略有关系。2021年10月，我带队去上海报业集团、浙江日报报业集团调研学习，平凡是调研小组成员之一。这次学习，对我们的触动很大。经过移动互联网数轮冲击，国内媒体融合发展参差不齐，有些兄弟报业仍一筹莫展、举步维艰，但与之相比，上海报业集团、浙江日报报业集团敢为人先，大刀阔斧，改革创新，取得了非常多、非常优质的成果，他们的前瞻思维、改革力度和迭代步伐，令人赞叹。回来后，我安排平凡执笔，起草了一份调研报告。报告写得很不错，但他觉得意犹未尽，经过二次学习、思考和梳理，原准备形成一篇论文，可没承想一提笔便"一发不可收拾"，越写思路越开阔，最后干脆写成了一本书。在这个众声喧哗的时代，写书是件苦差事，能够静下心来思考、写作的人并不多，他说他近两年来的业余时间几乎全部交给了这本书，我完全相信，因为在这本书的字里行间，无不浸透着他对这个行业的热爱与告白。

这是一本令阅读者倍感惊喜的书。书如其名，"进化之道"既是媒介延伸、融合发展之道，也是适者生存、竞争法则之道。全书内容共有12章，脉络清晰：1—2章从广义的商业模式概念切入，然后聚焦传媒商业模式创新，提出了传媒发展的核心问题——如何获得价值补偿，进而阐述它的逻辑与模式；3—6章介绍了近代以来传媒商业模式变迁的历程，从"内容＋""媒体＋""文化＋"三大维度揭示传媒商业模式创新实践，具体包括核心层（内容产业）从"单向供给"向"创新服务"转化、紧密层（场景服务）从移动场景应用向重构社会关系演化、相关层（产业融合）从跨界连接向产业链价值链延伸；第7章承前启后，归纳了媒介理论研究流变，分析媒介进化生态环境；8—12章主要论述未来媒介的主流模式——平台型媒介，以及技术、数据、资本、管理、人力资源等传媒生产要素的调整与变化趋势，回答如何适应变化、实现进化等问题。

这也是一本为研究者提供借鉴的书。新闻传播从来都是一门实践性很强的学科，唯有根植于实践与创新沃土，学术之花才能散发出"泥土芬芳"。本书既有理论深度，又有实践广度，不仅是资深传媒从业者的实操感悟，对传媒研究者和院校师生也颇具借鉴意义，它具有三大特点：一是系统性强。书中回顾了国内外传媒产业发展的历史脉络、变化规律以及商业模式变迁过程，还展望了未来、提出了应对之策，堪称作者厚积薄发、呕心沥血之作，此类著作市面上还不多见。二是内容丰富。作者在大量阅读的基础上，配套绘制了60多张表格和图例，不仅方便了读者阅读理解，也使得理论分析深入浅出；另外，全书精选了36个延伸阅读案例，包括最新的传播大脑、AIGC、NFT以及人民网、澎湃新闻、封面新闻、果麦文化等，全面聚焦了当前传媒产业发展前沿与最新动态。三是跨学科研究。本书看似是一本传播类著作，但作者在研究中，并未囿于新闻传播学领域，而是广泛涉猎经济学、管理学、社会学、投资学、技术科学等多个学科领域，视野开阔，角度新颖，跨度极大。

这还是一本帮助从业者拥抱未来的书。互联网进入中国30年，媒体融合发展亦有10年之久，在这个前所未有的历史进程中，媒介正在由工具性、中介型角色逐渐向社会生活的连接者、建构者、组织者角色演变，作为传媒市场"主力军"的国有传媒机构，始终坚持"上下求索"，"为伊消得人憔悴"。本书较为系统地构建了传媒产业发展的"进化之路"，可以说为转型中的传媒集团开出了一剂解惑"良方"，不仅适合一般从事传媒工作的同仁阅读，也适合行业主管部门、政策制定者以及传媒管理者阅读。能达到如此效果，这与平凡同志丰富的传媒一线实践经历是分不开的：他大学毕业后进入报社工作，当过记者，跑过广告，还在经管办、改发办、资产办等职能部门担当重任，不仅在采编、经营、综管三条战线多个岗位锻炼过，而且亲历了集团近20年来体制改革、资本运作中诸多重大历史事件；2017年，他接手荆楚网，通过一系列改革，不到两年时间就使一个亏损数千万元的公司扭亏为盈，走出了发展困境。

这是一个伟大的时代，我们有幸置身其中。

这本书既是平凡同志近年来学习、思考的结晶，也是他对新形势下传媒产业如何实现自我进化的一种探求。学海无涯，书山有路，期待着他未来有更多新作问世！

湖北日报传媒集团总编辑
高级记者（二级）

序三

进化的力量

刘永坚

融媒十年,气象万千。

十年间,舆论生态发生深刻变化,媒体格局经历深度调整,传播方式出现重大变革。

有人说,这是最好的时代。技术加持,数智赋能,传统主流媒体向互联网、元宇宙进发,实现了几何级的裂变,传统受众升级为数以十倍计乃至百万倍计的用户、粉丝。媒体也从来没有像今天这样,实现对受众的精准画像、多向互动。

也有人说,这是最坏的时代。万物皆媒,众声喧哗,新闻舆论工作面临全新考验,传统主流媒体很难"一锤定音",传播格局不再"唯我独尊",传媒产业商业模式备受挑战,传统广告模式不香了、"二次售卖"不灵了,转型艰难。

两岸猿声啼不住,轻舟已过万重山。

在这本《进化之道》中,我们可以看到:媒体融合风起云涌,转型发展蹄疾步稳,传媒骄子巨擘勇立潮头,引领主流成为顶流,推动正能量成为大流量。重塑媒体生态,创新商业模式,从"内容+"到"媒体+""文化+",从内容产业到资本运营,从场景应用到技术赋能,从跨界链接到管理变革,不仅为我们带来了最新最鲜活的业界前沿动态,更展示了一幅波澜壮阔的传媒生态变迁画卷。

具象的范例更加激荡人心。略举一二,多彩贵州网2022年营收达8.7亿元,其中信息技术服务收入占比逾20%;安吉县融媒体中心通过转型发展,探索"融媒+文创""融媒+智慧产业""融媒+旅游+电商"等路径,2022年营收达到4.87亿元,2023年全年营收有望实现"坐6亿望7亿",未来目标锁定在10个亿。

一个是经济相对落后、西部省份的新闻网站,一个是创立不到10年的县级融媒体,发展起来却毫不含糊,此类商业模式的创新突破,很有启发价值。另外,上海报业的澎湃新闻、浙江报业的"传播大脑"、湖南广电的芒果超媒,以及凤凰传媒、中南传媒、南方传媒、长江传媒等新型主流媒体,也正阔步行走在深度融合发展的康庄大道上,新模式、新要素、新格局犹如清新之风,扑面而来。

义利兼顾、知行并重,不因不生、不革不成,是谓"进化之道"。

传媒商业模式创新,是助推媒体创新发展的基础力量,是媒体影响力的重要体现,也是决定传媒集团竞争的关键因素。在我看来，不会赚钱的媒体其影响力一定是式微的，经济效益差的媒体很难被市场认可，也很难拥有社会美誉度和持续发展能力，反之亦然。在数字经济时代，技术、数据、资本、管理、人力资源等生产要素被重新激活，数字媒介不仅在形塑和建构社会，而且带来了新的产业形态、新的商业模式、新的无限可能，跨界入局、颠覆式创新将成为一种常态。

作为一名数字传播领域的研究者、出版传媒行业的服务者，《进化之道》一书令我深受启发。此书立足互联网时代技术变革与媒介生态环境重构的大背景，将商业模式的原理、方法应用于媒介研究，围绕传媒商业模式创新实践与传媒生产要素调整展开论述，不仅观察视角独特、理论分析凝练，而且实战案例丰富、思考展望精辟，既有用又有"味"，新颖而厚重，极具历史纵深感。该书堪称全国各大媒体商业模式创新的"集大成者"，融媒时代一本难得的"进阶指南"。

《进化之道》的作者平凡君与我相交多年，我们之间交流探讨颇多，一直非常愉快。他现任省级党报集团改发办主任，曾担任省级重点新闻网站"一把手"，他在传媒集团新闻采编、经营一线以及综合管理、新媒体运营等岗位历练多年，不仅是一名长于公司治理的传媒人，而且是当今非常稀缺的复合型人才。因而，如此大作出自平凡之手，我感到惊喜却不意外：惊喜的是他无论在哪个工作岗位上，总是能够厚积薄发；不意外的是他一贯的孜孜不倦，他依然是那个充满活力的思想者和行动者。于他本人而言，这又何尝不是反刍精进的进化之道？

道可道，非常道。"进化"的实质是改变、是发展。中国自春秋时期，文字广告开始出现；自北宋起，印刷广告开始出现，留存至今的"济南刘家功夫针铺的印刷铜板"是目前世界上最早的印刷广告实物。数千年沧海桑田，传媒商业模式荣枯更迭，一切都在变化，唯有变化不变，唯有善变者、创新者基业长青。

我想，这就是进化的力量，与读者诸君共勉。

武汉理工大学计算机与人工智能学院教授、博士生导师
数字出版智能服务教育部工程研究中心技术委员会主任
武汉理工数字传播工程有限公司董事长

目　　录

第一章　商业模式 ··· 1
　1.1　商业模式解读 ··· 1
　　1.1.1　商业模式定义 ·· 1
　　1.1.2　商业模式构成要素 ·· 2
　　1.1.3　商业模式与管理模式 ··· 3
　1.2　商业模式创新 ··· 3
　　1.2.1　对创新的理论认知 ·· 3
　　1.2.2　商业模式创新意义 ·· 4
　　1.2.3　商业模式创新路径 ·· 4
　　1.2.4　商业模式创新影响因素 ·· 5
　1.3　互联网商业模式 ·· 5
　　1.3.1　康氏长波与技术变革 ··· 6
　　1.3.2　"互联网＋"形成发展 ··· 6
　　1.3.3　"互联网＋"模式特征 ··· 7
　　1.3.4　互联网商业模式类型 ··· 8
　1.4　传媒商业模式创新 ··· 9
　　1.4.1　传媒商业模式二重性 ··· 9
　　1.4.2　广告模式与多元化 ·· 10
　　1.4.3　传媒商业模式创新背景 ·· 10
　　1.4.4　传媒商业模式创新维度 ·· 11

第二章　价值补偿 ··· 13
　2.1　价值补偿逻辑 ··· 13
　　2.1.1　公共物品视角 ·· 13
　　2.1.2　传播的社会功能 ··· 14
　　2.1.3　传媒产品多重属性 ·· 15
　　2.1.4　传媒经济主要特征 ·· 16
　　2.1.5　市场失灵与政府规制 ··· 17
　2.2　混合补偿模式 ··· 18
　　2.2.1　传媒产品价值实现 ·· 18
　　2.2.2　混合补偿模式解析 ·· 19
　　2.2.3　公共传播运营之变 ·· 21

2.3　政府介入市场 ··· 23
　　　　2.3.1　政府介入主要类型 ·· 24
　　　　2.3.2　传媒改革与政策供给 ··· 25
　　　　2.3.3　经济扶持与传媒发展 ··· 26

第三章　二次售卖 ··· 29
　　3.1　二次售卖兴起 ··· 29
　　　　3.1.1　廉价报纸的出现 ··· 29
　　　　3.1.2　电视时代与广告模式 ··· 30
　　　　3.1.3　广告对媒介的影响 ·· 31
　　3.2　二次售卖流变 ··· 32
　　　　3.2.1　受众商品论 ··· 32
　　　　3.2.2　双边市场与二次售卖 ··· 33
　　　　3.2.3　二次售卖变迁 ·· 34
　　　　3.2.4　我国媒体恢复广告 ·· 35
　　3.3　二次售卖失灵 ··· 36
　　　　3.3.1　报业寒冬论 ··· 36
　　　　3.3.2　发展"拐点"到来 ·· 38
　　　　3.3.3　互联网广告崛起 ··· 39
　　　　3.3.4　用户连接失效 ·· 40
　　　　3.3.5　场景逻辑巨变 ·· 41

第四章　内容产业 ··· 43
　　4.1　内容付费 ··· 43
　　　　4.1.1　内容付费兴起 ·· 43
　　　　4.1.2　《纽约时报》转型之路 ··· 44
　　　　4.1.3　我国媒体内容付费 ·· 47
　　4.2　版权运营 ··· 48
　　　　4.2.1　版权的经济原理 ··· 49
　　　　4.2.2　新闻作品版权之争 ·· 50
　　　　4.2.3　版权运营主要方式 ·· 52
　　4.3　内容服务 ··· 54
　　　　4.3.1　内容审核风控 ·· 54
　　　　4.3.2　政务新媒体运营 ··· 56
　　　　4.3.3　内容聚合分发 ·· 58
　　　　4.3.4　内容定制服务 ·· 60
　　4.4　垂类内容 ··· 61
　　　　4.4.1　大众受众"终结" ·· 62
　　　　4.4.2　分众时代来临 ·· 62
　　　　4.4.3　迈向垂直之路 ·· 63

4.5 内容创业 ·· 66
　　4.5.1 内容创业新机遇 ·· 66
　　4.5.2 传统媒体内容创业 ·· 67
　　4.5.3 内容创业的困境 ·· 69
4.6 信息服务 ·· 70
　　4.6.1 数字广告 ·· 70
　　4.6.2 网络舆情 ·· 72
　　4.6.3 媒体智库 ·· 75

第五章　场景应用 ·· 81
5.1 媒体＋政务 ··· 81
　　5.1.1 "媒体＋政务"势在必行 ·· 81
　　5.1.2 "媒体＋政务"实现途径 ·· 82
5.2 媒体＋数据 ··· 84
　　5.2.1 数据驱动传媒变革 ·· 84
　　5.2.2 "媒体＋数据"主要形式 ·· 86
5.3 媒体＋社交 ··· 88
　　5.3.1 社交媒体成为新入口 ··· 88
　　5.3.2 社交化助推媒体转型 ··· 89
5.4 媒体＋电商 ··· 92
　　5.4.1 内容电商带来机遇 ·· 92
　　5.4.2 媒体如何"＋电商" ·· 93
　　5.4.3 直播电商"新风口" ·· 96
5.5 媒体＋活动 ··· 97
　　5.5.1 融合发展"新抓手" ·· 97
　　5.5.2 "媒体＋活动"常见类型 ·· 98

第六章　跨界图景 ·· 101
6.1 文化＋园区 ··· 101
　　6.1.1 文化园区集聚效应 ·· 101
　　6.1.2 文化园区盈利模式 ·· 103
6.2 文旅文博文创 ··· 105
　　6.2.1 媒体介入文旅融合 ·· 106
　　6.2.2 文博热与新文创经济 ··· 107
　　6.2.3 文化 IP 时代来临 ·· 108
6.3 文化＋教育 ··· 111
　　6.3.1 "出版＋教育"潜力巨大 ·· 111
　　6.3.2 "媒体＋教育"主要形式 ·· 113
6.4 文化＋娱乐 ··· 114
　　6.4.1 数字娱乐引领潮流 ·· 114

		6.4.2 "媒体+娱乐"创新探索	116
	6.5	文化+投资	117
		6.5.1 "媒体+基金"渐成标配	117
		6.5.2 "基金热"带来冷思考	120
	6.6	文化+其他	122
		6.6.1 文化+地产	122
		6.6.2 文化+酒店	123
		6.6.3 文化+艺术	123
		6.6.4 文化+体育	124

第七章	媒介进化		125
	7.1	媒介之变：万物皆媒	125
		7.1.1 报纸消失与电视革命	125
		7.1.2 媒介补救与进化历程	127
		7.1.3 互联网：数字化生存	128
		7.1.4 新进化：万物皆媒	130
	7.2	传播变革：人、受众与AIGC	131
		7.2.1 个体激活与关系赋权	131
		7.2.2 受众、用户与传播者	132
		7.2.3 ChatGPT开创新时代	133
	7.3	内容范式：视频化生存	136
		7.3.1 短视频崛起	136
		7.3.2 直播无处不在	138
		7.3.3 播客迎来复兴	139
		7.3.4 沉浸式新闻	140
		7.3.5 传感器新闻	141
	7.4	生态重构：未来已来	142
		7.4.1 "媒介化"社会到来	143
		7.4.2 元宇宙：新生态图景	145
		7.4.3 "媒介融合"再解析	146

第八章	平台战略		149
	8.1	平台模式崛起	149
		8.1.1 平台改变世界	149
		8.1.2 平台网络效应	151
		8.1.3 平台颠覆与反噬	153
	8.2	构建媒介平台	155
		8.2.1 传媒价值链重组	155
		8.2.2 平台型媒体出现	157
		8.2.3 媒介的平台化	159

8.3 媒介平台经济 ··· 161
8.3.1 从"规模"到"范围" ·· 161
8.3.2 平台竞争与盈利方式 ·· 163
8.3.3 To C 还是 To B、To G ·· 165

第九章 技术赋能 ··· 167
9.1 技术认知论 ··· 167
9.1.1 媒介技术与社会发展 ·· 167
9.1.2 技术进步与媒介生态 ·· 169
9.1.3 数字经济与传媒未来 ·· 170
9.2 新媒介技术 ··· 172
9.2.1 5G ··· 172
9.2.2 云计算 ··· 174
9.2.3 虚拟现实 ·· 175
9.2.4 物联网 ··· 176
9.2.5 区块链 ··· 177
9.2.6 人工智能 ·· 179
9.3 大数据与算法革命 ·· 181
9.3.1 大数据时代 ··· 182
9.3.2 作为媒介的算法 ··· 184
9.3.3 算法即权力 ··· 185
9.3.4 算法风险与规制 ··· 186

第十章 资本运营 ··· 190
10.1 传媒资本运营 ··· 190
10.1.1 传媒资本运营特点 ·· 190
10.1.2 传媒资本运营历程 ·· 191
10.1.3 资本运营改变传媒业 ··· 193
10.2 资本运营方式 ··· 195
10.2.1 对外融资 ·· 196
10.2.2 公开上市 ·· 197
10.2.3 并购重组 ·· 200
10.3 传媒上市运作 ··· 203
10.3.1 两种上市路径 ·· 203
10.3.2 媒体上市判断 ·· 205
10.3.3 上市策略分析 ·· 207
10.4 无形资本运营 ··· 210
10.4.1 传媒无形资产分类 ·· 210
10.4.2 传媒无形资本运营 ·· 211
10.4.3 传媒品牌运营 ·· 212

第十一章　管理变革 215
11.1　传媒战略管理 215
11.1.1　重新理解媒介管理 215
11.1.2　目标：新型主流媒体 217
11.1.3　路径：高质量发展 219
11.2　管理体制改革 221
11.2.1　传媒体制改革历程 221
11.2.2　现有管理体制弊端 222
11.2.3　体制改革未来方向 224
11.3　媒介组织变革 226
11.3.1　组织变革 226
11.3.2　媒介组织结构演变 227
11.3.3　媒介组织变革趋势 229
11.3.4　关键创新：构建中台 230

第十二章　以人为本 233
12.1　传媒人力资源 233
12.1.1　"人事管理"模式转型 233
12.1.2　重新定义管理者 235
12.1.3　传媒劳动力需求 236
12.2　激发人才活力 239
12.2.1　职业经理人制度 239
12.2.2　绩效考核与管理 241
12.2.3　激励理论与方法 243
12.3　传媒组织文化 247
12.3.1　把员工变成资源 247
12.3.2　组织文化功能 249
12.3.3　传媒组织文化建设 250

参考文献 252
后记 265

第一章　商业模式

随着商业经济的发展和管理学的进步，时至今日，战略、组织和商业模式已经成为现代企业管理的核心要素：战略是企业实现长期目标的路径和方法，回答"做什么"的问题；组织是企业发展的能力主体，也指企业内部的一种关系机构，回答"谁来做"的问题；商业模式则是企业的发展方式及逻辑，它要回答的是"怎么做"的问题。

"商业模式"这一概念及其术语由来已久，并在互联网经济时代广为传用、长盛不衰，因为它主要解决了"竞争优势的持续性"和"革新的方法与源泉"两大关键问题，以此推动商业进步和社会发展。商业模式创新的本质，就是企业以何种方式进行价值创造并获取价值补偿，其根本目的是寻找各类经济活动的"帕累托最优解"[①]。

1.1 商业模式解读

在商业发展历史中，商业模式的进化具有极大的价值创造力，并在很大程度上决定着企业兴衰。现代管理学之父彼得·德鲁克（Peter Drucker）曾说，当今企业的竞争，不是产品之间的竞争，而是商业模式之间的竞争。商业模式的发展及创新将取代单纯的技术和产品创新，从而成为企业间竞争的最有力工具。

1.1.1 商业模式定义

商业模式（business model）作为特定的管理学名词，最早出现在1957年。当时，理查德·贝尔曼（Richard Bellman）等学者在《论多阶段、多局中人商业博弈的建构》一文中首次明确提出这一概念。1960年，"商业模式"一词首次出现在学术论文的标题和摘要中，但此后的几十年里，这一概念并没有引起学界过多重视。直到20世纪90年代中期，随着互联网和计算机的大规模普及，互联网经济取得了蓬勃发展，"商业模式"的概念变得流行起来，战略研究和创业研究等领域开始运用"商业模式"概念，系统地描述企业的关键业务流程和价值创造过程。

商业模式真正进入大众视野并日益受到重视，还是最近20年的事情。经历了一轮互联网经济泡沫的崩溃后，具备成熟商业模式的一些企业，国外如谷歌、苹果、亚马逊、Facebook，国内如阿里巴巴、腾讯、百度等，凭借新产品、新服务和新模式成为光芒四射的明星公司，也让人们看到了商业模式的巨大魅力。

学者三谷宏治认为，商业就是"把采购或生产出的价值提供给他人、以换取同等的价值"，影响商业价值的因素组合就是商业模式，他还将商业模式的历史变迁分为三个时期（表1-1）。

---

① 帕累托最优解（Pareto optimality），也称为帕累托效率（Pareto efficiency），是博弈论中的重要概念之一，其指资源分配的一种理想状态，即在假定固有的一群人和可分配的资源，且分配状态变化没有使任何人境况变坏的前提下，至少有一个人在分配状态变化中变得更好。

彼得·德鲁克最早将商业模式称为"经营之道（business theory）"，并认为行之有效的经营之道具有四个特征：（1）关于环境、使命及核心能力的假设必须符合实际；（2）所有3个方面的假设必须相互保持一致；（3）必须让整个组织的所有人都知道和了解经营之道；（4）经营之道必须经常接受检验。

表1-1 "商业模式"用途变迁

时期	第一时期	第二时期	第三时期
时间范围	1990年以前	1991—2001年	2002年以后
用途	未被广泛应用	用来解释电子商务	用来系统分析竞争优势的持续性；革新的源泉

可以说，商业的历史，就是一部商业模式演变的历史。如今，商业模式已经成为观察、理解、研究商业世界长期变化时必不可少的一个视角，但令人难以置信的是，时至今日，"商业模式"仍然没有一个统一的、被普遍认同的定义。

在"商业模式"的各种定义中，虽然学者们的界定视角不尽相同，但大多数都强调企业对价值的获取与创造。既有定义的共性包括：第一，商业模式由"元素"组成，描述了元素间的"关系"（架构），也描述了企业与客户等外部团体的关系；第二，商业模式反映了价值如何创造、为谁创造以及企业占有价值的方式；第三，商业模式展现了不同元素以及元素间关系对竞争策略的帮助。

1.1.2 商业模式构成要素

随着对商业模式的认识不断深入，商业模式的分类、构成要素以及这些要素之间的层次关系也逐渐清晰起来。虽然不同学者所用的术语不完全一样，但对商业模式构成内容的归纳还是比较一致的，主要包括价值主张、市场细分、实现价值主张所需要的价值链结构、价值实现的机制，以及这些要素之间的连接。

在前人研究的基础上，学者亚历山大·奥斯特瓦德（Alexander Osterwalder）和伊夫·皮尼厄（Yves Pigneur）提出，商业模式是企业商业逻辑的表达，它包含一系列要素以及表达要素关系的各种概念和工具。他们在此基础上构建了一个经典的商业模式系统模型。该模型包括四个紧密相连的组成部分，即客户、产品或服务、基础设施和财务能力，这四个部分同时存在、不可或缺，每个部分由特定的要素模块支持，共有九个要素模块（表1-2），分别是：（1）客户细分；（2）渠道通路；（3）客户关系；（4）价值主张；（5）核心资源；（6）关键业务；（7）重要合作；（8）收入来源；（9）成本结构。九个要素中若有一个发生变化，就意味着商业模式整体将会发生改变。

奥斯特瓦德和皮尼厄开发的商业模式模型，具有很强的整体性和系统性，在全世界应用广泛，他们合著的《商业模式新生代》一书，深入浅出地讲解了商业模式的构成类型、设计要点、流程控制等，已经成为研究商业模式的必读著作。

表1-2 商业模式"九要素"

四大部分	九大要素	主要内容
客户	客户细分	企业想要获得的和期望服务的不同目标人群、机构
	渠道通路	如何同客户群体沟通、建立联系，向对方传递价值主张
	客户关系	针对客户群体建立的客户关系类型

续表

四大部分	九大要素	主要内容
产品或服务	价值主张	为某一客户群体提供能为其创造价值的产品和服务
基础设施	核心资源	保证商业模式运行所需的最重要资产
基础设施	关键业务	保障商业模式运行所需做的最重要事情
基础设施	重要合作	保证商业模式运行所需的供应商和合作伙伴网络
财务能力	收入来源	企业从客户群体处获得的现金收益（须扣除成本）
财务能力	成本结构	商业模式所发生的全部成本

1.1.3 商业模式与管理模式

商业模式与管理模式既有内在关联，又有较大区别。一般来说，管理模式是企业的经营风格和经营管理方法，它重点关注的是企业的执行层面，具体包括企业战略、组织机构、管理控制、企业文化、人力资源和经营业绩等六个方面。

商业模式把企业活动分为两类：业务活动和管理活动。商业模式的研究对象是业务活动，管理活动是为了驾驭和驱动业务活动所开展的活动，业务活动决定了管理活动。关于商业模式与管理模式的关系，首先，商业模式决定需要的管理能力以及对应的管理模式；其次，管理模式是对商业模式执行的加强和补充。

商业模式没有明确的企业"内""外"的概念，而管理模式研究的对象——管理者和员工，即企业中的内部利益相关者，在设计业务活动的时候，考虑的重点并不是执行和控制，而是业务能力、资源能力、权利分拆与重构，以期达到最大的交易价值。简而言之，商业模式研究的是企业怎样运转起来，反映企业的运行机理，是企业的基础结构，管理模式则更看重企业的目标确定和业绩达成。

1.2 商业模式创新

社会在进步，技术在革新，商业模式同产品一样，没有一成不变、贯古通今的样式。商业模式创新是极富创造性的工作，其本质是为企业、客户和社会创造价值，是为了淘汰落后模式，促使企业持续成长与进步。任何一个企业和行业，要想洞悉趋势、跨越周期，并获得持续性的竞争优势，必须不断地进行商业模式创新。

1.2.1 对创新的理论认知

经济学家约瑟夫·熊彼特（Joseph Schumpeter）较早提出"创新"概念，他在《经济发展理论》（1912）和《经济周期理论》（1939）两本经济学著作中提出了他关于创新的思想，主要观点可以归纳为：第一，资本主义时代的经济变化是颠覆式发生的，它是一个"创造性破坏"的过程；第二，生产者是经济变化的发起人，必要的时候，生产者会引导消费者接受变化；第三，创新是一个非连续的过程，在经济发展中起重要作用的是企业家和创业者，而不是发明者和模仿者。

德鲁克借鉴了熊彼特关于创新的观点，但他对创新的定义没有停留在技术创新的层次上，而是将其分为两种情况：一是技术创新，即寻找自然物的新运用，追求自然物的新的经济价值;二是社会创新,即在社会某领域中创造一种新的管理机构、管理方法,追求资源配置中更大的经济价值和社会价值。德鲁克认为,"创新"是一个经济或社会术语,而非科技术语,它可以定义为:(1)创新就是改变资源的产出;(2)创新就是通过改变产品和服务,为客户提供价值和满意度。

德鲁克还系统梳理了创新机遇的七大来源:(1)意料之外的事件(意外的成功、失败或外部事件);(2)不协调的事件(现实状况与设想或推测的状况不一致的事件);(3)基于程序需要的创新;(4)每个人都未曾注意到的产业机构或市场结构的变化;(5)人口变化;(6)认知、意义及情绪上的变化;(7)新知识的出现。

进入21世纪以后,新一轮技术革命快速向纵深推进,企业创新变得更为复杂,创新能力和创新效率面临着下降风险。在此背景下,学者亨利·切萨布鲁夫(Henry Chesbrough)于2003年率先提出"开放式创新"概念,描述了企业与外部合作伙伴之间在创新过程中的知识交互,以及由此产生的外部知识开发。切萨布鲁夫(Chesbrough)认为开放式创新是一种范式,企业需要更快导入系统外的科技、知识、经验、人才等要素,打开组织边界,更好地为顾客创造价值,以获取战略优势。

如今,开放式创新的思想已经被普遍接受,资源外取也成为企业成功运作的关键因素之一。一些开放式创新领域的先驱者,已经取得了巨大的收益和成功。

1.2.2 商业模式创新意义

由于技术革新、市场演化和产业结构调整,当今企业之间的竞争,已不再是产品与服务或技术层面的竞争,而是商业模式和生态系统之间的竞争,这是更广范围、更加高级的竞争,对产业发展和企业成长具有重要意义。商业模式创新一旦成功,不仅会创造新市场或重构产业边界,还能帮助企业获取新的竞争优势。

首先,商业模式创新推动新技术产业化,帮助企业把握新机遇。将新技术产业化、实现潜在的经济价值,其重要程度不亚于发明新技术本身,而商业模式创新正是连接技术和其经济价值的"桥梁"。每一次在经济系统中引入重大的新技术,都会带来新一波的长期经济增长,会给市场中的企业带来新的发展机遇,典型例证如互联网的出现及其在商业世界中的应用。

其次,商业模式创新能拓展产业边界,创造出新的市场和需求。互联网时代,产业融合无时无刻不在进行,产业边界变得越来越模糊,企业竞争突破了行业界限,进入了"无边界竞争"阶段。正是这些边界消失的地方反而成了商业模式创新的沃土,因为边界消失往往意味着难得的市场机会,不仅可能改变原来的生产与服务方式,还会发现新的顾客需求和市场,促进新业态兴起和新产业出现。

最后,商业模式创新能帮助企业创造新的价值,提升竞争优势。企业总是要对"破坏性创新"和产业环境变化做出反应,通常做法是不断学习改进效率和绩效的方法,但这也会刺激竞争对手的反应和跟进,从而陷入一种"竞争困境"。商业模式创新改变了这种困境,运用竞合思维,组建以自身为核心的生态系统,将企业边界拓展到所有利益相关者,并为它们创造价值,进而获得新的竞争优势。

1.2.3 商业模式创新路径

商业模式是一个由构成要素、要素间关系以及动力机制组成的系统,创新可以促使某个要素及其具体形态的变化,也可以激发各要素间组合结构、关系和动力机制的变化。商业模式创新主要关注客户、产品与服务、收入和成本、核心资源、价值链等要素的结构性互动,能改变市场规则和竞争性质的路径主要有三条。

一是通过改进企业供应链体系,进行产品或服务创新。以产品、服务要素为主要途径,是一种传统和常见的创新类型。由于产品和服务是企业发展的开始,所以,革新性的产品或服务一经问世,就意味着新市场的开辟和新的收入来源的建立。

二是借助目标客户、渠道或收益方式,进行顾客价值创新。成功的商业模式应该以客户价值为导向,关注顾客的消费需求,为其提供高附加值,从而获得独特竞争优势。产品或服务创新也可能服务于新的目标客户,并带来新的创意。

三是基于企业内部价值链或合作网络,进行价值链创新。企业内部价值链是为客户提供产品或服务的价值创造过程,也是成本的主要来源,包括生产、营销、研发、财务、人力资源等企业内部资源与经营组织过程。在创造并提供价值的过程中,企业需要与其他企业进行合作与联系,所以合作关系网络安排的创新也非常重要。

1.2.4 商业模式创新影响因素

商业模式创新作为一项复杂而高级的活动,需要在一定环境中进行,市场、行业、人才、重要趋势和宏观经济等因素都会影响商业模式创新的效果和进程。以企业为边界,商业模式创新的影响因素可以分为内部因素和外部因素。其中,内部因素包括企业的资源能力、组织结构、原有盈利模式以及管理者;外部因素涉及制度供给、技术变革、市场机会、竞争环境等。全面了解这些影响因素,有助于推动商业模式的进化,促进企业持续发展或实现更多商业可能(表1-3)。

表1-3 商业模式创新影响因素

类型	影响因素	主要内容
内部因素	资源能力	核心资源:实物资产;知识性资源;金融资源;人力资源 动态能力:环境识别;资源整合;预测能力;吸收借鉴能力
	组织结构	组织制定目标推动商业模式创新;调整组织结构增强弹性,以应对环境变化;组织学习实现外部资源向内转化
	原有盈利模式	对原有盈利模式的路径依赖,可能限制商业模式创新活动
	管理者	企业领导者及高管的认知能力对创新起关键作用
外部因素	制度供给	政府规制、法律制度、经济形势、文化心理等影响
	技术变革	技术创新带来新产品、新服务、新模式,商业模式助推新技术实现产业化、商业化,二者互相促进
	市场机会	市场机会存在于未被满足的需求中,核心是为顾客创造价值
	竞争环境	竞争环境决定着行业内企业的盈利水平,其分析模型由供应商、潜在进入者、购买替代品和竞争对手等构成

1.3 互联网商业模式

经济周期理论清晰地观察到了技术变革对经济发展的重要作用。作为20世纪最伟大的发明之一，互联网将人类社会带入了信息时代——一个颠覆传统又充满创新创意和无限可能的时代。在此过程中，新技术与新商业模式紧密互动，不仅改变了社会日常生活方式，而且凝聚成了促进产业转型和经济发展的新动能。

1.3.1 康氏长波与技术变革

康氏长波，全称为"康德拉季耶夫长波周期"。苏联经济学家尼古拉·康德拉季耶夫（Nikolai Kondratieff）对英美法等国家18世纪末到20世纪初100多年的36个统计项目进行分析后发现，每组数据变化趋势都有非常高的相似度，每组变量的周期都在45～60年。由此，他提出了著名的长波周期假说：在资本主义经济中存在着平均长约50年的长期波动。康德拉季耶夫用计量经济学方法确定了长波周期的长短，并猜测长波的存在与科技革命有关，但他没有进行论证。

熊彼特接受了康氏长波周期假说，他认为经济周期波动的根本原因在于技术创新，但技术创新不仅仅是发明创造，而是"实施新组合"。在熊彼特等人的研究基础上，英国经济学家克利斯·弗里曼（Chris Freeman）和罗克·苏特（Luc Soete）绘制了近代以来"连续的技术变革波"（表1-4）。

表1-4 连续的技术变革波

长波或周期		主要基础结构的重大特征			
大约时限	康德拉季耶夫长波	科学，技术，教育，培训	交通运输	能源系统	普遍与廉价的关键要素
第一次 1780—1840年	纺织品工业化生产时代	学徒制，意见分歧的学派，科学社团	运河，车行道	水力	棉花
第二次 1840—1890年	蒸汽动力与铁路时代	专业机械与土木工程师，技术学院，大众初级教育	铁路（铁），电报	蒸汽	煤、铁
第三次 1890—1940年	电气与钢铁时代	工业研究与开发实验室，化学品与电气国家实验室，标准实验室	铁路（钢），电话	电气	钢
第四次 1940—1990年	汽车和合成材料的大批量生产（福特主义）时代	工厂的大批量生产和政府的研究与开发，普及的高等教育	汽车公路，无线电和电视，航空航线	石油	石油塑料
第五次 1990年至今	微电子学和计算机网络时代	数据网络，研究与开发全球网络，终身教育与培训	信息高速公路，数字化网络	天然气石油	微电子学

1.3.2 "互联网+"形成发展

新技术获得快速发展，并在社会和经济发展中产生广泛而深远的影响，是以这些技术具有巨大的商业价值、能产生巨大的生产力为前提的。迄今为止，人类历史上已经发生了三次大的科技革命浪潮：第一次以蒸汽机的改良为标志，人类社会进入了蒸汽时代；第二次以电灯电话的应用为标志，人类社会进入了电气时代；第三次以互联网的出现和普及为标志，人类社会进入了信息时代。

但以信息技术为核心的第三次科技革命与前两次不同：一是技术变化不是单一的，而是群体性、爆发式的；二是信息技术发展不仅带来了新的价值源泉，也带来了人与人、人与企业、企业与企业关系的变化，构成了商业模式创新的基础。如今，以大数据、云计算、物联网、人工智能等为代表的互联网和信息技术极大地改变了传统的经济运行方式，已然成为产业转型升级的加速器。

"互联网＋"概念应运而生。"互联网＋"是互联网思维的实践成果，它充分发挥了互联网在社会资源配置中的作用，掀起了经济形态演变的浪潮。"互联网＋"就是"互联网＋各行各业"，但并不是二者的简单相加，而是利用信息技术及互联网平台，促使互联网与各行各业深度融合，形成以互联网为基础的全新发展生态。

2015年3月5日十二届全国人大第三次会议上，政府工作报告首次提出"互联网＋"，并强调要制定"互联网＋"行动计划，推动移动互联网、云计算、大数据、物联网等与现代制造业结合，促进电子商务、工业互联网和互联网金融健康发展，引导互联网企业拓展国际市场。2015年7月4日，国务院印发《关于积极推进"互联网＋"行动的指导意见》，提出了11项"互联网＋"行动计划，明确了阶段性发展目标：到2025年，网络化、智能化、服务化、协同化的"互联网＋"产业生态体系基本完善，"互联网＋"新经济形态初步形成，"互联网＋"成为经济社会创新发展的重要驱动力量。

近年来，"互联网＋"战略的深入推进，带动了我国数字经济的蓬勃发展。数字经济是一种高增长、低通胀、进步快、效率高的经济形态，代表着经济发展方向。2018年，我国数字经济产值已达到31.3万亿人民币，约占GDP的35%。2021年12月12日，国务院印发《"十四五"数字经济发展规划》，指出数字经济是以数据资源为关键要素，以现代信息网络为主要载体，以信息通信技术融合应用、全要素数字化转型为重要推动力，促进公平与效率更加统一的新经济形态。

1.3.3 "互联网＋"模式特征

《关于积极推进"互联网＋"行动的指导意见》对"互联网＋"的定义是："互联网＋"是把互联网的创新成果与经济社会各领域深度融合，推动技术进步、效率提升和组织变革，提升实体经济创新力和生产力，形成更广泛的以互联网为基础设施和创新要素的经济社会发展新形态。"互联网＋"以信息技术为核心，将互联网与工业、商业、服务业全面融合，不断形成新商业模式，其主要特征如下。

第一，用户至上。以用户为中心，不断升级产品和服务，充分满足用户、顾客、消费者的潜在需求，是互联网经济法则的根本之道。价值创造是互联网时代的商业逻辑，也是企业生存的基础，而用户需求、用户认知是价值创造的核心。

第二，产业重塑。互联网为"非对称竞争"提供了获胜可能，一家企业可能借助新模式的力量挑战甚至颠覆一个行业，形成新的产业格局；同时，互联网技术快速发展，也会升级原生产要素及其组合形式，带来新的生产要素，如数据。

第三，加速创新。原有粗放式的、资源驱动型的经济增长方式难以为继，企业发展必须以创新为第一动力，大力推动创新、创造、创业。创新驱动是互联网的本质特征，蕴含着加速商业进程的潜在力量，企业应结合自身资源予以充分利用。

第四，结构变化。技术革命、全球化以及互联网的普及，改变了传统工业时代的社会结构、经济结构、文化结构等，社会中的公共权力、议事规则以及话语体系和方式等都在持续发生变化，企业不仅要适应变化，还要注意防范风险。

第五，开放生态。互联网包罗万象、连接一切，生态化发展是其重要特征。生态本身意味着开放、共享，体现了对人性的尊重，构建生态能连接孤岛式创新、促进生产要素协同、拓展产业价值链，充分发挥创新对企业发展的推动作用。

第六，竞合法则。随着产业边界模糊程度的加剧，企业间跨界竞争越来越常见，竞争者之间的关系得以改变，彼此也可以开展合作，竞争被重新定义了。企业战略关注的重点从竞争转向了合作，通过构建生态系统实现共赢、多赢。

1.3.4 互联网商业模式类型

互联网推动着产业升级和企业商业模式革新，其中互联网思维起到了关键性作用。截至目前，什么是互联网思维，怎样准确定义它，还没有形成统一的认识，中外互联网企业家对其描述不尽相同，其内涵也在不断更新与发展之中。简要归纳一下，它至少包含以下九大思维：(1) 用户思维；(2) 简约思维；(3) 极致思维；(4) 迭代思维；(5) 流量思维；(6) 平台思维；(7) 大数据思维；(8) 社会化思维；(9) 跨界思维。互联网思维影响着企业选择，引导企业进行商业模式设计和创新。

互联网商业模式到底有多少种？这恐怕也是一个很难回答的问题。因为互联网是一个崇尚"微创新"的存在，任何细节上的变化都可能改变价值创造方式，也有可能形成与众不同的商业模式，而这正是互联网创业的魅力所在：一个好的 idea（主意）或 story（故事），加上合适的"土壤"（成功的商业模式），企业就能拔节生长，甚至在市场中掀起惊涛巨浪。目前，比较典型的互联网商业模式包括免费模式、长尾模式、平台模式、社群模式、开放模式、分拆模式、O2O 模式、跨界模式等 8 种（表 1-5），企业针对不同业务可能会采取不同的商业模式。

表 1-5 典型的互联网商业模式

模式类型	代表企业	简要介绍
免费模式	谷歌 Skype	先以免费、好的产品吸引用户，然后进行顾客分类、对部分群体收费，或是基本产品或服务免费、增值服务收费，不付费用户所得到的财务支持来自另一个用户群体
长尾模式	亚马逊 ZARA	致力于提供相当多种类的小众产品，即使其中每一种卖出量相对很少，但其销售总额和收益可以与销售少数明星产品相媲美，其核心是"多款少量"
平台模式	淘宝 今日头条	平台汇集用户，将两个或更多相互联系的用户群体链接到一起，通过网络效应、互动机制来创造价值，吸引用户群体越多平台价值越高，且平台服务大都会形成闭环
社群模式	微信 微博	社群是基于价值观或兴趣偏好的社会分层、消费分层，既是人和关系的聚合，也再造了供需模式，服务于消费者不同层次的价值满足，粉丝经济、分享经济等因此而生

模式类型	代表企业	简要介绍
开放模式	维基百科 猪八戒网	企业通过与外部合作伙伴系统地配合而创造和获取价值，外部渠道的研发成果可能成本更低，可以"由外而内"，也可以"由内而外"，具体形式有众包、众筹、众创等
分拆模式	阿里巴巴 新浪	将企业活动分为客户关系管理、新产品开发和基础设施管理三类，依其不同的经济、竞争和文化规则，实施分离独立经营以避免不必要的冲突，也可称为"非绑定"模式
O2O模式	携程 滴滴打车	O2O（online to offline）即线上订购、线下消费，也可以反向进行，未来可能实现线上线下、虚实之间的深度融合，其核心是线下商家能否给予用户良好的消费体验
跨界模式	小米 支付宝	企业通过跨界经营，利用互联网的高效率来整合低效率，对产业核心要素实施再分配，并以此来重构生产关系、提升整体系统效率，从而实现群体智能和生态化发展

1.4 传媒商业模式创新

互联网和新一代信息技术革命，不仅深刻改变了社会生活，也改变了企业的经营逻辑和组织的生存方式，对传媒行业亦是如此。传媒企业作为一个要素资源的集合体，面对不断变化的外部环境和市场需求，要实现要素资源的有效配置、有机组合和高效产出，必须不断地进行商业模式创新，才能拓展新的生存空间。

1.4.1 传媒商业模式二重性

需要说明的是，这里所讨论的传媒，主要是指大众传媒，即以新闻出版、信息传播作为主要社会功能的新闻媒介，主要包括报纸、期刊、广播、电视等传统媒体。我国绝大多数传媒机构定位为国有事业单位，在改革开放之前的30年里，虽然也有学者曾提出"报纸有两重性"的观点，但当时并未成为主流观点。

改革开放后，传媒经济学研究逐渐摆脱惯性思维，马克思主义政治经济学也被引入新闻领域，引发了人们对新闻商品性的思考。经过反复争论，人们逐渐认同传媒可以通过销售产品、提供服务和刊播广告进行市场交易。后来，产业概念又被应用到传媒领域，"传媒产业化"的提法成为共识。至此，大多数人不再坚持传媒只有单一事业属性，而是赞同传媒具有二重属性：意识形态属性和产业属性。

传媒的二重属性决定了传媒商业模式的二重性。传媒商业模式既具有一般商业模式的共同特征，也具有鲜明的个性特征，主要体现在三个方面：第一，传媒商业模式在价值主张方面，要将社会价值创造和精神文化传递放在首位，而不是单纯、片面地追求经济价值最大化；第二，由于大众传媒一直承担着部分社会公共文化服务职能，其价值获取方式既可以来自市场经营和产业拓展，也可以从政府机构获得价值补偿；第三，传媒企业大多采取轻资产方式运行，关键资源是品牌、版权、商誉等知识创意和无形资产，核心资源是各类人才。

在互联网和信息技术已经深度渗透到传媒行业的今天，认清传媒商业模式的二重性，有助于理解传媒经济内涵及其价值实现机制、补偿逻辑等问题,有利于把握传媒商业模式创新的方向,也有利于防范商业利益损害社会公平的风险。

1.4.2 广告模式与多元化

大众传媒通过"二次售卖"(详见第三章),找到了新闻产品和内容服务变现的最佳途径,形成了向第三方转移生产成本的绝妙方式——广告主为新闻生产进行价值补偿,由此带来了传媒商业模式的一次伟大创新。这种后来也被称作"广告模式"的商业创举,即使是在互联网已经普及的当下,也还具备着旺盛的生命力:互联网平台免费提供新闻内容信息,以此吸引、聚集用户,然后将用户及其注意力出售给广告主,其中发生变化的只是载体和介质。

在以报刊、广播、电视为主的传统媒体时代,二次售卖(广告模式)是传媒商业模式的主流形式,传统媒体借助广告收入对内容生产传播形成反哺,迅速开启了一段黄金时期:媒体不仅达到了低价服务读者的目的、赢得了巨大的社会影响力,还赚取了丰厚的经济收益,以至于传媒业一度被称为暴利行业。但很快,一轮一轮的办报、办刊、办频道热潮过后,市场竞争日益加剧,利润被迅速摊薄,此时,互联网也开始向传媒行业渗透,传媒商业模式迎来了巨变。

在巨变来临之前,传统媒体大都开展过多元化的经营探索。多元化是相对于新闻传播主业来说的,按所涉足领域与传媒主业的关联程度,可分为相关多元化和非相关多元化。传统媒体探索多元化经营,主要有三点考虑:第一,广告市场竞争激烈,收入、利润增长遭遇天花板;第二,积累了一定经济实力,面对新的市场和外部机会,触发了资本的逐利本性;第三,寻找新的影响力变现途径,扩大经济规模和收益,以便更好地支持传媒主业发展。

但后来的实践表明:传统媒体拓展多元化,虽然也不乏成功的探索者,但大多数并不顺利,失败者远多于成功者,尤其是那些贸然进入新领域、开展非相关多元化经营的,失败者更多。这也印证了管理学的一项研究成果:共享资源、能力与活动的相关多元化企业,经营绩效高于那些非相关多元化企业(图1-1)。

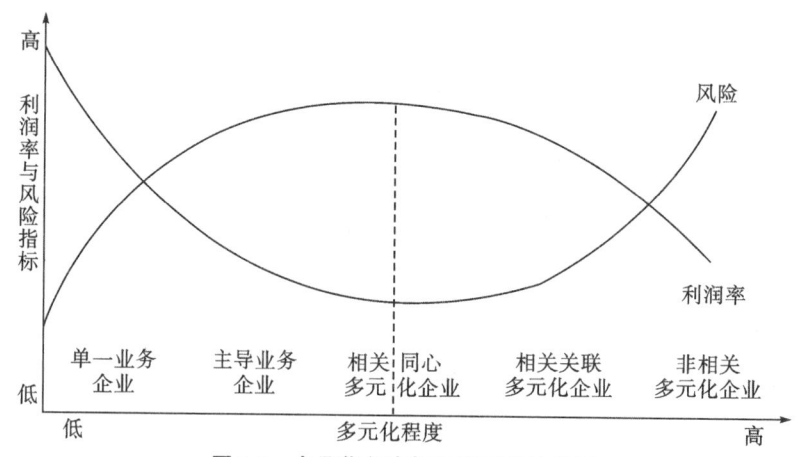

图1-1 多元化程度与经营绩效的关系

1.4.3 传媒商业模式创新背景

当前,在互联网及新一代数字技术的驱动下,传媒产业的技术、市场、资本、人才结构以及政策环境、用户群体、用户需求等均处于持续变化中,也正好处于熊彼特所说的"创造性破坏"过程中。这种变化中的"创造性破坏",既带来了动荡与不安、甚至令人焦虑沮丧,但也构成了促进传媒业转型升级、商业模式创新重构的深层次动力，新趋势新生代的力量随时可能勃然而生、大放异彩。

首先，人口结构变化、居民收入增长带来消费理念和消费行为的变化，推动传媒机构不断满足消费者（用户）的精神文化生活需求。我国城镇恩格尔系数1996年首次低于50%，为48.8%；2000年为39.4%；2017年跌破30%，为29.3%。这说明人们越来越重视精神文化追求，也表明文化传媒行业具有极强的发展潜力。

其次，互联网以及信息技术带来的革命性变化，从根本上改变了传媒价值链分布、组织边界和运营条件，技术迭代及其商业应用已成为传媒产业发展最重要的驱动力量。互联网作为一项制度性技术安排，已经衍生出种类繁多的新兴商业模式，并由此引发经济制度和社会结构变革，传媒集团必须应对新的挑战。

再次，大众传媒的意识形态属性决定了它不可能被完全地商业化，传媒在治国理政方面的意义远大于其创造经济价值的意义，政策导向已成为指引传媒发展的支配力量。从2014年推进媒体融合开始，传媒发展逐渐被置于推进国家治理体系和治理能力现代化的大局之中，构建现代传播体系被赋予了新的战略使命内涵。

最后，资本市场和金融系统正在发生巨变，各类创新工具日益丰富，金融创新与传媒创新不断融合，为泛传播时代的文化传媒产品及服务创新、业态创新和商业模式创新注入了新的动能。虽然文化传媒企业资本运作受到多重政策制约，在价值实现方面依然存在不确定性，但总体上并不缺乏边缘探索和局部突破。

1.4.4 传媒商业模式创新维度

随着新一代数字技术的发展，纸质报刊、广播电视等传统媒体出现影响力下降、用户流失、经营困难等问题，显而易见的原因是其赖以生存的广告流向了互联网平台，传统媒体固有的商业模式已经失灵。于是，有关报纸和电视未来发展的话题被认真地讨论起来，也就是在这样的历史性时刻，大众传媒没有坐以待毙，而是齐心协力地上下求索、奋力转型，向社会各界展示了它极富韧劲的生命力。

考察最近十年大众传媒的发展轨迹不难发现，融合、转型、创新是其三大关键词。大众传媒的创新基因似乎是与生俱来的，改革开放以后的30年里，大部分报业被财政供养"断奶"，开始"事业单位企业化管理"的市场化历程就是最有力的说明，近十年来在互联网渗透下的媒体转型又为此增添了新的注脚。

熊彼特认为创新是生产要素的重新组合，并将经济系统中的创新归纳为五种情况：（1）采用消费者还不熟悉的新产品；（2）采用新的生产方式；（3）开拓新市场；（4）开拓新原料或半成品供应基地；（5）在任何产业中采用新的组织形式。根据熊彼特的论述，可以清晰地看到系统创新的五大领域，即产品创新、技术创新、市场创新、资源创新和组织创新，大众传媒围绕这些方面的创新从来没有停止过。

从价值主张、核心资源、关键业务等要素角度分析，近年来传媒商业模式创新存在三个维度（图1-2）：一是"内容＋"，主要基于内容产业运营和信息服务创新展开，多种途径实现内容变现，属传媒业务核心层；二是"媒体＋"，以用户场景化需求为中心，拓展媒体应用场景，属传媒业务紧密层；三是"文化＋"，利用文化产业发展机遇进行"跨界"拓展，延伸传媒产业链、价值链，属传媒业务相关层。

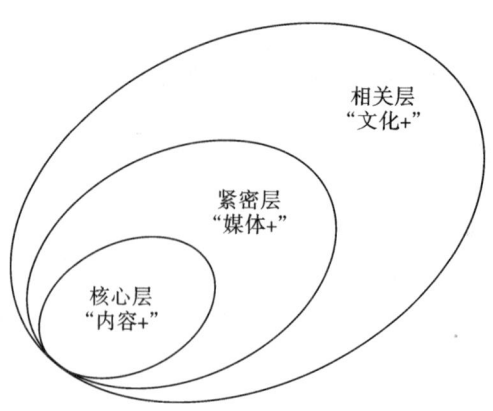

图 1-2　传媒商业模式创新三大维度

以上三个维度对应的关键词分别是内容、场景和跨界，它们之间依次包含，其中："文化＋"外延最为宽泛，主要表现为泛传播模式下传媒产业向其他文化领域的深层渗透；"媒体＋"次之，主要表现为内容生产传播与政务、社交、活动等场景深度粘连；"内容＋"看似外延最小，实际上并非如此，内容产业的细分市场浩如云烟，内容运营、内容消费、内容变现的形式千姿百态，极具丰富之美。

第二章　价值补偿

价值实现，或者说价值补偿的获得，是构建商业模式的核心问题之一。传媒机构及其产品在国家的政治和文化中运作，传播的社会功能决定了其维护公共利益的价值取向，而传媒经济的混合特性又决定了其价值补偿方式的复杂程度。

传媒产品和服务的突出特点是能够满足特定的市场需要，它具有公共物品、意识形态、商品等多重属性，并且极易产生"外部性"。传媒产品的价值获取方式，虽然一部分可以像普通商品那样通过买卖双方的市场交换来实现，但由于传媒产品初始成本较高，交换价格往往不能完全覆盖生产成本，可能导致市场失灵，因此，政府介入传媒市场运作是很有必要的，这有助于社会整体目标的实现。

2.1　价值补偿逻辑

传媒生产从本质上讲是一种精神活动，也是一种充满价值创造的创意劳动，这是传媒生产区别于其他工业生产的最大特征。传媒具有社会功能，传媒产品不仅能带给消费者（受众和用户）使用上的满足，还能给使用者带来精神上的愉悦。传媒产品具有公共物品属性，它的价值补偿逻辑由其本质属性、功能特征决定。

2.1.1　公共物品视角

学界通常认为是诺贝尔奖获得者保罗·萨缪尔森（Paul Samuelson）将公共物品理论引入现代经济学中。1954年，他在《公共支出的纯理论》一文中首次提出，满足了消费时的非竞争性和非排他性两个特点的物品和服务就是公共物品（也称作公共产品或公共品）。萨缪尔森认为，公共物品是一种大家可以共享的物品，"每个人对这种物品的消费都不会导致任何其他人对该物品消费的减少"。

后来，西方经济学家根据这个定义，把社会生活中的所有物品和服务分为三大类：完全符合上述两个特点的叫作纯公共物品，部分符合这两个特点的叫作准公共物品，完全不符合这两个特点的叫作私人物品。对不同性质的物品来说，资源配置和价值补偿方式并不相同。一般认为，纯公共物品应由国家或政府提供，准公共物品应由政府和私人联合提供，私人物品则完全可以由市场来提供。举例来说，国防、公共安全就属于典型的纯公共物品，这些物品一旦被国家或政府提供，所有居民都能享用，即便居民数量增加也不会降低每位居民所享有的国防和公共安全服务。

在传媒产品属性归类方面，媒介经济学家罗伯特·皮卡德（Robert Picard）认为，在经济体系之内运作的任何媒介组织，它的目的均在于满足私人与公共的需要和欲求，但随着媒介属性的变化，媒介产品可能同时既是一种私有产品，又是一种公共产品。例如一个消费者购买了一份报纸，也就减少了市场上流通的报纸份数，因此报纸是一种私有产品；但是当一位观众观看了电视节目或收听了广播节目，却并没有减少其他观众收看电视、收听节目的机会，因此广播和电视是一种公共产品。据此，皮卡德将书籍、杂志、报纸、唱片和录像带归为私人物品，而将有线电视节目、电影、无线电广播和广播电视视为公共物品。

也有一些传播学者认为，广播电视产业所销售的产品是公共物品，其大多数产品同时具备私人物品和公共物品的特征；另外，电影、图书、剧院演出、现场演唱会等都表现出双重性质，它们的内容是公共物品，但却以私人物品的形式传递给了消费者。的确如此，内容产品具有"非损耗性"的物理特征，只要其物理载体能够延续或替换，便可以多次满足消费者需求，产品内核永远不会灭失，这种"非损耗性"决定了内容产品在消费时的非竞争性。随着传媒产业的发展，传媒产品属性也会发生变化，比如有线电视、数字电视、网络付费视频等，使得对电视节目和网络视频的消费具有了一定程度的排他性，从而呈现出私人物品特征。

所以，从整体来看，传媒产品是一种准公共物品，是处于公共物品和私人物品中间的产品或服务，兼有私人物品和公共物品的性质。相对于其他行业，传媒产品的属性更加复杂多样，也使传播活动的价值补偿方式产生了多种可能。

2.1.2 传播的社会功能

传媒组织开展各类传播活动，首先是一种社会活动，其次才是一种经济活动，其价值创造往往是通过传播的社会功能实现的，传媒组织的经济目标达成和价值补偿获得也与传媒所扮演的社会角色息息相关。数千年来，传播活动一直都是人类社会生活的重要组成部分，始终与社会相互影响、密切互动、紧密联系，但在不同的历史阶段，传媒的社会功能会因时代特征变化而呈现出不同特征。

近代报纸诞生早期，报业在英国被认为具有宪法赋予的代表公民监督政府的功能。作为"第四种权力"，报业审查政府官员的行为，并将公众意见传达给立法者；报业还要保证人民的知情权，并且提供公共辩论的平台。概括起来，报业有四个最重要的功能：（1）告知公众；（2）监督政府；（3）组织公共辩论；（4）传达公共意见。另外，还有一些次要的或者辅助的功能，如表达公众的共享价值观，帮助社会适应变化以及揭露恶行等。这个时期，大部分报纸主要关注公共事件。

对于大众传播的社会功能，西方学者有过许多精辟的归纳与阐释。美国社会学家保罗·拉扎斯菲尔德（Paul Lazarsfeld）指出，大众传播具有授予地位、促进社会准则的实行和麻醉精神三种社会功能。传播学理论奠基人之一哈罗德·拉斯韦尔（Harold Lasswell）认为，大众传播最重要的三项社会功能是：（1）环境监测；（2）协调社会关系；（3）文化传承。后来，查尔斯·赖特（Charles Wright）在拉斯韦尔研究的基础上，又提出了"娱乐功能"作为补充。

1956年，美国三位知名传播学者弗雷德里克·西伯特（Fred Siebert）、西奥多·彼得森（Theodore Peterson）、威尔伯·施拉姆（Wilbur Schramm）共同出版了经典著作《传媒的四种理论》，构建了一个在历史、社会背景下的传媒理论分析框架。西伯特在该书中指出，传媒的根本目的是通过提供各种事实和观点作为判断的基础，来帮助公众揭露真相，协助解决政治和社会问题；传媒有权利也有责任对政府施加法律范围以外的监督。彼得森认为传媒有义务对社会承担责任,并系统阐述了"传媒的社会责任理论",传媒被赋予了六项任务:(1)为政治制度服务,提供有关公共事务的信息、观点和讨论;(2)启发民智,使之能够自治;(3)监督政府,保障个人权利;(4)为经济制度服务,利用广告沟通买卖双方的商品和服务;(5)提供娱乐;(6)保持经济自立,不受特殊利益集团的压迫。

施拉姆从政治功能、经济功能和一般社会功能三个方面对大众传播的社会功能进行了全面总结(表2-1)。他认为大众传播具有四项社会功能:(1)社会雷达,即寻求、传递和接收信息的功能,用于监察社会环境;(2)操纵、决定和管理功能,对受众进行信息上的诱导、劝服、解释,引导其作出决定;(3)传授知识;(4)娱乐功能。施拉姆分类法的贡献在于:它明确梳理出了传播的经济功能,指出大众传播通过信息的收集、提供和解释,能够开创经济行为,而且这种经济功能并不仅仅限于为其他产业提供信息服务,因为它本身就是知识产业的组成部分。

表2-1 大众传播的社会功能

政治功能	经济功能	一般社会功能
监测(收集情报)	关于资源及买卖机会的资讯	关于社会规范、角色等的资讯;接受或拒绝这些资讯
协调(解释情报;制定、宣传和执行政策)	解释相关资讯;制定经济政策;市场的运作与控制	协调公众的理解和意愿;市场控制的运行
社会遗产、法律和习俗的传承	经济行为的洗礼	关于社会规范和角色规矩向新成员的传承;娱乐功能

近年来,媒介伦理学者克利福德·克里斯琴斯(Clifford Christians)等人提出了新的传媒理论框架,认为媒体功能分为三类:一是观测和告知,服务的主要对象是公众;二是通过批评、建议、主张和观点表达等方式,作为独立行动者参与公共生活;三是为媒体之外的各种声音提供表达渠道、论坛或平台,使之能到达目标公众。在此基础上,克里斯琴斯等人指出,传媒在当今西方社会主要扮演四种角色:监测角色、促进角色、激进角色和合作角色。

需要指出的是,以上学者对传媒及传播社会功能的研究,大都建立在西方价值传统的基础之上,难免会受到政治体制及其历史视野的局限,也不一定完全适合我国国情。但是,他山之石,可以攻玉,传媒已经横跨政治、社会、经济等众多领域,无论是在近代传媒萌芽阶段,还是在数字媒介如此发达的今天,从来没有脱离政治条件和社会环境而独立存在的经济现象,对传媒经济的审视亦应如此。

2.1.3 传媒产品多重属性

媒介传播的内容能影响人的精神,进而指导、协调人的行为,因此传媒产品具有精神产品的性质。传媒产品既具有公共物品属性,又兼有私人物品的某些特征;同时,它也是一种意识形态色彩浓厚的产品,因为在其生产和传播过程中,不可避免地带上了生产者、传播者的思想倾向和主观感受,体现着特定群体的价值观。总体来讲,传媒产品和传媒产业具备的主要属性有:意识形态属性、商品属性、公共物品属性。这三种属性对应着传媒在政治、经济、社会三个层面的功能与作用,虽然在不同历史时期以及对不同类型的传媒产品而言,传媒属性的具体表现会有所不同，但基本能够完整地揭示传媒产品的复杂特质（表 2-2）。

表 2-2 传媒产品主要属性

属 性	特征表现
意识形态属性	意识形态属性也可称为政治属性或宣传属性，它在传媒产品生产和消费过程中都有充分体现，传播活动要为特定的阶级利益服务，宣传执政党和政府的路线、方针和政策，始终坚持把社会效益放在首位
商品属性	传媒生产的新闻信息产品是创意型商品，具有价值和使用价值，它通常由两种附属产品混合构成，面向不同的目标市场：信息内容产品提供给受众市场，受众贡献的"时间"和"注意力"提供给广告商市场
公共物品属性	信息传播是社会协调发展的纽带，传媒承担着重要社会责任，大部分传媒产品在消费时存在非竞争性或非排他性等公共产品特征，其功能作用介于公共物品和私人物品之间，是一种比较典型的准公共物品

整体而言，传媒产品由两种元素构成。一方面是非物质成分（新闻、小说、说服性内容）；另一方面是物质性成分（与受众接触的媒介渠道）。尽管这两方面需要共同作用来满足公众的需求，但在实现媒介产品和受众的接触上，传播媒介这一元素必不可少，而公众需求的满足主要依赖其内容元素。因此，传媒产品的关键特征是它们在满足潜在客户的信息性、说服性或娱乐性需要上的能力。

传媒产品与一般工业产品有一系列的区别和差异，主要体现在：第一，传媒产品是体验型商品，其价值只有在被消费时才能体现出来，这意味着传媒产品必须赢得消费者信任，因为信任感决定着体验价值；第二，传媒企业提供双重的、互为补充的内容和发行产品，内容产品是无形的，与有形的发行媒介不可分割；第三，许多传媒产品属于公共产品，一个人消费并不会影响其他人的使用并且产生规模经济；第四，许多传媒公司依赖来自受众和广告商的双重收入来源；第五，许多内容产品以窗口方式提供市场产品，如电影在不同时期有不同的发行方式；第六，因为技术进步使许多传媒产品的市场边界变得模糊，可替代性增强；第七，每一个新创造的内容产品（非复制品）本质上是异质的、非标准的、并依据消费者的品位创造的；第八，传媒产品与所在市场的文化取向和已有的传播体系有很大关系，并常常取决于所在市场规则的深刻影响。

2.1.4 传媒经济主要特征

传媒产业已经成为经济发展的推动力量之一。传媒业本身也在不断变革演化，内容碎片化、技术数字化使得各类介质媒体的边界越来越模糊，电视、广播和报刊不再是单一运作的媒体，固有商业模式已被打破。传媒经济特征主要体现在以下几个方面。

第一，传媒经济在多个方面具有二重性。这是由于传媒的意识形态属性和产业属性决定的，传媒经济在产品性质、市场、收入等多方面具有二重性（表 2-3）。从第一性来看，传媒经济与其他经济相似，但第二性却是传媒经济特有的。因此，无论是研究还是发展传媒经济，都要兼顾两方面，其比其他经济形态复杂得多。

表 2-3 传媒经济的二重性

项 目	第一性	第二性
传媒产品性质	商品	宣传品
传媒产品使用价值	对消费者具有使用价值	对媒体具有使用价值
消费者	受众	广告商
受众支出	货币	时间、注意力
媒体收入	发行收入	广告收入
传媒市场	发行市场	广告市场
价格	发行价格	广告价格

第二，盈利模式比较特殊。传媒产品获得价值补偿，虽然也可以通过直接销售信息内容来实现，但第一次售卖往往不能覆盖全部生产成本，因此，媒体还要进行第二次售卖，将通过信息内容凝聚起来的受众注意力售卖给广告商，这个过程被称作二次售卖。媒介评论家本·巴格迪坎（Ben Bagdikian）曾这样描述报纸的二次售卖："对商人来说，报纸出版者们的举动十分奇怪。他们卖那些'煮熟的松树'的价格要比买进它们时低三分之一。这似乎是一次魔术表演：出版者们卖出他们的原料比买进时更为便宜，而他们却获利数以十亿计的美元。广告户也急切地把数以十亿的美元投到这个好似无利可图的交易上，而他们也获利以十亿计的美元。所有这些最后都是为了读者的利益，读者不费什么却有所得。"

第三，存在明显的规模经济和范围经济。传媒产品具有高生产成本、低复制成本的特点，边际成本（每多生产一个产品所花费的成本）趋向于零，产品数量增多反而会推动平均生产成本下降，从而出现规模经济现象。同时，传媒产业也比较容易出现范围经济现象，这是因为传媒机构在生产、传播各种媒介产品时可以共用一些资源，比如基础设备、人力、渠道等，生产多种产品的成本反而比单一产品的成本低。因此，基于产量扩大和生产种类扩大可以降低平均成本的假设，传媒行业比其他行业更容易出现大型集团，因为规模巨大，传媒产品种类繁多的集团往往可以形成成本优势，有利于产生高利润，增强传媒集团的扩张动能。

第四，传媒经济极易产生外部性。在社会经济活动中，一个经济主体（国家、厂商或个人）的行为给他人带来收益或损害，却没有得到相应报酬或支付赔偿的现象，称作外部性，或外部效应、溢出效应。从本质上看，外部性是未被市场交易体现的额外成本或收益，根据其影响的好坏，可以分为正面、负面两种。比如，传媒产品弘扬真善美和奉献精神，就会产生正面外部性；反之如果宣扬暴力、低俗等内容，抑或助长不良社会风气，就会产生负面外部性。因此，对传媒经济的外部性进行干预和治理，一直是不同国家政府所面临的重要任务之一。

近年来，随着数字技术的进步与迭代，数字媒体、社交媒体等进一步发展，传媒产业边界不断消融，新型商业模式不断涌现，传媒经济又出现了网络外部性、受众转变成为生产者、平台经济、长尾经济等新特点，这些都是非常值得关注的。

2.1.5 市场失灵与政府规制

由于市场机制的不完善、不完全性，其在某些领域不能或难以有效率地配置资源的现象，被称为市场失灵。在市场失灵的情况下，生产效率或配置效率无法达到帕累托最优。经济学理论认为，造成市场失灵的主要原因有：

一是市场存在着垄断或不完全竞争的现象，社会资源得不到优化配置。二是某些行业存在负面外部性，不仅使资源配置缺乏效率，还非常难以准确评估。三是由于公共物品的存在，消费者都想无偿地使用这些产品，于是就会出现了大量"搭便车"的现象，即不支付成本但获得利益的行为。四是市场中存在信息不对称现象，导致经济活动的不确定性增加，消费者可能以较高价格买到了质量很差的产品，生产者又可能生产出市场并不需要的产品。

西方经济学主要创立者亚当·斯密（Adam Smith）在《国富论》（1776）中提出，政府的角色应该是守夜人，而守夜人的职能之一就是要维护某些公共事业和公共设施。因此，要治理、解决传媒经济中的各种市场失灵现象，通常需要政府的介入和规制。政府规制又称为政府干预、政府管制，是指政府的行政机构依据法律法规、标准对企业或组织行为进行约束和规范，以纠正市场失灵。

一般来讲，政府规制可以分为两种类型：间接规制和直接规制。间接规制指政府通过反垄断法、民法、商法等法律手段对垄断等不公平竞争行为进行规制，重点是消除阻碍市场机制发挥作用的行为，维护市场机制框架并尊重市场主体的自由决策。直接规制又分为经济性规制和社会性规制：经济性规制指政府通过认可和许可等各种手段，对企业的进入、退出、价格、服务质量以及投资、财务和会计等方面的活动进行制约，以防止资源配置的无效率和保证消费者的公平待遇；社会性规制对应于外部性、公共物品等领域，由政府对企业的产品和服务以及围绕着产品和服务的提供而产生的各种活动设立标准和规则，并对其进行规范。

事实上，世界各国政府对传媒产业的规制手段虽然有所不同，但理念上都是非常积极的。我国对传媒行业的规制更加严格，不仅实行严格的准入制度，还体现在舆论导向管理、社会效益至上等方面，对传媒经济活动中各类偏差行为的纠正也非常及时。这里面蕴含的逻辑是，传媒经济的价值补偿方式与其他产业有很大不同，不能仅仅从市场中获取，还必须依靠政府对市场的守护和有力支持。

2.2 混合补偿模式

传媒产品本质上是一种精神产品，是劳动者智慧和创意的结晶，它既具有商品价值，对特定需求者也具有使用价值，因此，传媒产品理应在交换过程中获得经济收入和补偿。长期以来，传媒产品和服务的价值补偿方式可以分为两类：一是消费者补偿，包括销售信息产品、衍生产品以及提供创新服务等；二是第三方补偿，包括市场补偿、政策补偿、公益补偿等，补偿主体有广告商、政府行政机构、政党与公益组织等。对传媒机构而言，价值补偿的获取方式是混合而多元的。

2.2.1 传媒产品价值实现

大部分传媒产品能够成为商品，因而具有商品的价值二重性。但仅仅看到商品属性又是不够的，因为传媒产品还具有意识形态和公共物品属性，其价值表现不同于一般商品，价值和使用价值的形态更加丰富多彩，实现形式也是多种多样。随着传播活动的进行，传媒产品潜在价值得以实现，表现为传播价值和经济价值的统一，这两类价值的实现始终相互促进、相互影响，二者紧密相连。

传播价值是指传媒产品传播后在社会上所形成的良好传播效应，主要包括对受众的狭义传播价值以及舆论价值和公益价值。狭义传播价值是指信息内容给公众带来的效用，如信息获知、审美愉悦、娱乐享受、知识获得等；舆论和公益价值指传媒产品对社会舆论、社会风俗、公共道德、公共利益等所发挥的正面作用和影响。由此可以看出，传播价值主要体现为一种精神价值、一种公共价值。

经济价值是指传媒产品经传播后所产生的经济效应，主要是对传媒产品生产过程中的资源消耗进行价值补偿和增值，对经济体来说，补偿方式是多向度的。除政府机构拨款和补贴外，传媒机构通过市场实现经济价值的途径主要有三种。

第一，基于广告的二次售卖。传播者以免费或非常低廉的价格提供有价值的信息内容，并以此来凝聚受众注意力，然后再把受众注意力（表现形式为时间、版面等）售卖给广告商，通过广告收入来实现经济价值。广告售卖是传统媒体主流的价值补偿方式，从其诞生到今天，差不多已经支撑了大众传媒两百年的时间。即便是在当今互联网时代，二次售卖依然是一些网络平台媒体的重要盈利模式，但对于报刊、电视、广播等传统媒体而言，二次售卖模式已经难以为继了。

第二，基于信息内容产品售卖和服务创新。一方面，对信息内容直接进行售卖，比如报刊发行收入、有线电视收视费、内容版权销售收入、电影票房收入、网络视频会员费和点播费等，都属于此类收入。另一方面，互联网作为一种结构性的力量，正在不断改变传媒生态，给信息内容生产和传播服务创新带来更多可能。近年来，《纽约时报》《华尔街日报》《卫报》等国际知名媒体，坚定推进数字内容及会员付费模式，在数字化转型方面取得了巨大成功。在我国，内容服务创新也是层出不穷，一些传统媒体纷纷拥抱互联网，对接市场需求，推出了诸如新媒体平台代运维、内容审核与风控、内容聚合分发、付费内容定制等新兴内容业务，并积极推动内容创业、垂直内容开发、舆情监测处置、媒体智库等创新服务。

第三，基于场景服务和产业链延伸。进入移动互联网时代后，场景的意义大大增强，移动传播本质上就是场景服务和场景争夺，"媒体＋场景"正在成为传媒价值实现的新途径。近年来我国媒体纷纷介入政务服务、大数据业态以及社交、电商、活动等领域，开辟了一些新的收入来源。与此同时，媒体通过品牌授权、IP打造以及衍生品开发销售等方式，对优势传媒品牌或者已经取得良好社会效益的传媒产品的经济价值进行再度深入挖掘和利用，大部分取得了良好效果，充分揭示了传媒经济作为影响力经济的特定内质。另外，还有一些媒体利用人才、资源、渠道等方面的优势，将产业链延伸到文化产业相关领域，如文创、文旅、文博、教育行业，有的甚至还拓展到了文化投资、房地产等资金密集型行业。

传媒机构收入来源多元化，已经是一种普遍现象，但不同国家、不同细分行业的媒体经营业务和收入来源却又大相径庭，比如《纽约时报》《华尔街日报》等大报依托付费墙技术开展数字内容订阅，不仅用户增长速度惊人，并且付费内容收入开始超过广告营收而成为支柱性收入，但在我国传媒行业中，数字内容付费还处于起步阶段，只有少数媒体在进行尝试探索，大部分传统媒体依然对此无动于衷。

2.2.2 混合补偿模式解析

如今，大多数传媒机构采取的是混合补偿模式，以第三方补偿为主、以消费者补偿为辅。

其中，前者又分为政治组织补偿和广告商补偿，后者分为内容产品售卖补偿和衍生品开发补偿。也可以说，混合补偿包含四种方式（图2-1）。

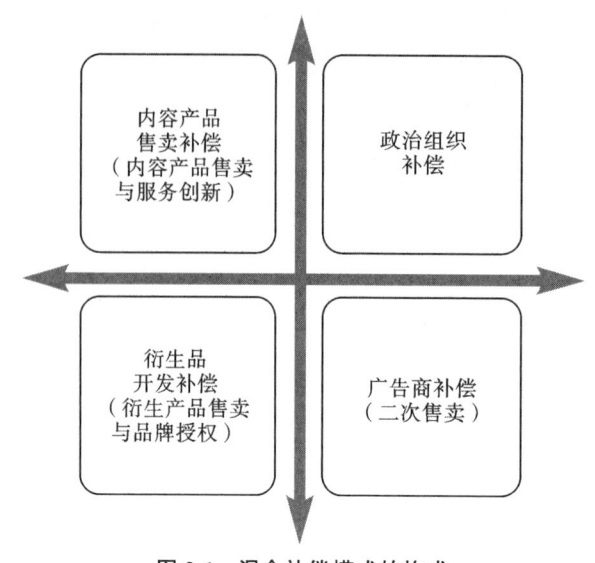

图2-1 混合补偿模式的构成

第一，政治组织补偿。补偿者包括政府行政机构、政党组织、宗教组织，还有一些社会性公益组织。政府补偿是政府介入市场的一种方式，主要目的是为了平衡公共利益，或者弥补市场失灵；政党补偿主要指近代欧美资产阶级时期，不同政党为了宣传其政治主张而对政党报刊进行经费补偿，有时候也通过发行捐赠来实现补偿；宗教、公益组织主要对宣传宗教理念和公益主张的报刊进行补偿。

第二，广告商补偿。对受众的时间和注意力进行二次售卖，从工商企业等广告商处获得价值补偿，是传媒产品价值补偿比较高级的形态。这一略显隐蔽的补偿方式，是19世纪中期美国的廉价报纸兴起后出现的，随后它悄然开创了大众传媒的黄金时代。大众传媒在经营上完全商业化，各类商业媒体更加兴盛，最终促使欧美国家出现了一批大型传媒集团。

第三，内容产品售卖补偿。近代报刊萌芽时期，由于工商业远未发展成熟，还不可能通过广告商补偿报刊成本支出，报刊只能由买卖双方直接进行交易，这是比较早的内容产品消费。至今，这种直接补偿方式不仅仍被大多数报刊使用，而且在互联网语境下焕发出了新的活力与生机，比如网络视频平台会员费、有线电视节目点播费、报刊数字内容付费订阅、电影票房收入、内容版权收入等，以及某些与信息内容生产、传播有关的创新服务收入，都属于这种模式的发展。

第四，衍生品开发补偿。具体指利用传媒产品的良好社会价值，在其影响力基础上提炼元素，进行衍生品开发或品牌授权经营。这种补偿方式延伸了传媒产业价值链、产业链，运营得当的话，经济收益非常可观。以电影为例，美国电影产业总收入中，有七成来自衍生品授权和主题公园运营；好莱坞系列影片《星球大战》在全球获得了64.9亿美元的票房，衍生品的销售收入高达422亿美元，数倍于票房；迪士尼公司2013年出品的电影《冰雪奇缘》，全部收入中有八成来自衍生品，是电影票房的7倍多，其中一条"艾莎裙"在美国就卖了300万条。

当然，以上四种价值补偿方式并非一成不变，在不同历史时期，不同国家、不同类型媒体实现价值补偿的方式各不相同，差异很大。比如，欧美报业一直依靠广告商作为第三方进行价值补偿，但近年来通过推行数字内容付费模式，消费者补偿所占比重越来越高；又如，在广电媒体的价值补偿方式中，政府补贴、牌照费、收视费等超过了广告收入，这是报刊、网络媒体不能比拟的。尤其是在今天，传媒业已成为一个包含多种媒介因素的复杂系统，在数字技术和互联网的加持下，某些新的价值补偿方式正在萌芽成长。但从价值补偿方式的演变历史来看，这些补偿方式并不是替代关系，随着时间推移，它们最终都汇入了传媒收入的河流。

【延伸阅读2-1】

迪士尼如何玩转衍生品？

全球闻名遐迩的迪士尼（The Walt Disney Company），由华特·迪士尼于1923年创办。

迪士尼主要业务包括影视制作、主题公园、玩具、图书、电子游戏和网络传媒。皮克斯动画工作室、惊奇漫画公司、试金石电影公司、米拉麦克斯电影公司、博伟影视公司、好莱坞电影公司、ESPN体育、美国广播公司（ABC）都是其旗下的公司（品牌）。2012年、2019年，迪士尼分别斥资41亿美元、713亿美元将卢卡斯影业和21世纪福克斯纳入麾下。2022年，迪士尼在财富世界500强中位列第183位、福布斯全球企业2 000强中列第94位。

迪士尼品牌借由动画电影树立了米老鼠、唐老鸭、白雪公主、小熊维尼、狮子王等一系列经久不衰的形象，近年来又将星球大战、复仇者联盟、蜘蛛侠、X战警等一系列知名IP（知识产权）收入囊中，沉淀了大量的优质内容资源，这为迪士尼进行品牌授权和衍生品开发奠定了良好基础。

以"娱乐循环"为理念，迪士尼形成了独特的轮次收入模式（利润乘数模式），即以动画为源头产品，将影视娱乐、主题公园、衍生产品等不同产业环节凝聚成一条财富链：首先是电影的票房收入，包括国内和海外发行；其次是电视、录像带、光盘、图书等窗口销售；再次，通过推广吸引游客前往主题公园消费；最后，通过特许授权开发各类衍生产品。

目前，迪士尼已成为全球最大的品牌授权商，它通过专利、特许经营等形式，与3 000多家授权商合作，销售超过10万种与迪士尼卡通形象有关的产品。在License Global发布的全球授权商排行榜中，2021年迪士尼衍生品自营业务收入达53.4亿美元，它还与孩之宝、乐高、宝洁等知名企业合作，授权商品年销售额562亿美元。迪士尼2022财年年报显示，总营收827.22亿美元，其中"主题公园、体验和产品"营收占比为34.7%，同比增长73.4%。

迪士尼授权经营的消费品看似种类繁多，但都坚守一个重要准则，那就是与源头的影视作品必须紧密关联，保证影视角色形象能顺利地渗透到衍生品之中。迪士尼也从来不把创作出的动画形象看成一次性消费品，而是当成一个可长久消费的金矿去挖掘，持续进行开发。

这就是迪士尼产业链延伸成功的关键所在。故而，在手表、饰品、服装、箱包、家居用品、毛绒玩具、学习用品、电子产品等细分消费领域，迪士尼的经典形象几乎无处不在。

2.2.3 公共传播运营之变

传媒社会责任论指出，新闻媒介应该是真实准确、客观中肯、自我约束的，媒介所有权是一种公共信托形式，媒介应该遵守伦理信条与专业性原则，并承担社会责任，某些环境下可能需要政府介入捍卫公共利益。英国媒介经济学家吉莉安·道尔（Gillian Doyle）认为，解决公共内容服务中的市场失灵问题,最常见的方法除了采取规制外,还可以采取媒体公共所有权的办法,虽然这种方式也存在一定争议。一方面,公共产品和服务具有非耗竭性,最好是在公共领域以免费形式供应,经济上由公共资金支持;另一方面,公共所有权比私人所有权更具优势,管理者们不用为股东利益而忧心,可以全身心地投入公共服务中。

一直以来,由于频率、频段等资源属国家所有,造福公众是应有之义,因而广播电视行业具有鲜明的公共服务特征,始终是受到严格规制的经济领域,世界上大多数国家都建立了各种形式的公共资助或国家所有的广播电视机构,专门提供广播电视公共服务。英国是世界上最早实行公营广播电视体制的国家,1922年成立的英国广播公司(British Broadcasting Corporation,BBC)就是一家公共公司,它以公共资金(即纳税人缴纳的收音机、电视机制执照费,由政府统一拨付)作为经费来源,致力于成为独立的和垄断的公共服务传媒机构,并以利他主义思想为从业者行为准则,把为公众利益而工作视为自己的天职。美国的广播电视机构基本都是私营商业机构,但仍有1 200多家公共电台、300多家公共电视台,1967年成立的公共广播公司(Corporation for Public Broadcasting,CPB)也是一个非营利、非政府的公共服务机构,CPB后来设立了PBS公共电视网,其运营经费主要来自国会拨款和社会捐赠。类似机构还有日本广播协会(NHK),它在1926年由名古屋、大阪、东京三地广播局整合而成,是日本的公共媒体机构,NHK不通过播放广告获取收入,其经费来源完全依赖于收听费和收视费。

公共广播电视具有社会福利特征,这种做法不仅在商业上具有独创性,在文化方面也是一种创新,公共公司有别于一般商业公司——它不以利润最大化为目标,而是以公共传播为己任。那它们又是如何获得价值补偿的呢? BBC、CPB、NHK提供了三种补偿方式,但实际上远不止如此。例如,澳大利亚的公共广播电视由公共基金提供经费;希腊的公共广播电视有一部分支持资金来源于向消费者强制征收的电费;西班牙广播电视公司则不收取任何电视费;德国公共广播联盟和德国电视二台采取混合筹资模式,但广告收入非常有限;对于法国电视二台、三台、第五频道来说,广告收入起决定性作用,但德法合办的文化频道完全依靠政府资助。

此外,市场中还存在一种弱势媒体援助机制。以报业为例,北欧国家瑞典和挪威不断完善报业补贴制,澳大利亚、荷兰等国家也有类似政策。这项实验性政策的核心,是有选择地向那些非市场导向的主要媒体提供补贴,以维护市场框架内媒体的多样化和多元化,扩展消费者的选择余地和公共讨论空间。这些补贴被指定用于发行和印刷,并不能用于内容的采编,补贴由各党派代表组成一个公共机构进行管理。报业补贴制度的独特之处在于,为了保护小众的声音,并努力在整个产业范围内对市场竞争进行改造,否则这些报纸早已被市场力量消灭了。

自20世纪80年代以来,在世界范围内,传媒行业的政府规制逐步出现放松的趋势,大部分公共电视频道都解除了管制,但随之而来的是观众数量急剧下降,不得不开始播放商业广告,从而承受着可能丧失权威性的代价。因此,广播电视行业的公共传播体制面临着诸多挑战,主要包括:首先,公共广播电视机构保持政治中立的立场越来越困难,所谓的客观报道、中间立场,党派和政府并不买账,二者之间的关系有时候异常紧张,如BBC多次面临被分拆、改组的威胁和风险;其次,公共传播体制自身存在着作风官僚、效率低下、透明度不够等问题,公共利益很多时候也难以具体界定和量化,因此一直被社会批评家以及商业电视机构所诟病和攻击;最后,互联网带来的技术进步,以及数字传播平台的发展,使得个性化的内容供应成为可能，电视内容消费的方式和手段也越发多元化，那么基于广播电视接收设备征收费用的逻辑也不再清晰合理，其补偿模式调整将是必然的。

【延伸阅读2-2】

公共传播：百年BBC面临新挑战

英国广播公司（BBC）是世界上第一家公共服务广播公司。1922年，BBC第一电台在英国牛津街一家百货公司楼顶开始广播，四年后被改造成公有公司，向社会提供公共服务。

BBC一直由英国皇家宪章规管。宪章由政府根据媒介环境组织编写，每10年更新一次，最新的宪章于2017年1月1日生效。新宪章表明BBC的新使命宣言是：为公众利益行事，在提供信息、教育和娱乐时为所有公众提供公正、优质、独特的媒体内容和服务。

由于BBC近年来受到不少质疑，使得2017年的宪章修改成为历史上受到审查最多的一次。主要改动点包括：（1）约期由原来10年更新一次改为11年，目的是将宪章审查进程与英国政治周期分开；（2）BBC高收入工作人员姓名公开，增加资金花费的透明度；（3）电视许可费不会被其他模式取代，并将适当增长以抵御通货膨胀；（4）英国通讯管理局（Ofcom）成为BBC的外部监管者。如此大刀阔斧的改革，也引发了公众对BBC未来的担忧。

总的来说，此次宪章改革给BBC带来三大挑战：第一，饱受争议的电视许可费还能收多久。虽然新媒体技术飞速发展，但在2017—2028年周期，新宪章仍然认为统一收费是为BBC提供收入的最佳方式，2028年以后呢？第二，如何在数字环境中为所有公众服务。BBC必须努力适应新的环境，在内容创建、服务分发、内容聚合三大领域实现关键转变，在新技术、新竞争和不断变化的电视消费者行为背景下生存发展。第三，治理和监管框架至关重要。由于Ofcom与政府关系过于紧密，有可能威胁BBC的自主性和独立性，以及公共媒体服务原则。

公共服务广播是指为公共利益服务的广播机构，其功能在于作为国家和社会融合与稳定的代理人，发挥着稳定社会和其民族多元化的作用。为了保持这种功能，BBC一直强调代表公众利益，新宪章也特别强调关注所有公众的需求。所以，在面对新媒体和社会环境的变化时，BBC正在积极主动地自我适应，以保持其公共服务广播机构的地位和影响力。

此外，为了满足所有公众的利益，社会需要BBC具有能够应对商业利益影响和政府干预的独立性。因此，BBC一直强调公共广播机构应与政府保持距离，但此次宪章改革并不像看上去那么好。公众担心的是，新的监管者Ofcom本身就是政府机构的一部分，有着百年发展历史的BBC还能像以前那样保持独立性吗？BBC还有多大的发展空间？

2.3 政府介入市场

在世界上大多数国家，政府（包括执政党通过政府或议会）对传媒业进行管控较为常见，政府介入传媒市场运营，通常被认为是避免市场失灵的有效手段。在我国，媒体是党和人民的喉舌，"党管媒体"是一条基本原则，传媒业一直具有特殊而重要的地位：一方面，新闻媒体必须牢牢把握正确舆论导向，始终坚持把社会效益放在首位；另一方面，党和政府对新闻媒体机构呵护有加,不断通过政策供给、直接补贴、优惠待遇、税费减免等方式支持传媒业发展。

2.3.1 政府介入主要类型

媒介经济学认为,政府力量介入市场运作,目的在于通过公共政策所具有的强制力,弥补市场机制分配资源功能的不足,从而使产业之间的竞争处于活跃状态。这些政策的目的在于保护生产者和消费者,并达成社会目标,或是从政治的考虑出发,对消费者和生产者的要求作出回应。皮卡德将其归纳为四种类型。

第一,制定行业法规。包括三个方面的内容:(1)技术性法规,比如制定广播与有线电视技术标准和音像制品所用设备标准,对频率资源进行保护和分配,以确保共容性、高品质与安全性;(2)介入市场结构规则的制定,目的是控制市场中生产者与销售者的数量而使市场结构多元化,通过特别许可和执照发放的办法保护某些类型的市场结构,比如通过提供贷款、基金、捐赠的办法促进媒介发展并使媒介所有权多元化等;(3)用行为管制的方法控制相关公司,阻止损害市场的反竞争行动的出现,通过对税率和价格的控制来达成某种社会经济目标。

第二,优惠待遇。指的是政府以偏好的方式对待相关产业,或者以压低价格的方式由与政府相关或政府管制的产业来专门提供相关产品,介入方式有减免税收、免除特定管制、推出优惠政策等。优惠政策指的是旨在促进媒介产业发展的公共政策,比如政府允许将广告支出列入营运成本,可以用来抵交营业税;邮资和铁路运费等优惠可以让报纸、杂志、书籍和广告能够在优惠的寄运成本之下送达消费者。优惠待遇不仅降低了经营成本,使得传媒企业可能赚取更高的利润、生产积极性大大提高,还可以创造良好的外部环境以促进资讯自由流动,保证公众知情权,而且这些公共政策带来的外部环境改善又促进了社会福利的发展。

第三,补贴政策。是指政府将资金转移到特定产业来提升它的经济运营水平或者某种类型产品的生产效率,它可以作为阻止或避免外部有害效果产生的手段。比如英国、法国、意大利、瑞典等国直接对报业进行补贴,意大利、比利时、挪威等国对广告收入占总收入比例不足5%的地方性报纸,由政府提供广告投放机会。美国提供了用于改善新闻品质以及基本资源使用的基金,另外一些国家政府还对一些经济状况不佳的报纸提供教育培训与调查研究专项补助、通讯社特别补助、政治团体补助、联合发行补助以及联合经营补助等。

第四,赋税手段。指的是资金从生产者和消费者的口袋中转移到政府,作为政府活动经费,也可以作为政府对那些造成外部有害效果的公司的一种惩罚方式。比如欧洲的英国、法国、德国、意大利、瑞典等国都有税收减免措施:德国一般企业增值税率为16%,而报刊业税率仅为7%;法国一般物品的消费税率是18.6%,报纸的税率则是2.1%,期刊的税率是5.5%;英国对所有商品都征收15%的附加税,但对图书则免征,已持续了150多年;法国的新闻从业人员免交人头税。此外,在传媒与文化产品的国际贸易中,由于"文化例外"原则的存在,对进口产品征收关税、实施配额制度,而对出口产品进行补贴,也是很常见的现象。

如果安排并实施得当,以上介入手段会产生它的经济效果,这些非市场力量可能会给传媒机构带来成本替代、收入利润的增加,以及生产动力的提升或市场规模、市场结构的优化,会取到类似风向标的作用,从而促进传媒经济发展。

2.3.2 传媒改革与政策供给

虽然皮卡德将政府介入传媒市场运作分为了四种类型，实际上也可以简化为两个方面：一是在不同历史时期和特定技术、社会环境下，政府通过各种形式的政策供给，以维护或推动传媒市场健康发展；二是政府运用预算、财政补贴、扶持基金、税费减免等经济手段，直接或间接地对传媒机构进行补偿，支持传媒产业发展，达成社会目标。在不同历史阶段，由于面临的发展形势和需要解决的问题不一样，政府介入市场的方式并不相同，但大多数时候传媒市场改革与政策供给是混合在一起的，这在很大程度上影响着传媒价值补偿的方式。

在我国，"党管媒体"是一项必须坚持的重要原则，"党委领导、政府管理、行业自律、企事业单位依法运营"是传媒市场运行的显著特征。改革开放以来，为促进传媒业健康发展，党和政府不断完善顶层设计，推动传媒体制改革，出台了一系列政策、制度、措施。总体而言，传媒改革与政策供给分为四个时期。

第一，传媒经营恢复期（1978—1991年）。1979年年初，财政部批准人民日报社等8家媒体实行"事业单位、企业化管理"，随后，天津、上海等地报业和广电媒体开始恢复广告经营活动；4月，财政部颁发了《关于报社试行企业基金的管理办法》，再次明确报社在财务上实行企业管理办法；不久后，中宣部发文肯定媒体恢复广告的做法，并印发《关于报刊、广播、电视台刊登和播放外国商品广告的通知》。1981年，中央颁布了《关于当前报刊广播宣传方针的决定》。1983年，中央颁布37号文件，确定了"四级办台、混合覆盖"的广播电视事业建设基本方略（"四级"指中央、省、地、县）。1985年，上海广电局在电台、电视台内部推行经济承包责任制，洛阳日报社开始自办发行。1988年3月，当时的国家新闻出版署和国家工商行政管理局联合发布了《关于报社、期刊社开展有偿服务和经营活动的暂行办法》。从此，我国传媒市场化进入了一个全新阶段。

第二，集团化发展时期（1992—2001年）。1992年邓小平南方谈话和党的十四大召开后，"建立社会主义市场经济体制"成为国家改革目标。当年6月，中共中央、国务院发布了《关于加快发展第三产业的决定》，正式将报刊经营管理列入第三产业，这是报刊产业化的一个重要标志。这之后，随着报业经济实力的增强，规模化、集约化经营成为必然趋势，组建报业集团迅速成为一股潮流。

1994年6月，国家新闻出版署在杭州召开"全国首次报业集团研讨会"，形成我国关于组建报业集团的指导性文件；1996年5月29日，我国第一家报业集团——广州日报报业集团挂牌成立；1999年8月，中办、国办发布《关于调整中央国家机关和省、自治区、直辖市厅局报刊结构的通知》，取消厅局报纸、优化报业结构。报业集团化浪潮迅速蔓延到了广电领域：1996年6月，无锡成立第一家广电集团；2000年，第一家省级广电集团——湖南广播影视集团成立，随后一大批广电集团挂牌；2001年，《关于深化新闻出版广播影视业改革的若干意见》即"17号文件"出台，明确提出组建若干大型报业、出版、发行、电影集团。

第三，文化体制改革时期（2002—2012年）。随着党委、政府对文化发展规律的认识不断深入，区分事业和产业不同性质、解放和发展文化生产力的思想脉络逐渐清晰可见，具体包括推动文化事业大繁荣、探索"政企分开""事企分开"运行体制、新闻采编经营"两分开"、剥离媒体经营性资产转企改制等核心内容。

2002年11月，党的十六大报告首次提出"积极发展文化事业和文化产业""推进文化体制改革"。2003年7月，中办、国办转发《关于文化体制改革试点工作的意见》，年底出台了《关于印发文化体制改革试点中支持文化产业发展和经营性文化事业单位转制为企业的两个规定的通知》；2004年2月，原国家新闻出版广电总局颁布《关于促进广播电视产业发展的意见》；2005年，国务院发布《关于非公有资本进入文化产业的若干决定》。2006年初，中办、国办印发了《关于深化文化体制改革的若干意见》，文化体制改革全面铺开；随后，《国家"十一五"时期文化发展规划纲要》（2006）、《文化产业振兴规划》（2009）相继出台；2008年，国办出台114号文件，即《关于印发文化体制改革中经营性文化事业单位转制为企业和支持文化企业发展两个规定的通知》（以下简称"两个规定"）；2009年，国家新闻出版署出台了《关于进一步推进新闻出版体制改革的指导意见》；2011年，中办、国办印发了《关于深化非时政类报刊出版单位体制改革的意见》。

第四，媒体融合发展时期（2013年至今）。党的十八大之后，随着互联网特别是移动互联网的飞速发展，传媒市场环境和生态发生了深刻变化，构建全媒体形态的现代传播体系、建设新型主流媒体集团成为各类传媒机构的重大战略任务。2014年9月19日，中办、国办印发《关于推动传统媒体和新兴媒体融合发展的指导意见》，指引媒体融合发展；2016年7月，原国家新闻出版广电总局发布《关于进一步加快广播电视媒体与新兴媒体融合发展的意见》；2018年11月，《关于加强县级融媒体中心建设的意见》出台；2020年9月，中办、国办印发《关于加快推进媒体深度融合发展的意见》，媒体融合发展很快向纵深推进。

为确保扶持政策的连续性，"两个规定"于2013年、2018年、2023年三次"续期"。这一时期，还出台了《关于推动国有文化企业把社会效益放在首位、实现社会效益和经济效益相统一的指导意见》（2015）、《国家"十三五"时期文化发展改革规划纲要》（2017）、《"十四五"文化发展规划》（2022）等系列文件。

2.3.3 经济扶持与传媒发展

在我国，近年来在移动互联网的猛烈冲击下，传统媒体收入大幅度下滑、融合发展进度难以达到预期，各级党委和政府为了保障传统媒体做好舆论引导工作，不断地通过宏观调控、释放政策红利等办法支持媒体发展，主要方式有四种。

第一，财政补贴。是指由财政部门直接给予资金支持，又可以分为编制经费和专项补贴两大类。编制经费也称为"人头费"，即纳入了各级政府公共预算、由财政部门按年度拨付的事业编制人员费用。随着文化体制改革和事业单位改革的推进，国有媒体单位不能或没有进行转企改制的，基本上都被确定为公益一类或公益二类事业单位，重新进行了定编定岗，并按一定标准给予财政拨款，如大部分央媒和地方广电台已经在按编制数量拨付一定人员费用。国家广电总局发布的《2022年全国广播电视行业统计公报》显示：2022年，全国广播电视行业共获得财政补助收入1 037.29亿元，约占行业总收入的8.4%，基本与上年持平。

另外，各级财政还直接给予媒体单位资金补贴，主要用于党报发行兜底、融媒平台建设、弥补运营亏损等，具体补贴金额不一，如中央财政每年给三大央媒补贴数亿元，有些省市不仅支持党报发行提价，还连续多年给予补贴（表2-4）。

表 2-4 部分省市对媒体的财政补贴情况

省 市	财政补贴主要做法
上海	2012 年上海报业整合之初,每年补贴解放日报社和文汇报社 5 000 万元;在推进媒体融合发展时,每年又给每家市级媒体补贴 5 000 万元
广东	2013 年开始,每年拿出 1.5 亿元补贴南方日报社 7 000 万元、羊城晚报社 5 000 万元、广东电视台 3 000 万元;2016 年开始,补贴增加到每年 2 亿元,南方日报社 1 亿元、羊城晚报社 6 000 万元、广东电视台 4 000 万元
广东(广州)	2016 年补贴粤传媒 3.5 亿元,专项用于《广州日报》的印刷、发行支出
广东(深圳)	2016 年开始,连续 6 年,每年补贴深圳报业集团和广电台各 1 亿元
山东(济南)	"十三五"时期每年安排 2 000 万元,补贴媒体融合发展重点项目
重庆	每年给予重庆日报社财政拨款 1 亿元
福建	2012 年至 2016 年,每年安排文化产业专项资金 1 亿元
广西	2018—2020 年,每年补贴广西日报社 1 000 万元;2018 年,给广西电视台和广播电台分别安排财政预算经费 3 800 万元、2 800 万元
河北	2016 年底出台了《关于加强对各级新闻媒体财政支持的通知》

第二,税费减免。文化体制改革过程中,税费减免被认为是最大的红利,从 2004 年开始,每五年一个周期,支持文化事业单位转制和文化企业发展的"两个规定"已执行了 20 年,新一轮减免将执行至 2027 年年底。"两个规定"不仅对转制后的资产管理、收入分配、社会保障、人员分流、法人登记等作出了具体规定,还从财政税收、投资融资、土地处置等方面支持文化产业发展。同时,财政部、海关总署、国家税务总局还发布了落实"两个规定"中税收政策的办法文件。

经营性文化事业单位转制为企业,可以享受的税收优惠政策有:(1)转制企业自注册之日起免征企业所得税;(2)由财政部门拨付事业经费的文化单位改制,自用房产免征房产税;(3)党报党刊剥离其发行、印刷业务及相应经营性资产而组建的文化企业,所取得的党报、党刊发行收入和印刷收入免征增值税;(4)对转制中资产评估增值、资产转让或划转涉及的企业所得税、增值税、营业税、城市维护建设税、印花税、契税等,按规定享受税收优惠政策;(5)转制为企业的出版、发行单位处置库存呆滞出版物形成的损失,允许按税法规定在企业所得税前扣除。

第三,服务购买。由财政出资购买党报,并向特定对象赠阅,也是一种比较常见的公共服务购买形式。比如吉林、内蒙古曾由省级财政出资购买省级党报免费分发给相关人员,重庆市由重庆市财政局出资购买 10 万份《重庆日报》进行赠阅,上海市财政局出资购买 10 万份"上海观察"电子版,再免费推送给公务人员。

在实际运作中,政府购买公共服务已成为了支持传媒发展的重要手段。比如在县级融媒体中心建设过程中,浙江湖州市提出在资源配置上做到"三个优先",即鼓励将政府性公共资源优先配置给融媒体中心,各行政部门便民信息服务平台优先由融媒体中心承建,政府性户外广告业务、大型活动策划、文化产品采购等优先由融媒体中心承办。政府每年用四五千万元购买服务,占到了县级融媒体中心总收入的四分之一左右,仅 2017 年,湖州辖下的长兴、安吉、德清三县融媒体中心，政府购买服务金额分别达到了 5 000 万元、5 000 万元、4 500 万元。

第四，项目扶持。近年来，国家不断加大对文化产业的扶持力度，不仅直接拨付财政资金，还积极引导设立各类项目基金和优质项目库，主要包括国有资本金预算项目比例返还、文化事业项目支持以及各类文化产业专项扶持资金、媒体融合发展项目基金、文化发展引导基金等。同时，政府部门还不断创新资金投入方式，完善政策扶持体系，采取贴息、补助、奖励等方式支持文化企业发展。

2022 年底，财政部修订、印发了《中央支持地方公共文化服务体系建设补助资金管理办法》。该办法明确，补助资金用于支持地方提供基本公共文化服务项目、公共文化体育设施维修和设备购置、基层公共文化服务人才队伍建设、其他公共文化项目等，实施期限为 2023—2027 年。其中，基本公共文化服务项目支出包括读书看报、收听广播、观看电视、观赏电影、送地方戏、公共数字文化服务以及开展文体活动等。据了解，仅 2022 年一年，该项补助金额就高达 145 亿元。

第三章　二次售卖

二次售卖是大众传媒最常见的价值补偿方式，是报业、电视等传统媒体长期依赖并行之有效的商业模式，从其诞生到现在，已经支撑了大众传媒近200年时间。在二次售卖模式中，媒介组织者、受众和广告商关系紧密却又界限分明，新闻信息内容成为招徕读者和受众的产品，广告商成为提供经济来源和价值补偿的重要渠道。从这一经典的商业模式出发，考察其勃兴、演变及衰落的过程，对理解传媒商业逻辑及新技术条件下媒介的进化趋势不无裨益。

3.1　二次售卖兴起

二次售卖模式伴随着廉价商业报纸的成功运作而出现，此后又在电视媒体时代得到了传承与发扬，并逐渐成为大众传媒的主流商业模式。也有传媒经济研究者认为，新闻史上廉价报纸的发端，是狭义传媒产业化的开始，而现代传媒在经济运作方面的本质特征，实际上就是广告媒介产业的一种具体实践。

3.1.1　廉价报纸的出现

从某种意义上来说，近代以来的廉价报纸虽然最早出现在美国，但它却是英国工业革命的产物之一。18世纪初期，发端于英国的工业革命浪潮最终向西欧、北美以及世界其他地方蔓延，带来了制造业、交通业等方面的巨大进步，蒸汽技术开始在各工业领域广泛应用。1811年，德国机械师弗雷德里希·柯尼希和安德里亚斯·鲍尔发明了蒸汽印刷机，每小时大约能印1 500张纸，是原来手动印刷机的5倍，印刷效率得以大幅度提升。英国著名的《泰晤士报》第一个采用了他们的蒸汽印刷机，1814年11月28到29日夜里，古登堡发明手动印刷机360年后，蒸汽印刷机首次在伦敦成功印刷《泰晤士报》，这是印刷史上里程碑式的事件。

英国学者汤姆·斯丹迪奇（Tom Standage）对此评论说："由于蒸汽印刷机的发明，新闻成了一种工业产品。"从理论上来讲，印刷和销售的速度变得更快、信息的时效性更强，意味着报纸可以以低廉的成本大量生产，《泰晤士报》因此能够降低价格、增加销量。然而，这种情况实际上并没有发生，唯一的原因就是——当时英国政府对报纸出版课以极重的印花税，以此限制信息流通、替代新闻审查，报价被人为地维持在高位上，大多数人买不起报纸。美国的情况则截然不同，不仅管制政策宽松，政府还大力补贴报纸，给它们提供邮费折扣和特权，于是以售价低、销量大为基础的新办报模式在美国开放得多的媒体环境中诞生了。

1833年9月3日，22岁的出版商本杰明·戴（Benjamin Day）在纽约创办了《太阳报》。当时，美国的日报价格一般定在6美分一份，而且订报主要是按年收费。大多数人订不起日报，日报的销售量也一直上不去，1830年美国每天的报纸销量才1200份。但以"照耀所有人"为口号的《太阳报》与众不同，它的售价低无可低，只有1美分（后来也被称为"便士报"）。

虽然本杰明·戴并非新闻专业人士，但他用全新理念定位这张报纸并经营它，成功之处主要体现在以下几个方面。

第一，因为售价极低，报纸要想不亏损，就必须吸引大量读者，然后才能从广告商那里赚取广告费。本杰明·戴在《太阳报》创刊号上宣称："本报的宗旨为，以人人都付得起的价格把一天中所有的新闻都报告给公众，同时为广告提供理想的媒介。"该报最后一版全是广告，第三版约半个版专门刊登分类广告，有时头版也登广告。戴还规定，广告商必须事前支付广告费，报纸运营因此有了资金保证。

第二，《太阳报》效仿伦敦一些报纸的做法，雇佣报童上街叫卖报纸。报童自己花67美分买100份报纸（此后100多年美国报纸零售的标准折扣还是33%），然后按每份1美分的价格出售，卖不掉的报纸不能退货，这不仅促使报童卖力推销手中的报纸，戴也不必操心报纸卖不出去造成亏损，读者想看报买一份就是。

第三，《太阳报》的报道内容比较大众化，主动迎合工人阶层的需求，喜欢采用煽情主义手法，偏重趣闻轶事、有道德训诫意义的新闻、犯罪报道、短篇小说、公众人物八卦和老百姓喜欢看的反映人生百态的故事等，这与当时其他报纸的内容大相径庭（其他报纸的内容以政治新闻和演讲、商业及航运新闻为主）。

《太阳报》一炮而红，到1834年1月已有5 000名读者，成为美国发行量最大的报纸，它的发行量是原来最畅销报纸的两倍。报纸销量增加后，本杰明·戴提高了广告收费标准，1835年《太阳报》销售量达到1.5万份，1838年超过了3.8万份，成为当时世界上最畅销的报纸。《太阳报》的成功使得其他人纷纷效仿，1834年到1839年，仅纽约一地就开办了35家新的"便士报"，但只有几家维持下来了。1851年，《纽约时报》创刊时也是售价为1美分的"便士报"。

这些报纸是第一批真正意义上的大众媒体，它们为读者大众生产了大量新闻，开辟了近代报业发展的新时代。在此之前，报纸在大多数时候被视为政党的宣传机器而存在，经济上主要依靠政党补贴和用户的捐助性订阅。廉价报纸大获成功，不仅仅体现在销量大幅增长上，更为重要的是，它使"为广告提供理想的媒介"变成了现实，意味着报业找到了一种独特而又略显隐蔽的价值补偿方式——这就是后来被称为二次售卖的商业模式，它改变了报业发展的历史。

3.1.2 电视时代与广告模式

电视作为大众媒介登上历史舞台，比报纸差不多晚了100年。英国人贝尔德发明图像传输技术（1925年）后十多年，几经波折，在1939年的万国博览会上，美国无线电公司宣布成立世界上第一个电视广播网络——美国全国广播公司（NBC），并展示了一套电视系统，其董事长大卫·沙诺夫（David Sarnoff）在新闻发布会上说："在这个国家诞生了一门举足轻重的新艺术，必将影响到整个社会。"事实也是如此，电视诞生了，这一新的大众媒介迅速向主流迈进。

第二次世界大战后，电视迅速"起飞"，美国出现了100多家电视台，从主要城市覆盖到了整个美国。同时，电视行业的主导权也牢牢掌握在一些大公司手里：美国的NBC和CBS（哥伦比亚广播公司）采取它们所熟悉的广告模式，欧洲则采取国营广播公司模式，依靠对电视机征税来提供资金。电视开始迎来黄金时代是在1948—1949年，当时电视机的价格降到了相当于普通人6周工资的水平，大众购买电视机成为可能。广告模式也在1948年期间稳定下来：起初是要求广告商赞助节目、承担节目制作费用，但到了1948年，广告播出需求已足够大，电视台可以要求广告商按时间付费。并且，广告商都愿意在大广播公司播出的全国性节目间歇期间做广告，因此到1949年底，电视广告收入的一半都进入了大广播公司的口袋。

很快，电视成为家庭的重要内容——完整意义上的必备品，而且这一过程较之其他先前的家庭用品都要快，开创了家庭娱乐的新时代。美国家庭的电视拥有率从1946年的0.02%飞升至1960年的近90%，电视在很短时间里成了美国人生活的中心。到20世纪末，电视在世界范围内成为最主要的媒介形式。

【延伸阅读3-1】

佩利在CBS发明"广告模式"

1927年，哥伦比亚广播公司（CBS）成立于美国费城。成立时原为16家广播电台组成的独立广播业者联合公司，由于盈利能力有限，经常陷入困顿。但转机往往就来自困难时期，CBS的转机来自被收购，收购者名叫威廉·佩利（William Paley）。

威廉·佩利的父亲是一个烟草大亨，佩利从小耳濡目染，颇具商业天分，他毕业于宾夕法尼亚大学的沃顿商学院，曾在父亲创办的烟草公司中担任副总，曾利用广播电台进行广告宣传大获成功。也正是在那时，他注意到了广播的宣传效果和商业潜力。1928年，佩利说服父亲用40万美元买下CBS并由自己担任总经理，当时他才27岁。

佩利很快便认清了广播发展的关键所在：一是广播节目的质量，二是广告主。于是他找到其他广播电台，对他们说："我们免费提供节目，但对于有赞助的节目，必须按时插播广告。"众多地方性广播公司欣然接受这一条件，此后加盟单位越来越多，1937年达到了114家。就这样，CBS在全国范围内编织了一张巨大的广播网，因此吸引了大量的广告投入。

第二次世界大战中，CBS记者爱德华·默罗冒着生命危险，穿越枪林弹雨，对德军空袭伦敦进行了实况转播，此举让CBS声誉鹊起。通过这件事，佩利清楚地看到了市场的需求，于是他果断将CBS定位为"娱乐和新闻的阵地"。此外，他还敏锐地察觉到广告主的需求，一改往常把广告的单位长度由30分钟、60分钟缩减至5—15分钟、20分钟。正是这个小小的改变，吸引了更多赞助商加盟，进入电视时代后，广告更是以10秒、30秒为单位收费。

1941年，CBS正式开办了电视广播，1954年播出彩色电视，与其合作的电视台多达200多家。在电视时代，CBS推出了许多观众喜爱的节目，从20世纪50年代起，连续20多年居美国电视收视率首位。与此同时，插播广告进一步巩固了CBS的盈利之源，不仅证明了广告费可以支撑广播电视公司的运营，也使CBS成长为美国三大商业广播电视公司之一。

3.1.3 广告对媒介的影响

无论是二次售卖还是广告模式，广告的崛起对大众传媒和社会生活的影响都是巨大而深远的。一方面，广告成为媒介运作中的核心力量，它为报纸、杂志、电视和广播提供了支撑性收入来源，大大促进了传媒产业化进程；另一方面，广告的涌入及增长改变了原来的游戏规则，并持续影响传媒机构的某些决策，可能使报道内容失去独立性或客观性，甚至损害公众利益。

德国哲学家尤尔根·哈贝马斯（Jürgen Habermas）曾对18至19世纪大众报刊对欧洲社会领域转型的影响进行过深入研究，并出版了名著《公共领域的结构转型》（1962）。哈贝马斯认为，18世纪欧洲出现的咖啡馆、沙龙、文学刊物和自由报刊构成了公共领域，为公民提供了自由讨论空间，基本上没有政治倾向，并开始对法律和政策的合法性形成制约，但随着19世纪中叶销量巨大的报刊类大众媒体的出现，这个脆弱的公共领域很快土崩瓦解。他在书中援引另一位学者毕希尔（Bücher）的话说："报纸具有了商业性质，把广告空间作为商品提供出来，经过编辑部加工，这种商品市场广阔。"他还认为，"19世纪后半期大型日报的发展历史表明，报刊业在商业化的过程中，自身也越来越容易被操纵了"。

电视成为最普及的媒体，但批评的声音也从没有停止过。由于各大电视台都在拼命提高收视率以求增加广告收入，所以有人批评说，原来信誓旦旦地说将用电视媒体促进教育、加强民主，现在这个承诺被抛到了九霄云外。曾任职于美国联邦通讯委员会的尼古拉斯·约翰逊（Nicholas Johnson）在《生活的测试性格》（1972）一书中，宣称电视是"不折不扣的失败"。约翰逊说，电视产生了"普遍而有害的……麻醉效果"，这个观点得到了大多数其他批评者的响应与支持。

媒介文化批评家尼尔·波兹曼（Neil Postman）在《娱乐至死》（1985）中直言不讳，人们会渐渐爱上压迫、崇拜那些使他们丧失思考能力的工业技术，并将"毁于我们热爱的东西"。波兹曼认为，印刷媒体时代是"阐释年代"，阐释是一种思维模式，文字的魅力处处可见；而电视对话会助长语无伦次和无聊琐碎，电视只有一种不变的声音——娱乐的声音，电视正在把文化变成娱乐业的广阔舞台。波兹曼和约翰逊一样，批评说就连电视新闻也是一种娱乐，其真正目的是要观众看节目间歇时播放的广告，那才是给电视台带来滚滚财源的大生意。

本·巴格迪坎认为，传播媒介的权力是一种政治权力。他曾经激烈地抨击广告和资本对报刊、广播、电视等传播媒介的深刻影响，并在《传播媒介的垄断》（1983）书中写道："广告给工业和传播媒介的大经营者们带来惊人的利润，但它也付出了巨大的社会代价，社会代价之一是信息和思想丧失了多样性。……新闻和广告都不是一本万利的。"还有一些批评者和评论家曾认为广告商有能力控制新闻内容，但现在比较普遍的认识是，广告提供了动机和限制，以一种总体来说可预测的方式影响新闻，而不是直接决定新闻内容。然而，从历史和当代的角度分析，一般用来形容新闻的词语——它的客观性、高品质、公信力等——在广告影响下也已经变得与以前不同了，因为新闻并不能完全独立于广告之外。

3.2 二次售卖流变

大众传媒借助广告收入对内容生产传播实现了反哺，既服务了读者，又获得了经济收益，由此形成商业闭环。近代以来，中外学者对二次售卖商业模式进行了大量研究，先后出现了受众商品论、双重产品市场、注意力经济、影响力经济等观点和理论，这些研究成果逐步揭示了二次售卖的运行秘密和本质特征。

3.2.1 受众商品论

现代传播学先驱之一、美国知名记者沃尔特·李普曼（Walter Lippmann）在其《舆论》（1922）一书中写道，新闻媒体像是探照灯射出的一道躁动不安的光柱，一个接一个地照亮原本隐匿在暗夜中的事物，但公众还是会向新闻媒体付钱的，只要这个付费的过程不是公开的就好。李普曼认为，对于报纸来说，只有卖出广告并令广告商能够间接地赚到读者的钱，报纸才能生存下去。

传播学奠基人马歇尔·麦克卢汉（Marshall Mcluhan）在《理解媒介》（1964）中指出，"读报是一种有报酬的雇佣劳动"，"广告客户付钱在报刊上买版面，在电台和电视上买时间"就像是用钱买到了一部分读者、听众和收视者的注意力一样。麦克卢汉认为，电视台实际上是不动声色地租用观众的眼睛和耳朵做生意，它通过隐形消费——以观众对节目的关注来获取资源，然后将这一资源以高价卖给急需这种资源的人（广告商）。

之后，加拿大传播学者达拉斯·斯迈思（Dallas Smythe）正式提出了"受众商品论"。斯迈思的主要观点包括：（1）大众传媒的节目内容只不过是"钓饵"性质的"免费午餐"，媒介最重要的产品是受众；（2）受众实际上是为广告商打工，受众利用闲暇时间收看电视或阅读报纸，这项劳动随后被传媒包装成一种新的"商品"出售给广告商；（3）同样是这些受众，还得额外花钱去购买媒介广告中的商品，再次为媒介买单。斯迈思"惊世骇俗"地指出，整个商业电视体系和报业体系，都是依靠对受众处心积虑的"盘剥"，榨取他们的剩余价值而存活的。

也有学者认为，"受众商品论"深刻揭示了大众传媒的某种本质，但仅仅是一个方面——经济的本质，而且，一味强调"受众为传媒打工"的观点，容易忽略传播过程的社会性以及人在传播活动中的主体性，难免会有以偏概全的嫌疑。因此，斯迈思的后继者提出，受众不仅仅是在工作，他们也在娱乐，他们在付出劳动（收看）和经济（购买）代价的同时，的确也得到了精神上的需要，特别是情感慰藉、思想交流以及陪伴作用等，这在某种程度上是"受众商品论"的继续发展。

英国传播学者丹尼斯·麦奎尔（Denis McQuail）将受众分为"作为大众的受众""作为群体的受众"和"作为市场的受众"三种情况，并将受众研究简化为结构性、行为性、社会文化性三种类型，他认为"受众既是社会环境以及这种社会环境导致相同的文化兴趣、理解力和信息需求的产物，也是特定媒介供应模式的产物"。麦奎尔认为，受众并不是消极被动的接受者，相反他们是积极的参与者，甚至是整个新闻传播活动最活跃的决定性因素，如果没有受众的参与，传播活动等于没有发生。受众对媒介最权威的评价就是其对各种各样媒介的接触程度，发行量、收听率、收视率是新闻媒介的生命，而这条生命线掌握在受众手中。

3.2.2 双边市场与二次售卖

皮卡德指出，从经济学的角度看，传媒市场是一个双重产品市场："媒介产业与众不同之处在于它在一个双重产品市场之中运行。它生产出一种产品，但却参与两个性质迥异的市场——产品市场与服务市场。这两个市场相互作用相互影响，产品在一个市场中的表现都会影响它在另一个市场的表现。"

二次售卖正是这样的过程：媒介先将内容或信息产品提供给受众，再将受众（注意）卖给广告商，以此获取经济收益，形成价值补偿机制（图3-1）。但这两次售卖并不相同：第一次售卖，媒介向受众提供信息，满足受众对信息的需求，这里的信息是产品，但此类产品往往是以低价甚至是免费形式提供的，其价格与价值并无直接关联；第二次售卖，媒介将受众的注意力卖给广告商，受众注意力成为商品，与此同时，广告商也将产品或服务卖给了感兴趣的受众。

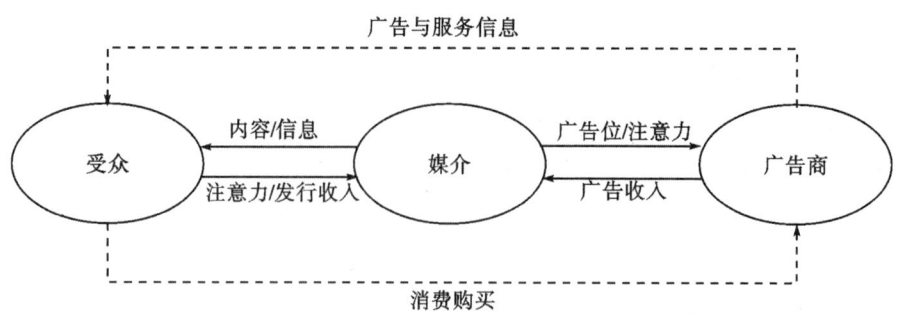

图 3-1　二次售卖商业模式

由此可见，二次售卖模式实现了李普曼和麦克卢汉所说的"隐形消费"，通过为广告商提供营销服务，传媒间接地介入了实体经济，并突破了传统的"一买一卖"模式。因此，在传媒业中，除内容产品与用户之间能够直接交易的行业（如图书出版）之外，大多数经营广告业务的传媒具有双边市场特征：传媒以平台身份存在，一手牵着用户，一手拉着广告主。用户为使用传媒平台提供的信息和服务而投入注意力和时间，广告主为获得传媒平台的用户而向其支付费用。在此市场中，扮演平台角色的传媒单位生产两种不同的商品（信息或服务产品与用户注意或广告产品），并将这两种商品卖给两个消费群体（用户和广告主）。

在二次售卖模式中不难发现，售卖受众注意力资源是媒体主要的利润来源，注意力始终是媒体争夺的核心资源，因此传媒经济属于注意力经济范畴。最早提出"注意力经济"概念的是迈克尔·高尔德哈伯（Michael Goldhaber），1997年他发表的《注意力购买者》文章指出：目前有关信息经济的提法是不妥当的，因为按照经济学的理论，其研究的主要课题应该是如何利用稀缺资源，而在信息社会中信息非但不是稀缺资源，相反是过剩的，相对于过剩的信息，只有一种资源是稀缺的，那就是人们的注意力。高尔德哈伯进而指出，正在崛起的以网络为基础的"新经济"，从本质上讲就是"注意力经济"，在这种经济形态中，最重要的资源既不是传统意义上的货币资本，也不是信息本身，而是注意力。

在"注意力经济"之后，我国学者又提出了以二次售卖商业模式为中心的传媒经济本质上是影响力经济、舆论经济、意义经济等论点，其中"影响力经济"的说法影响较大。学者喻国明认为，传媒影响力是通过信息传播过程实现的，建立在受众关注、接触的基础上，因此无论是媒介内容还是广告，其本质都是通过特定的传播过程凝聚起相关的社会注意力资源，再把这种注意力资源转换为社会行动或消费层面的影响力。他进一步指出，传媒作为产业的经济本质是影响力经济，其核心是稀缺资源即注意力资源的配置问题，其市场价值在于"它能够在多大程度上保持它对于其目标受众的影响，并且这种对于受众的影响力能够在多大程度上进一步地影响社会进程、影响社会决策、影响市场消费和人们的社会行为"。

3.2.3　二次售卖变迁

20世纪80年代初，在二次售卖的基础上，三次售卖模式逐渐兴起，它最早出现在欧美国家的期刊经营活动中，后来延伸至电影、游戏等泛媒介领域。在三次售卖模式中，前两次售卖与二次售卖相同，即第一次卖内容，第二次卖受众，但第三次是卖品牌，即利用品牌资源开发衍生产品或服务，进一步挖掘品牌或文化IP的市场价值，延伸媒介价值链，带来更多价值创造。第三次售卖主要方式包括：重印或推出合订本、特刊、增刊、图书、光盘，建立客户名录、数据库、网站，举办会展、论坛等各种活动，进行品牌授权等。

如今，利用第三次售卖（或N次售卖）所获得的利润与期刊发行、广告收入相媲美的案例比比皆是，知名财经杂志《财富》和《福布斯》都是第三次售卖的典范。《财富》全球五百强排行榜家喻户晓，它曾在上海办过一次年会，虽然《财富》杂志在这方面的盈利多少我们不得而知，但通过主要赞助商名单可窥见一斑：美国国际集团、安达信、英国电信、戴尔电脑、中国银行、北方电讯、高盛集团、国泰航空……《福布斯》全球版发行量高达100万份，在全世界拥有近500万高层次的商界读者，《福布斯》富豪排行榜与《财富》全球五百强齐名，它在上海举办一次"全球CEO年会"就赚得盆满钵满，充分展示了知名期刊第三次售卖的巨大魅力。

与此同时，随着网络媒体平台不断兴起，二次售卖在互联网语境下出现了一些新变化。过去20年里，有两个趋势愈演愈烈：一是广告渠道增加，广播、电视、直邮、户外，以及互联网PC端、移动端等渠道，令广告渠道市场由垄断竞争变成了接近完全竞争的市场；二是内容来源增加，广播、电视、在线新闻等多内容来源，使供给大于需求，导致人们不再那么愿意为内容付费，用户甚至更乐意自己创造内容，这大大削弱了报刊业无冕的王者地位。对于新兴的互联网平台媒体来说，"双重产品市场"模式，或者更准确一点，"多边平台"模式仍然是行之有效的，只不过，它们坐在了过去报业等传统媒体的位置上。也有研究者指出，网络媒体的商业模式是一种放大的二次售卖模式，主要得益于互联网没有地域限制，并且能够联结起更多参与者，织就一张更大、更立体的"网"。

更为重要的是，在互联网时代，随着精准传播、实时用户信息监测以及网络支付的发展，广告商直接购买用户时间和注意力已经并非难事，广告可以按次计费、按时长计费、按流量计费——广告商可以给用户画像，定向推送促销信息，甚至与用户进行即时通信，开展线上线下的沟通和交易。于是，互联网媒体平台可以把积累的用户数据卖给广告商，广告商由此揭开了神秘面纱，从幕后走到了台前，麦克卢汉所说的"如果他们知道如何直接付款购买读者、听众和收视者的时间和注意力的话，他们是乐意照办的"已经变成了现实。

2003年，传播学者菲利普·南波利（Philip Napoli）在《受众经济学》中指出："广告商会不断地逃避主要靠广告生存的传统媒介，或者反对以前的价格结构""最明显的是依每个行动成本定价方案的出现""这种价格模型已经在互联网环境中赢得了突出地位"。南波利认为，未来受众市场将面临"一个变动的经济基础"，媒介组织可能会从传统广告所支持的内容提供模型中转移出去、开发替代性收入，一个远离广告收入的进化模型很可能在加速形成，媒介环境将出现受众和内容市场不断分离的状况，这种趋势已经在互联网环境中日趋明朗。

3.2.4 我国媒体恢复广告

在我国，对传媒产业属性和媒体广告经营的认识经历了一段曲折的过程。20世纪50年代中期，学者王中在《新闻学原理大纲》中提出了"报纸的两重性""读者需要论""社会需要论"等新闻理论观点。王中认为，"报纸有两重性：一重是宣传工具，一重是商品，而且是在商品性的基础上发挥宣传工具的作用""办报要根据读者的需要，报纸的作用，不完全在于指导人们工作，而且在于增加人民群众的知识，培养人民群众的生活兴趣""新闻事业是社会产物，报纸随社会条件变化而变化"。这些观点，如今大部分已成为常识，在当时却是石破天惊，因为它们颠覆了学界、业界对媒体的固有观念。

改革开放以后，媒体从思想禁锢中解放出来，经营业务逐步得到恢复。1978年底，《人民日报》联合8家媒体给财政部打了一份报告，要求新闻单位试行"事业单位、企业化管理"，希望通过自主经营获得一些经济收入，以弥补财政补贴的不足。报告得到了批准，报社拥有了一定经营自主权，恢复刊登广告是第一步。

1979年1月4日，《天津日报》第三版刊登了我国改革开放后的第一则商业广告——天津牙膏厂"蓝天"牌牙膏广告，率先恢复刊登商品广告，《天津日报》因此成为我国第一家恢复广告业务的报纸。1月14日，《文汇报》发表丁允朋《为广告正名》的文章，这篇1 200字的"杂谈"呼吁要恢复报纸广告并列举了广告的种种好处。1月28日，《解放日报》在第二、三版下端刊登了两条通栏广告，同一天，上海电视台播出了片长1分30秒的"参桂养荣酒"广告；3月5日，上海人民广播电台播出了"春蕾药性发乳"广告，成为全国电台首例商业广告；3月15日，《文汇报》刊登了"雷达表"的广告，这是我国第一条外商广告。

1979年5月14日，中宣部发文肯定了媒体恢复广告的做法，11月又发布了《关于报刊、广播、电视台刊登和播放外国商品广告的通知》，提出要"调动各方面的积极因素，更好地开展外商广告业务"；之后发布21号文件，要求"所有出版社、杂志社都要提高书刊质量，加强经营管理，除个别情况外，都要实行经济核算，切实做到自负盈亏，不得由国家补贴。如果长期亏损，办不下去，就应该停办"。1988年3月，国家新闻出版署和原国家工商总局发布《关于报社、期刊社开展有偿服务和经营活动的暂行办法》，规定报刊社可以开展国家政策允许的、与业务有关的有偿服务和经营活动，媒体开展多种经营也有了政策依据。

自此，我国媒体经营业务有了突飞猛进的发展，媒体广告收入节节攀升。以报业为例：1983年报纸广告经营额为7 300万元，1991年增长到9.62亿元，1999年达到了112.3亿元，2006年突破300亿元大关，达到312.6亿元，并于2012年登上了555.6亿元的历史最高峰。在报业繁荣时期，年广告收入过亿元的报社一度有数十家，还出现了《广州日报》等年广告收入超过10亿元的党报。不仅如此，兴办晚报、周末报、都市报的浪潮此起彼伏，报纸版面动辄数十个、上百个，"厚报时代"以成本倒挂的方式，生动诠释了二次售卖模式的巨大魅力。

3.3 二次售卖失灵

危机的到来，并非在一夜之间。2005年前后出现的报业寒冬论、拐点论，似乎并没有真正引起大众传媒的警觉，但伴随着互联网大规模普及，传统媒体受众（用户）不断流失，信息"第一入口"的地位逐渐丧失，特别是2012年以后，我国报业等传统媒体广告收入出现断崖式下跌，二次售卖模式逐渐失灵。

3.3.1 报业寒冬论

进入新千年以后，我国报业广告继续增长，但增速明显减缓，并开始感受到来自网络媒体的压力。2011年全国报纸广告营业额达到469.5亿元，与1999年的112.3亿元相比，增长了约 3.2 倍，但增速较之前两个十年周期明显减缓，其中 2004 年报纸广告比上年下降了 5.1%，这是报业发展第一次遇到真正的危机。

2005 年上半年，国内各主要大报广告营收继续下滑，而以新浪、搜狐、网易三家门户网站为代表的网络媒体广告却在飞速增长，一种悲观情绪开始在中国报业的经营者之中弥漫。当年 5 月，时任京华时报社社长吴海民提出：报业的冬天提前到来了，不仅是都市报的冬天，也是整个报业的冬天。吴海民的判断主要基于两个方面：一是媒体的生态环境和结构布局已经发生巨变；二是媒体的生产方式和传播方式正在发生质变，特别是互联网的发展，将彻底颠覆原有媒体格局。

"报业寒冬论"可谓一石激起千层浪，在业界引起了极大震动和广泛讨论。随后，为回答各界质疑，吴海民在学术期刊、论坛和博客发表多篇文章，对有关报业冬天、报业衰退期、媒体变局等问题做了进一步阐释。他在给《中国报业》的文章中写道："这是一个悄悄发生的变化，如报业巨人脚下隐隐涌动却看似不见的汨汨潜流。这个潜流在加速汇集、聚合、积蓄和壮大着力量，终于以喷涌之力浮出地面，顿成江河之势""具有 400 年历史的传统报业，作为工业化时代的产物，将在信息化时代一步一步走向深谷。一个时代就要结束了"。他预言，报纸经营、管理方式和治理结构都将发生重大变化，报纸的王者地位将让位于新兴媒体，报纸有被边缘化的危险。在今天看来，报业寒冬论更像报业发展史上的一次"警世恒言"，而《京华时报》后来的命运也为其增添了一个悲怆的注脚。

【延伸阅读 3-2】

《京华时报》沉浮录

2001 年 5 月 28 日，《京华时报》创刊。它虽然新，但坊间流传其背景一点儿也不简单，不仅背靠"大树"《人民日报》（主管主办单位），北大青鸟还注入了巨资（共同出资 5 000 万元成立公司负责经营），结果只用 2 000 万元就"轰开"了北京的早报市场。这匹报业黑马在一片呐喊声中起跑，一个月发行量就达到 30 多万份，当年即被评为中国传媒界 10 件大事之一。

《京华时报》就像一股清风席卷了北京当时沉闷的媒体市场。它主打区域新闻和专业新闻，鄙视冗长的无意义叙事，而是直击新闻内核、辅之犀利的评论，办报风格令人耳目一新。

2005 年，时任社长吴海民居安思危，敏锐地提出了"报业寒冬论"，称中国传统报业的冬天即将到来。他说，未来几年是报纸与网络的博弈，报业市场重新洗牌势在必行，传统报纸只有走"数字化生存"之路，不断创新才能走出"寒冬"，《京华时报》也需要变革。

2007 年，京华网正式上线。随后，又兴办了亿家网、京华手机报等媒体，还涉足了报刊发行、图书出版、商业演出、物流配送等多种业态。在运作机制上，《京华时报》探索内部管理事业部制，新闻采集更加细分，管理结构更加扁平，生产流程更加优化。

2011 年，《京华时报》创刊 10 周年，事业达到了顶峰：单月广告收入 2 个亿，超过《广州日报》而居全国各类报纸广告刊登金额之首；读者规模达到 150 万人，超过《新京报》和《北京青年报》读者量的总和；其新闻网络转载率和点击率稳居全国报刊类第一名。与此同时，京华时报社整体上市也在筹划之中，北京市东五环外的"京华大厦"地块已基本落实。

然而，2011 年 9 月 2 日，《京华时报》被宣布：由人民日报社划归北京市委宣传部主管主办。就在得知这个消息的前一天晚上，吴海民也决定离开自己一手创办的《京华时报》。

随后几年，《京华时报》各项经营业务开始萎缩，财务状况逐年恶化，于2017年1月1日起休刊。其休刊公告直言："过去几年来，由于新媒体的冲击和市场环境的变化，《京华时报》身陷困境，亏损严重，突围未果。"至此，"百年京华"梦碎，京华无奈成"烟云"。

3.3.2 发展"拐点"到来

在"报业寒冬论"出现之前，学者喻国明早在2002年就提出过一个"传媒业拐点"的说法，意思是传媒业面临广告增速放缓、盈利下降等极大的市场压力，从而引发传统媒体发展进入一个衰退期。喻国明认为，中国传媒业处在一个历史发展的拐点上，如果仅仅按照现有的发展框架、发展模式和发展逻辑继续划延长线，发展计划可能很难转变为发展现实，需要来一次深刻的、功能性、结构化的转型与改革，一些小修小补的战术性方案再精致，也于大势无补。直白地说，这一转型和改革首先应该是宏观体制方面的改革与开放，与此相伴随的是，传媒运作模式、管理目标和游戏规则都必须有一个较为彻底的、适应时代发展的改造。

虽然喻国明后来也参与了报业冬天的讨论，但他反对把一般产业生命周期理论套用于报业，认为中国报业处于"震荡期末期"和"成熟期初期"的交叉点，并将此前的"拐点论"修正为"节点论"，强调历史格局正在朝着新方向转变。

在"报业冬天是否来临"的争论声中，2005年下半年报纸广告却出乎意料地恢复了增长，并且全年增速达到了11%。2006年增速更是达到了22.1%，经营额达到了312.6亿元，随后几年增速虽然略有反复，并不断受到互联网媒体的冲击和蚕食，但报纸广告总体趋势还是向上增长的。2011年，全国报纸广告经营额达到了469.5亿元，2012年又冲上了555.6亿元的历史高峰。也许正是这样的增长态势，掩盖了报业面临的真正危机，但该来的总会来，正如墨菲定律所揭示的那样：如果事情有变坏的可能，不管这种可能性有多小，它总会发生。

现在看来，2012年报纸广告达到555.6亿元的峰值，也许并不是一个意外。又一个十年过去，报纸广告不仅离这个数字越来越远，甚至还远远没有看到滑落的尽头。因此，将2012年认定为中国报业发展史上的重要拐点之一，相信不会有太多的异议，这一年不仅是从量变到质变的开始，市场还给出了足够的暗示和隐喻：

第一，2012年前数年，我国互联网广告收入一直在以50%左右的高速增长，2012年同比增长46.8%，达到769亿元，根据国家工商总局的数据，同年我国报纸和期刊的广告收入分别为555.6亿元和83.3亿元，合计638.9亿元，互联网广告收入一举超过报刊之和。当年，百度广告收入高达223.1亿元、净利润为104.56亿元，不仅超越央视成为媒体"吸金王"，也超过了全国报业利润之和。

第二，在中国互联网发展史上，2012年被称为"移动互联网元年"，前一年腾讯发布微信，后一年4G发牌，而就在2012年7月，中国互联网络信息中心（CNNIC）发布数据显示，中国手机网民已经达到3.88亿，首次超过了PC网民。从PC端到移动端、从Web 1.0到Web 2.0，不仅仅是技术的演化，更是场景的革命，又一次"去中心化"呼啸而来，社交媒体迅速崛起，互联网更方便更好用了。

第三，2012年的人们不会想到报业已经濒临"诸神的黄昏"，互联网对传统媒体的渗透也不可能在一夜之间完成，2012年可能正好只是一个临界点而已。互联网在20世纪90年代中期进入中国，传统媒体有近20年的时间去适应、学习并利用它，门户时代还有人高呼"狼来了"，但直到移动互联网完成跑马圈地、功成名就之时，人们才发现这居然是一场"温水煮青蛙"的大戏。借用西谚所言"罗马不是一天建成的"，似乎也可以说：传统媒体不是在一天"失宠"的。

3.3.3 互联网广告崛起

2012年之后的十年，传统媒体不再浸染在昔日的荣光之中，除了普遍感到无力、无奈外，更多是在慨叹技术无情、梦想凋零。因为这十年，对传统媒体行业而言，几乎就是被颠覆的十年，市场趋势彻底翻转，广告继续下滑、用户持续流失、媒体不断被"去中心化"，持续近200年的二次售卖模式逐渐失灵。然而与此相反的是，互联网广告开始异军突起，可谓"风景这边独好"。

互联网广告运用多媒体技术，在展现形式上吸收了传统媒体的优点，整合图片、文字、声音、视频等给予受众更全面的收看（听）感受，发布平台也更加丰富。《2021年中国互联网广告数据报告》显示，当年我国互联网行业广告收入达到5 435亿元。其中，阿里巴巴、字节跳动、腾讯、百度、京东、美团、快手、小米、微博、拼多多位列前十，占市场份额的94.85%；最受欢迎的投放领域前五位是电商、视频、搜索、社交、新闻资讯，占市场份额的87.34%。

综合分析CNNIC发布的数据可以看出，2012—2021年，我国互联网广告市场规模从769亿元增长到5 435亿元（图3-2），十年增长了6倍多。其中，2015年互联网广告达到1 897亿元，刚好超过报纸、电视、广播、期刊四大传统媒体的广告收入之和（1 844.2亿元），这是一个重要的分水岭；2019年，互联网广告市场规模（4 341亿元）已经是四大传统媒体（1 911.06亿元）的2.27倍；2021年，阿里巴巴广告收入达到1 576亿元，接近整个传统媒体行业广告收入之和。

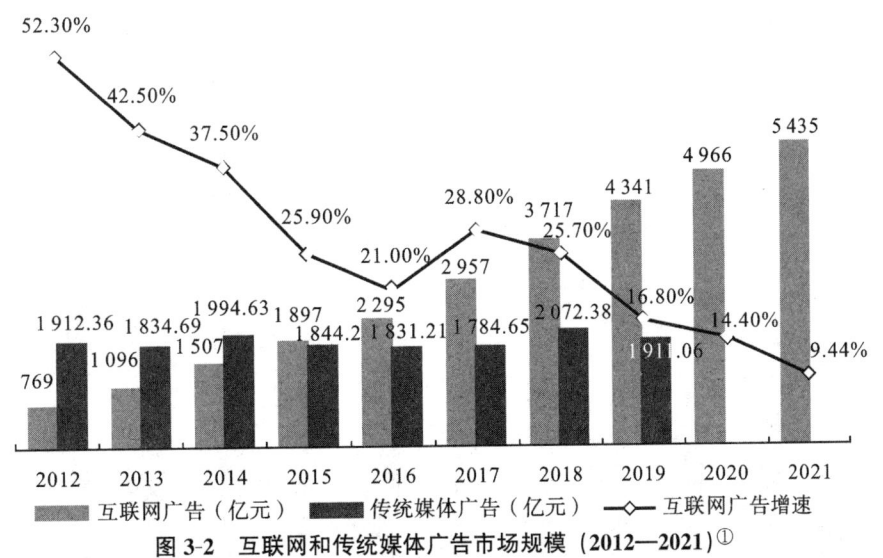

图3-2　互联网和传统媒体广告市场规模（2012—2021）①

与此同时，由于广告主大量转战新兴互联网平台，传统媒体固有商业模式中的二次售卖模式举步维艰，广告收入大幅度下滑在所难免（图3-3），2018年报业广告收入甚至滑至312.6亿

---

① 根据原国家工商总局、CNNIC和中关村互动营销实验室发布的数据整理。

元，回到了 2006 年的水平，传统媒体进一步陷入发展困境。

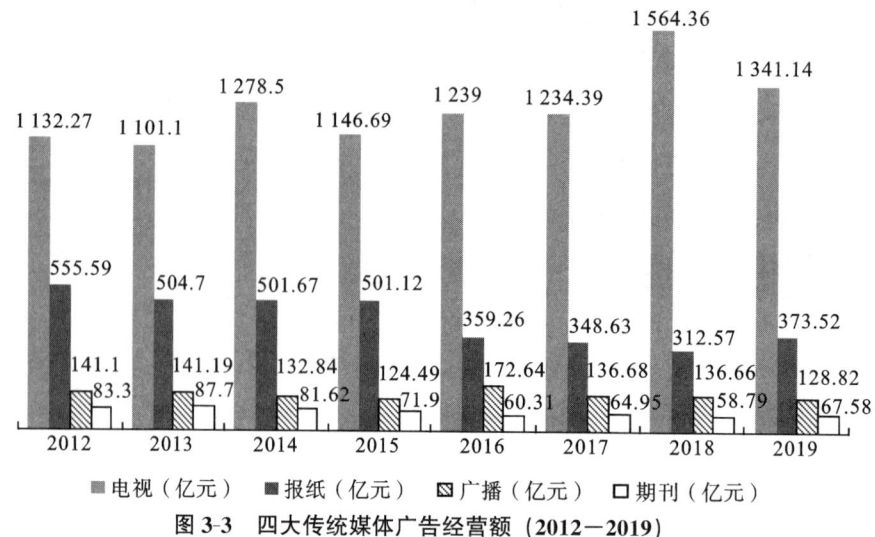

图 3-3 四大传统媒体广告经营额（2012—2019）

3.3.4 用户连接失效

由于使用体验更好、也更加便捷，互联网平台已经成为用户获取各类信息的"第一入口"。中国互联网络信息中心发布的《第 51 次中国互联网络发展状况统计报告》显示：截至 2022 年 12 月，我国网民规模为 10.67 亿，互联网普及率达 75.6%。其中，手机网民规模 10.65 亿，网民使用手机上网的比例为 99.8%；即时通信、网络视频、短视频、网络支付、网络购物、网络新闻、网络音乐、网络直播、网络游戏、网络文学等互联网应用的用户规模位列前十。

数据显示（图 3-4），从 2012—2022 年，我国网民规模在 5.64 亿的基础上又增长了 89.2%，手机网民增长了 1.54 倍。这是传统媒体望尘莫及的，传统媒体读者群不仅从未达到过如此庞大之规模，而且一直在流失并快速老化。正是这样大规模的用户迁移，互联网平台用户与传统媒体受众此消彼长，使得传统媒体与用户不断"失联"，进而造成了二次售卖模式式微。

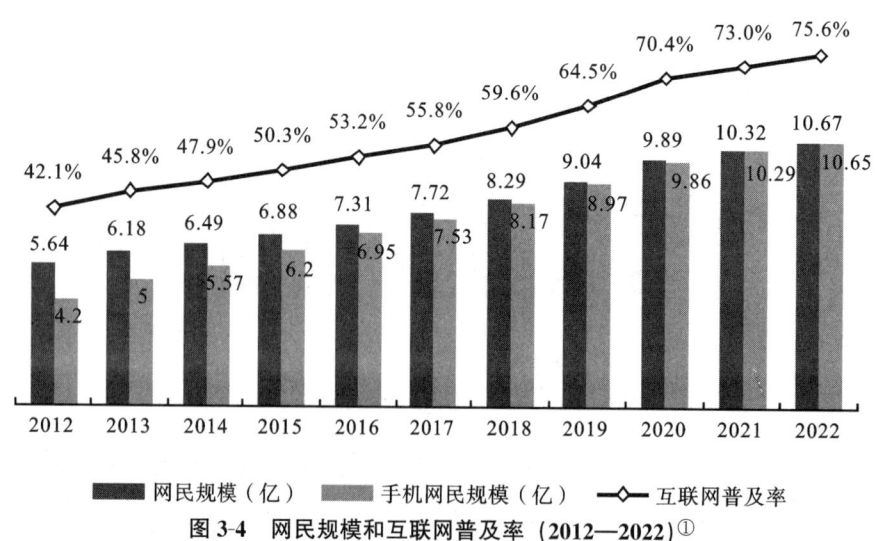

图 3-4 网民规模和互联网普及率（2012—2022）[1]

---

[1] 根据历年来中国互联网络发展状况统计报告整理，数据来源为 CNNIC 官网。

以报业为例,有一个重要指标可以判断读者流失情况,那就是报纸印量。根据全国报纸印量调查统计数据(图3-5),报纸印量2011年达到1678亿对开张的历史峰值后持续下降。2020年,受疫情影响,许多报纸纷纷宣布停刊或调整出版周期,报纸印量创下了600亿对开张的低量,但仅隔一年,2022年又创下584亿对开张的新低。人民网研究院发布的《2021全国党报融合传播指数报告》显示,当年受调查的366家党报发行量均值为10.8万份,大部分是非市场需求。

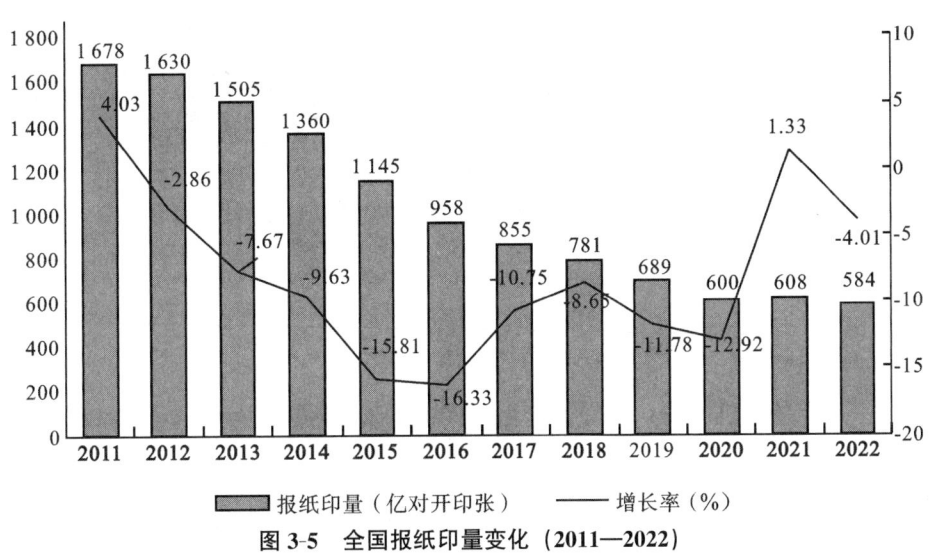

图3-5　全国报纸印量变化(2011—2022)

3.3.5　场景逻辑巨变

互联网时代的预言家凯文·凯利(Kevin Kelly)指出,"网络是21世纪的图标""21世纪的科学象征是充满活力的网络",但"网络有其自己的逻辑性,与我们的期望格格不入"。他还在《必然》(2015)一书的序言中写道:"日新月异的高科技板块下是缓慢的流层,数字世界的根基被锚定在物理规律和比特、信息与网络的特性之中""由于旧的商业模式失灵,既有的行业将被推翻""这些力量并非命运,而是轨迹。……它们只是告诉我们,在不远的将来,我们会向哪些方向前行,必然而然"。事实正是如此——所有人都必须躬身入局。

多年以来,传统媒体习惯于一切从传播者角度出发,一直处于"我说你听"的单向供给模式中,受众基本不参与信息生产传播。但互联网时代强调的是用户参与、互动体验以及情感、价值表达,更多是场景化、数字化生存,这与传统媒体的惯性思维形成了鲜明对比。网络媒体在信息传播、接收、反馈的过程中,改变了受众旁观者的身份,受众可以相对自由地进行检索、分享、传播信息,受众表达权和参与权得到了充分尊重,交互形式更加多样化,应用场景更加丰富。

CNNIC数据显示,截至2022年,我国部分与信息传播强相关的互联网应用(图3-6),网络视频、搜索引擎、网络新闻、网络直播用户规模分别达10.31亿、8.21亿、7.83亿、7.51亿,网民使用率分别为96.5%、78.2%、73.4%、70.3%;我国网民平均每周上网时长26.7小时,连续多年稳定在25小时以上(图3-7)。

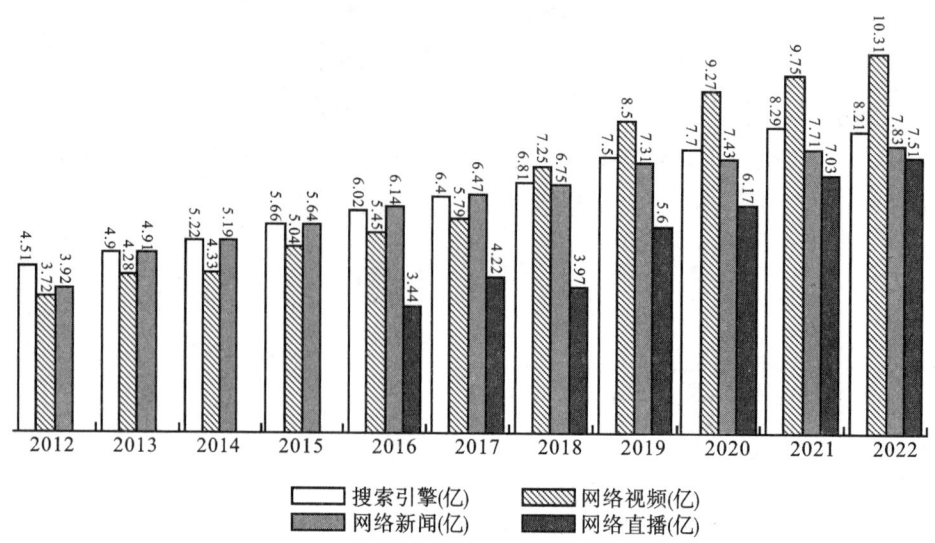

图 3-6　互联网信息传播相关应用用户规模（2012—2022）[①]

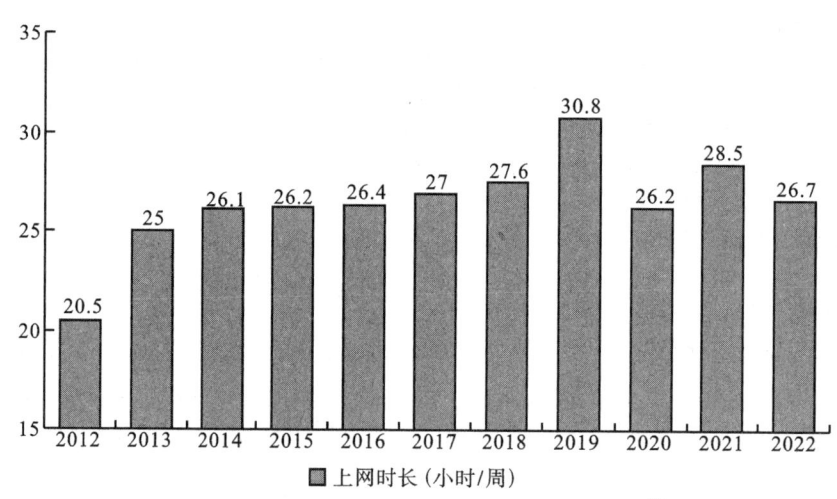

图 3-7　网民平均每周上网时长（2012—2022）[②]

当然，不仅仅是在信息传播领域，网络社交、网络购物、网络支付、网络游戏、线上办公、互联网医疗等也在重构日常生活。在新技术推动下，互联网时代"万物皆媒"，传播者本位正在向受众本位转换，传媒产业的边界不断消融、版图不断扩张，传媒业态和生存逻辑已经改变，大众传媒商业模式创新势在必行。

[①][②]　根据历年来中国互联网络发展状况统计报告整理，数据来源为 CNNIC 官网。

第四章 内容产业

"内容产业"的概念最早由西方七国信息会议（1995）提出，之后欧盟在《信息社会 2000 计划》中进一步明确其内涵，具体指包括制造、开发、包装和销售信息产品及其服务的行业。内容产业是建立在数字技术和网络基础上的产业形态，其业务模式不同于原有传媒生产和传播方式，它是新经济中新兴产业的代表。内容产业的核心是围绕内容生产和内容消费，利用数字技术向用户提供多层次、多类型的内容产品和服务，以凝聚注意，实现用户转化，实现内容价值最大化。

内容一直是传统媒体的主业，过去称之为"采编为王"，随着互联网对传媒行业的不断解构和媒体融合深入推进，内容产业的内涵和外延得到了极大扩展，采编虽然还是重要环节，但内容付费、内容创业、内容服务新模式以及信息服务衍生业态层出不穷，内容产业化、内容产品化、内容项目化正在推动传统媒体从单向供给向创新服务转化，也带来了更多经济可能。

4.1 内容付费

互联网带来海量信息的同时，也会产生严重的信息过载，信息筛选难度加大，付费获取信息内容成为一种有效选择。近年来，内容付费浪潮在全球蓬勃兴起，传统媒体依托付费墙技术开展数字内容付费订阅，取得了不错的效果。在我国，内容付费不仅催生了喜马拉雅、知乎 Live、得到、分答、微信读书等一大批平台，还形成了作品付费、会员付费、问答付费、在线教育、社群付费等细分业态。

4.1.1 内容付费兴起

从传统媒体到新媒体时代，内容付费的具体形式和承载平台发生了很大变化。报纸、杂志、电视、电影等一直存在内容付费模式，其付费内容是和媒介的物理形态高度绑定的，媒介之间的物理特性也是彼此分离、独立的。在互联网时代，不仅媒介之间的边界被打破了，而且在信息技术推动下，内容的采集、存储和分发能力大幅提升，互联网内容呈爆发式增长态势，现代内容消费也迅速兴起。

推动内容消费（付费）演进的动力主要包括：（1）内容创作能力提升。优质内容、作品始终是推动内容付费模式进化的核心，在数字时代，内容领域的创作门槛越来越低，大众参与已经成为内容供给的趋势，内容创作者可以充分发挥自己的优势，并结合技术、潮流来引领内容消费。（2）受众消费需求升级。消费升级是经济发展的必然结果，由于受众基本生活需求已得到满足，他们不再满足于马斯洛需求曲线中的生存需求、安全需求，而是需要自我提升、自我实现，越来越多的人愿意为优质内容付费。（3）内容领域技术发展。技术更新不仅带来了新的市场机会，而且不断改善受众的消费体验，比如终端设备的升级、网速的提升，以及 VR/AR

技术的介入，使许多内容场景具备了更强的沉浸感，而移动支付技术的成熟也使付费变得方便快捷。（4）内容产业政策支持。产业政策能从宏观层面对行业发展进行指引，我国的内容产业政策起步较早，相关举措较为完善，比如不断强化内容版权保护、优化交易机制等，有效维护了行业竞争和市场主体权益。

目前，内容付费已经涵盖了资讯信息、知识服务、生活娱乐、在线教育等多个领域，已经成为继广告、电商之后互联网的重要盈利模式。从内容展现方式来看，内容付费可以分为三个大类：图文（信息资讯、网络文学、漫画等），音频（音乐、有声平台等），视频（长短视频、网络游戏、直播、在线课程等）。受众市场细分以及多样化的内容产品体验，催生了多种内容付费模式（表4-1）。

表4-1　六大内容付费模式

付费模式	代表平台	主要做法
作品型付费	掌阅 起点中文	单品出售，多消费多支付，最适用于知识版权保护作品的收费，如用户原创作品或版权影音作品等
会员型付费	爱奇艺 喜马拉雅	按月/季/年付费，一键付费、"无限"消费，一般与作品型付费结合使用，具有"更优性价比"
问答型付费	在行 知乎Live	定制服务，"咨询式"付费，边际成本高，个性化强，更适用于知识型产品，"知识变现"手段之一
道具型付费	QQ游戏	虚拟物品，场景要求高，常见于网络游戏和社交媒体中，是消费者较为容易接受的付费模式
社群型付费	知识星球	以特定对象为中心，通过预缴一定费用获得长期内容消费资格，"会员对象"是个体而非整个平台
打赏型付费	斗鱼直播	消费后付费，全自愿、非强制，用户忠诚度高，支付弹性大，常见于文学网站、网络直播、社区问答等

近年来，传统媒体也在通过数字内容订阅、发展收费会员等办法进行转型，来自读者的付费收入正在超过广告收入，内容付费已呈现出全球普及之势：美国的《纽约时报》《华尔街日报》《华盛顿邮报》等均建有付费墙，欧洲英国的《卫报》《金融时报》《泰晤士报》、法国的《世界报》《费加罗报》、德国的《图片报》和北欧国家报纸大部分都已经开始内容付费，南美以及日本、韩国、新加坡、马来西亚等国家的主流报纸也大都建立了付费墙。数据表明，2020年，美国报纸的发行收入为111亿美元，首次超过88亿美元的广告收入，其中发行收入的增长主要来自数字订阅收入。有一种观点认为，对传统媒体而言，内容付费的重点也许不在收费，而是一种聚集用户的手段，借助收费模式可以看到精准用户、长期用户和忠诚用户，也可以清醒地认知媒体的品牌价值和影响力，从而围绕用户进行数据开发和运营，这正是传统媒体在分众传播时代急需补齐的短板之一。

4.1.2　《纽约时报》转型之路

在互联网时代，传统媒体面临的转型压力越来越大，而转型成败取决于能否在数字端构建有效并可持续的盈利模式。订阅制和会员制属于新闻媒体数字化转型中内容付费的战略范畴，前者以《纽约时报》为典型，后者以《卫报》为代表，以优质内容向用户收费的策略已经成为当前新闻业自我拯救的重要途径之一。

《纽约时报》是一家在美国出版、全球发行的日报，1851年9月18日创办于纽约，它在全世界具有广泛影响力，也是美国严肃报刊的代表。在互联网快速发展、广告收入持续下滑的大背景下，自20世纪末开始，《纽约时报》开始探索数字化转型，经过曲折历程后找到了一条逐渐成熟的道路，即以付费墙为核心的内容付费订阅模式，并成为这一商业模式的实践典范。

1996年1月，《纽约时报》推出了报纸网站，全部免费阅读；1999年，整合网络方面业务，成立了独立核算的数字《纽约时报》部门；2002年初，推出《纽约时报》数字版，与印刷版报纸收费相同，次年税后利润达到2 043.1万美元。2005年，《纽约时报》推出"时报精选"，对优质内容以7.95美元包月或49.95美元包年的价格收费，其他普通新闻免费，这是一次"硬付费墙"的尝试，虽然发展了超过20万的新用户，却导致网站流量明显下降。在权衡新用户订阅收入和数字广告收入之后，《纽约时报》于2007年主动放弃了内容付费项目，改为所有内容全部免费，这也标志着《纽约时报》第一次探索付费墙模式宣告失败。

2011年3月28日，《纽约时报》重启内容付费，建立以计量式收费为核心的"软付费墙"制度，线上读者可以在一定期限内免费阅读数篇新闻，若想继续阅读则需付费订阅。经过多年摸索，《纽约时报》现已形成形式丰富、价格多样的付费体系，并不断降低收费门槛以吸引更多的数字订阅用户。与此同时，为了适应数字订阅模式的发展，《纽约时报》将用户留存作为推动收入增长的核心战略，不仅配备了专门团队负责互动营销和用户权益，还不断加大在订阅用户方面的投入，为订阅用户制作优享内容，以确保用户获得良好的订阅消费体验。

在一系列转型和变革措施的推动下，《纽约时报》订阅用户数量持续稳定增长（图4-1）。2014年8月7日，数字订阅用户突破了100万人，快速接近纸质版订户数量（110万份），2015年数字订阅用户就超过了纸质版订户数量。2021年底，《纽约时报》订阅用户达880万（含纸质版），连续八年保持20%以上的平均增幅；2022年2月收购《大西洋月刊》后，该报实际上已提前三年完成2018年提出的于2025年实现订阅1 000万份的惊人目标，以至于管理层将未来目标调整为2027年实现订阅1 500万份。《纽约时报》2022年四季度财报显示，其订阅量高达1 033万份，其中数字订阅量960万份，纸质版订阅量73万份。

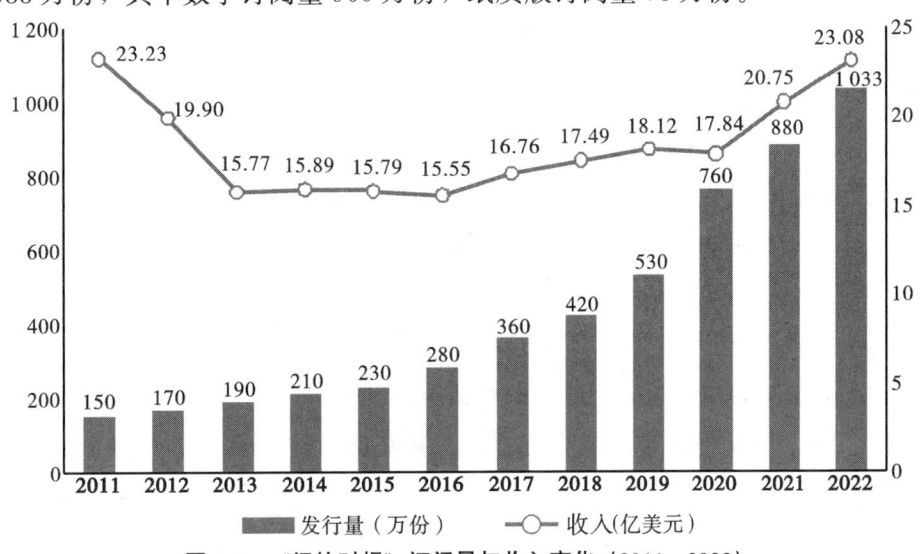

图4-1 《纽约时报》订阅量与收入变化（2011—2022）

随着数字订阅用户数量的不断增长,《纽约时报》年收入从 2017 年开始止跌回升,近两年更是保持着 10% 以上增长,2022 年营收基本回升到了付费墙建立时的水平。这期间,其纸质版订阅收入和广告收入都在不断下滑,回升和增长主要来自数字订阅,这些变化彻底改变了该报的收入结构:2012 年,《纽约时报》订阅(发行)收入为 9.53 亿美元,首次超过了 8.98 亿美元的广告收入;2018 年以来,该报订阅收入已占到总收入的 60% 左右、最高超过了 67%,广告收入占比则不断下降、已跌至 20% 附近(表 4-2)。《纽约时报》的转型实践证明,数字付费订阅已经成为营收增长最主要的驱动力,订阅收入完全可以支撑报业成长。

表 4-2 2018—2022 年《纽约时报》收入结构分析

收入构成		2018 年	2019 年	2020 年	2021 年	2022 年
订阅	收入(亿美元)	10.43	10.84	11.95	13.62	15.52
	占比	59.63%	59.79%	67.02%	65.64%	67.24%
广告	收入(亿美元)	5.58	5.31	3.92	4.98	5.23
	占比	31.90%	29.29%	21.99%	24.00%	22.66%
其他	收入(亿美元)	1.48	1.98	1.96	2.15	2.33
	占比	8.46%	10.92%	10.99%	10.36%	10.10%
总收入(亿美元)		17.49	18.13	17.83	20.75	23.08

注:表内数据来自东方财富网,收入单位为亿美元。

2022 年 11 月,《纽约时报》在发布 2022 年度第三季度财报时,对其新的商业模式进行了梳理,重点强调目前正在推行的套餐订阅模式。套餐订阅是订阅模式的升级版,几乎囊括《纽约时报》全线产品,包括游戏、烹饪相关内容、音频、专业网站等,目的是为了应对新闻周期相对较慢、产品组合不断变化、全球经济疲软等困境。除了订阅和广告之外,《纽约时报》的业务还包括专业新闻服务、数字档案授权、建筑租金收入、现场活动收入等。在新的市场环境中,以新闻为核心、多样化内容为动力的模式已经成为《纽约时报》新的盈利方向,但未来其盈利能力的增长仍取决于能否成功地将用户关系变现,并保持足够的吸引力。

【延伸阅读 4-1】

200 岁《卫报》:"读者收入"助力转型

《卫报》是英国的一份综合性日报,与《泰晤士报》《每日电讯报》合称为"英国三大报",由约翰·爱德华·泰勒于 1821 年创办,迄今已有 200 岁"高龄"。

虽然多年来《卫报》一直保持着高端市场和年轻读者的优势,但自 2009 年以来,在互联网冲击下,经营状况不断恶化。2011 年,《卫报》将"数字优先"确定为战略发展重点。2016 年 1 月,《卫报》不得不大幅削减预算,三年内砍掉约 5 000 万英镑,并大规模裁员。

2019 年,《卫报》宣布其数字转型实现盈利,盈利额为 80 万英镑,虽然数目不大,但意义非凡。同年财报显示,超过 100 万用户付费支持《卫报》。尼曼新闻实验室创建者、高级编辑约夏·本顿(Joshua Benton)认为,《卫报》转型成功在于:服务于公众利益的自我定位、收入主要来自销售数字订阅而非印刷出版物的策略,以及多向读者"要钱"。

《卫报》的付费机制比较特别，它并未设置付费墙，不同于《纽约时报》的做法，而是依靠增加读者收入（包括订阅、付费会员、一次性捐赠）的策略。主要做法有：

第一，建立会员制，提供增值服务。2014年，《卫报》启动付费会员计划，会员分三类：第一类为"支持者"，每月5英镑；第二类为"好伙伴"，每月15英镑；第三类为"老顾客"，每月60英镑。会员权益主要有折扣活动、优先订购权、沙龙参加权等，以及优质内容阅读、更流畅的阅读体验、广告减免等无形权益。《卫报》专门建立了50人的会员服务团队，负责提供数据分析、程序开发、市场运营、用户体验等方面的支持，以提升用户忠诚度。

第二，利用大数据挖掘潜在付费读者。《卫报》充分运用大数据，分析会员构成、高质量读者来源、捐赠者习惯、订阅者特征等，不断优化内容，提高读者转化率，如在网页上设计"付费会员""一次性捐赠"等提示信息，增加付费会员人数以及一次性捐赠次数。

第三，以读者需求为中心开发新产品。根据不同地域及人群特点，对内容进行定向优化，提供更多契合读者兴趣点的报道，这种双向沟通既丰富了内容，又扩大了订阅量，增加了读者收入。下一步，《卫报》计划生产数据产品包，制作更多能够激发读者付费的内容。

从2017年开始，《卫报》的读者收入已经超过广告收入。这种策略不仅增加了新的收入来源，而且改变了以往过度依赖广告的经营结构，为传统报业转型开辟了一条新路。

4.1.3 我国媒体内容付费

数据表明，截至2021年底，至少有30家以上新闻媒体的付费订户超过10万，全球百家英文媒体付费墙俱乐部成员已经拥有2 800万以上纯在线付费订户，每年带来60亿美元的内容收入。2022年7月，国际报刊联盟（FIPP）发布的《2022全球数字订阅报告》显示，数字媒体内容的订阅用户总数持续快速增长，对比上年三季度，全球数字订阅用户数量超过3 780万、涨幅8.3%，其中我国财新付费订阅用户攀升至85万，位居全球第九（表4-3）。2022年11月17日，财新传媒社长胡舒立在第十三届财新峰会开幕致辞中透露：2022年10月底，财新传媒线上订阅用户已经超过90万，成为英美之外全球最大的付费订阅媒体。

表4-3 2022年全球数字媒体付费订阅TOP 10

国家	媒体名称	订阅数量（万）	订阅费用
美国	《纽约时报》	832.8	4.25美元/周
美国	《华尔街日报》	300	38.99美元/月
美国	《华盛顿邮报》	270	10美元/4周
美国	The Athletic	111.7	7.99美元/月
美国	天气频道	102.5	4.99美元/月
英国	《卫报》	100	—
英国	《金融时报》	100	35英镑/月
美国	Substack	100	多种模式
中国	财新	85	58元/月
日本	日经	81.7	4 277日元/月

实际上，我国报纸探索内容付费并不晚于西方主流报纸。从2007年开始，国内多家媒体试水付费墙策略，最多的时候有近百种报纸参与，但几乎都以失败而告终。2007年4月8日，温州日报报业集团旗下《温州日报》《温州晚报》《温州都市报》《温州商报》四份报纸正式推出数字内容收费服务，属国内综合类报纸首次开展付费墙实践，当时在业界引起轰动，但由于技术、支付以及社交媒体崛起等原因，运营5年后付费墙被取消。之后，《重庆日报》《安徽日报》《华商报》《潇湘晨报》《南方都市报》《新民晚报》等一批报纸跟进探索，《人民日报》从2010年1月1日起对数字报施行收费，几经调整后也于2017年取消了。

目前，我国坚持内容付费的媒体有财新传媒、南方周末、界面新闻、第一财经、三联生活周刊等。2017年底，财新全面实行新闻内容付费阅读，先后推出了"周刊通""财新通""数据通""英文通""财新mini"等付费产品，价格从98元/年到1 998元/年不等。财新读者以高知人群为主，他们看重内容专业品质，比较认同财新的报道理念，其中不乏投资人士和业界高管。近年来，为提升产品体验，财新不断加大技术和运营投入，不仅组建了规模较大的技术团队，不断推出文章赠阅分享、AI语音收听等新功能，还坚持学习互联网运营方法，将财新产品特点与用户特点相结合，通过精细化运营满足差异化需求，扩大财新用户群。

《南方周末》是我国内地首家设立"计量式软性付费墙"的报纸媒体。2018年4月，《南方周末》提出以"内容付费工程"统揽融合转型的战略思路；2018年8月，全新改版升级的南方周末APP 6.0版本上线，并推出会员制，同年11月，会员制全网上线，同时启动知识付费项目。五年时间，"内容付费工程"为《南方周末》带来直接收入4 400万元，付费用户累计达32万，知识付费产品线吸粉43万。更重要的是，"内容付费工程"再造了《南方周末》的生产流程和消费场景，提升了网络平台智能化水平，为《南方周末》铺设了相匹配的数字基础设施，还积累起用户数据，使《南方周末》过去面目模糊的读者和受众，逐渐变成画像清晰的用户和线上线下的粉丝群体，促进了《南方周末》长期稳定、可持续发展。

2021年，界面新闻推出了年售价698元的VIP会员服务，提供大势侦察、投资挖掘、商业发现、知识充电等专业财经内容。目前，界面新闻只是把辅助投资和商业决策类的增量文章纳入了会员付费墙，虽然每年大概也有1 000多篇，但总体占比仅为1%左右，是一种"柔软"的付费墙。界面新闻副总编辑崔宇说，内容付费模式并不是"勇敢者的游戏"，而是"必须要玩的游戏"，界面已在2019年成立了商学院，在宏观、投资、商业等领域都有能力生产出高质量的原创付费内容，并保持自己的独特性和差异性，界面的付费内容更强调"内参"属性。

总体来看，除财新传媒之外，我国的大多数媒体对内容付费热情不高、意愿不强、办法不多，短期内很难实施内容付费策略，探索者的身影还显得有些孤独，主要原因在于几个方面：(1)内容乏善可陈，新闻媒体因员工士气、外部束缚、经济拮据等因素而失去优质内容生产动力，与民众关切和社会痛点渐行渐远；(2)媒体同质化竞争，数字平台内容同质化严重，读者有广泛的免费渠道选择，单一媒体实施付费墙独木难支；(3)民众付费意愿萎靡，大量网民沉迷于娱乐化内容、猎奇志怪信息和快手抖音等浅层次传播，优质内容付费需求不足；(4)媒体信心普遍不足，国内媒体仍希望依赖广告生存，缺乏通过内容向读者要收入的信心。

4.2 版权运营

媒介经济学认为，版权制度对传媒产业化具有决定性作用，它确立了信息产品生产者对其产品所具有的排他性的收益权，使得信息产品的商品化得以实现，在版权保护下，信息产品可以作为商品直接销售。长期以来，由于新闻信息传播的公共性特征，有关新闻内容产品是否受版权保护的争议不断，但这并不妨碍媒体围绕内容版权展开商业运营，版权收入正在成为媒体内容变现的重要途径。

4.2.1 版权的经济原理

版权（copyright）的英文字面意思是"复制权"，它随着近代印刷技术的出现而诞生。版权制度是当今世界普遍存在的一项制度设计，其前身是英国等国家王室向印刷出版商颁发的图书专印许可证制度，最早可以追溯到英国女王玛丽一世在1557年授予出版商行会的特权。1694年专印许可证被废除后，英国有关人士在1708年秋向国会提出"鼓励知识创作的权利的提案"，后被安妮女王采纳，并于1710年4月10日颁布《安妮女王法令》。法令明确规定了著作者的财产权利，著作者有权使用并处理自己的作品，保障了著作者获得报酬的权利。《安妮女王法令》被认为是世界上第一部著作权法，标志着现代意义版权制度的诞生。

现代意义上的版权属知识产权的一种，是"著作权人（自然人或法人）依法对科学研究、文学艺术诸方面的著述和创作等所享有的权利"。根据世界知识产权组织（WIPO）规定，版权保护的范围涵盖"文学、科学和艺术领域内的一切成果，不论其表现形式或方式如何"。由此可见，版权作为一项制度安排，意在通过保护人类智力劳动成果创造者的利益，增加社会财富，改善社会公众生活。

媒介经济学家吉莉安·道尔（Gillian Doyle）认为，版权至关重要，它促使媒体内容创造者去开发他们的作品中所蕴含的价值，并对抗侵权使用他们作品的行为，同时确保他们能够从公开出版中获取经济收益。版权主要关心的是对作者的赋权，包括从他们的创作中取得独占性收入，以及把控自己作品的用途，这种权利分为两种：首先，在特定的时期内从其作品中获得收入的财产权和排他权；其次，有时被称为"精神权利"，比如享有作品的归属权、可以阻止对其作品的任何变形或误用。

版权在经济上具有合理性的另一重要原因是，信息产品具有公共物品属性，其在消费上是非竞争性的，比如一个人看电视或电影并不会影响其他人进行消费，如果缺乏对信息产品复制和再供给的制约体制，那么原创媒体产品就很难收回最初的投入成本，也无法保证"内容至上"可以获得经济激励。优质媒体内容（电视节目、电影、报纸等）更是需要投资的资源密集型活动，但媒体内容创作的特征是风险性、不确定性以及对新奇事物的不断追求，如果媒体不能从版权资产开发中持续而稳定地获利，不仅使创作者失去动力，也可能造成社会福利损失。

近年来，世界各国在推进版权保护制度的同时，也都在大力发展版权产业。根据WIPO的定义，版权产业是版权可以发挥显著作用的活动或产业，主要分为四大类：核心版权产业、相互依存的版权产业、部分版权产业、非专用支持产业（图4-2）。经过多年发展，版权产业现已成为不少国家国民经济的核心或支柱产业，比如美国作为世界上版权产业最发达的国家之一，不仅产业增加值占到GDP的10%以上，增速也超过了GDP增速，而且对美国出口贡献巨大。

版权及其相关产业已成为我国国民经济的重要组成部分。国家版权局公布的数据显示，2021年我国版权产业行业增加值为8.48万亿元，同比增长12.92%，占GDP比重为7.41%，

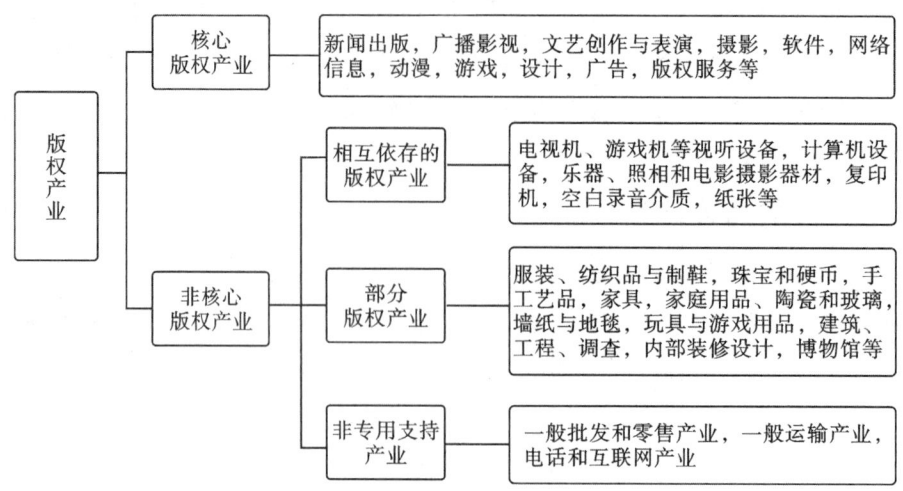

图 4-2 版权产业分类及包含的主要行业

其中：核心版权产业的行业增加值达 5.36 万亿元，同比增长 12.74%，占 GDP 比重为 4.68%，占全部版权产业的 63.10%，对版权产业发展贡献显著；版权产业的城镇单位就业人数为 1 617.19 万人，在全国城镇单位就业总人数中的比重为 9.50%；版权产业对外贸易稳中向好，版权产业商品出口额为 4 576.10 亿美元，同比增长 17.72%，占全国商品出口总额的比重为 13.61%。

在互联网环境下，拜数字技术所赐，人类智力产品的传播与分享可以摆脱纸张、胶片、磁片等物质载体的拘束，其生产和复制成本进一步降低，几乎能以零边际成本快速散布与分享，但这种变化也给版权保护带来了新的困难。互联网不仅是传播工具，更是当今社会新的操作系统，工业时代的许多制度安排与行为边界需要重新审视，版权即为其中之一。虽然现在还无法确定互联网时代的版权制度将以何种面貌稳定下来，但版权保护制度将随着技术变革而演进。

4.2.2 新闻作品版权之争

在我国，版权即著作权。媒体生产的版权作品主要包括新闻作品、娱乐类作品和专门化信息服务（报告、数据库与软件系统等）三类。但在很长时间里，新闻作品有没有版权？媒体维护版权的逻辑何在？一直是困扰媒体的现实问题。

20世纪80年代之前，媒体单位均属于新闻事业单位，被视为上层建筑的一部分，其生产活动目的是为了宣传，媒体通过生产新闻报道履行社会功能，新闻作品甚至都不能称为商品，更不可能受到版权保护。1990年我国出台的第一部《著作权法》将"时事新闻"排除在版权保护的作品范畴之外，并且未明确表述"时事新闻"的内涵。这种立法上的模糊给侵权界定带来了极大困扰，特别是进入21世纪后，报业等媒体与门户网站及互联网平台之间的版权纠纷案件日益增多，各方才开始重新审视新闻作品是否属于不受版权保护的时事新闻这一问题。

从近年来的司法判例看，媒体单位主张新闻报道受版权保护的诉求，大多数都得到了司法支持，其中最为典型的是《现代快报》起诉今日头条违法转载新闻作品一案，历时三年《现代快报》胜诉。在北京市海淀区人民法院审理的相关案件中，法院通过个案分析审理认为，"时事新闻是对客观事实的单纯叙述，不包括作者的主观感受、思想情感或修辞、评论。在具体的新闻写作中，作者在对单纯事实进行描述时，一般会发表自己的体会、评论等主观内容，这样的新闻实现了单纯事实和作者构思、表达的有机结合，作为整体具有了独创性，成为《著作权法》上的作品"。这些司法判例的主要依据为：（1）2002年颁布的《著作权法实施条例》第五条规定，"时事新闻"是指通过报纸、期刊、广播电台、电视台等媒体报道的"单纯事实消息"；（2）2002年《最高人民法院关于审理著作权民事纠纷案件适用法律若干问题的解释》第十六条规定，通过大众传播媒介传播的"单纯事实消息"属于著作权法中规定的"时事新闻"。在法律概念中，法规和司法解释将"时事新闻"缩小在"单纯事实消息"的范围内，有利于对新闻作品进行版权保护。

最终确定新闻作品受版权保护是第三次修订后颁布的《著作权法》。《著作权法》第三次修订2011年7月启动，2020年11月经全国人大常委会审议通过，2021年6月1日生效实施。新修改的《著作权法》充分考虑了近年来著作权保护领域出现的一些新情况和新问题，在制度设计上予以一一回应，比如，新法将此前排除在版权保护之外的"时事新闻"缩限为"单纯事实消息"，明确了不受法律保护的是"单纯事实消息"而不是"时事新闻"，时事新闻中具备独创性的新闻作品应当受到法律保护。至此，"时事新闻"不受著作权法保护成为历史。

什么是"单纯事实消息"？一般是指只包含时间、地点、人物、事由、结果等新闻基本要素的消息，基本上没有作者的观点、评论等主观表达，仅仅是对事实的简单描述。"非单纯事实消息是指那些经过对新闻素材进行挖掘、分析、编辑加工、评论，并且融入新闻工作者的创意、设计，以及个人情感和主观态度的调查性报道、分析性报道、解释性报道等通讯和评论体裁的新闻作品"。著作权法此款修订既是对司法实践的法律确认，也消除了新闻版权保护领域长期存在的模糊认识与误解，对在全社会形成良好的新闻版权保护共识具有重大意义。

此外，新法还增加了新闻类职务作品的规定，即新闻单位工作人员创作的作品为职务作品，作者享有署名权，著作权由法人或非法人组织享有；新法不仅将法定赔偿额上限由50万元提高至500万元，而且将法定赔偿额的下限明确为500元，还增加了惩罚性赔偿条款，提高了侵权违法成本和著作权人的获赔数额。

【延伸阅读4-2】

今日头条"栽了"：4篇文章判赔10万元

2012年3月，一家号称"不做新闻、只做新闻搬运工"的技术公司，打造了"今日头条"这一互联网新闻资讯聚合平台，五年时间成为该领域的头牌。今日头条利用算法推荐个性化内容，受到市场热烈追捧，却让几乎所有从事专业新闻生产的传统媒体叫苦不迭。

原因在于今日头条的内容来源，它通过爬虫技术抓取、链接媒体数字内容，再聚合到自己的平台上进行分发，不用付出任何内容版权成本，以至于一度被称为"今日偷条"。自2013年开始，《广州日报》《新京报》等纸媒纷纷开始以侵权为由对今日头条进行讨伐和起诉。

2015年，新华社旗下《现代快报》发现今日头条在未经允许的情况下，擅自转载4篇《现代快报》记者原创、现代快报社拥有完整著作权的稿件。在与今日头条沟通无效后，2015年9月，《现代快报》以侵犯内容著作权为由，向江苏省无锡市中级人民法院提请诉讼。

无锡中级人民法院一审认为，涉案文章属于著作权法意义上的作品，都是从无到有的独立创作，符合受保护的作品要件要求，且记者作品系完成工作任务的职务作品，著作权属于《现代快报》。综合考虑今日头条影响力、传播范围及主观过错等因素，2017 年 7 月 28 日，一审判决今日头条向《现代快报》赔偿经济损失 10 万元及维权合理支出 1.01 万元。

今日头条不服一审判决，上诉至江苏省高级人民法院。2018 年 10 月 8 日，江苏省高院作出最终裁定：驳回上诉，维持原判。这是目前网络平台违法转载传统媒体原创新闻作品判赔金额最高的案例，不仅给传统媒体维权带来了信心，同时也给网络服务商敲响了警钟。

《现代快报》与今日头条的版权官司打了 3 年，意义重大。《现代快报》表示，坚持维权就是因为拥有一个执念——打赢与今日头条的官司，让个案成为日后法院遵循的判例，让侵权者付出违法成本。2018 年 9 月，国家版权局在京约谈了包括今日头条在内的 13 家网络服务商，要求其进一步提高版权保护意识，加强版权制度建设，规范网络转载版权秩序。

2019 年 4 月 22 日，最高人民法院公布 50 件典型知识产权案例，《现代快报》诉今日头条一案入选。也有一种观点认为，传统媒体与今日头条的此类纠纷，不仅仅是"版权之争"，更是新旧媒体之间的"端口之争"，一切源于今日头条已成为一个具有统治力的传播端口，面对分发渠道和内容生产在因果关系链条上已经断裂的现状，传统媒体更应该彻底变革。

4.2.3 版权运营主要方式

新闻作品版权保护法律的确立，不仅促进传统媒体版权意识的集体觉醒，也正在推动媒体从版权保护走向版权运营。版权运营是指多方位开发版权交易价值和衍生价值、以实现经济利益最大化的过程，是媒体内容产品变现的重要途径。在西方发达国家，由于版权企业市场化程度高，企业对版权价值链的开发相当成熟，版权运营水平普遍较高。相对而言，我国许多版权组织在这方面的意识比较薄弱，版权运营还处于初级和起步阶段。结合英美国家版权开发经验以及近年来我国部分媒体的运营探索来看，媒体版权运营的方式主要有四种。

第一，版权许可，也被称为授权使用。它是版权贸易中最常见、最基本、最重要的交易方式，是指版权所有人通过协议许可他人使用自己版权的部分经济权利，而所有权不发生转移的行为。比如，2021 年 11 月 17 日，谷歌（Google）宣布与法新社（AFP）签署了一项长达五年的合作协议，谷歌将向法新社在欧洲发布的在线内容支付不菲的使用费，这是法国颁布新版权法后，科技公司达成的最大的授权协议之一；而在此前，谷歌声称已与全球部分媒体达成新闻内容授权协议，首批包括德国《明镜周刊》、澳大利亚《昆士兰报》以及巴西一家媒体。

在我国，新京报、澎湃新闻、南方都市报等媒体不仅版权意识觉醒比较早，而且维权态度坚定，也取得了比较好的经济收益。长期关注业界动态的微信公众号"传媒茶话会"透露：2014 至 2015 年，《新京报》版权收入迎来爆发式增长，一度与我国流量排名前 20 的网站都有过合作；2016 年，《新京报》版权收入增长 254%，依然无法覆盖采编成本；2017 年，《新京报》版权收入占报社全部营收的 20%，成为重要经营支柱；2018 年，《新京报》版权收入达 3 500 万，有望覆盖采编成本。另据"传媒茶话会"了解，2019 年澎湃新闻版权内容服务收入近 5 000 万。

第二，版权转让，也是版权运营比较常见的一种方式。它是指版权人依其意愿通过买卖、交易、赠予等方式，将所拥有版权的全部或部分财产权有偿或无偿地移交给他人享有的行为，其中有偿转让版权又被称为"卖版权"。比如，有些学术期刊采取单方面发布"关于刊用论文版权转让的声明"或与作者一对一签署版权转让协议的方式，要求作者将论文印刷版和电子版的复制权、网络传播权、发行权等转让给编辑部。编辑部采用论文后，一次性以稿费形式支付给作者报酬，获取相应权利。目前，不少期刊可以直接许可国内外一些数据库公司以数字化方式复制、汇编、发行、翻译以及网络传播期刊所刊载之论文的依据即在于此。

近年来，通过出售或转让当红节目、电视剧版权，将创意内容与市场对接、获得版权收入，已成为广电媒体的新策略。比如湖南卫视《爸爸去哪儿》《快乐大本营》，以及中央电视台"春晚"《星光大道》《舌尖上的中国》等均带来不错的版权收益。中央电视台多年出售"春晚"电视播映权和网络传播权，获利巨大，《舌尖上的中国》第一季销往30多个国家和地区，播出范围覆盖全球100多个国家和地区，在发行市场中获得单集超过4万美元的版权收益，第二季首轮海外版权单片销售额达35万美元，创造了中国纪录片海外发行的最好成绩。

第三，开发衍生品，全方位挖掘版权价值。欧美国家传媒企业对版权衍生品的开发手段多样，已形成复杂、立体的版权产业价值链，围绕版权所开发的产品不仅有图书、电视剧、现场演出、唱片、游戏等，还包括动漫玩具、日常消费品（如食品、服装）、主题公园等。多方位开发版权价值能为版权方带来额外收益和市场影响力。以风靡全球的哈利·波特系列作品版权开发为例：从出版权、翻译权来看，该系列作品被翻译成73种语言、在200多个国家出版，图书总销量5亿本以上；在电影版权和改编权方面，时代华纳获得哈利·波特系列小说的电影改编权，从2001年起系列电影几乎以每年一部的方式上映；此外，时代华纳为哈利·波特系列电影发出了75个商品销售特许证，如强生、乐高、EA等玩具制造商和游戏商都购买了特许经营权，并开发出"哈利·波特"万花筒、铅笔盒、飞天扫帚、魔法帽等500多种玩具和文具，受到了"哈迷"们的热烈追捧。

第四，开发新的版权产业增长点。随着新技术的发展和应用，数字出版权、转播权等越来越受到重视，已成为欧美国家版权开发的新领域。如奥运会、NBA、英超联赛等顶级体育赛事关注度高，观众市场潜力巨大，虽然赛事转播费用逐年攀升，但运营方利用自身优势对版权进行深度开发后，所获经济收益也非常丰厚。近年来，利用内容版权与互联网平台合作，获取流量、广告分成，以及通过平台付费、生产独家内容等合作形式，也在我国传媒市场逐渐兴起。

【延伸阅读4-3】

《舌尖上的中国》：版权之"味"

从来没有一部纪录片像它一样，在央视黄金时段播出、可以获得高于电视剧30%的收视率；也从来没有一部美食片如它一般，不仅受到吃货热烈追捧，还引发了蝴蝶效应——"舌尖"域名被抢注、"舌尖体"流行、相关食品甚至厨具都因此而热销……

作为国内第一部原创美食类纪录片，《舌尖上的中国》（以下简称《舌尖》）为全世界打开了解中国美食和饮食文化的窗口。《舌尖1》播出尾声时，收视率上升到0.55%；随后，《舌尖2》首播收视率飙到了1.57%，首集即有1500万人次收看，因此而成为央视"顶流"。

《舌尖》系列的超高收视率，为央视带来了丰厚的经济回报，粗略估算，投资回报率可能超过了30倍。其中，版权交易及内容深度开发服务占大头，主要做法包括：

第一，版权售卖。《舌尖1》制作费用为2 000万元，但在2012年的戛纳电视节上，《舌尖1》在我国所有参展纪录片中问询量位居第二，单是播映权一项就卖给了30多个国家，单集首轮发行价超过4万美元，成为当年纪录片的最高销售纪录。《舌尖2》拍摄经费增加到3 000万元，但首轮海外版权分销单集价格达到35万美元，再次刷新同类纪录。同时，在新媒体领域，《舌尖2》还将版权分售给了优酷、搜狐视频、爱奇艺等视频网站。

第二，广告冠名。苏泊尔、四特酒分别花费4 532万元、4 399万元，成为《舌尖2》的全媒体合作伙伴，这还不包含片中其他插播广告收入。经过拍卖，《舌尖3》的独家冠名权由宁夏懿丰投资控股集团拍得，落锤价1.18亿元，刷新了中国纪录片冠名费的记录。

第三，图书出版。《舌尖1》播出后，央视与光明日报出版社、北京凤凰联动文化传媒公司合作，出版了《舌尖上的中国》系列图书，并相继推出英文版、繁体中文版，还与来自中国台湾、香港地区以及美国、韩国的出版商签署了图书版权贸易协议。

第四，跨界合作。《舌尖2》播出期间，天猫食品成为独家合作平台，同步首发每期节目中的食材和菜谱，体验页面也同时在天猫上线。首期节目播出仅3天，片中出现的雷山鱼酱就卖了12万元，西藏林芝的一款蜂蜜卖了15万元，按每期5款产品、每款日售2万元计算，在节目播出的7周里，相关食品销售额可达数千万元，版权方销售分成较为可观。

4.3 内容服务

在互联网生态下，技术进步和消费升级似乎一刻也不会停止，内容产业亦是如此，不仅人们获取信息内容的方式发生了改变，市场也不断催生出一些新的内容服务方式及细分业态。近年来，由第三方提供内容审核风控或新媒体平台运营服务，以及满足用户需求的内容定制、聚合分发服务等，带来了新的商业机会。

4.3.1 内容审核风控

内容审核是指审核各类媒体包括互联网平台上发布的文字、语音、视频等内容，以遏制违反法律法规、违背公序良俗等不良内容的发布与传播；内容风控是指对海量内容的内外部风险进行引导及审核，以化解监管风险和社会舆论风险。

在UGC、PGC、MGC等生产方式联动下，互联网短视频、音频、直播、图文等内容呈现爆发式增长态势，用户不再只是信息的接收者，也成为信息内容的生产者和传播者。由于互联网用户的专业水平和道德水准参差不齐，带来了内容质量良莠不齐、甚至传播不良和有害信息等风险，内容如果不经审核就自由传播，可能会造成影响社会舆论、冲击意识形态安全甚至社会稳定等严重后果。同时，随着社交媒体时代网络结构趋于扁平化，信息传播速度不断加快，不良及有害内容的潜在破坏力大幅增强，这对内容审核的速度和准确度提出了更高要求。

近年来，国家对互联网内容安全的治理力度持续加大，先后颁布了《网络安全法》《互联网信息服务管理办法》《网络信息内容生态治理规定》《网络视听节目内容审核通则》等一系列法律法规，对互联网平台的内容规范、审核、风控等提出了全方位要求。在从严从紧的大趋势下，越来越多的互联网平台因履行内容审核责任不力而受到处罚，因此，由第三方提供专业审核与风控服务应运而生。

作为快速发展的一种新兴业态，虽然第三方内容审核风控市场也存在着一些不确定性，但却是主流媒体拓展内容服务的较好机遇。这是由于，主流媒体具备以下优势：（1）媒体权威性。主流媒体拥有内容审核、风控资质和成熟的内容把关能力，不仅手握《互联网新闻信息服务许可证》《广播电视节目制作经营许可证》等专业证照，更因为具有政治背景优势，对政策的深入理解和对审核尺度的把握具有权威性。（2）政策支持。2020年9月，《关于加快推进媒体深度融合发展的意见》提出，"支持主流媒体搭建内容审核与安全管理平台，向社会提供第三方服务，提高对全媒体内容导向的把关能力"，主流媒体参与第三方内容审核与风控业务，不仅是发挥舆论引领作用的有效方式，也有利于加快自身技术革新和对互联网数据、内容的把控。（3）人才能力。由于长期从事内容原创，主流媒体积累了大量业务突出的内容专家，人员储备充足，对内容的理解和尺度把握更为深刻，尤其对涉政等敏感内容把控能力强，审核经验丰富。（4）工作机制。主流媒体熟悉内容审核、风控业务流程，组建团队方便及时，且与行业监管部门、专业研究机构建立起了常态沟通机制，可对内容风险进行预判并及时处置。

人民网是国内较早开展内容审核与风控业务的主流媒体。2012年，人民网组建专门团队，建立了科学有效的行业标准和拥有自主知识产权的技术平台。2019年，人民网负责人阐释其内容主业分四个层次，第二层便是内容风控业务，即帮助互联网公司做好内容风险控制、内容审核把关，现已服务华为、阿里云、今日头条、中国移动等企业。其业务拓展主要围绕三方面发力：一是提供差异化服务，大型客户直接签订长期外包服务协议，中小型客户通过云服务形式提供服务。二是与顶尖的人工能研究机构合作，建设"媒体智能认知国家重点实验室"，打造技术中后台，提升内容审核效率和准确率，降低人工成本。三是向外输出内容风控技术和业务标准，先后推出"风控大脑""AI识谣""人民审校"等系统应用，并于2019年开始培训、颁发互联网内容风控师职业证书，不断拓展业务边界。

据了解，第三方内容审核与风控服务大多采取"机器识别＋人工审核"模式，"机器识别"承担"识别能力标准化"任务，即基于深度学习及大规模样本训练，对内容进行分析，对其中可能存在的低俗、涉政、暴恐等内容进行标红和预处理，并交由"人工审核"定性。目前，除人民网外，还有多家媒体"试水"此项业务，如澎湃新闻与头部技术企业合作推出了"清穹"内容风控智能平台，封面新闻上线了智媒审核云解决方案，重庆日报报业集团不仅研发了"融媒体智能审读系统"，还成立了"重庆传媒审读中心"，为签约方提供全方位监测审读服务。

【延伸阅读4-4】

重庆传媒审读中心

2022年5月13日，"重庆传媒审读中心"揭牌仪式举行。这是全国首家省级传媒审读中心，由重庆日报报业集团（以下简称"重报集团"）于2021年11月组建。

之前，重报集团发现，在新媒体平台海量发稿给意识形态风险防范、内容导向把关带来严峻挑战，在各区县融媒体中心蓬勃发展的背景下，传媒审读监测已成为拥有庞大需求的蓝海市场，而这正是有着丰富新闻从业经验和较强导向把关能力的传统媒体的先天优势。

据透露，该中心现有员工60人，均来自重庆晚报、晨报、商报的新闻采编一线，从业经历皆在20年以上，22人拥有新闻高级职称，30余人获得过中国新闻奖或重庆新闻奖。

与传统的审读方式相比，审读中心优势何在？一句话概括，就是"新闻老兵＋AI智能"。审读中心实行24小时值班制度，全方位全天候开展内容监测服务，充分运用技术手段加强内容审核，如利用定制的审读软件自动识别差错，第一时间提出预警，确保了审读的时效性和覆盖面。挂牌前几个月，该中心共计审读稿件12万余篇，发现大小问题2 600余处。

在取得良好社会效益的同时，重庆传媒审读中心也带来了经济效益。目前，审读中心已与重报集团内部主要媒体单位签订了合作协议，也获得了江津、黔江、渝中、南岸、九龙坡、荣昌等区县融媒体中心的"订单"，每个客户均按年度支付相应服务费。2022年3月，重庆传媒审读中心还承接了市记协"重庆新闻奖"申报作品的审读工作，得到了充分认可。

实际上，重庆传媒审读中心还刚刚起步，后续发展值得期待。根据客户需求，中心不断拓展功能，调整定位，以便更好地融入市场、服务市场：一是拓展服务范围和领域，从目前单一为媒体服务延伸到其他类型的信息内容审读把关服务，如图书、内部资料性出版物、重要会议（活动、论坛、展览）材料、广告等；二是提供定制服务，如专项内容审读、数据分析、质量阅评、户外平台监测等；三是针对客户差异化需求，形成产品服务"套餐"。

重庆传媒审读中心的创新实践表明，媒体商业模式和融合发展探索不是"修桥修路"式的工程建设，搞定硬件就算圆满了，其无形而隐性的管理机制、生产流程创新和构建充满活力的新型内容服务及生产关系，有着不亚于技术和硬件创新的意义与价值。

4.3.2 政务新媒体运营

近年来，由于各级政府信息公开与电子政务推广的需要，政务新媒体蓬勃发展。政务新媒体带有浓厚的官方发布色彩，具备很强的权威性、首发性，已经成为颇具影响力的信息传播平台。CNNIC统计报告显示，截至2022年底，我国各级人民政府及其部门、派出机构和承担行政职能的事业单位共开办网站13 946个，开通栏目30.9万个，首页文章更新量达3 278万篇。除官方网站外，有些政府部门还自建了客户端、小程序等移动应用，并开通了大量微信公众号、抖音号、头条号、微博等第三方平台账号，但在运行维护过程中，政府机关及事业单位经常遇到人力不够、经验不足等问题，甚至因内容把关不严带来舆论风险。

因此，在实际操作中，党政机关部门往往会采取购买服务的形式，将其新媒体平台运营的部分工作外包出去，由第三方机构来承担。但是，这种外包服务应符合监管要求，尤其是当非公有资本可能介入新闻内容采编和信息传播业务时，需要慎之又慎，切不可逾越政策"红线"。为规范新闻从业规则和维护信息传播秩序，已有多项政策对此予以规制，比如：2005年，国务院印发的《关于非公有资本进入文化产业的若干决定》规定，非公有资本"不得利用信息网络开展视听节目服务以及新闻网站业务"；2017年，国家网信办发布的《互联网新闻信息服务管理规定》规定，"互联网新闻信息服务提供者的采编业务和经营业务应当分开，非公有资本不得介入互联网新闻信息采编业务"，这里所称的"互联网新闻信息服务"，包括互联网新闻信息采编发布服务、转载服务、传播平台服务。

2022年3月，国家发改委《市场准入负面清单（2022年版）》重申"禁止违规开展新闻传媒相关业务"，主要包括六类：（1）非公有资本不得从事新闻采编播发业务；（2）非公有资本不得投资设立和经营新闻机构；（3）非公有资本不得经营新闻机构的版面、频率、频道、栏目、公众账号等；（4）非公有资本不得从事涉及政治、经济、军事、外交，重大社会、文化、科技、卫生、教育、体育以及其他关系政治方向、舆论导向和价值取向等活动、事件的实况直播业务；（5）非公有资本不得引进境外主体发布的新闻；（6）非公有资本不得举办新闻舆论领域论坛峰会和评奖评选活动。

负面清单印发后，浙江、湖南等多地出台实施意见，明确规定政务新媒体不得外包给社会组织、社会企业等单位，只能委托给主流媒体、有互联网新闻信息服务资质的新闻网站等，这给主流媒体带来了商业机会。比如，浙江省《关于全面推进基层政务新媒体规范化建设工作的实施意见》明确指出，政务新媒体内容运营业务原则上由主办单位负责运营，确需委托第三方运营的，受委托方应为主办单位下属企事业单位，或主流新闻媒体、具有互联网新闻信息采编发布服务资质的主流新闻网站等。不得将内容运营业务外包给社会组织、社会企业等无新闻采编发布服务资质的单位，合规受委托方不得将内容运营业务再次转包。

因此，主流媒体、机构媒体竞相入局政务新媒体代运营，主要涉及三个层面：一是政务新媒体平台及第三方平台账号运行维护，负责内容编发、审核与纠错，确保舆论导向和内容安全；二是部分技术应用层服务，包括官方网站、客户端、小程序、私有云、"两微"应用等基础技术平台搭建等；三是根据委托方需要延伸服务，包括视频、动漫、融媒产品制作分发以及技能培训、线下活动执行等。

政务新媒体运营其实是城市互联网传播生态重构，据"传媒茶话会"了解，国内已有多家媒体单位介入，四川观察、深圳《晶报》、《杭州日报》、《无锡日报》、佛山新闻网等是其中的佼佼者。比如，佛山新闻网为佛山发布、佛山市政府网、佛山通APP等100多个政务新媒体平台提供内容运营、平台建设和技术开发服务，2021年仅政务新媒体账号代运营业务收入就达3 000多万元，占比超过50%；而截至2021年底，无锡日报共承接约50个政务微信公众号的代运营业务，其中党政机关公众号占比达64%，包括无锡市人大、政府和政协等重量级单位，2021年无锡日报新媒体代运营收入占新媒体经营收入近40%。另外，2021年12月底，深圳报业集团推动成立了政务融媒体服务中心及运营公司，开始整合集团内部各类政务新媒体代运营业务，以减少内耗、提升政务新媒体运营业务的竞争力。

【延伸阅读4-5】

深圳报业：构建"代运营"生态链

近年来，在媒体融合转型发展过程中，深圳报业集团（以下简称"深圳报业"）以拓展政务新媒体代运营业务为抓手，构建起了包括两微运营、视频制作、网络直播、舆情应对等在内的全媒体政务服务模式，不仅较好发挥了舆论引领作用，还带来了可观的增量收入。

截至2021年底，深圳报业代为运营"深圳发布""i深圳"等政务新媒体项目超过200家，总粉丝数超4 000万，规模位居全国政务新媒体运营机构之首。这是怎么做到的？

2015年初,深圳报业旗下《晶报》与深圳市福利彩票发行中心携手,开始代运营"深圳福彩"微信平台。2017年,《晶报》代运营的新媒体项目突破了100家,2019年达到了130多家,全面覆盖深圳各局、区、街道办、社区及国有商业机构,初步形成了囊括政务微信、政务微博、主题微电影订制、创意H5、手机轻游戏、政务直播、无人机、720度全景拍摄等服务在内的"政务融媒体服务生态链"。几年来,《晶报》先后推出了微电影《摆渡人》、"戏精女护士"等多个爆款融媒体产品,为政务新媒体运营模式与传播方式创新提供了范本。

虽然在同一集团,但不同媒体开展政务新媒体代运营服务特色不同:《晶报》依托社区新闻中心和政务融媒体中心双轮驱动,规模化发展,并始终坚守25%的利润底线;深圳新闻网以搭建网站(含APP端)为核心业务,逐渐形成了网站+微信、微博、抖音等多媒体代运营平台,服务单位近百家;《深圳晚报》主要拓展政务新媒体代运营业务,同时量身定做宣传和传播方案,一站式解决政务宣传需求,累计已承接各类政务项目100余项。

为解决业务分散、无效竞争等问题,2021年12月底,深圳报业在集团层面组建了政务融媒体服务中心和运营公司,整合内部政务新媒体代运营业务,全面提升竞争力。

总体来看,深圳报业代运营业务的"破局之道"在于:(1)化零为整、集团作战,议价能力更强;(2)解决代运营人员身份问题,激活"小编"潜能;(3)提升代运营人员专业素养,培养融媒体传播"多面手";(4)不断对接市场需求,提升多元产品供给能力;(5)建立内部采购机制,技术资源共享,实现技术赋能;(6)打造"群山之巅",形成全新的自有新媒体平台。

4.3.3 内容聚合分发

伴随着互联网信息技术的发展迭代,近年来,以Buzzfeed[①]、今日头条为代表的新闻聚合类媒体,正在深刻改变着新闻生产方式和整个内容分发生态。新闻聚合类媒体是一种新型的内容供应商,通常是指抓取互联网上各种渠道的信息,并以特定方式进行整合的网站或新闻客户端。这里所讲的"特定方式",主要是指利用技术手段追踪、分析用户行为,并利用算法或社交关系向用户推荐感兴趣的内容,使用户从被动接受新闻到主动发现内容,这对互联网内容聚合分发模式产生了颠覆性的影响,创造了一种全新的受众信息接收与内容消费方式。

在内容生产格局已经巨变的今天,传统新闻媒体不再是内容生产的中心,也不再享有支配地位,OGC、UGC、PGC、MGC、AIGC等内容犹如涓涓溪流,正在不断汇入互联网的内容海洋,使得内容市场去中心化、扁平化、平台化的特征愈发明显。尤其是在移动互联网时代,用户对内容的需求愈发强化和细化,人们对个性化内容的诉求开始觉醒,逐渐从对"量"的追求转变为对"质"的渴求,用户希望得到精细、专业、优质的内容消费。因此,内容生态在生产、聚合、分发、消费等诸多环节已经与过去不同,唯有顺应趋势、因时而变才能跟上潮流。

近年来,为更好地适应互联网传播趋势变革,传统媒体开始通过建设"号平台"连接政务、专业媒体、优质机构和自媒体,完成优质内容聚合,再由专业审核和党媒算法护航,最终完成多形式多渠道分发,引领品质阅读。相比商业性质的内容聚合平台,主流媒体平台建设更具有优势:第一,能提供权威、专业、优质的内容,创新内容生态;第二,能更好连接、服务

---

① Buzzfeed是美国的一家网络新闻媒体公司,通过社交新闻聚合网站等途径提供各类热门新闻和生活等资讯,目前没有官方的中文译名,国内一些主流媒体和研究者将其译为"嗡嗡喂"。

人民群众，利用传播赋能讲好中国故事；第三，能更好引导舆论传播，去浊扬清，规范内容行业发展。

目前，三大央媒均已推出内容聚合分发平台：新华社 2018 年推出"新华号"，由新华网客户端建设运营，现已成为重要的内容生态基础平台；央视 2019 年推出"央视频号"，聚焦泛文体、泛资讯、泛知识三大品类内容，邀请各行各业的创作者入驻，共同打造内容生态体系；人民日报不仅推出了"人民号"，人民网还上线了"人民拍客""人民智作"等开放式创作平台，并提出做"内容批发市场"，面向流量平台、硬件终端等内容需求侧开展商业运营。此外，南方报业的"南方号"、湖南卫视的"芒果号"、澎湃新闻的"澎湃号"等也渐成气候。

【延伸阅读 4-6】

南方号：重构内容平台生态

"南方号"是南方报业推出的内容聚合分发平台，于 2016 年 10 月 21 日上线。

历经多年深耕，依托教育、政法、医疗等 22 个垂直领域，广东省超 7 000 家机构入驻"南方+"客户端南方号平台，实现了省直、地市、区县政务机构全覆盖，并进一步向企业、学校、文化团体延伸，在平台规模不断扩大的同时，逐步探索出了一条内容价值创新之路。

首先，以用户思维推动内容生产全方位开放。目前，南方号内容约占"南方+"客户端内容总量的 60% 以上，2020 年南方号平台全年总发稿量超 80 万篇，总阅读量达 11 亿人次。

2019 年 9 月，南方号上线"首发计划"，推动各级党政机关首选南方号平台发布政务资讯、应急消息、政策解读以及回应舆情。同时，南方号横向协同南方日报 21 个地市记者站，纵向协同政法、教育、文旅等 22 个垂直系统，策划"同题作文"，实现矩阵化内容生产。

其次，以产品思维带动内容生态重构。自主研发了南方号融媒体内容管理平台（以下简称"融媒平台"），为每一个南方号提供图文、视频、音频、H5 等多形态内容产品发布管理功能，还提供文章及账号阅读数、订阅数等数据统计，构建以技术主导的互动新生态。

入驻机构通过融媒平台提供的工具，可以参与同题作文、首发计划、领取奖励，还可以应用素材库、其他平台内容导入等功能。同时，南方号还推出了月榜、地市榜、矩阵榜、话题榜、专项榜等数字化产品库，榜单数据生产逐渐智能化，效率和准确性大幅提升。

最后，以平台思维推动全链条协同运营。7 000 多个南方号紧密连接着超过 15 000 名新媒体运营者，这是平台运营的核心要素。通过分析每家入驻机构潜在的内容生产运营能力，以培训交流、爆款大赛、年度评选为重要节点，追踪账号的成长轨迹，打造各矩阵头部号，带动腰部号、尾部号向上生长，探索"强关联、强支撑、强服务"的全链条运营模式。

比如，结合广东各地市政务新媒体培训要求，南方号开展"智媒工坊"线下培训活动，由资深记者编辑和运营人员组成讲师团，与南方号运营者面对面交流培训，讲授平台爆款内容生产"秘诀"，有效提升各地南方号的生产能力，不断为平台运营赋能，效果良好。

一直以来，在海量信息的时代，高效精确地进行内容分发是个难题。新闻内容聚合创新了分发渠道和路径，不仅可以使用户快速找到内容，还能主动进行个性化内容推送，使"内容找人"成为可能，实现了内容分发与用户兴趣的高度匹配。目前，内容分发主要存在四种模式：搜索分发、编辑分发、算法分发、社交分发。这些分发模式各有利弊（表4-4），在未来的内容分发系统中，集成式运用搜索、编辑、算法、社交等分发模式的优点，将成为各大平台内容分发的新趋势。

表4-4 内容分发的主要模式

分发模式	主要特点	优点	缺点
编辑分发	中心化，资深从业者主导	编辑"纠偏"，排除低质内容；更好理解创作者，帮助其成长；自主筛选，确定推送范围和级别	中心化分发；展示位有限；千人一面
社交分发	去中心化，离散式用户主导	去中心化，人人都是传播者；关系链加强，互动性更强；内容影响力更容易被放大	流量被大V垄断；内容质量下降；内容被弱化为关系补充
算法分发	机器算法，大数据主导	千人千面，展示位大量扩展；内容匹配效率大幅度提升	易产生"信息茧房"效应；内容把控成本加大
搜索分发	用户反向主导	主动性强，快速满足用户需求；内容精准，热度充分、关联度丰富	内容良莠不齐；搜索引擎过度商业化

值得关注的是，2016年以来，新的内容聚合分发形式MCN在我国快速发展。MCN源自美国，全称为多频道网络（Multi-Channel Network），原指存在于内容生产者与YouTube之间的中介，进入我国后，逐渐发展成为通过内容聚合、制作和运营，以不同商业化服务变现并按约定进行收入分成的机构。MCN的出现迎合了互联网内容消费趋势，主要功能是对分散的网络资源进行汇集与整合，为其提供后续的分发通路服务，不仅能很好地为UGC、PGC、PUGC等内容创造持续的发送渠道，还可以通过对各类外部资源的整合协调促进内容收益转化。

如今，MCN已成为互联网产业链的重要一环，直接推动了短视频、网红经济、电商直播等新兴业态发展，据称2020年从业机构数量超过2.8万家。近年来，国内已有多家广电媒体布局MCN领域，如湖南娱乐频道孵化的"Drama TV"短视频MCN机构推出了"精准分发"模式，在抖音平台就已有超过200个自媒体账号，现已形成"人员配备-IP孵化-达人养成-商务售卖"完整产业链：一方面整合旗下短视频和直播达人为品牌客户提供创意广告、广告植入、直播带货等品牌曝光服务，另一方面利用媒体资源、创意优势等为品牌客户提供信息流广告内容，通过分析数据、素材优化实现精准投放，帮助品牌客户获得销量和业务订单。

4.3.4 内容定制服务

定制服务是指按照消费者自身要求，为其提供适合其需求的服务，它的基本特征是：（1）定制服务是一种高水平劳动，因而具有更大的价值；（2）定制服务带来个性化感受，它不会出现生产过剩，也不会出现需求抱怨；（3）定制服务所产生的体验效应，会促进与他人分享和传播。当前，定制服务市场空间广阔，伴随着5G、大数据、人工智能等技术进步，内容行业定制化服务迎来了新的机遇。

内容定制服务带来了个性化、交互式的消费体验，不仅成为一种比较高端的内容消费形式，也成为内容产品化的重要途径之一。比如，传统媒体时代按广告主要求撰写"简报""通稿""软文"等，可以算作是最早的内容定制服务；如今，定制服务不仅对内容生产能力要求更高，还要求服务商针对不同新媒体平台传播特点，制作出适销对路的内容产品，甚至进一步推广成为爆款。

内容定制产品包括图文、视频、直播、动漫、H5、PPT等，服务需求大部分集中在微信微博平台和视频领域，以及商业媒体向传统媒体购买深度报道、独家内容等方面。比如，内容定制已经成为腾讯内容开放平台的一种商业变现形式，需求方通过平台对作者下单，作者接单后制作、发布合规内容，从而获得制作费或推广费收益。老牌杂志《三联生活周刊》主编透露，其杂志微信公众号发布的广告信息，98％由周刊团队根据客户需求进行原创，"基于客户需求的写作，它隐含的内核，是'获得感'——更深刻的所获，其实是情绪与情感的"。与许多活得滋润的自媒体不同，传统媒体虽然拥有强大的内容生产潜在优势，但仍需进一步转变思维，对接互联网话语体系，培养网络写手，讲好客户故事，不断探索、丰富内容定制业务，才能获得良好传播效果和经济效益的双丰收。

在网络视频领域，针对特定品牌或目标市场进行节目（栏目）生产的模式，似乎成为一股潮流，一批为品牌量身打造的定制节目出现在大众视野。受此启发，一些电视媒体通过节目内容定制的形式，将商业品牌调性、品牌故事与节目（栏目）进行深度整合，打通线上内容与线下消费的互动体验，为品牌量身定制从内容销售到零售终端的一站式营销解决方案，有效实现内容和产品品牌的双重传播，促进电视平台、广告客户、消费者三方共赢，现已成为电视内容创新的重要途径。

事实上，内容定制有助于独特商业模式的形成，如美国版"今日头条"——Buzzfeed（嗡嗡喂）已经将其做到了极致：浏览Buzzfeed网站的每一个角落，你看不到任何一则贴片广告、横幅、硬广、弹窗，所有广告均隐藏在内容当中，都是为广告量身定制，目的是让其利用"病毒传播"的机制获得指数级传播。Buzzfeed还采用定制化方式让知识变现，它利用旗下美食频道Tasty出版了烹饪书《Tasty》，其特别之处在于用户可以定制图书内容：如果想要定制购买，你可以打开相关页面，从21类食物里选择你想要的7个，比如"最好吃的甜点""牛油果""儿童餐"等，还可以在书中加一页内容或emoji（表情符号），最后选择不同价格的装帧方式，如平装书或精装书，然后付款，这本书就会在7—10个工作日后送到你家。烹饪书被推出后，不到两个月就卖出了超过10万本。

4.4 垂类内容

在信息爆炸的互联网时代，大量同质化、浅层化的内容充斥于媒介平台之间，信息过剩和信息超载已成为一种常态，但与之相矛盾的是，受众的注意力却变得越来越稀缺。受众市场的细分不可避免，媒介分化也势在必行。在此趋势驱动下，具有深度、专业性强的垂直化传播，构建起了新的内容生态。

4.4.1 大众受众"终结"

"受众"这一概念由来已久,按照英国传播学者丹尼斯·麦奎尔的说法,最早受众是指各种公开活动的聚集者、参与者,演讲、集会、露天演出等都是受众聚集的契机,这些受众基本依靠实体场所聚集而形成,在同一时间接受传播的信息。电影的诞生被麦奎尔认为催生了最早的"大众受众",因其借由电影这一中介打破固定时空来传播信息。随后一两百年时间里,借由一定传播技术、以不同载体为介质传播信息的大众传媒——报纸、杂志、广播、电视等,不断为大众受众提供基于不同内容的信息接收可能,直到社交媒体的出现。

大众受众是现代工业社会的产物,也是大众传播发展的结果,反映了脱离家庭、血缘、土地等传统纽带,相互依赖却又彼此陌生的人们的生存形态。大众具有规模大、分散、匿名和无根性等特点,是一种典型的由分散、匿名的个体所组成的庞大集合体,对那些超出其直接经验范围或控制之外的事物感兴趣,并对之关注有加。大众不同于有一定组织性的社会群体,他们没有任何组织性,也没有稳定的结构、规制和领导者,也缺乏为实现自身目的而行动的意愿和手段。

麦奎尔认为,20世纪末,在全球范围内数字化和新媒介市场开放的作用下,传播领域发生了巨大变化,这些变化对受众的本质产生了影响——早期大众传播中的"大众受众"趋向分化和细分。各种传媒的大量涌现,传播和存储新技术的出现,以及激烈的市场竞争,这些因素的结合增加了受众的选择性,并促成了具有不同品味和兴趣的许多更小规模受众群的产生。麦奎尔进一步指出,受众似乎变得更具有内在同质性,因为媒介所提供的内容专业性更强,例如针对特殊兴趣的期刊、专业性广播频率和电视频道、地方有线电视等;也因为人们拥有了更大的选择空间,可以从许多新的传播者那里选择特定的媒介内容。与此同时,媒介希望创造和掌控新的消费者市场,并将合适的受众转送给广告商。

随之而来的是,更多的传播平台、更多的连接可能、更多的内容选择和用户生产内容的崛起,这些变化共同推动着内容消费碎片化的进程,以及随之产生的用户注意力分散。受众市场不断细分的趋势,也加剧了这种状况:同样数量的受众注意力被分散到越来越多的媒介源中。因此,人们已经开始限制投入信息消费的时间和金钱,而且很明显,消费媒介的受众范围和人口比例也并没有相应增长。比如,在过去数十年里,虽然电视频道和节目的供应量增加了好多倍,但观众花在节目收视上的平均时间却几乎没有任何增加,近年来甚至急剧下降。

因此,目前研究界也逐渐认同"大众受众"时代的逝去,无异质、无差别的"大众"概念已经无法再用来描述当代受众。在个体化极致发展的过程中,甚至任何一个继续将受众看作整齐划一概念的视角,都是与时代趋势相违背的。作为社会集合体的受众已经多元化和个性化,麦奎尔将此称为"大众受众终结"。

4.4.2 分众时代来临

越来越多的内容产品共同竞争受众的注意力,大众传媒已经不可能继续依靠垄断来制造集中关注度,进而形成影响力和经济效益,媒介市场分化在所难免。吉莉安·道尔指出,在受众选择权日益丰富的背景下,有效地细分市场需求,提供符合特殊受众群体口味的内容,塑造与此相匹配的传受关系,这三个因素共同决定着媒体是否能够获得竞争优势。在一个日益碎片化的媒体环境中,定位于特定细分市场是一种重要手段,内容提供商可以借此维持产品需求量。在媒体产业中,市场细分策略是指供应商通过受众分析,明确获知需求的差异性,并以此为根据生产具有差异性的产品以满足不同类型的受众群体。在大数据应用越来越普及的今天，线上媒体拥有更加丰富的受众数据，市场细分策略执行起来也更加容易。

正是由于受众和注意力的分散，媒体市场进一步分化，许多以分众（窄众）市场为目标的媒体逐渐兴起。分众（窄众）媒体把拥有相同口味和偏好的受众群体作为目标，部分取代了以大众市场为生产目标的传统策略，而这一转变也为读者（观众）带来了更好的服务，使他们可以享受到比之前更加多元、更有深度的内容。例如，电视频道和杂志市场就经历了这样的变化：电视频道从综合走向细分，新闻、综艺、电影、体育等频道先后出现，并在此基础上进一步细分，如体育频道又分出足球、篮球、赛车、围棋、钓鱼等专业频道，杂志市场也大体如此。

不只是在电视和杂志领域，互联网内容市场更是如此。日益增多的APP及各类互联网平台提供了浩瀚的内容资源，然而用户的注意力却是有限的，如何争夺这些有限的注意力资源？互联网已从传统的流量1.0时代进化到了由算法驱动的流量2.0时代，大数据借由用户画像、行为分析、算法分发等实现了精准推送，人们能更容易地获取到自己想要的信息，这样就更容易形成圈层文化，出现用户圈层化的现象，而为了更好地实现传播目的，垂直化传播也必然成为大势所趋。

知名商业评论家吴晓波在一次演讲中这样解释"小众经济"：未来的商业机会是我们将失去大众品牌，大部分的中小企业所服务的只是一个特定的人群，这个特定的人群会垂直打通。你只要服务这些人，你只要在这个社群中形成你的品牌理念，你就会变成一个非常小而美丽的优秀企业。吴晓波认为，做一个几万人的企业、做一个家喻户晓的品牌已经不再是中国创业者的梦想，真正的梦想是一个做千把人、几百人的企业，甚至几十人的企业，在一个特定的社群和消费群体中"打穿做透"，为他们提供服务，将是"中国现在消费社群最大的变化"。

4.4.3 迈向垂直之路

实际上，垂类运营早已成为互联网产业的重要组成部分，运营者通常在某些细分赛道、专业领域进行深耕，为同类群体提供特定服务，具有目标用户精准、议价空间大、竞争相对缓和等特点。垂直意味着专注以及产品、服务的精细化，能把有限的资源集中在某些特定领域中或某种特定需求上，更容易开创新领域。

近年来，越来越多的媒体面向垂直行业更新业务，构建有效的商业模式。很多媒体机构通过深耕垂直内容领域，进入不同行业的细分业务，以此吸引专业受众，直接将受众和用户转化为买方，并不断增强垂直用户黏性，从品牌认同感、用户喜好和购买意愿等不同角度把住消费者的"脉"，获得额外收益。比如，一些海外知名媒体早已瞄准分众、专业的垂直领域，主要有四大品类（表4-5）。

表4-5　部分海外媒体垂直内容品类

品类	媒体	主要做法
美食	《纽约时报》	2014年上线了一家专门的菜谱网站NYT Cooking，并与外送品牌Chef'd合作外送美食，建立起了一条完整的生活方式服务线；该报旗下的美食媒体品牌Grub Street还与Just Salad商店合作，在纽约市销售沙拉。
	Buzzfeed	2019年旗下美食品牌Tasty从沃尔玛销售烹饪用具赚了1亿美元；将Tasty视为打造垂直内容子品牌的模板，现已成为其商业业务的关键驱动力。

续表

品 类	媒 体	主要做法
时尚美妆	YouTube	2019年纽约时装周前夕，推出了时尚频道，扩大与奢侈品牌的合作机会。
	英国新闻集团	将美妆及时尚内容委托给YouTube进行广告代理，合作方式包括品牌产品展示、系列赞助、内容宣传等；策划了时尚美妆主题的系列视频，推动品牌内容视频收入增长，2018年时尚类品牌内容视频的收入是2017年的4倍。
	Buzzfeed	2015年10月推出美妆栏目，已拥有450万粉丝；2019年3月推出的子品牌As/Is，定位为"千禧一代女性的亲密姐姐"，致力于"赋予女性力量"。
体育	《达拉斯晨报》	付费订阅产品SportsDay HS和SportsDay，使其订阅量增长了三分之一。
	Bleacher Report	先后推出B/R Kicks、B/R Football、B/R Bogging等特定类别品牌，2019年6月将足球垂直线重新调整为B/R Gridiron，加大品牌原创节目投入。
生活健康	BBC	拥有文化、旅游、未来、职场和卷轴五大类垂直内容，2019年9月发布了聚焦健康的"未来的你"和聚焦可持续发展的"未来星球"两个子品牌。
	《纽约时报》	2019年5月发布了育儿站点的beta版，还推出了"智慧生活"计划，就如何洗衣服、如何去角质等日常事务为读者提供建议，提升用户忠诚度。

目前，国内也有不少媒体看到了垂类内容产业存在的机遇，一些长期面向专业领域的传统媒体利用多年沉淀的资源、渠道等，纷纷开展各具特色的运营探索。比如，为适应传播环境变化，2021年4月7日，央视节目中心运营的首批12个垂类频道在央视频上线：央视频与央视各节目中心展开深度合作，开设内容丰富的垂类频道，多元聚合央视泛文体、泛资讯、泛知识领域的精品内容，扩大央视频"内容池"，提升内容广度与深度。首批财经、体育、动漫、军事、田园等12个垂类频道上线后，央视频将通过个性化推送、精细化运营，不断提升央视频的社交属性，让内容更贴近用户，从而满足个性化、碎片化、社交化的视听需求。

近年来，南方报业旗下《南方农村报》坚持媒体业务与产业发展并重，不断拓展"三农"垂直服务广度和深度，现已成功转型为"三农"综合服务商。2018年，该报营收首次突破亿元大关，成为国内首家"亿元农媒"；2020年，面对严重疫情，该报逆势而上，承接涉农项目200多个，年营收达1.78亿元，实现利润1 480万元。南方农村报社拓展"三农"领域的活动和项目主要有四种类型。(1) 会展、论坛、会议活动。2018年3月，该报参与了首届广东茶叶产业大会部分服务工作，继而承办了第二届、第三届；之后，广东荔枝产业高质量发展推进会、北运菜产业发展大会、水稻产业大会、南药产业大会又相继中标。(2) 农产品产销对接、品牌推广。该报积累了4 000多家农产品采购商资源，每年帮助各地政府举办100多场农产品产销对接活动。他们配合广东省农业农村厅，形成了一套农产品营销的方法论——"农产品12221市场营销法则"，到2020年底，利用这个法则已帮助近百个县市解决了100多个区域公用品牌的农产品滞销问题。(3) 农业主题展馆、产业园、公园等项目。2019年承接广东蕉岭县美丽乡村建设主题展馆和平远脐橙文化馆后，已陆续承接南药文化馆、茶叶文化馆、农耕文化馆等项目，并跨省承接了甘肃酒泉种业文化博物馆项目，还参与了30多个农业产业园和农业公园的规划设计服务。(4) 智库类项目。该报2017年成立广东乡村振兴服务中心，并借助参与广东乡村振兴绩效评估的经验，以专业服务打造出"南方评估"品牌，仅2020年一年就开展了3次省级评估、4次地市级评估和25次县级评估。

此外，老年生活服务也是一个比较常见的垂直领域。2022年5月，湖南广播电视台宣布将公共频道升级为"爱晚频道"，该频道成为全国首个省级老年频道，此前北京卫视的《养生堂》节目、贵州广播电视台的"多彩芳华"频道已经小有名气。据"传媒茶话会"了解，仅有30余人运营的"多彩芳华"频道，2021年营收超千万元，其策略是下沉社区、IP赛事和在线教育，通过与贵州老年大学合作开设的《空中老年大学》线上栏目，打通了新渠道。而积累了大量知名医生专家、紧紧抓住了中老年人需求的《养生堂》，充分发挥优势打造IP、社群、商业的完整闭环：一方面凭借着融媒体矩阵的流量积累，推出微商城"健康购"，以微信公众号、微商城和社群为抓手，将离散的观众聚集在了一起，对宽泛的用户做了二次聚集和分层，最终实现精准销售；另一方面推出了自有健康品牌"堂方"，20多款健康食品推出后，很快便受到消费者的认可与追捧。此外，《养生堂》还积极拓展IP出版物和衍生品业务，其中《祝您健康·BTV养生堂》杂志年订阅量高达180万册，2021年推出的养生主题日历、健康美食主题月历更是供不应求。

【延伸阅读4-7】

《快乐老年报》：服务老年人群

《快乐老人报》由湖南出版投资控股集团主管、中南出版传媒集团主办，2009年9月创刊，以"人生永不落幕"为核心价值观，定位为面向中老年人服务的细分领域媒体。

该报首创"邮报媒体营销平台"模式，通过让度部分广告经营权，深度对接中国邮政集团公司报刊发行转型探索，使得报纸发行量飞跃式增长，连年刷新全国报纸发行纪录：

2013年，《快乐老人报》发行量冲破百万，达110.2万份，成为名副其实的"中国老年第一纸媒"；2015年，期发行量超过200万份，位居全国报纸发行量第三，入选"中国百强报刊"；2016年，每份报纸由82元/年涨价至96元/年，实现了"涨价不掉量"的目标。

在创下发行奇迹的同时，《快乐老人报》数字媒体同步推进：2013年创办老年网站——枫网，2015年全面转向移动互联网，推出一批垂直领域微信号，目前总粉丝量已经突破千万。先后创办"赵老师举栗子""小乔讲摄影""我的养身指南"等一批微信视频号，以及"快乐金龄""赵老师敲黑板"等抖音、快手短视频号，形成了老年短视频领域矩阵。

《快乐老人报》还提出了"由心灵圈地到产业整合"路线图，全面进军老年产业：2012年，《快乐老人报》经营性资产剥离改制，设立湖南快乐老人产业经营公司；2013年，快乐人生出版事务所成立，《康颐·活过100岁》杂志创刊；2014年，美时美刻老年旅行社成立；2015年，快乐老人生活馆（连锁）开馆；2016年，快乐老人电商合资公司成立；2017年，《潇湘晨报》呼叫中心并入快乐老人产业公司，转型为健康生活服务平台；之后创办快乐老人大学，截至2019年9月，校区近百所、学员超2万人；2022年，"中国老年人才网"上线。

目前，《快乐老人报》已经发展成拥有报纸、杂志、网站及微信矩阵、出版、旅行社、电商公司、老年大学于一体的老年产业集团，开创了纸媒在互联网时代产业转型的范例。

《快乐老人报》总编辑赵宝泉认为，对一个人口大国来说，"小即是大"，任何一个分众，都会形成一个"大众"。《快乐老人报》不做大众做分众，紧紧抓住对纸媒有强烈依赖的分众——老年人群，努力成为老年人喜欢的报纸，为报纸背后的人群服务，这也揭示了《快乐老人报》转型的秘诀：由运营媒体到运营人群，从单一媒体形态进化为特定人群服务。

4.5 内容创业

每一次技术进步，不仅带来了媒介的升级与迭代，也深刻地改变了内容生产与传播方式。在大众媒体时代，内容创作是中心化的，但随着社交媒体出现，内容创作的中心消失了，人人创作的时代开启了：仿佛一夜之间，各种类型的自媒体、公众号、直播号爆发式生长，内容创业迸发出了无限可能。在这股大潮中，传统媒体不再是旁观者，而是必须置身其中，并借此推进媒体融合与转型发展。

4.5.1 内容创业新机遇

在移动互联网时代，内容创业一端连着内容生产、一端连着内容消费，以优质内容吸引用户和阅读量，正在成为在注意力经济环境下的又一个创业风口。据不完全统计，自微信推出公众号以来，以深耕内容为主的自媒体估值过亿的已有不少，如"吴晓波频道"曾估值20亿元、"罗辑思维"曾估值为13.2亿元，"一条视频"也曾估值1.5亿美元，其他估值过亿元的还有"新榜""12缸汽车""餐饮老板内参"等。大量优质内容的潜在价值得到了全面释放，内容创业者变现后带来的财富增长，产生了强烈的示范效应，从而引发了前所未有的内容创业热潮。

事实上，开办自媒体、公众号只是内容创业的一种形式，从广义上讲，内容创业是指以创造高质量内容为手段的创业方式。不论哪个平台，具体形式如何，只要创业者发布的内容有市场、被认可、合法规，都是一种内容创业。

内容创业成为热门，主要原因在于以下几点。第一，内容创作门槛降低。移动互联网出现后，内容创作不再都是长篇大论、鸿篇巨制了，移动化、碎片化、即时性、交互性成为主要特征，普通人也变成了内容创作主体，能够带来流量的内容会成为"王炸"。第二，内容传播方式深刻改变。社交媒体出现后，传统媒体垄断信息传播渠道的局面被打破了，社交媒体成为内容产品的重要来源之一，内容品类、传播形式等多向拓展，内容生产者与消费者之间的情感连接变得极为丰富。第三，受众圈层化推动内容消费升级。社交媒体蓬勃发展，使得以前那些处于离散状态的受众群体，基于共同的兴趣、爱好、职业等重新聚集于线上社区，形成了各种各样的圈子。在用户圈层化背景下，内容消费呈现出个性化、差异化特征，内容变现的渠道越来越多元化，将各类垂直细分群体作为目标受众的内容消费市场迎来了发展良机。第四，新技术促进内容精准生产分发。大数据、云计算等新兴技术的应用，使得内容平台可以根据用户数据分析其行为，为其画像，通过各种分发渠道进行精准推送，不仅有效提升了用户体验，还增强了用户消费意愿。

随着媒体形态迭代的加快，内容消费越来越碎片化，内容和信息接收终端越来越智能化，内容创业呈现出了一些新的趋势，主要有：一是垂直化、专业化、小众化的内容逐渐受到青睐，成为大部分内容创业者的首选，垂直细分意味着精准定位，内容越垂直越有发展机会；二是内容形态多元化，从图文并茂到音频、短视频、问答、直播先后崛起，助推了内容创业的繁荣，目前短视频行业已经爆发，正在成为一种主流的内容形态；三是内容创业已经不可能单打独斗了，而是进入了团队作战时代，由于不同平台属性、分发形式、内容形态的存在，只把内容创作出来是不够的，必须深度运营才能获得市场认可和变现机会。

内容创业变现的核心是商业模式，只有借助合适的商业模式，内容价值才能体现出来，内容创作才能持续下去。内容平台的日渐成熟、内容消费群体规模的不断增长以及软硬件基础设施的不断完善等，使得内容创业的变现渠道越来越丰富多元，除了传统的广告分成外，内容电商、内容付费、社群营销、IP开发等多种变现手段不断涌现（表4-6），内容创业者获得经济收入也越来越稳定可靠。

表 4-6 内容变现的主要途径

变现途径	主要做法
内容广告	本质是流量通过广告变现，内容带来的流量越大、广告展现次数越多，收入就越多；广告类型分为硬广、原生广告（信息流广告），前者依靠平台分成，后者直接收费。
内容电商	开发故事或消费体验等内容，为电商平台引流或自己销售，提供比广告更多更生动的信息，触动用户情绪及互动，促进商品销售，从而获得固定收益或者销售分成收入。
内容付费	通常出现在垂直领域，以稀缺性知识或经验性内容为主，主要形式包括内容产品购买、会员付费以及订阅、问答、打赏等，直接变现、简单快捷，适用范围比较广泛。
社群营销	提供专业化、分众化的内容，吸引有共同兴趣、爱好、需求的人群聚集于线上社区，同时采取"OTO"方式开展各类活动，完成从提供内容到服务特定人群需求的转变。
IP开发	IP即知识产品或拥有知识产权的内容、形象或故事，包括文学作品、动画、电影、游戏、人物等，可以开展全产业链式开发，优质IP往往蕴涵着巨大的经济价值。

4.5.2 传统媒体内容创业

内容创业正在吸引着大量资本进入，各大互联网平台也都加大对内容行业的扶持力度，今日头条、腾讯、百度、UC等均投入重金对内容项目孵化并加以扶持。传统媒体也不甘落后，不仅纷纷推出鼓励内容创业的政策，还通过设立内容创业、媒体融合发展基金以及开展内部创业大赛等方式孵化项目。其中，浙江日报报业集团较早开展这方面的探索：2011年10月31日，浙报集团启动建设我国首个新媒体孵化器——传媒梦工场，一开始就作为独立的市场主体运作，与浙报集团的传统业务相对独立、相互区隔，以期在体制外孵化新媒体，有效推动了媒体融合发展。

除了浙报集团外，国内还有多家媒体曾出台鼓励内容创业的政策。比如，北京青年报社曾鼓励员工创办微信公众号，奖励政策是用户一万是奖励起点，用户数每涨一万就奖一万元，前期收益也大多归公众号创办者，因而北京青年报社旗下诞生了一系列优质公众号，如"团结湖参考""政知局""教育圆桌"等。成都商报社也曾采用了类似北京青年报社的激励机制，公众号用户数每涨一万就奖一万元，如有经营收入，员工与报社第一年按五五分成，第二年及以后按四六分成。中国青年报则试水搭建全媒体内容产品制售与合作公共服务支撑平台，设立百万级创新项目孵化基金，鼓励部门及个人参与内容产品创新探索，先后有多个项目获得基金资助。

2014年10月1日，南方都市报社整合资源和现金近3 000万元，腾出1 000平方米办公空间来打造的创新孵化器"ND蜂巢"挂牌，服务功能包括日常后勤、技术支撑、融资对接、运营培训、品牌宣传等。同时，广州大学城传媒文化项目、过驾家、Weicar、品牌盛宴、蜂巢招聘、粉丝明星互动APP等六个创新项目进入孵化。2019年底，浙江广电首届"创新项目孵化基金"签约仪式举行，12个创新项目获得近3 000万元的天使投资，覆盖融媒体内容、技术、营销等各方面。

上海报业集团对内容创业持续进行扶持。2015年5月，上报集团斥资1 000万元推出"新媒体创新创业扶持计划"，挖掘内部有活力的新媒体创新创业项目和团队。2022年6月，上报集团又启动"融媒工作室赋能计划"，从270多个内容账号中精选出如《解放日报》"上海网络辟谣""伴公汀"、文汇报"文汇·文艺评论"、《新民晚报》"新民帮侬忙""Bund视频"、澎湃新闻"澎湃明查"、界面新闻"数据线工作室"、《上海日报》"绿眼睛Andy工作室"、《新闻晨报》"021视频"等20个账号和工作室，作为首批"种子选手"进行扶持，与多家头部平台建立对接。

在内外环境的压力下，媒体通过鼓励内容创业的方式激发内部创新活力，发现更多创新业务，探索新的商业模式，其作用不言而喻。第一，有利于盘活存量资产。媒体在发展过程中积累了大量存量资产，如品牌、公信力、读者资源、社会资源等，鼓励员工内容创业，可以深挖存量资产、资源价值，增加业务收入。第二，有利于体制机制创新。传统媒体在体制内转型探索，常常面临难以克服的惯性思维和改革阻力，往往成效甚微，但内容创业给予创业者较大的灵活性和自主性，能够有效推动融合转型。第三，媒体人天生热衷于具有挑战性、创造性的工作，注重自身价值的实现，通过参与内容创业，可将个人发展意愿与行业转型升级需求有机结合起来，有利于传统媒体发现人才、激励人才、留住人才。

【延伸阅读4-8】

传媒梦工场

2011年10月，浙报集团发布以新媒体为核心的"全媒体战略行动计划"，宣称用5年时间投入20亿元推进转型发展，同时启动建设中国首个新媒体孵化器——传媒梦工场。

传媒梦工场怎么建？总体思路是实行增量市场化。浙报传媒上市后，投资5 000万元成立传媒梦工场，意图在体制外探索新媒体业务转型，最初注入的资源包括资金、媒体品牌、骨干员工。这个时期，梦工场几乎是一个"神秘组织"，浙报给予充分自由，不进行干预。

同时，传媒梦工场高度重视技术，从浙江电信挖来蒋纯担任首席执行官，组建了由15名核心成员组成的运营团队。核心成员都是对浙报认同感强的老员工，也愿意去打拼。

甫一开始，传媒梦工场即专注于新媒体创业领域，对新项目采取孵化模式，为早期创业者提供资金、技术、人力、培训等系统化服务，帮助其快速成长。重点孵化对象包括新媒体内容提供商、新媒体渠道商和新媒体运营平台，项目初期基本上由创业团队控股。

从2013年开始，浙报每年拿出3 000万元左右的资金，在内部举办互联网创新项目大赛，吸纳体制内所有员工广泛参与，设置优厚的奖励和扶持政策，进行项目孵化。孵化过程中，传媒梦工场提供一系列帮扶服务,包括计划制定、战略把控、资源协调、技术保障、财务、人力、商务支撑等。一旦创业项目孵化成功,浙报控股的上市公司优先进行收购。

为了把这个平台搭建好,传媒梦工场与阿里巴巴、复兴集团、IDG等11家知名机构结成战略合作伙伴,并聘请马云、胡舒立、李开复等人士担任创业导师。之后,又与阿里巴巴、创新工场联合发起规模近亿元的天使基金,专门布局TMT领域。借此契机,以"人文＋科技＋资本"模式,聚合传媒、投资、互联网各界资源,给新媒体创业团队以全方位舞台。

另外,传媒梦工场还充分利用浙报的影响力和传播能力,举办各种活动来聚集创业者。其中,中国新媒体创业大赛已连续举办多届,赛事已深入杭州、北京、上海、深圳、厦门、成都、南京、武汉等地,覆盖千余个项目,数百个项目通过大赛平台获得了投资。

目前,传媒梦工场下设创投基金、孵化基地、研究院、实验室、新媒体运营等多个机构,其目标是通过资本运作、技术创新以及传媒运营资源投入,打造中国一流的新媒体产业生态圈,为新媒体创业者营造创业创新的土壤和环境,为传媒业未来发现和储备新生力量。

4.5.3 内容创业的困境

内容产业是基于数字化信息技术,融合了出版、报纸杂志、广播电视、音像电影、通信网络等多种媒体形态的组合业态,其经营对象是各种信息、知识、文化和娱乐所包含的实质内容。内容产业具有天然的产业衍生性特征,其上游是具有自主IP的内容创作,包括文化、艺术、科技、教育以及游戏娱乐等,下游则是与这些内容相联系的储存、传送、转换和服务等技术开发以及相关软硬件的研制生产,每一环节的价值创造都为内容创业提供了空间。因此,自媒体"草根创业"成为当前我国内容创业的重要形式,内容创新创业正在由精英群体主导走向大众协同,而此期间资本的介入与推动,更是加速了内容商业形态的转变。

但对大多数传统媒体而言,目前内容创业还处于试水和玩票阶段,很多媒体所谓的内部创业项目只是办几个微信公众号,还有些媒体对创业项目急功近利,甚至要求第二年就要见到收益,鲜见孵化成功的项目。关键短板有四个方面。

首先,内容创业投入不足。与互联网企业动辄千万甚至上亿级别的投入相比,传统媒体对内容创业的投入犹如蜻蜓点水,选择项目时也存在"撒胡椒面"的现象,一次扶持好多个项目,每个项目投入多则一两百万元,少则几十万元乃至几万元,这点投入很难起到作用,但这已经是作为国资性质的媒体做出的最大努力了。由于投入不足,内容创业难以获得较大的传播力和影响力,商业变现愈发艰难。

其次,缺乏试错容错机制。内容创业存在一定风险,既有导向把控方面的,也有一般经营意义上的,不仅内容安全是高压线,不能触碰,而且传统媒体内部也缺少互联网创业必须具备的试错机制,容错空间也比较狭小,再加上技术、用户、模式等方面也没有什么优势,创业项目很难成长起来。传统媒体长期以来刻板、严肃的话语体系,对新时期年轻化、平民化的用户来说,也有些过时了。

再次,体制机制难以突破。内容创业项目若能以独立机构进行运作,可以使创业活动不受母体主营业务的管理认知和惯性思维的影响,组织结构的分化有助于内部学习和增加知识创造,从而获得突破性成果的概率更大。但目前受产权、投资方和管理机制的制约,媒体内容创业牵扯多方利益，创业者难以独立进行决策，内容创业项目没有独立市场主体地位，受投资方干预严重，甚至难以为继。

最后，缺乏股权激励措施。内容创业是长线作战的艰苦战役，需要长期激励措施鼓舞创业者的斗志。股权激励是一种长期激励机制，管理层与骨干员工持股是股权激励的基本手段之一，直接持有创业项目的股票，无疑会促使创业者与项目同呼吸、共命运，否则辛苦一场到头来却是为他人作嫁衣，创业热情自然难以持续。在现有政策框架下，员工持股与国有体制并不兼容，很难作为制度性安排，这种矛盾将进一步凸显，并成为决定媒体内容创业成败的关键。

因此，曾经有人这样评价传统媒体的内容创业：这是一柄双刃剑，也是一场零和博弈，面对员工日益增强的离心力，媒体希望通过创业孵化机制来维系既有关系，但这种吸引力因为种种体制机制束缚而逐渐减弱，离心力相对增强将直接导致员工以及项目脱离媒体而去。近年来，内容创业者步履匆匆的身影中，从不缺乏一些优秀的媒体人，似乎也在某种程度上印证了传统媒体的落寞与无奈。

4.6 信息服务

在内容运营过程中，除了内容直接变现之外，利用各类信息资源为特定对象提供服务，也是很常见的变现手段，如为广告商提供数字广告服务，为党政部门和企事业单位提供网络舆情监测、处置以及智力智库服务等。信息服务主要通过研究用户需求、创新服务形式，将有价值的信息传递给用户，最终帮助用户解决问题。实际上，信息服务是传播信息、交流信息，并实现信息增值的一项活动。

4.6.1 数字广告

数字广告（digital advertising），又称网络广告或互联网广告，美国国家广告主协会对数字广告的定义是："依靠特殊装置，搜集信息主体某一时间段浏览器上网页的浏览痕迹数据，以此来预估个人的兴趣或者爱好，向其精准投放的一类广告。"随着时间推移，数字广告的内涵日益丰富，当前可以将其简单理解为"通过网站、网页、互联网应用程序等互联网媒体发布的商业广告"。

1994年，美国AT&T公司在《连线》杂志网页上发布了史上首个横幅（Banner）广告，标志着数字广告的正式诞生，但当时还没有数字广告的概念，此类广告被统称为互联网广告。作为数字广告的早期形态，互联网广告拥有更快的传播速度和更大的传播范围，以及更低的运营成本。在Web 1.0时代，互联网广告快速发展，相继出现了以雅虎为代表的门户网站广告模式和以谷歌为代表的搜索广告模式。

2004年Facebook成立，标志着以社交媒体为核心的Web 2.0时代正式开启。智能手机使人们可以在任何时间、地点接入互联网，但较小的屏幕尺寸降低了浏览网页和搜索信息的便利性，于是社交媒体软件成为用户接收信息的主要渠道，社交媒体广告逐渐取代互联网广告成为数字广告的主要形态。社交媒体广告形式多样，其中最具代表性的是信息流广告：传统网页横幅和弹窗广告在一定程度上会给网络使用体验带来干扰，许多用户会采取广告回避行为，而信息流广告最大的特点是它隐藏在庞杂的信息流之中，隐藏在用户浏览朋友圈、微博和短视频的过程中,用户可能以为它只是一条普通的信息,却在潜移默化中受到了广告的影响。

此外,户外广告也在进行数字化:早期户外广告数字化主要是使用 LED 或 LCD 屏取代海报等传统载体,如今户外数字广告不仅呈现形式更加多样,而且可以实现网络互联、用户互动等多种功能。经过多年发展,数字广告已经形成了互联网广告、社交媒体广告和户外数字广告等多种渠道形态,其内容载体也呈现出多元化趋势,包括图文、视频、直播、H5、裸眼 3D、数字户外屏、线下交互装置等数字内容形式,NFT 等多种内容载体的跨界融合也使数字广告的形态种类愈发丰富(表 4-7)。

表 4-7 数字广告代表性形态

主要形态	细分类型	广告内容表现形式
互联网广告	网站广告	横幅、文字链接、弹窗悬浮广告、电子邮件广告等
	搜索广告	关键词广告、竞价排名广告、地址栏搜索、网站登录广告等
社交媒体广告	信息流广告	推文广告、短视频广告、H5 广告、小程序广告等
	非信息流广告	直播带货、开屏和插屏广告、激励视频广告等
户外数字广告	传统内容	数字户外屏广告、数字楼宇广告、车载数字广告等
	新型内容	互动装置广告、AR/VR 广告、裸眼 3D 广告等
其他数字广告		数字可穿戴设备广告、二维码广告、数字藏品、虚拟人广告、互联网植入式广告等

实际上,数字广告早已不是小行业。根据 eMarketer 的数据,2021 年全球数字广告支出增长 29.9%,规模达到 5 210 亿美元,略低于半导体行业(5 559 亿美元),中美两国是数字广告市场的领导者,共占全球数字广告市场 63.8% 的份额。2021 年,美国数字广告总支出为 2 112 亿美元,增长 38.3%,占全球的 40.5%,谷歌、Facebook 和亚马逊三家公司共占全美 64% 的份额(分别为 28.6%、23.8% 和 11.6%)。在我国,2012 年数字广告支出仅为美国的四分之一,但 2021 年上升到 1 214.6 亿美元,占全球的 23.3%,是世界第二大数字广告市场;2020 年,我国五大头部互联网科技公司(腾讯、阿里巴巴、美团、拼多多、京东)平均有 34.2% 的收入来自广告,十大互联网科技公司则平均有 28.9% 的收入来自广告。

与传统广告相比,数字广告重新定义了广告方式:数字广告具有发布灵活、互动性强、受众精准等优点,用户到达率、转化率更高,还可以依托大数据技术对广告效益进行追踪和测量。以信息流广告为例:信息流广告是指位于社交媒体用户的好友动态、资讯媒体及视听媒体内容流中的广告,有图片、推文、视频、小程序等多种形式,特点是"算法推荐+原生体验",可通过标签进行定向投放,并根据需求选择落地页或应用下载,广告整体效果取决于"创意+定向+竞价"三个关键因素。从应用历程来看,信息流广告发展很快:2006 年 Facebook 开始使用信息流广告,用户体验比较好;2011 年,Twitter 将内容信息流与商业化内容结合,推出了信息流广告产品;2012 年,新浪微博推出信息流的商业化产品,将信息流广告模式引入国内;2013 年,腾讯新闻客户端信息流广告 CPD 上线;2014 年,今日头条原生广告系统上线;

2015年，腾讯微信朋友圈信息流广告上线；2016年，百度及UC信息流广告上线，国内信息流广告市场竞争格局正式形成。

近年来，随着5G时代到来以及大数据、云计算、人工智能等技术不断赋能，加速了VR（虚拟现实）、AR（增强现实）、MR（混合现实）等技术应用落地，VR、AR、MR广告开始出现，提升了广告传播的有效性，推动了消费需求升级。AR、VR广告给用户带来前所未有的沉浸式体验，让用户身临其境地感受到产品，在此过程中，用户不仅仅被动地观察，更是深度参与审美过程。比如AR广告，它能将用户的好奇心、现场感和购买欲连接起来，把带有广告商内容的AR滤镜叠加到现实环境中，消费者可通过录制短视频、拍照等方式，在虚拟和现实之间形成联动，以此促进用户激活和电商交易。目前，不仅互联网公司在进军这些新领域，《人民日报》、新华社等也在加快产品应用，运用技术手段促进数字广告与创意发展。

还有一些媒体，将目光投向了地铁数字广告、户外数字广告等领域。据不完全了解，国内已有河南、湖南、江西、云南以及深圳、宁波、西安等十多家省市报业与出版集团涉足地铁广告，其中深圳报业是较早进行运作的一家，目前已拥有深圳、成都、昆明共15条地铁线路的平面广告经营权，规模实力居全国领先。

4.6.2 网络舆情

随着互联网技术及新媒体的强势崛起，舆论生态、传播方式、社会结构发生深刻变化，网络已成为人们表达利益诉求、宣泄情绪、参与公共事务的重要窗口。网络舆情是指以互联网为载体，集合广大网民对某一公共性事件所形成的情绪、态度、意见、观点等网络舆论的表达、传播与互动，一定程度上是现实社会矛盾在网络空间的投射和延伸，堪称是社会状态的"晴雨表"。新媒体时代，"人人都有麦克风"成为现实，多元主体参与社会治理的意识愈发强烈，各类网络信息海量涌现，网络舆情生态发生重大变化，不仅呈现出突发性、复杂性、群体极化性、传播速度快、潜在危害大、易反转等特征，舆情甚至会被演绎成"网络审判""人肉搜索"等群体事件，对国家安全、人民认知、社会稳定、政府公信力产生极大影响。

近年来，我国经济社会发展处于转型期，社会利益关系日趋复杂，各种深层次矛盾和问题日益凸现，网络舆情也随之汹涌而来，各类突发事件和舆情危机此起彼伏。同时，党委政府对网络民意和网络舆情高度重视，要求各级部门通过网络了解社情民意、回应网民需求、走好网上群众路线，已经成为舆情服务的主要需求方。2016年8月，国务院办公厅印发的《关于在政务公开工作中进一步做好政务舆情回应的通知》指出，"各级政府及其部门要高度重视政务舆情回应工作，切实增强舆情意识，建立健全政务舆情的监测、研判、回应机制，落实回应责任，避免反应迟缓、被动应对现象"，"对涉及特别重大、重大突发事件的政务舆情，要快速反应、及时发声，最迟应在24小时内举行新闻发布会，对其他政务舆情应在48小时内予以回应，并根据工作进展情况，持续发布权威信息"。

在此背景下，网络舆情服务市场逐渐兴起，市场规模不断扩大。网络舆情服务一般通过监测软件或系统展开，利用大数据、人工智能、网络爬虫等技术，对互联网新闻网页、论坛、贴吧、博客、评论等公开网络资源进行采集，第一时间把握舆情信息脉搏，为各界提供及时准确的决策参考意见，并按用户需求提供专业性分析报告或处置等服务。从业务流程来看，网络舆情服务通常包括信息监测预警、专业分析报告、引导处置、复盘与培训等环节（表4-8）。

表 4-8 网络舆情服务的主要环节

主要环节	服务内容
监测预警	监测一般在 24 小时内进行，以软件系统为主、人工干预为辅；向客户提供相应账号，运用关键词进行追踪；自动预警同时，对预警信息进行人工筛选，及时有效告知客户。
专业报告	服务团队对舆情信息进行采集、挖掘、分析和整理，为客户量身定制专业化的分析报告，包括日报、周报、月报、季报、年报等，针对问题提出处理意见或引导策略；同时，编辑出版舆情内参刊物，主要以案例分析、热点剖析、专家论述等内容为主。
引导处置	服务团队对重大舆情事件进行深度分析，给出科学判断以及指导建议；协助客户制定舆情应对方案，整合、调度资源处置资源，合理发声澄清真相，对冲敏感负面信息。
复盘培训	总结复盘舆情事件，组织舆情业务培训，提升客户的舆情识别、分析、应对等能力。

目前，网络舆情服务市场参与机构主要有高校、公关公司、技术公司和新闻媒体四类，各自定位和优劣势并不相同。新闻媒体由于拥有较成熟的社会信息采集系统和丰富的信息处理经验，现已成为重要的网络舆情服务商，新闻媒体开展舆情服务的优势在于：首先，新闻媒体拥有权威政治资源和品牌优势，媒体机构经过多年品牌积淀，具有强大的公信力和影响力，可以快速有效地澄清事实真相，避免网民负面情绪持续发酵，进而抢占舆论制高点，引导网络舆论走向。其次，媒体应对网络舆情具有较强的人才和智力优势，不仅能保持舆情分析的客观性，在群体冲突中保持意见平衡，还对舆情事件的发展趋势、影响范围具有一定的前瞻性，能够提出合理化建议，降低次生舆情风险程度。再次，新闻媒体长期与各级党政部门联系、互动质量高，又与众多重点网站、新媒体平台有着良好的合作关系，也比较容易接触到司法机关、高校专家、意见领袖等专业资源，有助于协助控制、处置各类重大舆情。最后，一些大中型媒体集团拥有专业团队和一定技术积累，甚至具备了舆情技术平台的研发能力，因而纷纷建立、拓展舆情业务单元，形成了一定的规模效应，面向政府、企业的服务体系逐步完善。

人民网是国内最早从事互联网舆情服务的专业机构之一。人民日报社网络中心 2008 年成立舆情监测室，2010 年改名为人民网舆情监测室，2017 年升级为人民网舆情数据中心，自主开发了"人民在线"舆情监测技术平台，目前已迭代至 5.0 版本。人民网在国内最早设立舆情分析师岗位、搭建舆情数据库和舆情案例库，不仅定期向社会公布各种舆情报告与研究成果，还长期为众多中央和地方党政机构、企业、社会团体等提供各种热点舆情事件应对、网络媒体危机公关等方面的顾问服务。据了解，目前人民网舆情团队拥有专家 50 余人、舆情分析师 200 余人、专业技术研发人员 200 余人，面向政企客户提供监测、预警、分析、研判、培训、风险评估、形象修复等一站式服务。人民网财报显示，近几年，除 2020 年受疫情影响，营收略有下滑以外，2017—2019 年，人民网舆情信息服务收入从 1.9 亿元增长到 3.2 亿元，为主流媒体发挥市场机制、深化服务转型提供了范本。

截至目前，大部分主流媒体和新闻网站都介入了网络舆情服务市场。比如，新华网近年来一直为中央有关部门提供舆情报告，服务舆情客户超过 3 000 个，包括中央部委、地方政府和大中型企业等；中国青年报社在数据研究方面深耕多年，中青网舆情频道也积累了一批资深舆情分析师，基于云计算的排行榜和舆情报告具备较强吸引力；南方舆情数据研究院由南方报业传媒集团联合国内各大高校、智库、研究机构等发起成立，在业内拥有良好口碑；封面舆情背靠《华西都市报》，采取与搜索引擎深度合作的方式，在可视化呈现、机器人服务等方面具备一定优势。此外，大众网、华龙网、红网、大河网、荆楚网等也开展舆情服务，成效显著。

值得关注的是，近年来，舆情服务市场呈现出一些新的发展趋势。

一方面，网络舆情的监测与应对，正在从"事中""事后"走向"事前"，舆情风险评估正在成为舆情业务的新方向。过去在网络舆情暴发后被动"救火""灭火"和应急处置的工作方式和思维方式，已经不能适应当前形势的需要。可以说，能否在"事前"对重大事件、重大决策等做出可预见和可测量的评估，某种程度上已经成为党和政府治国理政、社情民意上传下达、防范和化解重大社会风险、实现国家治理能力和治理体系现代化的重要影响因素。因此，舆情风险评估正在被越来越多的政府部门重视和认同，其应用范围也在不断扩展，既针对改革决策、项目工程、重要活动等专门事项，也包括常态化舆情管理和日常工作评估。

另一方面，5G、大数据、云计算等信息技术不仅改变了舆论生态，也促进了舆情行业的深层次变革。由于市场对数据价值进行深度挖掘的呼声高涨，舆情服务与数据服务不断融合，舆情行业进入"后舆情时代"；而在未来，随着区块链、人工智能等技术的日臻完善与深入应用，舆情的智慧含量不断提升，"智慧舆情"时代即将到来。在此背景下，传统舆情业务将全面升级为"舆情＋"业务，以舆情一体化解决方案为蓝本，整合现有舆情、资讯与咨询业务，打造覆盖监测、预警、研判、应对、修复、培训、咨询等全链条产品体系，并利用"数据＋咨询"双引擎驱动，深挖舆情大数据的价值，将为舆情服务带来更加广阔的发展空间。

【延伸阅读4-9】

荆楚网：舆情服务"急先锋"

作为全国首批创办的省级重点新闻网站，荆楚网较早介入网络舆情服务市场：

2010年，荆楚网在省内率先开展网络舆情研究与服务；2012年，获批成立"湖北省网络舆情信息研究基地"，《网络新舆情》读本创刊；2015年，与头部科技公司合作，研发舆情监测与大数据分析系统；2018年5月，整合集团资源成立楚天舆情数据研究院，聘请省内外专家，专注于政府治理、社会治理、区域发展等领域的舆情战略研究和服务。

2020年12月，荆楚网成立舆情大数据中心，进一步提升网络舆情信息服务水平，以舆情大数据服务助力社会治理创新与治理能力现代化，助推区域经济社会高质量发展。

目前，荆楚网不仅是湖北省网络舆情信息基地，还是中宣部、省委网信办舆情报送点，以及湖北省委党校政务舆情教学基地，负责楚天舆情数据研究院的日常运营。拥有专业舆情分析师20多人，累计在学术期刊发表论文200多篇，2022年舆情服务收入约3000万元。

荆楚网舆情服务深耕区域市场多年，已成为多家单位特聘专家、舆情顾问，多次参与省内敏感舆情事件处置，高效协助多家单位成功处置舆情。其主要舆情产品及业务形态有：

一是网络舆情读本。《网络新舆情》是专业化舆情分析读本，电子版用户可通过登录相关网址、输入账号密码查看内容，同时寄送纸质版。《网络新舆情》定位"帮助领导干部学网、懂网、用网"，内容有的放矢，坚持原创输出，重视实践总结，凸显服务属性。

二是舆情服务及报告。舆情服务签约客户超过160家，涵盖省内政法、卫健、环保、应急等多个系统，也基本实现了对省内市州的全覆盖，业务形态包括大数据舆情监测系统以及网络舆情监测预警、研判处置、舆情报告、舆情培训服务等。

三是线下峰会活动。在有关部门指导下，2018年起连续6年举办"湖北十佳政务新媒体"评选活动，连续3年举办"楚治——社会治理创新十大案例"评选活动，连续3年举办"湖北大数据内容峰会"等活动，助力湖北社会治理创新。

四是发布指数榜单。2014年起发布湖北政务微信、微博排行榜总榜以及区域、行业分榜单；2020年起，连续3年发布"湖北城市传播力十佳区县""武汉城区十佳传播案例"年度榜单；2022年，还承办了湖北省走好网上群众路线"百佳新媒体账号"推选活动。

4.6.3 媒体智库

智库也称为"思想库"或"智慧库"，指诞生于特定的政治、经济、文化土壤中，服务于国家利益和公共利益，对公共政策和舆论施加影响的咨询研究机构。它为决策者出谋划策、优化方案，为社会经济发展提供最佳理论、策略、方法、思想，是影响政府决策和推动社会发展的重要力量之一。

智库的主要功能有：（1）议程设置。智库汇聚各领域的权威专家，他们对社会中存在的问题进行研究，确定可以提上政策议程的问题，提出具体方案。（2）政策教育。智库通过出版书籍、报告，在媒体上发表见解、文章，解读国内、国际问题和公共政策；通过举行公开会议，培养公众的政治参与热情和对公共政策的兴趣，承担着政策教育和政治社会化的功能。（3）为"知识"与"权力"搭建桥梁。智库为学者提供与政策决策者进行紧密接触的舞台，以及进行政策研究的最佳环境，使他们不但了解政策研究还了解政治现实。（4）推行公共外交。智库凭借与官方决策的特殊关系以及非官方的身份，发挥着独特而又重要的公共外交作用。

智库已经成为国家软实力的象征，也是提升国家治理能力的关键变量之一。过去数十年里，智库一直在西方国家内政外交中发挥重要作用，如美国就有很多高端智库，影响力非常大，能够以精准全面的分析研判、与政界广泛深入的联系以及在社会公众中的影响力，左右着美国政治、经济、社会、军事、外交、科技等方面的重大决策。《全球智库影响力评价报告2021》显示，2021年全球智库机构前20中，美国共有12家，布鲁金斯学会、卡内基国际和平基金会、兰德公司、胡佛研究所等知名机构均名列其中，我国也有3家智库机构入选（表4-9）。

表4-9　2021年全球智库榜单前20

排名	智库机构	国家	排名	智库机构	国家
1	布鲁金斯学会	美国	11	兰德公司	美国
2	卡内基国际和平基金会	美国	12	世界卫生组织	全球
3	国务院发展研究中心	中国	13	新美国安全中心	美国

续表

排名	智库机构	国家	排名	智库机构	国家
4	世界经济论坛	瑞士	14	世界银行研究所	美国
5	城市研究所	美国	15	北京大学国家发展研究院	中国
6	华盛顿战略与国际问题研究中心	美国	16	传统基金会	美国
7	美国进步中心	美国	17	胡佛研究所	美国
8	瓦加斯基金会	巴西	18	亚洲发展银行研究所	日本
9	北大西洋理事会	美国	19	中国工程院	中国
10	韩国开发研究院	韩国	20	世界资源学会	美国

近年来，我国出台一系列政策措施，加快推动新型智库建设。2015年1月，中办、国办印发《关于加强中国特色新型智库建设的意见》，明确提出要"形成定位明晰、特色鲜明、规模适度、布局合理的中国特色新型智库体系"，"重点建设50至100个国家亟须、特色鲜明、制度创新、引领发展的专业化高端智库"，并支持中央重点新闻媒体等先行开展高端智库建设试点，中国特色新型智库建设上升成为国家战略。2015年11月9日，中央全面深化改革领导小组第十八次会议审议通过《国家高端智库建设试点工作方案》，12月1日，国家高端智库建设试点工作会议召开，首批25家机构入选国家高端智库建设试点单位。2017年5月，民政部、中宣部等9部门联合印发《关于社会智库健康发展的若干意见》，对促进社会智库健康发展作出一系列安排，标志着我国智库建设进入新阶段。

在新型智库建设热潮的带动下，越来越多的传统媒体开始基于自身特色打造媒体智库，并以智库功能为核心业务注入更多智慧因素。2018年3月，国家新闻出版广电总局发布《关于加快新闻出版行业智库建设的指导意见》，提出要加强智库建设整体规划，建设一批定位清晰、特色鲜明、布局合理的行业智库、专业智库和媒体智库。同时明确鼓励主流新闻出版单位建设媒体型智库，"充分发挥新闻出版单位拥有广泛社会资源、贯通内外信息渠道和团结联系高水平专家的资源优势，加强对经济文化社会等领域信息数据的汇集挖掘研究"，"加强记者编辑队伍、智库专家队伍与舆情民意走向、热点社会话题之间的联结度，促进多元观点交流碰撞，通过内参、调研报告等多种形式为党政机关和决策部门提供真实、即时、系统、深入的智库报告和策略建议"，打造知名媒体智库品牌。

新时期，媒体智库具有鲜明的公共政策研究机构特征，主要功能是政策研究与建议、舆论引导与公共外交。其核心优势在于以下几点。首先，媒体信息渠道畅通，对政策敏感度高，能够提升智库研究选题的前瞻性、精准性，同时媒体拥有历年报道过程中积累下的庞大数据库，这些资源将为媒体智库提供详尽的背景资料，使媒体智库可以迅速、准确地针对社会性话题进行研究。其次，媒体资源凝聚能力强，通过自身强大的关系网络，能够快速组建实力雄厚、结构合理的研究团队，而且媒体还具有强大的社会联结力，作为民众与政府的连接枢纽，媒体智库的稳定性和客观性较强。再次，由于媒体品牌价值的存在与放大，媒体智库的公信力、号召力较强，其产品的政策影响力、社会影响力、舆论引导力也较为突出，能够更好地引导社会舆论，为公共政策制定与实施营造良好氛围。最后，大部分智库产品都需要借助媒体平台发布并进行宣传，媒体智库拥有天然的发布平台与沟通渠道优势，不仅可以灵活机动地发布研究结果，还可以通过召开新闻发布会、在媒体开设专栏、接受媒体专访、印刷出版等形式扩大智库产品的影响力，也可以在必要的时候引入公共讨论，这些都是其他智库所不能比拟的。

据不完全统计，截至2021年12月，国内宣布成立智库业务部门或单独成立媒体智库的媒体机构已超50家，中央媒体、省市媒体、市场化媒体均有参加，加上冠以中心、研究院等名称的各种机构，总数远超百家（表4-10）。比如新华社旗下的瞭望智库，立足于国策研究和财经领域，提供"政策早研究""智库研究报告"等系列产品，成立以来已与多个部委达成合作，逐渐成为党和政府科学决策的重要支撑。又如，南方报业现已形成由党建、经济、法治、城市、教育、产业、文化产业智库以及南方数字政府研究院、广东乡村振兴服务中心、南方周末研究院、南都大数据研究院、南方舆情数据研究院等12家机构组成的智库矩阵，其中南方都市报运作的大数据研究院，近年来不断推动媒体智库化转型，通过研究课题定制化、项目化，发布了数百个智库产品，有效提升了经营能力。

表 4-10　我国主要媒体智库建设及运行情况

主办媒体	媒体智库建设及运行情况
新华社	首批国家高端智库中唯一入选的媒体智库。社内成立了智库办公室，设立国情与战略研究中心、公共政策研究中心（瞭望智库）、世界问题研究中心、经济研究中心、舆情研究中心、现代传播研究中心等6个研究中心，形成高端智库的主要研究力量。
人民日报社	先后成立了国际问题研究中心、人民智库、海外网智库、人民文旅智库等系列智库，并依托人民网舆情监测室组建新媒体智库，主要从事互联网与国家治理重大课题调研，以及"一带一路"、国际舆论场和全球智库研究，定期出版智库读物和蓝皮书。
光明日报社	整合内部多个文化产业研究中心、教育研究中心等机构，组建"光明智库"，坚持走专业化、特色化建设之路，打造以思想文化为主要关注点的新型专业化媒体智库。
经济日报社	成立中国经济趋势研究院，研创发布中经指数、中农指数、财富指数等系列智库成果。
中新社	组建"东西问智库"，是一个跨学科、多语种、全媒介、传播型的智库平台，致力于常态化、品牌化、智库化、平台化开展活动，进一步促进中外文化交流、文明互鉴。
广州日报社	成立《广州日报》数据和数字化研究院（GDI），以"无限世界、心中有数"为宗旨，以数据挖掘分析、数字新闻传播为主要业务，打造优势平台，致力于建设新型智库。
羊城晚报社	与百度、国双科技合作成立《羊城晚报》智慧信息研究中心，开展数据咨询和政企服务。
新华报业	携手南京师范大学，打造"新华传媒智库"，专注于"社会治理现代化"和"媒体融合发展"两大研究方向，并与省内24家重点智库单位共建"江苏新智库联盟"。

续表

主办媒体	媒体智库建设及运行情况
四川报业	联合阿里巴巴成立"封面智库",以"一带一路"和长江经济带研究为定位,同时对互联网创新经济、共享经济进行探索和建言;后又依托四川日报社成立"川观智库"。
山东广电	成立"闪电智库",依托山东广电公信力和影响力优势,以政府公共形象和企业品牌传播为主要研究对象,为客户提供从智力支持到成果转化、融媒传播的一站式服务。
财新传媒	组建财新智库,与财新传媒业务相互独立、整体互补,以"成为新经济时代数据工具制造商"为愿景,打造集行业研究、政策建议、数据分析、调查报告、指数开发为一体的高端智库服务平台,业务板块包括财新数据、财新锐联指数、莫尼塔研究等。
《新京报》	成立"新京智库",将智库研究与报道相结合,推出《人脸识别滥用行为报告》等内容产品,举办有关国内经济的多场学术会议,重点打造"春季峰会"等高端品牌活动。
南风窗	成立南风窗传媒智库,下设公共政策研究部、决策数据研究部、国际关系与战略研究部、大学生社会实践调研部等机构,致力于为政府、企业提供有价值的智力服务。
深圳报业	组建深新传播智库,专注于新闻舆论与公共服务研究,致力于为媒体提供学术支撑、为党委政府提供决策咨询,产品有决策参考、域外参讯、智库报告和大数据分析等。
宁波报业	旗下的《东南商报》全面转型"媒体+智库"建设,并与国研经济研究院联合成立国研经济研究院东海分院,以服务当地党委政府决策、提供智力支撑为中心开展探索。
《沈阳日报》	成立"盛京汇智库",致力于建成"东北振兴、决胜沈阳"的智囊团和思想库。
《齐鲁晚报》	组建"壹点智库",以"赋能社会治理现代化、与品牌共同成长"为宗旨,提供行业咨询、产业规划、调查报告、数据分析、模型构建、标准制定、舆情研判等服务。

智库建设对媒体发展具有重要意义,既是推进深度融合的重要路径选择,也是媒体基于改善自身状况以应对产业环境变化的深层次考量,具体体现在以下几个方面。

第一,有利于增强内容产品竞争力。移动互联网的兴起,不仅打破了传统媒体对传播权的垄断,也使内容生产和需求格局发生了颠覆性变革。因此,媒体必须生产出更多更优质的内容,才能找回流失的受众,智库正好可以满足这种需求。"媒体+智库"模式将社会力量运用到内容生产体系中,利用专家学者的智慧和能力,对重大会议精神、热点话题等及时做出解读和评论,强化思想性、创新性观点输出,能有效拓展媒体内容深度,提升内容传播力与竞争力。

第二,有利于巩固传统媒体影响力。现代智库和媒体都是公共空间的建构者,彼此共生共荣，但在日益开放的国家治理体系中，作为党和人民的喉舌，传统媒体的议程设置能力已经受到了挑战。媒体如果不参与智库建设，可能会丧失在公共政策生产供给中的话语权和影响力，甚至被边缘化，成为单纯的内容提供方。因此，传统媒体通过创办智库或智库化转型，有助于打通全产业链，并在政策研究、咨询、评估、发布传播等环节布局，形成价值共创局面。

第三，有利于激活媒体转型创新力。媒体本身就是一个智力密集型行业，不仅专业知识和数据积累丰富，而且人才沉淀非常深厚，大批资深记者编辑的分析研究能力并不亚于一般学者，对实践议题的把握甚至优于一般的智库学者。因此，加强媒体智库建设、推动智库型媒体发展，既有利于激活媒体固有的资政启民、舆论引导等"智库基因"，又能够激活媒体多年沉淀下来的数据、智力等资源，不仅是掌握意识形态工作领导权的内在诉求，也是媒体转型发展的创新引擎。

第四，有利于丰富媒体的商业模式。虽然媒体主要承担着公共职能，但也要接受市场考验，以改善财务状况。智库化是媒体市场化的一条重要路径，这方面已有不少成功先例，如英国《经济学人》1946年创办了情报服务事业部，为企业提供研究咨询服务，如今已经成长为全球领先的商业情报机构，每年收入高达数千万英镑，是《经济学人》的第二大盈利板块，堪称媒体办智库的典范之作。

【延伸阅读4-10】

经济学人智库（EIU）

经济学人智库（The Economist Intelligence Unit，EIU），是英国《经济学人》集团旗下的商业分析机构，主要为全球商业与各国政府提供针对国家、产业及管理领域内的经济预测分析与咨询服务，多年来因其专有的预测和高级风险评估模型而在业界享有盛誉。

EIU成立于1946年，2013年起独立运营。目前，EIU拥有伦敦、纽约、香港3个区域总部，在全球40多个城市设有常驻机构，拥有130多位经济学家和650多名分析师，用25种语言发布汽车、能源、金融服务、医疗健康、通信事业等商品信息和分析报告。

EIU为营利性智库，曾被宾夕法尼亚大学评为"全球最佳盈利智库"第一名。《经济学人》集团2018年财报数据显示，EIU当年收入为6 023万英镑，利润为1 719万英镑。2021年，EIU客户遍布全球200多个国家，总数3 000个以上，其中不少是世界500强公司。

EIU的产品与服务主要包括：（1）国别分析，如英国"脱欧"分析；（2）风险分析，如虚拟货币带来的风险；（3）产业分析，如委内瑞拉的石油产业分析；（4）研究报告、网络研讨和播客，如全球生活水平指数；（5）独家视点，如未来的体育场馆；（6）定制解决方案。此外，EIU还提供专题服务和专题产品，举办一些行业研讨、管理论坛以及圆桌讨论等高端活动会议。

另外，EIU面向全球免费提供一般动态资料，明码标价出售有重要价值的研究报告，为客户量身定做的产品都收取费用。它给客户提供的研究成果一律对外保密，回复咨询的态度坦率、正直，从不隐瞒真实想法，也不迎合内部议程，对任何建议都不带有既得利益色彩。

作为媒体创办的智库，EIU无论是盈利能力还是影响力都是一流的，它带来三点启示：

第一，媒体智库要坚守公信力。媒体智库本质上是媒体品牌的延伸，独立性、开放性非常重要，即使提出不同的观点可能会让领导者不舒服。

第二，重视专家库的建设与更新。某种程度上，专家多元与丰富与否直接决定了智库的水平，EIU 的研究队伍是国际化的，也达到了一定量级，从而丰富了产品和服务。

第三，智库产品的多样化。智库产品可以是为政府机构、商业组织定制的，也应适时推出公共智库产品，方便大众利用网络免费下载报告以及媒体报道，以此提升智库知名度与影响力。

第五章　场景应用

罗伯特·斯考伯（Robert Scoble）和谢尔·伊斯雷尔（Shel Israel）最早提出"场景"概念，他们将构成场景的五种技术力量称为"场景五力"——大数据、移动设备、社交媒体、传感器、定位系统，"五种原力正在改变你作为消费者、患者、观众或者在线旅行者的体验"，"它们同样改变着大大小小的企业"。场景特点在于"更加符合每个人当时的需求"，与之适配的是个性化、智能化的服务。

移动互联网带给媒介更加广阔的平台，移动传播的本质是基于场景的服务，即对场景（情境）的感知及信息（服务）适配。换句话说，移动互联网时代争夺的就是场景，谁能将场景要素有效运用到产品与服务创新中，谁就能在竞争中获得更大优势。正如喻国明教授所指出的那样：我们即将走出"唾手可得的信息时代"而进入基于"场景"的服务时代。在这个永远在线的社会里，场景时代的大门已经开启，未来的每一个人、每个产业以至于每一种社会的存在形式都会受到场景时代的深刻影响与改变——以场景服务和场景分享为人的社会连接的基本范式，可以实现人的具身以在场的方式参与到任意的现实实践中。

如今，场景尤其是依托于新媒体发展起来的场景，不单是一种满足受众需求、适配信息和感知的手段，而是正在成为重构社会关系、调整赋权模式的全新范式，"媒体＋"服务的场景时代已经到来。"新闻＋"拓展了传播场域，提供了连接用户的更宽途径、更多功能，促使单一传播走向多元传播连接模式。学者蔡雯指出，"新闻＋"这种连接促使媒体突破传统边界进行各种跨界尝试，在政务传播、社会服务、文化建设、经济活动等领域扮演了新的角色。

5.1　媒体＋政务

"新闻＋政务"是指以新闻传播为基础，为党政机关单位提供政务类合作服务，它明确了媒体参与社会治理的责任。这里的"政务"包含党务、政务两层含义，"＋"就是要将党委政府部门的参政、议政、问政、办事、咨询等职能和服务融入媒体平台。目前，各地兴起的问政平台、议政平台、网上办事大厅等，主流媒体大都参与其中，为政务服务提供融媒体资源支持，为治理能力提升提供技术支撑。

5.1.1　"媒体＋政务"势在必行

中国互联网络信息中心发布的第51次《中国互联网络发展状况统计报告》显示，截至2022年12月，我国在线政务服务用户规模9.26亿，较上年增长515万，占网民整体的86.7%。2022年，我国在线政务服务相关顶层设计更加完善，平台建设更加有效，技术应用更加普及，发展态势持续向好。《2022联合国电子政务调查报告》显示，我国电子政务水平在193个联合国会员国中排名43位，这是自该报告发布以来的最高水平，我国也是全球增幅最高的国家之一。

互联网政务服务发展到今天,已经由最初业务办公的支撑工具,成为政府治理效能提升的创新手段。主流媒体作为国家治理体系的重要环节,既承担着信息发布、公共对话等职能,还具有社会协调、环境监测、文化传承等功能,构建"媒体+政务"一体化服务模式、参与推动电子政务发展,逐渐成为主流媒体在互联网时代面临的新使命新任务。与此同时,互联网已经成为当今社会的基础设施,互联网给媒体提出新挑战的同时,也给政府部门带来了新的挑战,譬如智慧城市建设、网络舆情治理、版权保护、互联网教育、大数据开发与应用等,政府在解决这些新问题时并没有现成答案,这为主流媒体实现价值提供了机会。

《关于加快推进媒体深度融合发展的意见》指出,要发挥市场机制作用,增强主流媒体市场竞争意识和能力,围绕主业、紧贴市场、关注民生,探索建立"新闻+政务、服务、商务"的运营模式,增强自我造血机能。"新闻+政务、服务、商务"正在成为融合新逻辑,让媒体生态焕发新气象,强调服务制胜与内容为本同等重要。也可以说,"媒体+政务"是顺应政策引领和技术逻辑的务实之举,在宏观政策已经为主流媒体留出足够空间的情况下,若主流媒体仍无法通过拓展政务服务实现价值增值,很可能会丧失延续自身价值与拥有造血机能的最后机会。

在互联网语境下,"媒体+政务""新闻+政务、服务、商务"运营模式势在必行,其深层次的原因在于,互联网技术不再延长大众媒介的基本路径,而是通过去中心化、去中介化,彻底打破了传播者与用户间的权力关系,既实现了信息从稀缺到过剩的状态迁移,又将媒介从"中介者"变成社会生活实践的"渗透者",充分展露了媒介的社会化特性。这种状况带来的变化主要有:一是媒体价值的赋值主体由媒体与主管部门变为大众。大众媒体时代,媒体的价值在很大程度上由媒体及媒体主管部门界定。而在互联网时代,用户对媒体的赋值功能愈发显著。二是媒体价值实现路径由单一走向多元。在大众媒体时代,主流媒体的价值实现路径相对单一,主要是为用户提供新闻信息和娱乐等服务,为政府提供宣传服务,为其他市场主体提供广告服务。而在互联网时代,单一价值实现路径很难确保主流媒体被足够多的用户所需要,不管是面向政府、产业还是面向民众,主流媒体都必须将自己从使用场景单一的"裁纸刀"转变为具有多场景使用价值的"瑞士军刀"。

现今,媒体融合发展已不仅是新闻机构的事,而是要把党委政府掌握的思想文化公共资源、社会治理大数据、政策制定权等制度优势转化为巩固壮大主流思想舆论的综合优势。新时代的媒体,也不再是传统意义上的媒体,而是要打通线上与线下,连接内容、服务与市场,通过聚合各种社会资源,参与政务与治理,运营相关商务活动平台,提供多样化服务,实现社会效益和经济效益双丰收。

5.1.2 "媒体+政务"实现途径

近年来,主流媒体拓展"媒体+政务"服务积极性很高,主要有三种途径。

首先,助力各地一体化网上政务服务平台建设。一方面,在大量承接地方政府门户网站运行维护业务的同时,切入各地政务服务网、客户端以及平台建设,服务政企客户,方便民众办事。比如,多彩贵州网聚焦贵州省"放管服"改革,全力打造"多彩宝"政务民生服务移动端平台,截至2023年3月底,"多彩宝"APP上线政务服务4 021项,下载量超1.18亿次,实名用户数超过2 091万，累计提供服务超过8亿人次，交易额突破78亿元；2022年5月26日，多彩贵州网还上线了"贵商易"省级企业综合服务平台，汇集企业画像、政策解读、政策推送、政策兑现等功能，截至2023年3月31日，"贵商易"平台累计注册市场主体74.33万家，个人用户96.16万人，上架政策文件1 373份、拆解政策7 074条、上架服务事项18 585项，政策申报总数34 329件，政策申报通过数21 304项。

另一方面，积极争取当地党委政府支持，推动自有传播平台与政务服务平台互联互通、功能集成，强化传播平台的政务和民生服务功能，打造集舆论引导与意识形态管理、政务信息发布、政务事项办理于一体的融媒政务服务生态体系。比如，上海正在将"随身办"政府服务平台接入上海报业融媒体矩阵，广东已将"粤省事"移动政务服务平台接入南方报业"南方+"移动客户端，"南方+"的"粤省事"栏目下有粤省事、电子证照、行驶驾驶、社保、公积金、护照通行证、税务、助残、人事及仲裁等在线办事入口，"南方+"的"综合服务"栏目下有阳光招考、在+看展、广东110、南方党建云、天气、台风路径、法律地图、租房小利器、工匠馆预约、非遗云课堂、南书房等民生服务入口。同时，通过不断优化信息发布、在线访谈、生活服务、指尖办事等功能，研发数字政务和社会治理智能化产品，如智慧党建、掌上医疗、空中课堂等。此外，部分媒体还在自有传播平台开设政务号板块，吸引各级政府部门入驻，进一步强化政务信息集群优势。

其次，搭建"网络问政"平台。网络问政是电子政务的创新形式，已成为网民行使知情权、参与权、表达权和监督权的重要渠道，政府部门也可以通过网络问政平台了解民情、汇聚民智，回应网民关切、解疑释惑，进一步走好网上群众路线。比如，人民网在2006年创办了"领导留言板"平台，为中央部委和地方各级党委政府主要负责同志搭建网上群众交流平台，供网民表达诉求、反映问题、提出建议，迄今历史总回复超过370万件。另外，大部分地方主流媒体也都开办了网络问政平台，其中比较知名的有红网的"问政湖南""百姓呼声"，四川新闻网的"群众呼声"，华龙网的"问政重庆"，长江网的"武汉城市留言板"等。

最后，拓展"智慧政务"业务。智慧政务是电子政务服务的高级形式，其实质是将5G、大数据、云计算、物联网、人工智能等新一代信息技术与政务服务深度融合，并对各类信息资源进行整合，让政务服务变得更加智能、智慧。从用户需求角度来看，智慧政务的刚需程度超过了新闻服务，主流媒体参与智慧政务项目建设，不仅有利于抢占政务服务资源的制高点，一直也是长期以来的重要收入来源。比如：广州市广播电视台与广州市车管所合作上线"网上车管所"；在"花城+"APP首页设立"广州车管"专属页卡，打造一站式智慧政务服务系统；又如，苏州广电"无线苏州"APP将智慧服务与电视栏目结合形成多个服务平台，打造区域城市服务品牌；贵州广电也在加紧建设"互联网+智慧交通云平台"。

【延伸阅读5-1】

人民网：领导留言板

人民网"领导留言板"原名为"地方领导留言板"，创办于2006年8月，是人民网为中央部委和地方各级党委政府主要负责同志搭建的网上群众工作平台，供广大网民向省市县三级领导干部表达诉求、反映问题、提出意见建议，由各地留言办理单位进行回复。

2008年,"地方领导留言板"完成省市县三级全覆盖;2009年,获第十九届中国新闻奖一等奖,被授予"中国新闻名专栏"称号;2012年,获"中国互联网站品牌栏目"称号;2015年,获得"中国报业新媒体创新奖";2019年,升级为"领导留言板",开放部委领导留言板功能;2021年,人民网成立"网上群众工作部",专门运营"领导留言板"。

目前,"领导留言板"已开通PC网站、手机网站、APP客户端、微信公众号、小程序、手机短信等多种留言渠道。栏目开办至今,网民收到各级领导干部的留言回复370多万条,其中仅2021年一年,就收到了留言回复80万条,新增入驻单位近2 000家。

如今,"领导留言板"不仅成为新时代的民意连心桥、民智集纳器,也成为主流媒体探索"媒体＋政务＋服务"模式的优秀案例。其运作的主要特点如下。

第一,媒体立场,强化舆论监督。与各级政府网站、网上信访受理平台相比,"领导留言板"依托主流媒体的影响力、公信力,不仅能够精准"把脉"社会治理痛点、汇聚社情民意,还能为各级政府决策提供参考。网民反映的问题、意见和建议,又为媒体提供了丰富的新闻线索,有利于媒体进一步发挥舆论监督引领作用,实现网络问政和新闻宣传"双赢"。

第二,聚合民意,专为人民服务。"领导留言板"设有9大板块,其中"人民建议征集"围绕重要时间节点、网民反映突出的问题,以专题形式进行意见征集,有效转达网民诉求;"案例库""人民日报读者来信"等板块及时、公开、透明地反映留言处理结果,为有相似诉求的网民提供参考,有利于帮助网民解决实际困难、引导舆论正能量、凝聚社会共识。

第三,集纳民智,提升治理能力。各级领导干部在"领导留言板"与网民直接对话,吸纳网民智慧,网聚各界建言献策,有效提升决策质量和社会治理水平。人民网还不断进行技术升级、版面改造以降低留言门槛,并通过评选优秀案例、公布排名数据、举办研讨会、细化留言回复机制等措施,引导各地及时回应群众意见和诉求,更好地服务于广大网民。

5.2　媒体＋数据

互联网及数字经济发展离不开数据,数据已成为信息时代的"新石油",是极其重要的基础性战略性资源。媒介数字化、网络化、平台化创造了海量数据,数据推动着云计算、物联网、人工智能等技术发展应用,它们彼此促进、相互影响,数据因此而成为媒介经济的核心要素资源之一。数据对生产价值创造和社会生产力发展具有深刻影响,其开发利用涉及生产、采集、存储、加工、分析、服务等多个环节,就像石油能源一样,数据价值取决于对它的发现与挖掘能力。

5.2.1　数据驱动传媒变革

作为生产要素的数据,反映的是一种新型生产力的崛起,数据积累、分析技术及其应用场景是智媒经济发展的动力。智媒时代,数据、算力、算法等成为新的生产资料,也成为"新基建"核心要素,数字化转型更是媒体融合的纵深方向。河南日报社原社长董林在2022年中国报业技术年会上发言指出,报业的未来是"数据化生存",主流媒体需要从信息总汇转向数据总汇,走好从传媒集团到信息集团再到数据集团的必由之路,成为整合和运营社会化大数据的综合性平台,再通过数据挖掘、数据分析及数据应用,实现内容产品的智能分发、精准传播,进一步推动数据资源化、数据资产化、数据资本化，全产业链释放数据价值红利。

从技术角度看，数据通常和"大"联系在一起，大数据是对相当大量级的数据进行收集、分析、挖掘与应用的技术，尽管它本身并不构成一种新的媒体，但对媒体发展影响巨大。维克托·迈尔-舍恩伯格（Viktor Mayer-Schnberger）指出，数据已经成为一种商业资本，一项经济投入，一旦思维转变过来，数据就能被用来激发新产品和新型服务，"大数据是人们获得新的认知、创造新的价值的源泉""大数据还是改变市场、组织机构，以及政府与公民关系的方法"。大数据如何驱动媒体业务和运营模式变革，学者彭兰认为主要体现在三大方面。

第一，"数据新闻"概念越来越引人瞩目。数据新闻也可以称为数据驱动的新闻，通常是指一切利用数据来发现新闻、呈现新闻要素、解释新闻的手段、表现形式或过程。大数据时代，数据新闻将进一步普及，这意味着新闻生产过程中的信息资源，即新闻中的事实、要素、背景等信息，其来源将发生结构性变化。社交媒体中的 UGC 以及新媒体中的各种用户数据，还有物联网中传感器采集的数据等，都将得到更为广泛与深入的应用，非专业媒体人甚至是非人工采集的信息将占有越来越大的比重。在大数据技术支持下，新闻中所需要的信息资源，将越来越多地通过自动的方式进行采集，并通过相关的智能技术进行过滤、分析。

数据新闻的发展，正在驱动新闻传播的业务方向发生进一步变化。（1）预测性新闻增强。通过大数据分析，有可能将那些隐藏着的深层次关联揭示出来，用它来预测一个事物的变化过程和发展趋势。（2）深度报道模式改变。当下的深度报道主要依赖于记者们的主观观察，这种观察毕竟受制于个人的视野与立场，但在某些领域，数据可以更直接、准确地反映全局性或深层次的状况，报道深度将得到有效提升。（3）个性化新闻与信息服务水平提升。在建立模型的基础上，针对特定用户提供的数据进行分析，已成为一种探索方向，LBS（定位服务）和传感器装置对此具有重要意义。（4）机器人新闻兴起。机器人新闻目前主要用于金融和体育等报道领域，可以代替人进行新闻信息采集、完成写作。

第二，利用大数据技术进行用户分析。用户的行为数据、用户生产的内容，是大数据的重要来源之一，而这些大数据的一个主要应用方式，就是对用户的深层分析，包括需求、行为及其特征分析、态度与意见分析、传播效果分析等。与传统的问卷调查和收视调查不同，大数据研究并不强迫用户对他们的行为习惯做出回答，而是对他们日常的自发行为本身进行分析，因此能更真实地反映用户的需求、偏好以及行为模式。大数据分析可以将用户的各种指标特征与他们的态度、行为甚至价值观等关联起来，形成完整立体的群体画像，并进行服务适配。

第三，对媒体盈利及合作模式产生影响。大数据对媒体盈利模式的影响有两点：一是以大数据分析为基础、针对特定用户的广告投放或信息推送，甚至是直接与销售平台的连接，将越来越普遍、越来越精准，这给传统媒体的渠道垄断带来巨大冲击；二是如果拥有高质量的数据及数据处理人才，媒体也可以将数据的深加工作为新的内容增长点，在传统媒体内容产品之外拓展新型的信息服务，这些服务可能成为新的盈利来源，如网络舆情和智库服务等正在成长。

当前，媒体运用大数据技术也面临着很多挑战，如数据来源、数据分析与加工的技术和人才，以及支持相应数据运行的设备等，都给媒体带来了新的困难。尽管有实力的媒体可以通过自己的力量解决部分问题，但利用外部力量进行跨界合作，或许是更为切实可行的方式，比如数据处理需要的云计算、服务器集群等，外部合作性价比更优、效率更高。这也意味着，数据处理权力将日益集中到相应的硬件与软件服务商那里，使得技术对媒体的制约力进一步增强。

5.2.2 "媒体＋数据"主要形式

近年来，数字政府建设不断推进，政府对数据赋能国家治理的认识不断深化，也对主流媒体参与大数据治理提出了迫切要求。《关于加快推进媒体深度融合发展的意见》指出，"各级党委和政府要积极支持主流媒体参与电子政务、智慧城市等领域信息化项目建设，开发社会治理大数据，优先发布重大信息、重要政策，共同促进国家治理体系和治理能力现代化"。目前，"媒体＋数据"主要形式有以下几种。

一是盘活存量数据资源。经过多年发展，传统媒体积累了大量内容信息资源，这些数据资源已成为记录生动历史、展现伟大时代的宝贵财富，对原有的音视频、图文数据等内容价值进行挖掘处理，存量资源将产生巨大价值。目前，虽然这些资源大都已完成数字化，但大多还没有进行数据化处理，大部分依然处于"沉睡"之中。因此，传统媒体当务之急是要加快内容数据化，对存量内容数据资源进行分析、分类、清洗，并从政务、生活、服务等应用场景出发，打造内容标签体系，在此基础上建设"内容数据库""媒体资源数据库""用户数据库"等数据库，通过大数据和算法推荐、用户画像、服务连接等技术，不断挖掘商业价值。

现阶段，媒体数据呈现复杂多变、重叠交叉等特征，对媒体数据的积累整合、价值挖掘、拓展利用等也各具特色，影响较大的实践成果有新华社"新华智云"打造的中国第一个人工智能平台——"媒体大脑"、人民日报社的"中央厨房"和人民云、央视网的集成遥控平台与数据中台、浙报集团的"媒立方"、南方报业的"中央数据库"等。

海外建立运营新闻数据库已有成功先例。Factiva是美国最为知名的新闻数据库，由道琼斯和路透社于1999年联合创建，在内容资源和分析领域占有领先地位；1996年成立的新闻数据库NLA Media Access，为英国新闻界内容版权权益代言，还向媒体提供搜索研究工具。Factiva、NLA Media Access等新闻数据库与学术数据库相似，它们从新闻媒体处获得内容授权，然后向使用这些内容的用户收取费用，并按一定比例分成给媒体。虽然这种做法在短期内不一定能给媒体带来可观的收益，却开启了一个版权价值变现的长期收益模式。新闻数据库通过整合丰富的新闻来源，不仅可以提供新闻聚合器的功能，也能满足用户的个性化订阅需求，还能针对特定应用场景提供商业智能分析及知识管理服务。

二是积极布局大数据产业。一种做法是与BAT等互联网头部企业合作，实现数据资源共享或为第三方提供数据服务，如2015年6月，上海文广集团与阿里巴巴集团启动战略合作后，第一财经发起设立商业数据中心（CBNData），以阿里巴巴商业大数据库和第一财经全媒体渠道集群为基础，将双方的媒介禀赋和技术优势深度融合，在探索新形态资讯传播的同时，致力于挖掘财经数据的商业价值，输出产业经济全景分析和行业企业深刻洞察的数据产品，围绕数据形成媒体化、商业化、自动化的业务矩阵，打造数据商业化和数据自动化的战略级平台。

另一种做法是与政府大数据局及数据中心合作，或直接承揽有关业务，或联合组建运营公司，如浙报集团、上海报业、南方报业、河南报业等。其中，浙报集团拓展大数据产业比较早，一方面在国内传媒公司中率先成立数据业务部，从阿里、盛大、华为等互联网公司引进50

多名专业技术人才，投入5 000多万元建设用户数据库，把边锋浩方的3亿注册用户、2 000多万活跃用户，加上浙报集团传统媒体板块的600万用户，组建了一个规模庞大的用户数据库。在此基础上，集团旗下上市公司以大数据为支撑进行商业模式重构，将大数据作为未来主要产业培育，2016年开始建设互联网数据中心和大数据交易中心：互联网数据中心以外包出租方式为用户的服务器等互联网或其他网络设备提供放置、代理维护、系统配置及管理服务、出口带宽的代理租用和其他应用服务，并提供公共云服务和其他基于云计算技术的产品与服务；大数据交易中心为大数据的供给方和需求方搭建一个开放、可信和便捷的交易场所，解决大数据的出口问题。目前，浙报集团已建成"富春云"互联网数据中心、浙江大数据交易中心、大数据创客中心等平台，发起设立了多支大数据产业基金，初步形成了大数据产业生态。

三是参与智慧城市等项目建设。在大数据和人工智能等新技术驱动下，智慧城市的热度不断上升，正在成为我国城市建设的标准配置、底层逻辑。2014年8月，国家发改委、财政部等八部委印发《关于促进智慧城市健康发展的指导意见》，各地纷纷推进"城市大脑""智慧大脑"建设，与媒体融合发展进行深度交叉，为传统媒体带来了新的机遇。如浙报集团参与运营的杭州"城市大脑"，包括警务、交通、文旅、健康等11大系统和48个应用场景，日均数据达8 000万条以上，堪称智慧城市建设的典范；浙报集团还与海宁市开展战略合作，推进媒体融合、共建智慧城市，合力构建新型城镇化背景下的中小智慧城市体系，内容包括建设智慧产业园、区域电商服务平台、本土健康养老智慧服务、精品课程网络教学和培训等。另外，《宁波日报》、苏州广电等也参与了当地智慧城市建设，人民网在郑州成立"算力数据中心"，为地方政府提供容灾备份、产业赋能等服务。

【延伸阅读5-2】

甬派：大数据为场景赋能

近年来，宁波日报报业集团甬派客户端（以下简称甬派）不断提质扩容，以数字化改革探索构建"新闻＋政务＋服务"模式，创新"新媒体＋大数据"赋能路径，成效显著。

作为东部沿海的宁波，频受台风袭扰。因此，甬派创建伊始就推出了"台风路径"服务功能，并不断探寻数字化应用场景。2021年7月，第6号台风"烟花"来袭，甬派结合宁波数字化改革成果——甬派建设、运营的宁波城市大脑，推出"甬派·城市大脑24小时不间断直播"，从台风登陆到过境、二次登陆，连续直播74小时，日浏览量100多万人次。

之后，甬派又依托城市大脑，推出了智能防台系统，集纳了天气预警、台风路径、积水监测、河网水位和道路封闭等五大模块功能，可以做到预警一键触发、消息自动推送。

与此同时，甬派在多个领域开展"新媒体＋大数据"应用探索：

"甬易办"平台作为宁波城市大脑首个基于大数据面向公众的应用，实现了全市惠企惠民政策即时兑现。自2020年6月16日上线以来，"甬易办"平台总访问量已达1 000余万人次，共上线921项惠企惠民政策，惠及50.6万户企业（个人），兑付金额122.72亿余元。

而由宁波市发改委（信用办）指导，甬派开发运营的城市个人信用分——"天一分"，已推出包括"信易行""信易游""信易住""信易贷"等21项服务，累计查询超73万次。

2022年6月，甬派开发、经营的宁波市大数据投资发展有限公司，与宁波市第一医院签订战略合作协议，利用5G、大数据、云计算等技术，打造"5G＋智慧城市医疗"服务体系。

2022年，宁波成为数字人民币试点城市后，甬派推出了数字人民币发放宣推平台，打通了宣传、发放、技术和财务各个环节，并先后承接多轮数字人民币发放。

甬派还打通了中国宁波网"民生e点通"平台和甬派政务服务平台，整合市民问政、投诉、求助、报料、帮办等多项功能，成为助推政府部门解决民生事务的重要平台。

此外，在5G、VR等技术加持下，黄页被赋予了新的功能。甬派推出5G新媒体服务，意在打造一个集宁波未来乡村展示、居民办事、农特产品销售等功能于一体的综合服务平台。

一个个数字化场景应用的落地、成熟，不仅使甬派"新媒体＋大数据"的赋能路径更加清晰，也有力地促进了宁波日报报业集团媒体融合与转型发展。

5.3 媒体＋社交

如今，门户网站的时代渐渐远去，互联网的重心正在转向社会化媒体，这不仅是互联网的关键变革之一，而且真正对大众传播造成了冲击。社会化媒体是指"互联网上基于用户社会关系的内容生产与交换平台"，它是信息技术演进的产物，大多数时候也被称为"社交媒体"。内容与社交的深度融合，不仅使社会化媒体成为互联网信息消费新的入口，也极大改变了传媒市场格局和内容生态。

5.3.1 社交媒体成为新入口

"社交媒体"概念由学者安东尼·梅菲尔德（Antony Mayfield）率先提出，得到全球社会广泛认同与应用，它是通过撰写、发布、评论、讨论、沟通等行为，以分享和交换信息、观点及经验的平台和技术，是一种给予用户极大参与空间的新型在线互动式媒体，主要特点是参与、公开、分享、对话、社区化、连通性。

保罗·莱文森（Paul Levinson）将社交媒体称作"新新媒介"，它们不同于旧媒介的特征在于以下方面。(1)每个消费者都是生产者。这是一切新新媒介底层的核心特征，它把强大的信息生产力交到每个人手里，但生产者大多数并不是专业人士。(2)免费获取信息。新新媒介对消费者一般是免费的，对生产者有时也免费。(3)它们彼此间、与旧媒介之间的关系不仅互相竞争，而且互相受益、协同增进。(4)其服务功能不限于搜索引擎和电子邮件。(5)新新媒介最终将超越用户的控制。莱文森认为，新新媒介的用户被赋予了充分而真正的权利，他们可以选择生产和消费新新媒介的内容，而这些内容又是千百万其他新新媒介消费者或生产者所提供的，由此，他们构成了一个消费者或生产者共同体，这是旧媒介时代没有的共同体。

克莱·舍基（Clay Shirky）在《认知盈余》一书中指出，当人们使用网络时，最重要的是人们获得了同他人联系的接口。我们想和别人联系在一起，这是一种电视无法替代的诉求，但我们可以通过使用社会化媒体来满足它。他认为媒体是社会的结缔组织，这样的一种表达，完全颠覆了传统意义上的媒体概念，但也的确与今天社交媒体的特征是相吻合的。社交媒体已经成为一种具有大众传播功能的社会结构，兼有社交和媒体的双重属性，二者之间的逻辑关系也是清晰的：社交及社会关系是基础，而媒体功能是建立在这个基础之上的。

移动互联网时代的到来,将社交媒体带入了新时空,互联网从网页超链接的网络转变为人际关系的网络,基于社交媒体建构的以人为节点的关系网络越来越明显。而社交媒体中的关系,其本质就是一种人际关系,它让传播回归到了个体价值层面上,而以个体价值为逻辑起点的传播过程,使得个体用户的社会化需求与媒介平台的功能扩展及经济价值保持着密切联系。越来越多媒体接入社交功能,同时催生了更多细分的社交与服务形态,如基于位置服务的滴滴打车,以及基于二维码的各类社交入口等,这些丰富的场景也决定着媒体平台的价值。

与此同时,大量的资源流通过媒介平台嵌入到个人关系网和社会网络,通过个体价值最大化来实现平台价值最大化。学者麦尚文根据"嵌入性"理论,提出了传媒产业的关系"双重嵌入"模型(图5-1),他指出,一方面传媒应当嵌入公众生活的个人网络中,融入个人的工作、生活及消费圈,把握他们的需求逻辑。另一方面,传媒产业自身又镶嵌在它所处的社会网络之中,成为巨大社会网的一个节点,受到特定经济、文化与制度背景的制约。不少传统媒体和传统行业与微信、微博等社交媒体合作,就是试图将其产品嵌入朋友圈和社会网络。

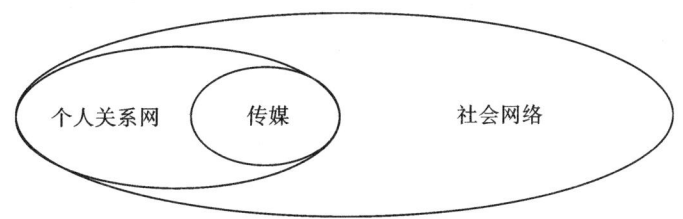

图 5-1 媒介平台的"双重嵌入"

社交媒体对传媒产业市场影响的另一个层面,是影响用户的信息消费模式,从而影响整个传媒产品的格局。彭兰教授认为,这种影响主要体现在两方面。

一是社交媒体成为信息消费入口。传统媒体曾是人们进入信息世界的入口,无论选择哪家报纸、哪个电视频道,这些入口都是公共化的,即便在互联网门户时代,门户网站也仍然是这样的入口。但社交媒体普及后,使人们进入信息世界的入口变得个性化甚至私人化,形成了每个人的个人门户。今天的互联网市场,人们的需求主要体现在内容、社交和服务三个层面,其中社交是人们需求的基础,也是各种产品的基石。在某种意义上,社交入口的意义比内容入口的意义更为重要,那些在某个时期最具竞争力的社交媒体产品,更容易成为入口。尽管传统媒体也在努力地利用社交媒体,但如果不把社交媒体上升到"入口"的战略地位,不能在这个层面进行思考和布局,那么,传统媒体未来也许将失去更多话语权。

二是关系产品成为传媒市场的支柱产品。信息消费入口的社交化、私人化,意味着内容不再是传媒市场中唯一的产品支柱。过去,传统媒体的产品主要是内容产品,内容为王的思维长期以来一直被传统媒体人奉若神明,但今天,社交媒体已把"内容为王"推向了"连接一切",它为内容产品聚集规模化用户,为内容产品凝聚和强化用户黏性,也可以通过与服务产品的连接,为内容产品带来价值增长和更多盈利模式。因此,社交媒体时代,传统媒体如何经营好关系平台和产品,如何更好地利用人际传播特点来进行内容生产变革,变得越来越重要。

5.3.2 社交化助推媒体转型

近年来,在我国,以微信、微博、抖音等为代表的社交媒体蓬勃发展。在用户和关系作用下,社交媒体的内容生产、传播、消费形式以及生态发生了巨大改变。首先,内容生产与社交关系相互融合在一起，社会关系需求促进了社交平台上的内容生产，反过来，这些平台上的内容也成为连接人们关系的纽带，内容是用户关系的外化方式。其次，社交媒体是开放的生产平台，内容具有海量性、多元化、碎片化等特点，每个人都可以成为内容源，用户都是内容生产者、传播者，具有强烈的情感支持和价值共鸣特征。再次，分享成为社交传播的主要动力，这种分享基于数字化传播或复制，几乎不需要成本，往往还能带来回报，例如提高社会声望、改善人际关系，或者带来社会资本。最后，社交媒体时代的内容生产和消费越来越趋向分布式，在这种方式下，不同主体扮演不同的角色，尽管没有统一的指挥系统，但社会网络、自组织等机制可以在一定程度上推动不同主体间的协同工作，虽然这些机制很多时候也会失灵。

社交媒体这样的一种内容生产与传播机制，也可以称为"微传播"，即它不是以拥有绝对话语权优势的传播机构为中心，而是以分散、微小的个体为传播节点，以人际关系网络为传播渠道，尽管多数个体看上去微不足道，但他们聚集起来便形成了巨大的传播力量，这也是社交媒体与传统媒体传播模式的重要区别。

在人际传播模式下，社交化已经成为传统媒体转型的必然路径之一，并且是一个需要长期坚持的策略，而不是权宜之计。目前，大部分传统媒体都在互联网社交平台开设账号并展开运营，但这只是社交化的起点，传统媒体的社交化应该包括三个不同层面的运作：社交化传播、社交化生产、社交化运营。社交化的核心是用户角色升级，意味着用户成为媒体的渠道、生产力和可沉淀资源。

首先，社交化传播让用户成为渠道。社交化传播的目标是利用社交平台来扩张内容的影响力，其本质是让用户被激活为传播渠道，要实现这一点，需要为内容和用户注入社交动力，这包括：内容除了要满足用户的知晓愿望外，还要能帮助用户在社交圈中刷"存在感"，提升用户的社交形象，活跃社交热度；媒体设计的参与方式能唤醒用户感受，易于"传染"，并且参与方式便捷，利用一键式社交分享。

社交化传播也推动着传统媒体的传播语态变革。社交媒体中，内容能否被广泛转发，在一定程度上取决于它能否成为人们社交的话题，成为社交的"润滑剂"，这意味着传统媒体的传播思维、传播手段需要做出变革，尤其需要在选题、表现形式这些可以被称为语态的层面上做出调整。同时，社会化传播的内容还要考虑人们的阅读场景，符合碎片化、情境和空间快速切换的场景特点。

其次，社交化生产让用户成为新生产力。社交媒体的核心要素是作为个体的人，洞悉人性、激发参与、满足需求，既是社交产品的出发点，也是其归宿。在社交场景中，媒体成为各类社会关系的连接器，关系即连接，关系即生产力，传统媒体对社交平台深层次利用，要将用户作为新生产力嵌入到生产系统中。

社交网络让所有人都能快速发布信息或参与传播，参与者可以通过分享、点赞、评论等方式展开交流，而用户生产的内容中存在大量可为媒体使用的资源，对这些资源进行挖掘和利用，可以提升传统媒体的内容生产能力。同时，作为生产力的用户，还可以作为内容产品的优化者，参与内容产品的谋划、筛选、测试等，但用户生产力的释放程度，取决于媒体思想的解放程度。另外，用户的行为、情绪、态度等数据，都是媒体报道的重要资源，也可以帮助媒体更好地理解社交化传播的动力，这些数据的深层应用，也是社交化生产的另一种表现形式。

最后，社交化运营让用户沉淀为资源。社交化运营的目标是发掘对媒体具有长远价值的用户及其资源并持续进行维护，以此来拓展内容影响力，开发可能的盈利模式。其中，开发社群这样的集群性用户资源，将是未来的一个重点方向，有条件的媒体可以考虑开发自己的社交产品，以便更好形成用户黏性，为运营电商等做好铺垫，但"内容基因"的媒体如何突破思维局限，仍然是很大的挑战。

社群是有共同爱好、需求的人组成的群体，有内容、有互动，由多种形式组成，而互联网连接一切的特性，以及以人为中心的趋向，导致了社群的出现与繁荣。社群这个概念更强调社区中的人，以及群体的归属感和群体意识。今天的网络经营，越来越多地聚焦于基于特定社群的经营，包括建立在社群关系基础上的产品与服务的营销，以及文化共同体的构建。在社交化大潮的推动下，传统媒体纷纷依托内容平台创办新型社群，开展跨界合作，拓宽收益来源，比如与地产、金融、文旅、教育、游戏、动漫等行业合作，打造线上线下看房团、购车团、社区团购等消费平台，进而开展圈层营销，拓展社群经济、粉丝经济。

【延伸阅读 5-3】

齐鲁壹点：社群运营促转型

在强调以用户为中心的移动互联网时代，建立、运营社群对媒体而言，已由"选择题"变成"必答题"。推广内容、活动，社群是入口；与用户互动，建立深度链接，社群是途径；公域流量见顶，运营私域流量，社群是基础。因此，社群成为很多媒体的标配。

2020年，齐鲁壹点（《齐鲁晚报》新媒体平台）成立了社群服务中心，开始系统性地进行社群运营，目前已建有社群1 200多个，覆盖用户20余万人。运营主要依靠优质内容、电商服务、行业活动展开，通过线上互动、线下活动引导和刺激用户。以下是三个典型例子。

第一，"蜗牛爸妈"精准发掘用户。2020年初，新冠肺炎疫情暴发，学校改为线上上课，路边店铺关闭，很多家长求助"哪里可以打印作业"，"蜗牛爸妈"运营人员迅速联系到一家互联网印刷企业，并在公众号上发文《我们帮你打印！线上下单，8分一张，还送上门》，结果三个亲子群1 500人一天爆满。后来，又通过亲子游乐园抢票、认领"西瓜婴儿"等活动积累了更多用户，依靠这个流量池，公众号得以承接到亲子餐厅、游乐场等商家宣传服务。

第二，"济南街拍"搭建客户关系。作为一个时尚生活类公众号，"济南街拍"建有数个与用户交流的微信群，还有两个微信客服号，各有500名好友，每天都会有用户咨询一些生活服务信息，小编都会很认真地给予解答。因为用户信任，80%的广告都是自己找上门来的。

第三，"齐鲁生活圈"联手电商服务。"齐鲁生活圈"是系列生活服务社群，与京东电商达成深度合作，每日提供多款超低价产品，还联合本地商家推出专属福利通道。不仅严选好吃、好玩、低价好物，提供本地秒杀团购、新奇体验服务等，还能在上面认识志趣相投的朋友。

齐鲁壹点社群的运营之道包括：一是"垂"起来。不仅在垂直行业组建社群，还针对特色用户形成社群，力求覆盖各个圈层。二是"动"起来。发挥KOL、记者的议程设置角色，分享专业思考和信息，引导成员就话题、报道发起讨论。三是"专"起来。专业团队负责社群管理，涉及拉新、促活、留存、转化多方面，还将社群发展运营纳入绩效考核体系。

对媒体而言，社群不仅是与用户链接的方式，也为经营转型和商业变现提供了可能。

5.4 媒体＋电商

电商一直是互联网流量变现最直接最有效的方式，目前，"媒体＋电商"已经深度嵌入了一些媒体组织的商业战略。"媒体＋电商"模式基于媒体影响力、公信力的优势展开，媒体给电商进行"信任背书"，电商凭借场景为媒体引流，通过长期稳定且高质量的电商活动，尤其是近年来快速发展的直播带货等内容电商，媒体不仅可以重建用户连接，还可借此探索新盈利模式，丰富资源变现途径。

5.4.1 内容电商带来机遇

内容电商是指借助内容传播的渠道资源，向用户展示并推介商品，进而引发用户的兴趣与购买的商业模式。内容电商已成为互联网新风口，它通过文字、图片、直播、视频等多种信息载体形式，让内容成为可以消费的信息，为用户带来更加个性化、更生动、更高效的消费体验，内容与电商优势互补，不仅重新定义了消费者的行为模式，也为商家带来了更多机遇，使网络商业生态更加完善。

早期的内容电商模式多以植入型带货为主，如某些内容端口积累了丰富的流量资源，借助其传播的主题进行软广告的植入，这种广告大多停留在宣传层面，端口仍然以内容服务为主，广告收益并不直接与相关商品的销售状况挂钩。随着带货效益的增长，一些内容端口开始将内容制作的重心向商品销售转移，内容中广告信息的比例快速提升，相关的内容制作、用户细分、算法优化、链接引流等均主要围绕带货目标展开。近年来，许多传统领域的电商已进入增长瓶颈期，业务拓展难以找到更好的切入点，而内容电商的崛起很好地解决了这一问题。

内容电商的主要特点包括：（1）借助流量资源，使营销信息更为精准地送达目标人群，投送成本与传统媒介相比极低；（2）有更为充足的时间与用户沟通，能够细致解答关于产品的相关问题，适用于高卷入度商品，以及非必需商品的推销工作；（3）沟通过程中可以有效引导用户的关注点，降低用户对价格的敏感性；（4）充分利用用户的黏性与忠诚度，促使用户持续消费或购买关联商品。网络调查显示，内容电商的主力受众群体特征是90后与00后、中高学历、时尚化、个性化，这些群体将内容消费视为一种泛娱乐活动，以收看短视频或直播为主要乐趣，购物只是附带的活动，群体中大多数用户对商品或服务价格的敏感度不高。

而内容一直是媒体最熟悉、最具优势的业务，那么，内容电商崛起，对传统媒体意味着什么呢？是流量变现的春天，还是新的挑战？大多数人认为，发展内容电商是传统媒体转型的一次重要机遇，传统媒体做内容电商的优势在于以下方面。

首先，传统媒体长期以来沉淀的品牌认知和公信力基础，可以为内容电商进行"信任背书"。虽然流量目前不是媒体的优势，但消费者这种"软性信任"更为稀缺，它可以让电商交易行为更加顺畅，磨损更低。用户访问新闻网站、移动客户端是为了消磨时间、获得灵感，他们可以无拘束地浏览，也可以随时回来，在此过程中，媒体如果能为他们营造良好的浏览体验和互动氛围，就能在"润物细无声"中收获忠诚度，实现高转化。传统媒体一般都有比较稳定的定位和受众群，有针对性地开发垂直、专业化的细分电商市场，成功的概率也会比较大。

其次，传统媒体可以充分发挥内容生产、话题策划等核心能力，提升电商的内容生产质量，更好地将销售商品的信息表现出来，这也是内容价值的再发现。蘑菇街、美丽说等之所以火爆，主要原因就在于很多消费者把它们当作一种媒体看待，这种基于内容带动的消费驱动力是比较强的。鉴于消费者的这种需求，社交、电商和编辑之间的界限也变得越来越模糊，越来越多的运营方正在探索如何在电商交易过程中提升"讲故事"的能力，推动着传播平台和电商平台的价值重新评估。

再次，传统媒体可以将内容电商作为长期的收入解决方案、甚至是战略计划，因为内容电商的本质是重建用户连接。越来越多的媒体希望将电商作为一项收入来源，以及一种与受众构建并加深关系的手段，在未来，媒体将成为这一领域强大的参与者，因为它们更有能力去影响和引导受众。内容与电商融合，能够提升商品知名度、塑造品牌形象，实现商品销售增长，但促进销售额增长只是一个短期目标，长期目标还是通过内容电商扩大商品与用户、平台与用户之间的连接。

最后，内容电商有利于激活媒体存量资源。利用传统媒体多年积累下来的内容人才，激发采编团队生产创作激情，特别是在短视频、直播等新型内容制作中，受众平时难以见到的知名主持人、名编名记等，往往可以比一般"网红"发挥更大作用，甚至比明星代言效果更好。另外，传统媒体的发行网络与客户渠道资源，也可以重新开发利用，这些都可能改变传统媒体的经营方式、运作模式和盈利方式，甚至改变媒体的资源配置，为传统媒体经营注入新活力。

5.4.2　媒体如何"＋电商"

近年来，美国新闻聚合平台 BuzzFeed 扩大了商业部门，努力转型成为不同寻常的新闻、娱乐和商业的联合体。BuzzFeed 长期向其受众推荐产品，当读者点击文章中的链接并从实际销售商品网站购买时，它可获得一定的分成收入。这家数字出版商还推出了一个名为 BuzzFeed Shopping 的独立网站，访问者无须前往其他任何地方就可以完成购物，这个购物网站不同于主站上的购物部分，它与一家名为 Bonsai 的公司合作完成交易，Bonsai 是一个连接出版商和品牌商的电商平台，BuzzFeed 赚取直接销售收入 25％ 的平均佣金。与此同时，BuzzFeed 继续在其主站上发布联盟电商平台的导流链接，BuzzFeed 上的文章也可以提及其他产品，其商务团队的编辑人员为主站和购物网站两个站点撰写文章。2019 年，BuzzFeed 宣称，这些指向联盟平台的导流链接为其带来了 3 亿美元的销售额。

另外，BuzzFeed 还创建了食品品牌 Tasty。该品牌下设独立网站、APP、网上商店和多个社交网站账号，并涵盖 Proper Tasty、Tasty Demais、Tasty Miam、Einfach Tasty 等数个子品牌。目前，Tasty 在全球拥有近 5.4 亿个用户，该平台对于广大商家来说，是一个极具诱惑力的选择，比如沃尔玛等零售品牌已与之达成战略伙伴关系。BuzzFeed 围绕 Tasty 品牌，通过发布植入式广告的方式，打造了 Tasty 品牌的冰激凌产品，并联合沃尔玛推出厨具，以及与 McCormick 香料公司合作，将五种混合调味品推向市场。除此之外，它还积极举办了多场创作者活动，赞助了 YouTube 多档节目，践行以多种方式拓展收入来源的经营理念。

BuzzFeed 在新商业领域的成功意味着，此类媒介经营模式已经逐渐成熟。在消费者经济压力增大、订阅经济不断发展的今天，传统媒体正在找寻减少客户流失，同时为忠实读者提供优质服务的方法，电商成为了媒体不约而同的选择，"媒体＋电商"已经成为世界性潮流，也取得了非常不错的效果（表 5-1）。

表 5-1 海外"媒体＋电商"主要做法

媒 体	主要做法
《纽约时报》	最早试水电商的传统媒体之一。较早开设商店频道，重点销售品牌标识的商品，此外还将精选文章打包，对老照片和头版文章重新标价。2016 年 10 月，耗资 3 000 万美元收购了电子产品测评网站"钢丝钳"及其姐妹网站"甜心之家"，主要通过联盟营销的模式盈利，即向读者推荐产品，若有读者成功购买便可从销售方处获取佣金。
《太阳报》	2019 年将官网的产品推荐和购买指南栏目合并为"太阳报精选"板块，为读者推荐值得购买的物品，涵盖家居、服饰、美妆、数码、健康和健身等领域，精选板块集合了各类好物的推荐文章，读者只需点击商品链接便可跳转到相应网站进行购买。一个 5 人团队负责精选板块内容，还有 10—15 名自由职业者撰写更专业的产品推荐文章。
《西雅图时报》&《丹佛邮报》	它们选择了风险更低的营销方式——出售与出版商内容或调性相关的产品：《丹佛邮报》在其线上商店出售记者拍摄的关于科罗拉多州的不同主题照片，如国家公园、丹佛野马队等，《西雅图时报》则销售墙面艺术品、壁画、照片、历史档案以及书籍。
丹尼斯出版公司	作为英国第六大消费者杂志出版商，丹尼斯公司的电商业务主要通过旗下汽车垂直网站——BuyaCar 来完成，用户不仅可以在线购买新车或二手车，以及申请金融服务，网站还负责将车配送到家。目前，该公司提供了英国市场 21% 的在线购车消费服务。
NBC 环球《今日秀》	NBC 环球《今日秀》专门搭建了一个电商网站，服务于该节目的商业化功能。《今日秀》有一个很受欢迎的环节：Steal & Deal, 2019 年为其带来了 6 000 多万美元的进账，曾在购物季卖出了 200 多万件商品。《今日秀》还不断挖掘内容导流潜力，2018 年，节目在线商店的流量至少上涨了 80%，2019 年电子商务收入增长 400%。
Facebook	2020 年 5 月，Facebook 公司在 Facebook 和 Instagram 上推出了"商店"功能；7 月，Instagram 在应用导航栏上添加了"购物"入口，用户点击一次即可进入浏览页面购买商品，这些商品还将通过智能算法被推荐给感兴趣的用户。Facebook 还增加了新的视频连接工具和支付功能，方便用户网购，以进一步促进电子商务活动。
谷歌	谷歌最大化电子商务潜力的最新努力是：打造了全新的商品展示平台 Shoploop，让人们可以运用短于 90 秒的视频分享产品体验。目前，Shoploop 专注于化妆品、护肤品、美发和美甲等美容行业的内容创造者、出版商和网店老板，目标是为他们提供一个平台，让他们可以评论和推荐产品，并帮助其他人直接从他们的视频中购物。

从近年来国内媒体试水电商的实践来看，"媒体＋电商"主要有三种模式。

第一，与电商巨头合作。2014 年，广州日报社、南方都市报社、齐鲁晚报社等 12 家报媒曾与阿里巴巴合作推出"码上淘"业务，读者通过扫描报纸上的二维码购买商品，一旦购买成功，阿里就会给媒体支付相关费用。但此项合作仅仅是一次探索，没有持续开展下去，实际上媒体并未真正参与电商流程运作,只是利用其影响力和公信力为电商平台引流。对于媒体而言,"码上淘"更像是一个运营项目,然而随着纸媒发行量的不断萎缩,媒体与阿里的分成收入下降,以至于不久后便无疾而终。在此模式中,电商巨头觊觎的是媒体当时存留已经不多的优质读者群体,以及媒体的口碑、品牌、公信力等资源,但此类合作无法拯救媒体流量的没落,因此,之后多年再也未见类似的合作出现。

第二,自建电商平台。2015年初,重庆日报报业集团组建了全资的电商物流公司——重报电商,如今已发展成为重庆市最大的生鲜团餐配送企业之一,拥有200多个配送网点、200多台冷链物流车辆、2 200多人的配送团队,2023年销售额达到10个亿。重报电商依托农产品食材供应链,以机关事业单位、学校、医院、部队、国有企业等食堂生鲜配送为突破口,并向产业链上下游拓展,拥有蔬菜种植合作基地300余家,还代理了中粮、正大、蒙牛等100多个知名食品品牌,是重庆市唯一荣获"中国农产品食材供应链百强"的企业。此外,重报电商还在重庆市西部公路物流基地征地58亩以建设生鲜冷链物流园,打造集生鲜电商、智能化冷链仓储、城市冷链宅配、食品安全等为一体的重庆"城市大冰箱"。

多彩贵州网旗下的贵州电子商务云运营公司,坚持以"服务下乡、黔货出山"为使命,为各类主体提供市场销售、农村电商、智慧仓配、供应链金融、数据监测与分析等服务。2018年,经中宣部文改办批准完成混改A轮融资及员工持股,成为全国文化类首家混改及员工持股企业。2020年,上线并运营"一码贵州"智慧商务大数据平台,推动黔货出山。截至2023年3月底,该平台注册用户已突破800万,入驻商家6万多户,在售产品65万个,平台交易额突破280亿元。

媒体自建自营电商平台,一般都需要资源加持,其优势是毛利率相对较高,可以控制产品选择,对销售流程控制力强,购物体验好,但劣势在于财务成本、仓储成本、管理成本非常高,也缺少专业电商人才,重资产运作风险相对较大。

第三,聚合式内容电商。多平台聚合,是当前内容电商的一种经典模式,由内容平台扩充流量并进行信息传播("种草"),通过引流将用户群转移至电商平台,再由电商平台进行销售变现("割草"),这种运营模式在形式上保持了各个平台的独立性,无须过多地资源投入与整合。这种模式可以利用人工智能(AI)、图像视频处理、自然语言处理(NLP)、算法推荐等技术识别媒体平台中用户感兴趣的内容,进而提炼成商品需求,然后通过各种方式"催生"消费,获取盈利。

在多平台聚合过程中,社交元素越来越多地融合进来了,普通用户之间建立起了沟通渠道,个体之间的分享、问答、关注、点赞等行为要素也成为内容商业生态的重要组成部分。社交聚合强调的是个体间的信任度和黏性特征,通过关系实现口碑传播,注重质的增长而非量的膨胀,比较适宜于市场细分或垂直领域。近年来,早期以传统方式介入电商领域如钱江晚报的"钱报有礼"、《成都商报》的"买够网"、《都市快报》的"快抱"商城等,纷纷拓展微信等社交平台、形成聚合式电商模块,而晚些介入电商的澎湃好物、三联生活市集、小鲸铺子以及各类严选平台,大部分以微信或抖音为主阵地、以小程序为载体,通过微商城卖货。当然也有混合业态的,如南方报业在"南方+"平台上已建成南方优品、南方文创、南周文创等3个不同定位的电商平台,涵盖生活用品、生鲜百货、图书报刊、文创周边、助农产品等,其中南方优品主打"社交+社区/社群"模式。

5.4.3 直播电商"新风口"

近年来,网络直播成为一种主流的传播形态,"直播+电商"模式应运而生。2020年,突如其来的新冠肺炎疫情将原来许多线下场景和服务拉到了线上,越来越多的短视频平台、电商平台和主流媒体入场带货,直播电商行业高速发展。

2020年,人民日报社、新华社、中央广播电视总台三大央媒以抗疫、助农、扶贫等公益形式开展直播带货,使得直播带货更具影响力。比如,4月6日晚20时15分,"谢谢你为湖北拼单"公益直播上线,直播由总台"央视新闻"客户端联合淘宝平台共同发起,央视主持人朱广权和网红主播李佳琦共同担任主播,该场直播被命名为"小朱配琦",仅用两个小时便吸引了1 091万人观看,累计观看量达1.22亿人次,直播间点赞数达1.6亿次,直播间推荐的产品几乎件件"秒光",累计卖出总价值4 014万元的湖北商品,成为2020年电商直播现象级的活动。

山东卫视、大河报等地方媒体发挥资源整合优势,挑选本地化商品"为家乡代言";浙江广电、湖南娱乐通过打造MCN机构、对接品牌IP、综艺节目带货等形式,挖掘明星和网红流量优势,创新直播电商业态,实现商业变现。事实上,就直播电商的主体而言,除电商平台、网红、明星、线下企业之外,也不乏政府官员的身影,县长直播带货助力脱贫、文旅局长直播代言"吸睛"此起彼伏。

媒体发展直播电商的驱动力在于以下方面。一方面,作为内容电商的一种高级形式,直播带货具有即视性强、传播范围广等优点,能为用户带来沉浸式的消费体验,大大促进了多元场景融合,阶段性重构了媒体与用户间的商业关系,有力地推动内容营销与电商产业融合发展。另一方面,直播电商这种流量转化速率高、用户获取成本低的商业模式,使各大电商、社交、短视频平台纷纷加大资金、人力、渠道、流量投入力度,通过跨平台广告推送和私域导流,越来越多地开启直播带货。

此外,数字化生存模式下社交关系隔离所带来的孤独感,成为人们建立新型社会联系的某种催化剂。媒体直播电商通过构建在线交互的环境,将消费者从"孤岛"带入集体虚拟在场的购物交流情景中,恰到好处地消解了公众的焦虑感,满足了强烈的陪伴和社交需求。社会活动空间的压缩,带来了休闲时间的增加,媒体直播电商在满足公众娱乐需求的同时,也在长时间的相互接触中,建立起主播、消费者、用户间的社交情感联系,进一步转化为社交信任,使直播场域中的商品信息传递获得了比其他传播方式更好的效果,具有典型的人格化传播特征。

因此,有一种观点认为,当人们在讨论直播电商时,实际上是在讨论新内容产业,以及媒体未来的一些发展机遇。新时代的内容产业,迫使传统媒体从单纯的内容初加工和传播机构,转变为全副武装、打通内容产业链上下游、以效果评估为导向的综合变现平台。在新旧模式的解构与重塑中,媒体应该主动摆脱内容生产营销的传统模式,积极定位并主动投身以直播为代表的新内容时代,逐步建立、完善以新型变现为目的的内容产业链,最终实现媒体转型发展的战略目标。

面对后疫情时代严峻的经济形势,以及构建新发展格局的需要,直播电商成为助力行业复苏、经济增长的重要途径。目前媒体布局直播电商的主要形式有:

第一,直播带货。除开展公益性直播带货体现了社会责任感之外,各级媒体还想通过直播带货获得"真金白银"。比如,央视主持人康辉、撒贝宁、朱广权、尼格买提在抖音首次一起直播带货时，3小时直播吸引全网2 358万人次观看，销售额达5.286亿元。直播带货能够实现品效合一，尤其是适合电视类媒体，直播带货可以给传统媒体带来短期收入和利润，较好地缓解传统媒体的经营困境。

第二，主播培训。直播带货不同于秀场直播，要求主播具有较多专业知识，主播及运营培训任务较重，这其中蕴藏着重大商机。现在地方政府为了更好地推介本地旅游和地标产品，需要大量接地气的"村播"，在这方面，媒体可以和政府、直播平台等合作，成立主播培训基地对当地主播进行系统化培训。

第三，打造MCN机构。传统媒体长期以来积累的品牌、主播培养、IP孵化、客户资源等优势，可以较好地打造MCN机构，目前如湖南、浙江、广东、江苏、山东等省级广电媒体都在进行类似运作。广电媒体下属的电视购物也在迭代创新，比如浙江广电旗下"好易购"很早就开始布局MCN，好易购旗下有《王牌VS王牌》《欢哥来了》《中国蓝百县行》等节目，在淘宝直播平台TOP10中排第6位。

第四，建设直播电商产业园。一般的直播电商产业园，是为MCN机构和主播提供培训、场地、选品等系统化服务，高级形态的产业园则围绕产业链开发服务，助力当地产业数智化升级。比如浙江广电与杭州萧山区政府合作的直播电商园，规划面积3万平方米，目标是打造全国首家集头部平台、主播、产业链、大数据运营、孵化培训等为一体的直播电商生态圈，计划三年时间实现产值1 000亿元。

需要注意的是，当前直播电商成为"新风口"的同时，也出现了一定的泡沫化以及"红海"特征，传统媒体试水这一领域，亟须形成有效的风控制度。媒体直播电商的主持人不同于网红主播，是媒体公信力人格化的重要体现，参与"直播带货"本质上是依靠媒体的品牌优势，一旦出现不实夸张宣传、恶性竞争、伪劣商品较多、退货率畸高等问题，势必带来不良社会影响。因此，媒体直播电商应该规避风险较大的商品，不断完善供货渠道和售后服务体系。

5.5 媒体＋活动

一直以来，因为具有影响力和公信力的优势，传统媒体承接了大量政务宣传、品牌推广、行业展会以及各类评选、榜单制作、用户互动等活动，不仅频次高、效果好，在取得良好社会效益的同时，也为媒体带来了比较稳定的经济收益。在移动互联网智能化、社交化、平台化趋势下，媒体创意进一步被激发，更多资源要素被整合进来，线上线下充分联动，"媒体＋活动"应用场景变得异常丰富。

5.5.1 融合发展"新抓手"

"媒体＋活动"模式具有强大的生命力，最大优势是通过议题设置、信息传播和一定的组织形式，将互联网时代分散的注意力重新凝聚起来。活动营销已成为媒体融合发展的重要抓手，主要体现在以下方面。（1）营销品牌形象，储备资源价值。媒体开展活动营销，为自身宣传开辟了一条新路，媒体不再仅仅是"新闻发布者"，而是成为"新闻制造者"。媒体通过主办一系列引发社会关注的活动，可以制造社会热点、焦点，带动影响力和形象提升。（2）发挥媒体优势，充分利用资源。各类活动都需要媒体配合宣传，才能达到预期社会影响，因此，媒体办活动具有无法替代的优势，可以在活动中整合运用政府公关、社会关系、传播渠道、品牌等优势资源，得到最优的投入产出比。(3)稳固"传受"及"买卖"关系。以活动为载体，开启信息的双向传递，媒体与信息受众、消费者的联系和互动得以加强，促使散落在两端、少有联系的传者与受者串联起来，达到媒体营销的初始目的。

面对数字化浪潮，活动营销正在成为传统媒体转型的重要着力点。以《时代周刊》为代表的海外媒体机构，正在快速拓展这一业务版图，并将活动营销作为增长的重点。据《时代周刊》透露，2022年该公司举办了10场线下活动，活动业务收入首次突破1 000万美元大关，全部来自品牌赞助；2023年计划活动数量为18场，上半年活动收入已超过500万美元，预计将实现55%的增速。过去一年里，《时代周刊》将内部活动团队人数扩充了一倍，团队不仅负责活动的组织管理，还包括活动设计营销、客户关系维护、规划活动流程、受众拓展等工作。

在《时代周刊》积极拓展活动业务的同时，公寓疗愈（Apartment Therapy，公寓生活方式网站AT）、百思特数字媒体集团（Bustle Digital Group，BDG）、福布斯（Forbes，全球权威财经媒体）等媒体也将活动业务作为重要的商业转型策略，希望通过活动营销获得新的增长动力。比如，公寓疗愈认为在当前经济形势存在不确定性的情况下，品牌商格外看重直接转化为业务结果的营销投资，其旗下成熟的特许活动品牌，可以为品牌提供较高的曝光转化率；百思特正在快速推进活动业务转型，打造尼龙之家（Nylon House）、ZOE绿洲（ZOEasis）系列旗舰活动品牌，2022年活动收入同比增长了一倍，达到约1 000万美元规模；而《福布斯》则在曼哈顿投资建设了一个永久性的活动场地——"第五大道福布斯"（Forbes on Fifth），用自有场地保证活动快速执行，不仅节省前期成本，还可以为赞助商提供定制活动支持，也让福布斯在当前不确定的环境中保持竞争力。

在媒体广告收入普遍承压的情况下，逐渐降低对广告模式的依赖程度，找到更稳定的商业模式，已成为行业共识。活动营销打开了一扇新的大门，越来越多的媒体将目光聚焦到活动营销上来，希望借助精心策划的线下活动，实现品牌影响力延伸。从《时代周刊》到《福布斯》，知名媒体的转型和积极行动都在表明，活动营销不仅仅是一个短期趋势或替代方案，它正在成为传媒行业的重要支柱。

究其本质，"媒体＋活动"是服务经济的一种体现，基本上可以分为面向B端（G端）和C端两大类，在满足不同需求的同时，实现经营方向扩展和新的商业模式探索。"媒体＋活动"是媒体竞争策略的创新之举，它不仅延伸了媒体的产业链，而且成为了整合媒体时间、内容、人力、品牌、社会等资源的有效载体。

可以预见，在融媒体时代，"媒体＋活动"营销的前景更加广阔。比如，整合媒体资源做线上活动，可以弥补线下活动准备周期长、投资大等不足；此外，今后"媒体＋活动"也不应局限于传统的事件营销、展会、晚会、演出等线下行为，而是可以发展成为线上延伸、线下叠加发力的综合运营模式。丰富多彩的活动能够聚集人气，有人的地方既是宣传的场所，又是市场竞争的阵地，主题鲜明的策划活动不仅能够有效提升媒体的传播力，也能扩大内容产品在受众中的影响力。

5.5.2 "媒体＋活动"常见类型

"媒体＋活动"带来了一种复合盈利模式，即活动本身可以作为媒体的内容输出，活动前期推广、活动现场、实况报道、持续跟进、后期评估总结等，都可以成为内容产出，而活动借助媒体进行宣传，媒体可获得广告投放或宣传费用，以及承办活动的服务费用、资源整合带来的利润等。比较常见的有以下三类。

一是依托政务、企事业资源做活动。这方面传统媒体具有天然优势，不仅与党委政府部门和企事业单位非常熟悉，对其宣传需求、效果预期、操作流程等也很了解，还能提供主题策划、线下执行、矩阵传播、效果评价等综合服务，形式包括承办官方论坛、峰会、研讨会以及艺术节、文博会等各类节会，还有主题宣传、公益活动等公共服务购买。在承接活动过程中，媒体利用政府机关、社会团体、项目、渠道等多种资源，满足不同客户的宣传需求和营销诉求，使活动成为媒体经营平台，在实现创收的同时，将其打造成展示经营创意的窗口。

上游新闻的活动营销启动较早，依托原有的《重庆晨报》等媒体品牌，不少品牌活动从纸媒时代延续至今，如"十大渝商""十大经济人物"评选等活动，几乎囊括了改革开放以来重庆工商界的所有精英人群。近年来，上游新闻承办的各类活动不胜枚举，其中影响力较大的多数是与政府部门联合举办的活动，如联合重庆市城市管理局举办了四届"发现重庆之美·寻找最美环卫工"和一届"最美公园"评选活动，联合重庆市林业局举办了两届"最美森林氧吧"评选活动，联合重庆市生态环境局举办环保短视频大赛，承办重庆市创新创业大赛，联合重庆、四川两省市消委会举办"为川渝高质量点赞"活动……在活动承接过程中，上游新闻将各类优势资源进行了融合对接，既弘扬了正能量，又获得了良好经济收益。

二是依托媒体公信力拓展活动。此类活动一般由媒体单位主办、承办或联办，大都紧扣社会关切，通过线上线下整合传播，吸引公众参与，引发社会关注，有效提升品牌形象。作为媒体的核心资源，媒体公信力是多年积累起来的，依托媒体公信力做活动，是媒体经营转型的一大路径，但此类活动不能单纯考虑经营收入，而要有一定的格局和格调，即使活动短期内不产生经济效益，但只要能提升媒体品牌影响力，增强用户的关注度和黏性，也是值得拓展的。

近年来，媒体越来越多地介入到榜单、排行榜、评选之类的经济活动中，力图以公信力为基础彰显权威性，吸引用户或消费者的注意力，培养潜在的消费群体，以期在未来获得更多商业利益。2019年，南方报业传媒集团联合广东省委农办、人社厅、文旅厅等党政部门，共同发起"广东省十大美丽乡村"评选活动，迄今已经举办了三届，一届比一届规模大、影响深远：活动设置"广东十大美丽乡村""广东特色名村""广东美丽乡村精品线路"三大评选项目，依托南方报业"南方＋"平台报名、展示、票选、宣传，先后经过申报推荐、网络票选、专家走访、综合评定等多个环节，三届评选活动吸引广东省1 451个乡村参与、累计投票超2亿人次，既擦亮了广东乡村振兴的名片，也获得了较好的经济效益。

三是通过创新思维、整合资源做活动。媒体影响力不仅体现在传播过程中，还蕴含在对各类资源的强力整合等方面。近年来，美丽经济与会展经济兴起，此类新兴服务业态成为不少城市新的经济增长点。对于媒体的活动营销而言，要深度融入当地的经济发展，必须助力此类新兴业态发展，并从中挖掘商机。比如，重庆日报报业集团已经连续举办了11届"重庆小姐"评选活动，不断发掘新人，赢得了不少选手和商家青睐。尤其值得一提的是，经过精心策划与包装推广，优秀选手还有机会为各大风景名胜区代言。对媒体而言，通过此类品牌活动，可以获得新的IP资源，进而持续进行运营，不断扩大媒体在文旅行业的影响力。

各类会展也是媒体活动营销的重要形式，过去有车展、房展、消费展，现在增加了线上展馆、数字会展、融合展览等，越来越多的传统媒体进入会展行业。比如，深圳报业、广电、出版三大集团联手，共同组建了深圳国际文化产业博览交易会公司，其重要职能之一就是承办每年一届的中国（深圳）国际文化产业博览交易会（以下简称"深圳文博会"），全力打造中国文化产品与项目交易平台，深圳文博会迄今为止已举办十九届，是我国级别最高、规模最大、影响最广的文化产业博览交易盛会，被誉为"中国文化产业第一展"。此外，齐鲁晚报社每年举办茶博会、北方书画博览交易会、国际教育展、车展等各种展会数十场，会展业务收入超过7 000万元；成都传媒集团旗下的新东方展览公司年营业收入已经过亿，重庆、四川、河南、江西等报业集团也纷纷成立了会展公司，掘金会展经济。

【延伸阅读5-4】

媒体＋会展：服务功能再延伸

媒体深度融合发展过程中，商业模式不断演化迭代。传统都市类媒体如何开辟出一条具有竞争力的经营之路？《都市快报》的媒体会展策略，正在成为媒体影响力转化的有力武器。

即使在疫情期间，《都市快报》的会展业务仍然保持增长态势：全年执行会展活动100场以上，其中百万案值以上的活动有11场，2020年会展带来的营收高达6 000万元，创下了历史新高（2018年为3 326万元、2019年为5 058万元），在媒体总营收中的比例逐年增长。

会展活动已成为《都市快报》实现从品牌传播能力向市场调动能力、再向商业变现能力转化的有效路径，是媒体多元服务功能的直接体现。目前，其会展活动主要分为三大版块。

一是组织原创品牌会展。以杭州（国际）未来生活节、西湖音乐节、万物生长大会等为主力，已具备较高知名度。未来生活节已连办四届，每年观众超过10万；西湖音乐节已经连办十五届，成为杭州的一张文化名片；其他原创类会展还有汽车展、房博会、摄影节等。

二是承接政府类会展。如杭州艺博会、武林洋淘、杭州奇妙夜、南宋文化节、一带一路匠心视界展，以及各区县市的大小展会、节庆活动等，规模从几百人的论坛峰会到10万以上人次的大型嘉年华都有，此类活动一般由政府部门主导或联办，都市快报负责策划和执行。

三是为大型会展服务。如杭州国际电子商务博览会、ADM展、动漫节、美食节等，快报为这些大型会展提供全媒体传播服务，从传播策划到内容制作全流程执行、全方位服务，专业团队生产出文字、图片、视频、海报等各种内容产品，同时负责外部平台的宣传投放。

都市快报社认为，都市类媒体举办会展活动，必须站稳区域主流媒体角色定位，同时抓住策划、传播两个专业优势，才能发挥好媒体公信力，形成政府、媒体、客户共赢局面。

实践证明，媒体办展是媒体平台功能的有效延伸。一方面，媒体会展是用户的投放平台。媒体提供从策划服务、落地展位到全媒体推广的系统解决方案，用户在新的场景中获得超值服务。另一方面，品牌会展已经成为媒体影响力的一部分，更多用户、消费者通过会展活动，不仅刷新了对传统媒体的认知，也扩大了媒体品牌的宣传和传播效果。

第六章 跨界图景

随着文化产业被确定为国民经济的支柱产业，振兴和发展文化产业成为国家战略。近年来，中央和地方政府出台了一系列政策、规划，着力推动多门类、多业态文化产业发展，在新一代信息技术的加持下，文化产业各细分领域间的边界越来越模糊，文化产业与其他行业不断融合，"文化+"新兴业态大量涌现。

"文化+"是指充分挖掘、运用文化元素，将文化创意成果和经济社会各领域深度融合，形成以文化为内生驱动力的产业发展的新业态、新模式。"文化+"的"+"，是指文化的融入和渗透，进而使事物具有文化的属性、活力和价值。芬兰学者汉娜尔·考维恩（Hannele Koivunen）认为，文化总是意义的交换，商品的生产不但是与文化意义相连的，而且是有意识地相连的：一方面，商品中的物质成分在知识的帮助下出售；另一方面，知识的出售又与物质实体相联系。

互联网对各类产业不断激发出的新活力，促使跨界融合成为一种必然。"文化+"运用文化资源，通过不同模式形态实现跨要素、跨行业、跨平台融合，也成为驱动文化产业结构优化升级的新引擎。特别是在数字化、智能化的大背景下，"文化+"是文化产业跨界图景的重要特征，新闻出版和广播电视作为文化产业的子类，品牌形象优，公信力强，社会评价好，如今传媒集团利用"文化+"进行跨界拓展，延伸产业链、价值链，正在成为一种新的趋势。

6.1 文化+园区

产业园区作为规划、管理、促进经济发展的手段，利用固定地域来集聚产业要素和企业，在提高创新能力和集群效应方面发挥着重要作用。在发展历程中，最早出现的是工业园区，但随着经济业态的转变，信息和知识成为重要的产业要素，工业园区开始转向高新技术园区和文化产业园区，以及生产、研发、办公、休闲、交流的混合社区。建设文化产业园，已成为发展文化产业的重要抓手。

6.1.1 文化园区集聚效应

一般认为，"文化园区"概念是德瑞克·韦恩最早提出来的。韦恩认为，文化园区是指特定的地理区位，其特色是将一个城市的文化与娱乐设施以最集中的方式集中在该地理区位内，它是文化生产与消费的结合，也是多项使用功能（工作、休闲、居住）的结合。也可以说，文化园区就是一座城市文化企业的"大本营"和"集中地"，产业的关联性和互补性可以促使文化创意产业在区域内集聚发展，集聚成为文化产业发展的一个基本特征和首要选择。

纽约的时尚设计业、伦敦的广告业、德国鲁尔区的旧工业改造、巴黎左岸文化区的发展经验表明，文化产业集聚能整合创意人才、资本、技术等高级要素，进而触发高水平创新，推动形成新的经济增长极。文化产业集聚的作用在于以下方面。

一是推动传统产业转型升级。一个区域废弃的旧工业厂房改造后，以其廉价的租金和特殊的历史记忆吸引大量艺术家入驻，催生该区域艺术产业与关联产业发展，也带动了周边餐饮业、旅游业、零售业的繁荣，如北京的798、南京的1865就是典型例证。随着园区发展模式演化与升级，承载功能日益多元化，大量城市要素和生产活动在园区内聚集，促进了各类经济形态的融合发展。

二是提升文化资源配置效率。文化市场内生动力不足导致我国很多地方文化资源错配现象严重，典型表现是很多优秀的文化资源处于闲置或同质化竞争状态，而文化产业集聚可以借助特色化文化资源，整合相关的技术、资金、人才等要素，快速构建起专业化竞争优势，进一步形成区域创意创新文化生态圈。

三是营造多样化的创新环境。文化产品和服务需要来自不同领域的分工协作，这种"杂色团队"的集聚将为区域发展提供"艺术红利"，创造具有多样性、开放性与包容性的文化环境，打造支撑区域经济发展所需的"文化地标""文化品牌""文化符号"等，如上海的新天地、深圳的大芬村等。更多创意阶层的集聚可以为社会公众参与区域创新活动提供环境支撑，进而激发区域的创新活力。

文化产业园区通过产业集聚而形成，欧盟报告将其定义为致力于集群文化的体系，文化生产者通过与他人形成丰富的关系，进行文化商业创造性发展，创造文化生产的经济价值。深圳大学学者张振鹏认为，文化产业园区的基本内涵包括：首先，文化产业园区是文化生产与消费活动的场所，为人们提供交流的机会以保障他们获取文化创意灵感，并不断创造艺术、思想、时尚和生活方式等文化，而多种要素资源的融合催生了新创意、新产品、新主体、新业态，使文化产业园区成为城市更新的新形式。其次，空间集聚能促进专业化投入与服务发展，大量企业集聚可以提供足够大的市场，使各种各样的专业化供应商得以生存，有利于人才集聚，形成专业化劳动力市场，既节约开支成本，也能提升文化生产效率。再次，文化产业园区的创意理念能够融入建筑设计、内部装饰、社区生活等，使其成为同时适应文化活动、休闲旅游和居住的需要，从而产生综合社会效益。

总的来说，文化产业园区具有政策落地、项目孵化、投资管理、产权交易、物业服务等多种功能，是发展文化产业的重要抓手之一，不仅有利于文化产业集聚产生规模效益，而且对区域经济发展以及城市人文环境、文化消费、品牌推广等具有重要意义。我国文化产业园区还从制造业集群发展模式中汲取了养分，并借鉴高新技术园区的发展经验，逐渐成为文化产业发挥集聚效应的重要载体。

为加快我国文化产业园区和市场主体建设，从2004年开始，原文化部启动了国家文化产业示范园区和示范基地评选命名工作。国家文化产业示范园区是指以文化产业为主导产业，集聚了一定数量的文化企业，具备一定的产业规模，并具有独立的运营管理机构，为文化企业集聚发展、资源集约利用提供相应基础设施保障和公共服务的特定区域。文化行政部门管理的演出业、影视业、音像业、文化娱乐业、文化旅游业、网络文化业、图书报刊业、文物和艺术品业以及艺术培训业等领域的各类所有制的文化企业，都可以申报国家文化产业示范基地。

截至目前，我国已有36家国家文化产业示范园区，其中包括各地创建命名的34家，以及文旅部与北京、天津共建的 2 个园区，已经先后命名了 6 批 332 家国家文化产业示范基地，形成了一批具有相当规模的文化产业集群和骨干企业。据文旅部公布的信息显示，这些示范园区（基地）既涵盖动漫游戏、创意设计等新兴业态，也包括文化旅游、工艺美术、文化娱乐等传统业态的转型升级，多年来在促进文化企业集聚、激发文化创新活力、丰富文化产品供给等方面发挥了积极作用。

为进一步推动国家文化产业园区高质量发展，更好发挥示范引领和辐射带动作用，2021 年 6 月，文旅部编制印发的《"十四五"文化产业规划》明确提出，实施国家级文化产业示范园区（基地）提升计划，到 2025 年国家级文化产业示范园区达到 50 家左右，国家文化产业示范基地达到 500 个左右。同年底，文旅部发布了《关于推动国家级文化产业园区高质量发展的意见》，明确提出培育一批具有发展潜力的国家级文化产业示范园区创建单位，形成高质量创建梯队。

2023 年 4 月 6 日，文旅部印发了《国家级文化产业示范园区（基地）管理办法》，主要包括示范园区（基地）申报条件、程序、创建命名、示范支持、管理监督等方面的内容。该办法明确，文旅部将示范园区（基地）建设纳入文化产业发展规划，为示范园区（基地）搭建交流合作平台，并依法在企业培育、人才培养、资源对接、项目服务、品牌推广等方面给予支持；省级文化和旅游部门应支持区域内示范园区、示范基地建设发展；鼓励地方各级政府结合实际，在资金、土地、项目、服务、基础设施建设等方面持续强化对文化产业发展的政策支持。

6.1.2 文化园区盈利模式

传统媒体作为国有事业单位，一般都拥有面积充足的办公大楼和生产基地，也可以利用体制优势获得成本相对较低的土地资源，因此，开发文化产业园成为媒体集团转型发展的一个典型路径（表 6-1）。目前，媒体创办的文化产业园主要有文化创意、文化科技、数字文化等类型，其中羊城晚报不仅介入文化创意产业园区建设的时间较早，而且已经形成"一园七区"文创产业园集群；文化科技产业园中，主要有南方报业的智慧媒体产业园、杭州日报社的科创孵化园区等。

表 6-1 部分传媒集团创办的文化产业园

创办集团	园区名称	园区简介
浙江广播电视集团	浙江国际影视中心	一期工程建面 28.5 万平方米，投资 25 亿元，集影视节目拍摄、演播、后期制作、文化企业孵化、动漫会展旅游于一体，现已形成（中国）TOP 直播电商产业园、中国蓝文化创意产业园以及研学培训、影视后期制作、会务会展基地"两园三基地"的产业生态格局。
上海报业集团	ReCity 文化创意产业基地	原为位于莘庄的解放大厦，建面近 6 万平方米，通过整合"空间+媒体+服务"，实现办公空间、文创内容、媒体服务、政策资源共享，并以工业设计为主导、形成产业集聚，打造上海知名创意设计基地。
南方报业传媒集团	289 艺术园区	原为位于广州大道中 289 号的南方日报社印刷厂，定位"传媒+科技+文创"，已入驻企业 120 多家，涵盖文化科技、创意设计、影视文娱、电商直播、艺术培训等行业，入驻企业年总产值达 27 亿元。

续表

创办集团	园区名称	园区简介
成都传媒集团	东郊记忆	在原国营红光电子管厂旧址上改建而成，占地282亩、建面约20万平方米，是集合音乐、美术、戏剧、摄影等文化形态的多元文化园区，被称为"中国的伦敦西区"，已获得国家音乐产业基地、4A景区、国家文化产业示范基地、文化和科技融合示范基地等数十个授牌。
湖北日报传媒集团	楚天181文化创意产业园	全国首家传媒特色文化创意产业园，原址为湖北日报社老印刷厂，占地约60亩、建面约6万平方米，入驻企业近百家，2019年入驻企业总营业收入20.7亿元，主要涵盖文化传媒、广告设计、建筑设计、文化科技融合、创新型企业、金融配套、服务配套等七大类产业形态。
重庆日报报业集团	重庆国家广告产业园	园区占地210亩，规划建面40万平方米，总投资15亿元，是我国西南首个集广告、文化艺术、主题商业、体验式消费、新媒体办公于一体的广告产业基地。作为国家级广告产业试点园区，目前入驻企业达700余家，2020年园区企业总产值约50亿元，利税约5亿元。

近年来，随着数字经济迅猛发展，建设数字文化产业园区成为新热点。浙报集团旗下上市公司"浙数文化"，2020年开始建设数字文化产业园，总投资8.6亿元、总建筑面积11.4万平方米，2023年9月建成投入使用，园区重点引进互联网、游戏、大数据、文化产业投资领域的高层次人才和企业，实现产业集聚效应，打造互联网数字文化聚合发展新地标。杭报集团则在杭州市内打造五大文化产业园区，涵盖文化创意、数字经济、人工智能、物联网等多种产业类型，以及覆盖企业各阶段生命周期的文创园区和孵化平台。同时，大部分园区都在进行功能升级，越来越多地提供物业、金融、税务、医疗、托管等综合服务。

对媒体而言，文化产业园区的可持续运营依靠稳定的收入和盈利。纵观近20年来文化产业园区的发展，其盈利模式主要分三种：（1）1.0模式，通过房地产出租或销售获取租售收益。出租文创园区内的办公空间、商业空间，获取租金收益；在园区内或园区周边开发配套住宅项目，获得房地产销售收益。（2）2.0模式，提供运营及增值服务获取收益。为园区内企业提供物业管理、人才培训、活动策划、品牌推广等服务获取收益；运营成熟的园区，还可以通过输出品牌、管理等，托管其他园区获得收益。（3）3.0模式，利用产业投资获取经济收益。通过设立产业基金、园区基金等，投资孵化优质的文创企业、园区物业资产等获取投资收益。

目前，我国大多数文化产业园区还是处于较为传统的重资产开发1.0模式，主要依靠房地产销售或自持物业出租来获取收益。但是，近年来也有部分专业机构尝试轻资产运营模式，通过对文化产业园区进行升级改造、受托运营来获取出租收益和服务收益；还有一些园区采取"轻重结合"模式，一方面通过自持物业空间获取出租收益，另一方面通过文化内容运营、活动运营等获取服务收入。

【延伸阅读6-1】

羊城创意产业园：从旧厂房到百亿园区

旧厂房如何被激活、被赋能、被重塑？羊城创意产业园给出了一份满分答卷。

坐落在广州国际金融城的羊城创意产业园，曾是偏居城郊一隅、原广州化学纤维厂的旧厂房，《羊城晚报》以兼并购买、协助职工安置等方式取得厂区土地，于2007年创建开园。

此后数年间，羊城创意产业园吸引了上百家建筑设计、室内设计、服装设计、网络游戏设计等文化创意企业入驻，2010年被文化部命名为第一批"国家文化产业示范基地"。

目前，羊城创意产业园已形成"一园七区"的园区集群，包括主园区羊城创意产业园，以及东风东园区（羊城同创汇）、南沙园区（星海艺术园）、增城园区（羊城时尚谷）、沙洛园区（高新创意产业园）、南海园区（岭南科创园）、英德园区（英红科创小镇）六个分园区。

园区紧跟数字经济发展动向，不断调整定位与之匹配。如今，羊城创意产业园聚集了酷狗音乐、中央车站、荔枝直播、网易CC、洋葱时尚、西山居游戏、天闻角川动漫、爆米花动画等130多家文创和数字科技企业，成功培育出9家上市公司，主园区产值超过300亿元。

据不完全统计，羊城创意产业园区中拥有过亿用户的文化产品超过6个，其中酷狗音乐6亿、网易CC直播2亿、荔枝APP约2亿、西山居超4亿，所有企业的用户叠加量近18亿。

近年来，《羊城晚报》以创意产业园为载体、不断融入粤港澳大湾区协同发展大局，现已引入4家香港企业、11家港资企业，并为之搭建了投融资本、公共服务、产学研合作等平台。

实现从旧厂房到百亿园区的"蝶变"，羊城创意产业园的运营经验主要有三点：

第一，产业定位有高度。坚持培育文创新业态不动摇，制定各园区定位和发展思路，紧盯数字经济、互联网＋、人工智能等产业发展，严格入园企业标准，最终形成集聚效应。

第二，开发模式有活度。各市各区土地政策差异巨大，《羊城晚报》采取搁置物业产权、灵活合作的方式，争取项目快速落地，七个园区在开发模式上实行"一园一策"，如主园区自主经营，东风东园区与合作方共同经营，沙洛园区则是提供顾问服务、进行品牌输出。

第三，运营服务有深度。一方面坚持党建引领，避免企业野蛮生长；另一方面聚焦培育孵化，以帮助企业成长为使命，不仅在产业导入上综合考量企业的技术含量、创新能力和成长性，园区还搭建了公共服务平台，提供法律、财税、知识产权、人力资源、政策等服务。

6.2 文旅文博文创

近年来，在数字技术推动下，文化产业发展的一个重要趋势是：文化、旅游、博物馆（文物）、创意产业及相关要素之间交叉渗透、整合重组，逐步突破原有产业范围和要素领域，融合形成了新的产品形态和经营体系，开辟了文创IP经济时代。主流媒体介入文旅融合和文创经济，不仅可以推动产业功能重组和商业价值创新，还有利于对接市场和社会资源，拓宽媒体盈利模式，未来具有广阔空间。

6.2.1 媒体介入文旅融合

随着社会经济发展，居民收入水平的持续提高，人们愈来愈向往丰富多彩的精神生活，旅游成为一种重要的生活方式。当前，旅游活动已不再是简单的风景游览，人们更加注重精神体验，更乐意选择历史博物馆、名人故居、艺术馆等文化场所，感受人文和历史的熏陶，于是，文化体验游应运而生，逐渐成为人们出行的重要选择，也成为文旅融合发展的重要推手。文旅融合能产生"1+1＞2"的叠加效应，文化可以丰富旅游内涵、增强旅游魅力、升华旅游体验，旅游可以传承交流文化、带动文化产业、促进文化繁荣，有利于构建新型产业体系。

目前，传媒产业与旅游产业发展呈现出一些共同特点，即产业边界逐渐模糊、以用户流量为基础、注重用户（游客）体验、前期投资巨大、综合效益强大。在顶层设计方面，2014年以来，媒体融合和文旅融合都非常注重跨产业、跨界融合，以此优化产业生态，催生新业态新模式。传媒产业本身就是文化产业的一部分，因此，政策支持主流媒体与旅游业对接资源、产业融合，已经成为一种必然趋势，也为传统媒体的转型发展打开了新空间、带来了新机遇。

从近年来的发展实践看，我国"媒体＋文旅"主要存在着三种经营模式。

第一，"产业架构"模式。传媒集团通过投资直接布局文旅产业，将其纳入传媒集团产业架构，此类集团一般都拥有较为完整的渠道和内容经营模式。比如央媒中，中央广播电视总台下属的中广国际旅行社主要从事商务旅游业务，包括旅游票务、客运服务、旅游产品开发与销售等，已形成了较为完整的产业链。

省级媒体对文旅产业的布局更加多元化，涉及产业开发、景区管理、住宿和餐饮服务、文旅活动承办、旅游产品设计与销售等方面。比如，四川日报旗下的安仁欣闻文化旅游发展公司的经营范围既涉及游览景区、风景名胜区管理等业务，也包括博物馆、艺术表演场馆管理等服务。还有部分省级媒体确立了"泛旅游"产业定位，进行"＋旅游"产业布局，比如南方报业旗下的广东易格文化传播公司，是打通媒体界、文旅界、创投界的产业集成机构，除了旅行社业务之外，也开展红色文化传承与党建现场教育、研学教育、景区开发等业务。

第二，"渠道贯通"模式。这种模式是指媒体作为一种渠道，以供应商、代理商和服务商等身份与旅游业合作。"渠道贯通"分为内外打通两种：内部打通是指媒体整合内部业务部门，如旅游广告部门、旅游刊物、旅游新媒体和专业人员，成立专门的旅游业务部门或工作室，服务于旅游机构和主管部门；外部打通是指媒体与旅游产业在开发旅游配套产品、打造商务平台、项目推广、品牌服务等方面进行合作，最终目的是促进旅游产品销售。

第三，"内容生产"模式。这是应用最广泛的一种经营模式，其核心是为旅游业和用户提供信息，创收来源主要是广告和新媒体推广。随着媒体和文旅融合的不断深入，内容生产也逐步扩展为全媒体表达、智库生产、体验式推荐等多种形式，除了利用短视频、直播推出旅游内容外，还有媒体专门打造了旅游资讯客户端。比如云南日报就爱去公司旗下的"文旅头条"客户端，定位为云上移动文旅新闻发布厅，专注于文旅行业资讯原创和聚合分发，涵盖了目的地、旅行社、酒店民宿、国内游、出境游、乡村旅游、红色旅游、文旅智库等30多个垂直子栏目，同时开通了头条号、抖音号、人民号等多个平台账号，分发旅游资讯。

6.2.2 文博热与新文创经济

我国文化遗产资源异常丰富，截至2021年底：国有可移动文物达1.08亿件（套）、不可移动文物76.7万处，全国重点文物保护单位5 058处、备案博物馆6 183家；共有各级非遗代表性项目10万余项，其中国家级非遗代表性项目1 557项；各级代表性传承人9万余名，其中国家级非遗代表性传承人3 062名；共有国家珍贵古籍名录13 026部，全国古籍重点保护单位203家；共有世界遗产56项，列世界第二；列入联合国教科文组织非遗名录名册项目42项，列世界第一。

文物、博物馆、文化遗址、非遗古籍等作为特殊的文化符号和文化记忆，是传统文化的重要物质载体，承载着文化传承、文化传播、文化教育等多重功能。但多年以来，由于认识局限和财力不足，如此丰富的文化资源，大多数处于"沉睡"状态。统计表明，我国文物展出率只有2.8%，即使是文物储藏体量巨大的故宫博物院，文物展出率甚至低于2.8%，这不仅是一种资源浪费，也不利于文物保护和博物馆事业发展，更不利于国家和民族形成文化自信。

近年来，在政策引导和数字技术驱动下，不仅文旅融合加速演进，文博文创行业也"插上了梦想的翅膀"，"考古热""博物馆热""非遗热""文创热"不断出现，推动文化产业创新性发展。在媒体融合背景下，博物馆重视公众的精神文化需求，不断探索文化传播新路径，借助主流媒体、社交媒体以及电商平台等进行多元文化传播，有效实现了博物馆与公众之间的互动，对于展示中华优秀传统文化，传播中华文化精神，让文物"活起来"具有至关重要的作用。

当前，越来越多的媒体在为社会大众架起文博知识传播的桥梁，成为公众与博物馆、景区、纪念馆等文化场馆之间的互动渠道，媒体利用内容生产为文博赋能，推动文化资源"活化"与"转化"，正在成为新的趋势。媒体已创新推出了多档文博类纪录片与综艺节目，包括中央电视台的《我在故宫修文物》《如果国宝会说话》《国家宝藏》等纪录片，北京电视台推出的《上新了故宫》等优秀节目。"文博+综艺"模式中，核心是"建立历史与当代的关系"，这也是吸引流量、形成爆款的根本路径，而在坚守传统文化内核的基础上适当娱乐化，唤醒大众文化记忆与文化认同，对实现传统文化与当代价值观融合具有重要意义。

博物馆与媒体跨界合作的案例也越来越多，出现了一大批精品力作，为观众带来了精彩的文化盛宴。2018年，中国国家博物馆、湖南省博物馆等7家国家博物馆与抖音共同推出了《第一届文物戏精大会》，通过加入动画技术以及配音特效，尘封千年的文物们集体"复活"，众多国宝级文物有说有笑、有动作有表情，在视频中活灵活现，与年轻人喜爱的流行元素相结合，使文物严谨性、时代创新性与受众需求在交融中寻找到了契合点，观众用轻松有趣的方式感受严肃的历史文化。此外，各大博物馆还纷纷借助短视频平台，运用VR、AR、大数据等信息技术手段，打造精彩纷呈的"云展览"，开展文物展览等各种直播活动。

如今，文物场所、博物馆、非遗机构等作为重要的文化资源集合地，通过开发文化创意产品，不仅实现了公共文化服务与文化产业的融合，让尘封在历史记忆中的传统文化迸发出新的力量，也提升了文创产品的内涵品质，激发了行业投资活力和文化消费潜力，形成新的经济增长点也是水到渠成。国内学者向勇提出，此类生产要素为非物质资源的经济形态可以称之为"新文创经济"，具体表现为"文化＋"融合赋能机制，即除了推动文化资源转化为文化产品，还不断为传统产品添加文化价值，也为纯文化产品增添功能价值。

新文创经济的应用领域非常广泛，从文化创意到设计服务、从数字创意到互联网文创、从非遗活化到文博文创、从文化商城到艺术社区，都属于新文创范畴。江苏广播电视台是较早试水新文创的传统媒体之一，旗下"荔枝文创"产业链涉及文化艺术商品、文化商业综合体、文创产业园等多种形态，由于荔枝文创的大本营就在江苏广电大楼，还带来了公众对广电文创的开放式体验。2019年5月，人民日报旗下《环球人物》杂志社发布了"人民文创"品牌，作为人民日报系的文创品牌，人民文创提出在媒体、时政领域发挥优势，加大与民族品牌合作力度，助力民族品牌及民族艺术深层次发展；人民文创成立后，连续举办了新国货创新大赛、国际创意大赛以及多场峰会论坛，与上海英雄钢笔集团联合推出了"英雄1949"纪念版钢笔，累计生产超过30万支，销售达到1亿元，创造了行业奇迹。

6.2.3 文化IP时代来临

业内普遍认为，新文创是一种以构建IP（Intellectual Property）为核心的文化生产方式。独具特色的IP重塑了文化与人的连接方式：IP运营带来更有价值的沟通，IP化生存塑造更具创造力和变现能力的商业形态，有价值的IP经由观感到内心，激发消费者的情感共振，完成对消费者的意义赋能和生活态度输出。IP原本的含义是知识产权或智慧财产，泛指各类标识、元素、形象以及精神承载，其本质是无形的，但可以寄存于多种表现形式，且易于被受众识别。IP需要具备跨界存在的能力，它是一种可供多维度开发的文化产品，在运营中需要借助商业化手段进行内容添加，以引发群体共情，持续连接消费者。

常见的IP运营管理主要包括五个部分：（1）IP孵化。了解IP创作特点及趋势，组织团队收集资料，进行市场调查，预判IP可扩展范围与生命周期。（2）IP延伸管理。在产权保护基础上，将IP拓展至广泛的内容领域及实体领域，扩大其社会影响力。IP价值与其延伸能力成正比，优质IP能够持续释放商业价值。（3）IP与品牌商合作。选择适宜的品牌商，建立合作关系，并全流程跟踪管理，提升IP转化效果，还可以进行IP授权。（4）IP粉丝运营。重视粉丝群培育，可以借助网络明星或艺人的影响力，聚集粉丝并向其传递IP价值。（5）IP运营监控。监督IP运营计划实施，对行业发展情况进行评估，适时优化调整IP发展规划。

IP已经成为文化产业的灵魂，它不仅具有巨大的商业价值，也有利于承载精神血脉，培育文化自信。文化产业发展的终极目标，就是要通过技术创新、内容创新和运营创新，去寻找、打造强大的文化IP，使那些文化符号、标识、元素沉淀到人们的精神世界中，以此唤起情感共鸣和价值认同，这也是文化IP的一种内在力量。在世界文化产业发展过程中，IP运营始终起主导作用，2021年，统计机构Statista发布的全球最赚钱IP收益报告显示，位列TOP 10的IP吸金能力惊人，人们在宝可梦这一IP上已经花费了约1 000亿美元（表6-2）。

表 6-2　全球最赚钱 IP 系列 TOP 10

排名	IP 系列	年份	国家	总收入（美元）	原始媒体	IP 拥有者
1	精灵宝可梦	1996	日本	约 1 000 亿	电子游戏	任天堂宝可梦公司
2	Hello Kitty	1974	日本	约 845 亿	礼品形象	三丽鸥
3	维尼熊	1924	英美	约 803 亿	图书	华特·迪士尼
4	米老鼠	1928	美国	约 803 亿	动画片	华特·迪士尼
5	星球大战	1977	美国	约 687 亿	电影	卢卡斯影业
6	迪士尼公主	2000	美国	约 464 亿	动画片	华特·迪士尼
7	面包超人	1973	日本	约 449 亿	漫画	FROEBEL 馆
8	漫威电影宇宙	2008	美国	约 353 亿	电影	华特·迪士尼
9	超级马里奥	1981	日本	约 346 亿	电子游戏	任天堂
10	哈利·波特系列	1997	英美	约 322 亿	图书	J.K. 罗琳/华纳兄弟

在当代语境下，文化 IP 已经不再局限于文学、动漫、影视作品，诸如《清明上河图》、曾侯乙编钟等国宝重器，敦煌飞天壁画、秦兵马俑等景区文物古迹，马拉松、世界杯等赛事都可以成为文化 IP。2020 年 11 月，文旅部发布的《关于推动数字文化产业高质量发展的意见》提出，"培育和塑造一批具有鲜明中国文化特色的原创 IP，加强 IP 开发和转化，充分运用动漫游戏、网络文学、网络音乐、网络表演、网络视频、数字艺术、创意设计等产业形态，推动中华优秀传统文化创造性转化、创新性发展"，打造更多具有广泛影响力的数字文化品牌。

提及近年来火热的文化 IP，故宫博物院必有一席之地，其运营方式独树一帜。作为一个超级文化 IP，故宫博物院从来不缺乏古老、庄严、厚重的历史感，但长期只能作为一个旅游景点而存在，趣味性不足，符号价值远大于用户体验，其蕴含的文化价值很难被传递出来。由于受众在向年轻群体偏移，所以故宫选择从年轻人最熟悉的社交网络下手，以网红姿态与他们开聊，于是，《韩熙载夜宴图》中的女子走下了屏幕，久居深宫的"娘娘们"戴上了 VR 眼镜，朝珠变成了耳机，顶戴花翎成了防晒伞，还有故宫口红、"朕就是这样的汉子"折扇、"朕知道了"胶带等文创产品横空出世……故宫曾透露，2017 年其文创收入为 15 亿元，远远超过了门票收入，如今故宫不仅文创品类繁多、产品已超万余种，还上线了故宫淘宝、故宫文创、朕的心意、上新了故宫等多个电商店铺。

2019 年 5 月，四川日报报业集团与四川省文物局、成都市文物局以及四川博物院、成都博物馆、金沙遗址博物馆、三星堆博物馆等签署战略合作协议，共同开启"文博＋传媒"合作模式，探索文物与传媒跨界融合新路径，创新文物价值传播推广体系，推动全省文博、文旅、文创产业发展。川报集团以旗下国际文化传播公司为依托，建设以"古蜀文明数字 IP 运营"为核心的数字文博平台，开展文物数字化采集、3D 云上展馆等数字化服务，还承接了古蜀文明数字文物全球巡展，推动文化走出去；另外，利用自身拥有的民国老公馆、酒店和储备土地资源，与华侨城合作打造文旅 IP，参与新型文化消费场景建设。2021 年以来，河南广播电视台围绕中国传统节日，制作播出了一系列"奇妙夜""奇妙游"，不断尝试"破壁出圈"，打造唐宫文创 IP，引起了社会各界广泛关注。

通过新文创生态打造具有广泛影响力的中国文化符号，已成为当下 IP 构建的主流趋势。我国传统文化具有广泛群众基础，在未来文化 IP 的运营上，要更注重内容质量，重视共情效果，提升专业化运营程度，让中华传统文化活起来、走出去，这既是拓展新产业的重大机遇，也是主流媒体必须肩负的重要责任。

【延伸阅读 6-2】

河南广电：打造文化 IP "出圈"

2021 年，电视圈流行一句话：河南广播电视台（简称河南广电）"杀疯了"。

实际上，这是对河南广电最好的褒奖。当年，从河南春晚开始、以《唐宫夜宴》为标志，河南广电不再依靠明星网红造势，而是专注于挖掘传统文化内核，打造中国传统节日系列节目。

春节、元宵、清明、端午、七夕、中秋、重阳，7 大节日，7 档爆款节目，从《唐宫夜宴》到《洛神水赋》《龙门金刚》，河南广电不仅收割了巨大流量，也因此"出圈"。

主创团队将文化基因深植于内容创新中，运用 AR、VR、MR、XR 等技术加持，通过跨时空转换、二次元衔接，产生视觉奇观："唐宫小姐姐"从古老画卷中走出，清明上河图、千里江山图、洛神赋、莲鹤方壶、妇好鸮尊、贾湖骨笛等瑰宝活起来、动起来了……

"中国节日"每一次出场，都有不俗表现——2021 年全网点击量超过 200 亿次，其中《端午奇妙游》超 50 亿次、《元宵奇妙夜》超 30 亿次、《唐宫夜宴》超 20 亿次。

2022 年，"中国节日"依然是河南广电重点打造的 IP，虎年春晚讲述黄河文化，全年还聚焦于饮食文化、中医文化等主题，进而以点带面，形成独特的 IP 谱系。

10 月 8 日，河南广电与阿里文娱达成战略合作，打造整条中国文化节目排播带——不仅"2022 中国节日系列"、《隐秘的细节》第二季、《从来就很美》等节目贯穿全年，双方还联手开发《唐宫夜宴》超级综艺，举办线下演出，推出多种衍生品，让 IP 引领精神消费。

2023 年，河南广电继续推出"中国节日"系列节目之"中国吉祥"，着重展现吉祥文化，研发推出古代发明探索真人秀节目《天工开物》、"中国功夫"系列节目《功夫奇妙游》。

在节目爆火之后，河南广电很快成立了河南唐宫文创传媒有限公司（简称唐宫文创），负责唐宫夜宴、洛神水赋、龙门金刚等系列 IP 的运营，进行了一系列文创产品的开发尝试。比如，与汉服品牌"十三余"合作，推出了"唐宫夜宴"联名款汉服；中秋前夕，又携"唐宫小姐姐"与沃尔玛联动，上演了一场从唐宫穿越至现代大卖场的奇妙之旅……

"中国节日"系列 IP 商业开发同步启动，"唐小妹"系列文创产品已经开发出来了，龙门金刚也打造了动画形象，未来，动画片、非遗文化、电影、网剧、舞剧等均在计划中。

成立第一年，唐宫文创营收突破 6 000 万元，利润 1 000 多万元。目前，唐宫文创已与

200家品牌和机构展开合作，开发文创产品300多款，IP品牌曝光超过500亿次。

挖掘中原沃土文化资源，打造文化IP项目集群，河南广电征程未歇。

6.3 文化＋教育

文化和教育有一个共同点，都是"以文化人""以文塑魂"的事业，文化科学知识是教育的重要内容，二者相融共生、互相促进。教育行业是朝阳行业，不仅具有广阔发展前景，而且并非完全市场化、进入门槛较高，这给传统媒体带来了机会。近年来，进军教育管理、培训等产业领域，成为不少传媒集团的选择。

6.3.1 "出版＋教育"潜力巨大

作为文化产业的一个子类，出版类传媒公司介入教育领域具有一定优势：一是内容资源优势。出版传媒集团拥有教材教辅的出版权，这是国家政策赋予传统出版单位的专有出版权，是一种极其稀缺的资源，也是其他企业不可能具备的。二是长期合作的品牌优势。多年以来，出版单位及新华书店一直为教育行业提供教材教辅及发行服务，与各级教育行政部门和众多中小学校早已建立紧密联系，品牌积淀较为深厚，也具备较强影响力，为出版企业介入教育奠定了坚实基础。

近年来，出版企业凭借优质内容资源介入教育领域，推动出版与教育融合发展，不断探索数字教育、智慧校园等新业态，"出版＋教育"模式蓬勃兴起（表6-3）。比如，江苏凤凰传媒先后收购了K12教育信息化平台"学科网"，控股了国内领先的职业教育云平台——100唯尔教育网，其中100唯尔教育网通过云平台、利用VR/AR/MR教学资源与仿真资源为用户提供服务，被人社部和十多个省份推荐为线上职业技能培训平台，也是教育部直属唯一一个国家级职业教育示范实训基地云平台的签约项目。又如，浙江出版联合集团为做大教育业务，已将旗下浙江教育出版社变更组建为浙江教育出版集团，成为国内首家经批复成立的地方教育出版子集团，浙教集团下设教材出版、文教出版和大众出版3个分社及课程资源、综合出版等8个中心，控股青云在线、漫书咖等多家子公司，加快形成在线教育、数字教育产品服务体系，延伸教育服务产业链，从传统教育出版向现代教育服务转型。另外，皖新传媒收购新世界出版社34%股权后，又联合中国外文局收购法国凤凰书店股权，先后投资参股沪江网、学霸君等"独角兽"公司。

表6-3 部分出版传媒上市公司教育类业务①

出版上市公司	总营收（亿元）	教材、教辅收入（亿元）		其他教育业务简况
		出版	发行	
中南传媒	124.65	25.95	53.19	打造在线教育产品集群，包括教育资源云平台、教育信息化、AI课堂、阅卷系统、考试测评等。
浙版传媒	117.85	10.08	37.26	以浙教云智慧教育平台为主要载体，以电子社、青云在线为主体开展数字教材、教学内容应用服务。

① 根据各上市公司公开披露的2022年年度报告整理，数据及资料来自东方财富网。

续表

出版上市公司	总营收（亿元）	教材、教辅收入（亿元） 出版	教材、教辅收入（亿元） 发行	其他教育业务简况
凤凰传媒	135.96	25.24	66.23	布局智慧教育业务，向教育综合运营商转变，学科网已成为国内知名的教育信息化内容提供商。
南方传媒	90.55	19.37	52.11	粤教翔云数字教材平台项目三期验收通过，搭建南方智慧作业系统、"语言乐学"学习平台等。
山东出版	112.15	28.52	65.18	充分利用并挖掘内容和数字资源，完成搭建"智慧校园"教育服务平台，推动教育数字化发展。
新华文轩	109.30	15.41	56.37	教育服务网络覆盖全省，拓展智慧教育、智慧校园、智慧课堂等教育信息化以及教育装备业务。
中文传媒	102.36	17.80	26.27	利用技术优势，拓展数字教育和教育内容服务。
长江传媒	62.95	10.78	36.88	优化升级"长江云校"系统，提供教育信息化集成解决方案，开展"MINI科学院"项目共建等。

随着互联网对教育行业渗透的加深，新技术、新媒体、新模式不断兴起，教育领域内业态变得更加丰富，也带来了更多投资机遇。一方面，在教育领域经营多年的出版企业迎来了行业深耕与融合发展的机会，在线学习、数字教育、智慧校园等将给创新能力强的公司带来增值业务收入，形成新的经济增长点。另一方面，出版企业介入教育的优势正在不断减弱，由于互联网开放共享的特点，面对在线教育、教育内容服务、投资办学等新模式新业务，越来越多的公司急切地进入教育领域，服务供给能力也不比传统出版企业差，加剧了教育领域业务竞争。

对大多数已上市的出版传媒公司来说，旗下都拥有教育类出版社（公司），教材教辅业务一直都是其主业之一，主要涉及出版与发行两种业务形态，包括提供教材教辅、教辅类报刊以及相关发行业务，如教材教辅就有人教版、苏教版、世纪天鸿、金太阳和众多地方品牌。从公开披露的2022年年报数据来看，此类业务毛利率在40%左右，但其营收和利润几乎要占上市公司的一半。毫无疑问，教材教辅业务是出版类上市公司的基本盘，也是"出版+教育"模式的根基所在。

目前，除传统的教材教辅业务之外，"出版+教育"还包括以下三个方面。

第一，提供数字教育内容服务。数字教育产品包括线下产品和在线教育两大类，线下产品包括与教材教辅配套的光盘、电子出版物等，在线教育包括各种媒体形态的网络教育，涵盖视频、音频、直播、动漫、游戏、VR等传播形态。比如，凤凰传媒推出了课堂教学、学生自主学习、家庭教育、幼教、平台、移动学习等六类数字教育内容产品，具备数字化教材、课堂互动、在线作业、中小学数字图书馆等功能模块，打造体系完整、结构合理的智慧教育产业链；南方传媒研发的数字教材应用平台"粤教翔云"，2018年上线以来已迭代至3.0版本，以教材为核心提供教学、资源、教研等教育场景，平台累计开通激活师生用户1 400多万人，占广东省2022年1.27亿总人口的11%，累计下载数字教材近3 000万册次。

第二，为教学和校园管理赋能。主要是提供教育装备产品、数字教学平台建设、智慧校园管理、教育培训、学生用具，甚至包括学生校服、用餐服务等。比如，新华文轩围绕学科内容和课堂教学场景，开发学科专业教室和创客空间等教育装备产品，涉及智慧校园、智慧课堂及智慧教育解决方案等，其数字化教室系列产品已覆盖省内3 000余所学校，已成为四川省教育信息化及教育装备产品和服务的主要运营商；安徽时代出版打造的"时代教育在线"平台，提供课前预习、在线作业等课前后全面知识体系，也可作为教育助手辅助教师备课、进行班级管理，包括智慧课堂、错题本、云图书馆、智慧测评等多个功能模块；山东出版基于AI和大数据技术搭建的智慧校园平台，提供教育教学评价、数字化教研以及课后作业诊断等服务，皖新传媒、长江传媒、城市传媒等也介入了此类业务。

第三，全方位教育解决方案。既包括提供教育内容资源，又包括教育信息化产品和服务，还包括提供完整的学校教育，如投资兴办幼儿园、中小学校、大学、职业教育、社会教育等各类学校等。比如，中南传媒与华为公司合资创办的天闻数媒公司，以"满足人本"提升用户体验，以"实现智能"作为研发目标，以"建立生态"吸聚合作伙伴，提供"平台＋内容＋咨询＋运营"教育信息化服务，现已成为国内领先的数字教育整体解决方案提供商；长江传媒旗下的爱立方公司，以学前教育领域为主要方向，以幼教课程为基础，形成幼教装备、幼教培训、幼教信息化和幼教全程服务等相互关联的五大产品体系，构建了一整套具有自主知识产权的学前教育整体解决方案，逐步成长为国内儿童游戏化学习领军企业之一。

6.3.2 "媒体＋教育"主要形式

出版企业在教育行业的成功探索，以及新媒体、新技术、新商业模式的发展，也吸引着越来越多的主流媒体集团介入教育领域。但在新形势下，介入逻辑与之前有较大区别，主要包括三个方面：一是基于媒体内容优势以及新媒体传播形态，与媒体转型发展紧密关联，价值彼此融合；二是更多地从互联网语境出发，推动教育领域资源共享与合作开放，用户连接与业态创新是关键；三是资本市场虽然为并购重组提供了便利，但市场中各类主体混杂，行业并非完全市场化，必须保持一定政策敏感度与清醒度。总的来看，"媒体＋教育"主要有三种形式。

第一，内容产品与连接服务。媒体深度进入教育内容领域，整合内部业务部门，如教育刊物、教育新媒体、行业赛事、论坛平台等，成立教育事业部或工作室，更好地深耕教育行业，服务于主管部门和各类教育机构，先期提供教育新闻信息、全媒体传播服务等，后期则依托资源积累拓展教育产业链。2020年5月，深圳报业整合集团教育资源，成立了教育传媒子集团（公司），形成了包括两报两刊以及广东省首个教育传媒移动客户端"深学"APP、"深圳少年派"等微信公众号的教育新媒体矩阵，瞄准教育分众化、专业化、精品化方向，融入传媒特色，兴办教育实体，打造优质幼儿教育系列品牌，开启探索"教育＋实体"新征程。

另外，疫情也加快了媒体涉足教育领域的步伐。疫情期间，央视频与头部教育机构合作，开通"云充电"停课不停学系列课程，提供多样化课程学习平台，相关专题直播和点播累计观看超8.6亿次。SMG也与上海教委合作打造"上海市空中课堂"，组织1 000多名骨干教师录制教学内容，并通过有线电视、IPTV、腾讯云和钉钉等平台进行多渠道分发；之后，SMG旗下东方明珠新媒体股份有限公司开始为"空中课堂"提供包括内容、技术、运营在内的全方位服务保障。

第二，收购运营优质教育资产。这方面布局的传媒集团比较多，如河南日报报业集团投资3.9亿元，先是与河南大学共建河南大学民生学院，2021年经教育部批准、学校转设更名为河南开封科技传媒学院，现有在校生近2万人，年收入超过2亿元，未来目标是在此基础上筹建河南传媒大学；另外，河南报业还引入社会资本，组建了专业性职业培训机构——大河商学院，发展势头良好。又如，2022年底，上海报业集团利用资本优势切入教育产业，投资10.7亿元收购了上海思博教育发展公司100%股权及债权，进而控制了上海思博职业技术学院——位于浦东新区、占地面积498亩、现有师生近8 000人。另外，大众报业投资了山东文化产业职业学院，知音传媒运营武汉信息传播职业技术学院已有多年。

2018年，杭州日报报业集团旗下上市公司华媒控股，积极布局教育产业领域，斥资5.22亿元收购了中教未来国际教育科技（北京）有限公司，目前拥有专职教职员工1600余人、全日制学生3万余人。华媒控股2022年年报显示，教育业务实现营收2.55亿元，占营业总收入的比重为14%。2020年底，成都传媒集团旗下上市公司博瑞传播投入2.1亿元，收购了四川生学教育科技公司60%股权，进入智慧校园、教学管理、大数据等教育信息化领域，进一步延伸教育产业链。

第三，进军教育培训市场。一直以来，电视台等广电媒体开展艺术培训非常普遍，由于可信度较高、市场潜力大，近年来其他媒体也有介入，利用编辑、记者、主持人等人力资源，推出"小记者""小主播""小小主持人"等培训，深受广大家长欢迎，也为媒体增加了收入。比如，2018年6月，辽宁出版集团与东方演艺集团签订战略合作协议，共建文化艺术培训基地，发挥品牌优势，以科学的培训体系和规范的教育服务模式，联手拓展高端艺术培训市场。

此外，比较热门的培训业务还有三类：一是教师培训业务，但开展此类培训必须向教育行政部门申请资质认定，准入门槛较高，出版企业中已具备资质的有新华文轩、浙版传媒等。新华文轩2022年年报显示，全年开展教师培训业务项目326个，累计培训教师11万人次，实现销售额达1 134万元。二是新媒体业务技能培训，此类业务需求量大、组织机动灵活，但参与者多、竞争比较激烈，如2022—2023年，湖北日报传媒集团先后举办二十多期"全媒体实用技能训练营"，场场爆满、一席难求。三是党建业务培训，不少党报党刊开展此类业务，收益颇丰。

6.4 文化＋娱乐

文化娱乐行业是文化产业的重要组成部分，在满足人民群众精神文化需求、扩大和引导文化消费、促进经济发展等方面发挥重要作用。但歌舞娱乐、游戏游艺等传统文化娱乐行业经营模式陈旧、产品类型单一、管理和服务水平不高等问题长期存在，严重影响和制约了行业发展。近年来，文娱行业顺应"互联网＋"发展趋势，运用新技术新创意提升消费体验，不断拓展数字娱乐新型业态。

6.4.1 数字娱乐引领潮流

随着互联网产业的蓬勃发展，数字娱乐开始出现在每个人的身边。数字娱乐产业是基于数字技术的一系列文化产业，包括网络游戏、数字影视、数字音乐、数字动漫、在线阅读等多种门类，以及满足个人和家庭休闲娱乐需求的各种产品和服务，是现代娱乐方式的典型体现。数字娱乐产业正以强劲态势带动新经济发展，在新兴的文化产业价值链中，数字娱乐是创造性最强、科技依存度最高、对日常生活渗透最直接、对相关产业带动最广、增长最快、发展潜力最大的部分。

数字娱乐产业具有平台扩展性、内容全民性、人才广泛性、技术共享性四大鲜明特性，任何传统的娱乐方式或内容，都可以通过数字平台加以扩充。比如，随着计算机图形能力和游戏引擎等技术的实时渲染能力得到提高，越来越多的影视剧开始使用游戏引擎来渲染出电影化场景，能够帮助导演在拍摄前预览每个镜头并制作影视内容。目前，人工智能、虚拟现实、5G、大数据、物联网等技术构成了推动数字娱乐业态创新的技术矩阵，数字娱乐产业迎来了新的发展契机。

近年来，各类数字娱乐科技产品与服务涌现，带动数字娱乐经济业态繁荣，尤其在疫情影响下，人们不断将社会关系迁移到线上的数字空间，促进了数字化生存发展，也加速了文化娱乐数字化进程。比如，网络直播作为数字娱乐产业的重头戏，正在加速形成数字化新体系：基于全息显示、AR、VR、三维建模等前沿技术，数字直播将虚拟和现实融合在直播间里，运用新科技打破传统玩法，构建个性化科技直播空间，为屏幕前的观众带来以科技创新为驱动的直播体验。

数字娱乐还催生出了新的文化消费模式，激活了更多文化消费新体验。比如，近年来兴起的沉浸式演艺、沉浸式展览、数字虚拟景区等消费新样式，以及交互性体验消费、知识产权衍生消费、虚拟文化符号消费和数字社群消费等消费新特征，都得益于数字文化创作生产的探索。在"沉浸式""体验式"消费场景中，通过内容创新、故事线构建、互动活动设计和场景塑造等手段，为观众提供特定的艺术氛围和丰富体验，已经成为数字娱乐的热门内容。数字娱乐不仅为文化消费注入了新动能，而且成为了文化产业中最富活跃度和成长性的力量之一。

2022年5月，中办、国办印发的《关于推进实施国家文化数字化战略的意见》指出，要尽快"发展数字化文化消费新场景"，集成全息呈现、数字孪生、多语言交互、高逼真、跨时空等新型体验技术，提升数字内容供给能力，大力发展线上线下一体化、在线在场相结合的数字文化新体验；还要"加快文化产业数字化布局"，创新文化表达方式，推动图书、报刊、电影、广播电视、演艺等传统业态升级，鼓励各种艺术样式运用数字化手段创新表现形态、丰富数字内容。

文化数字化战略上升至国家层面，势必极大地促进数字娱乐产业发展。《中国数字文化娱乐产业综合分析2022》报告显示：2014—2021年，中国数字娱乐核心产业规模复合年增长率达17.6%，2021年数字娱乐核心产业规模达到7 650.6亿元，但2022年产业规模出现下滑，全年总值也有7 196.4亿元（图6-1）。

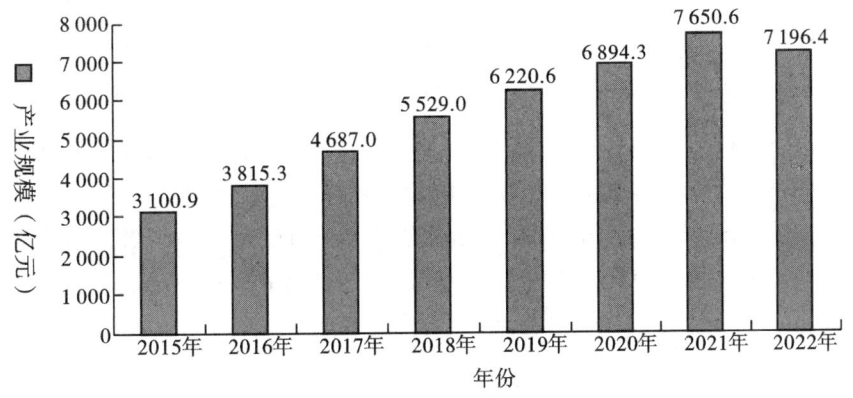

图6-1 中国数字娱乐核心产业规模（2015—2022年）

当前，数字娱乐产业最为明确的三个发展方向，即网络游戏、影视动漫和电子阅读（含网络文学）。其中，动漫与文学之前一直是通过传统媒体平台传播，发展速度受到制约，在对其内容数字化后，数字动漫和网络文学得到快速发展。在"文化＋科技"加快融合的大潮中，越来越多的数字内容被添加到领域之中，数字娱乐产业的版图越来越大，未来可能颠覆传统的逻辑关系和价值交换模式，并通过不同生产要素的共享、集聚、耦合实现资源最大化，创造新的商业模式。

6.4.2 "媒体＋娱乐"创新探索

在互联网语境下，文化娱乐的产业化、数字化，必然带来大量的商业机会。实际上，今天的数字娱乐领域，除BAT等互联网巨头早已大规模进行布局外，每条赛道上几乎都挤满了新兴企业，传统的产业边界不断被打破、被重塑，创新正在成为行业发展的主旋律，新产品新模式新业态应接不暇，呈现出一片欣欣向荣的繁荣景象。传统媒体也不甘人后，在网络游戏、影视等细分领域展开探索。

首先，并购网络游戏资产。网络游戏市场规模、用户体量较大，拥有较高的增长率和净利润率，浙报传媒（现名"浙数文化"）、中文传媒、博瑞传播等传媒上市公司均通过收购进入该行业，其中最为成功的是浙报集团（浙报传媒）。

2012年，浙报传媒斥资31.9亿元收购边锋和浩方两家游戏公司，以此为基础增强了互联网和新媒体特质。收购时，杭州边锋和上海浩方是国内领先的休闲娱乐互动游戏平台的开发商、发行商和运营商，旗下在线棋牌、电子竞技平台、桌面游戏等三大业务均是各自领域中的佼佼者，拥有边锋游戏、游戏茶苑、浩方电竞、三国杀等众多知名品牌，产品总数近600款；收购完成后，浙报传媒基于两大游戏平台，打造数字娱乐产业链，构建以游戏为核心的综合文化服务平台，不仅推出了新闻专区和新闻弹窗，为媒体移动客户端、新闻网站等引流，还下大力气运营互动娱乐社区、举办各类电竞活动，增强用户黏性。浙数文化2022年年度报告显示：边锋网络（含浩方）整体业务稳中有进，注册用户过亿、月活用户上千万，全年实现营业收入44.1亿元，净利润7.06亿元，同比增长5.9%。

2014年，中文传媒斥资26.6亿元收购了"开心农场"游戏开发商——北京智明星通科技有限公司100%股权，以此切入网络游戏产业。智明星通作为国家高新技术企业、重点文化出口企业，其明星产品"开心农场""列王的纷争"等游戏已发行到全球200多个国家和地区。2018年，智明星通挂牌新三板，年净利润超过7亿元，2014—2022年共为中文传媒贡献利润50.46亿元。中文传媒2022年年度报告显示，智明星通实现游戏收入15.32亿元，净利润4.81亿元。

此外，博瑞传播不仅并购了成都梦工厂网络信息有限公司，还于2012年投资10.3亿元收购北京漫游谷信息技术有限公司70%的股权，广州日报控制的粤传媒也曾增资过游戏公司万将科技，但这些游戏业务规模比较小，并购效果也都明显不如浙报传媒。由于网络游戏开发周期长、成本高、智力需求相对密集，对体制机制要求灵活，虽然利润率和增长空间比较大，但潜在投资风险不可忽视，在知识产权保护难以完全到位的情况下，"媒体＋游戏"模式很难大规模推广。

其次，进军影视演艺市场。一直以来，广电类媒体都是拓展影视演艺市场的生力军，它们不仅是影视剧购买和消费的大户，还经常以控股影视公司或参投影视项目的方式进入影视产业链上游，如湖南广播影视集团合并了潇湘电影集团、江苏广播电视总台（集团）控股幸福蓝海、浙江广播电视集团实际控制唐德影视等公司，陕西广电影视文化产业发展公司参投了《我和我的父辈》《峰爆》《穿过寒冬拥抱你》,央视国际网络有限公司参投了《我和我的祖国》《金刚川》等电影。演艺方面,杭州广电下设的演艺板块非常丰富,包括杭州歌剧舞剧院、杭州越剧院、杭州杂技总团、杭州滑稽艺术剧院、杭州话剧团、杭州爱乐乐团、杭州魔术团、杭剧团,以及杭州大剧院、红星剧院、西泠书画院等,票务收入较为可观。

发展影视、动漫产业已成为传统媒体跨界转型的重要路径之一。近年来,也有不少报业集团进行尝试:河南日报报业集团出品了3D红色题材动画片《乡土童年红旗渠》,江西日报传媒集团旗下公司参与出品了电视剧《奔腾年代》,北京日报社参与出品了重大革命历史题材电视剧《香山叶正红》,广西日报传媒集团先后参与了《美丽南方》《那世纪》《湘江1934·向死而生》等影视动漫作品的创意策划、拍摄制作、宣传运营等。读者传媒不仅与影视公司联合投拍了《广州十三行》《武媚娘传奇》《恋恋不忘》等多部电视剧,还与优酷土豆集团旗下合一影业开展版权合作,计划精选《读者》过去30年300篇文学作品孵化成大电影。

再次,布局电子阅读行业。电子阅读是内容消费中较早兴起的领域,由于其使用的便利性、低成本,适应了大众知识获取及娱乐需求,用户规模快速增长。中国音像与数字出版协会发布的《2022年度中国数字阅读报告》显示:2022年,我国数字阅读用户规模达5.3亿,同比增长4.75%;数字阅读市场总体营收规模达463.52亿元,同比增长11.50%,数字阅读产业规模继续增长。目前,我国具有代表性的互联网阅读平台主要包括:腾讯系的阅文集团,由字节跳动战略投资、专注于移动阅读分发的掌阅科技,布局较晚但体系完整的阿里文学等。为切入移动阅读领域,浙报传媒曾出资9 600万元、收购了国内排名前十的移动阅读平台——爱阅读(北京)科技有限公司70%的股权,完善上市公司数字娱乐产业链。

6.5 文化+投资

随着文化产业发展国家战略的确立,新技术新场景新业态层出不穷,文化产业领域逐渐成为投资热点。传统媒体运用自身资源禀赋及社会连接优势,投资各类优质企业,延伸文化产业链,推动媒体经营转型升级,不断获取经济回报、反哺新闻主业,已经成为一种普遍作为。"文化+投资"主要包括直接投资和资本经营两种方式,前者直接投资具有战略性质的优质标的,后者多以基金投资为主。

6.5.1 "媒体+基金"渐成标配

我国传媒集团早期开展投资业务,主要依靠国有背景、品牌影响力等独特优势,获得过不少优质标的和投资红利,大多数是直接投资正在股改的银行、证券及其他拟上市公司,投资标的上市后都取得了非常好的收益。比如,上海报业集团曾投资海通证券、东方证券,上市后市值一度达到数十亿元、静态收益数十倍;河南日报报业集团先后投资了中原证券、焦作中旅银行,还参与发起设立中原股权交易中心、河南省农业融资租赁股份有限公司,参与筹建河南省法人寿险公司。

随着产业经济发展,投资市场空前活跃,直接投资优质标的的机会可遇不可求,再加上为了平衡投资风险,更多传媒集团开始采取设立基金公司或参与私募基金的方式进行投资。私募基金主要包括证券投资、股权投资以及创业投资基金等,投资范围包括买卖股票、股权、债券、期货、期权、基金份额以及约定的其他投资标的。2014年8月,中国证监会发布《私募投资基金监督管理暂行办法》，设立私募基金管理机构和发行私募基金不设行政审批，只进行协会非准入性质的备案。2023年9月1日，国务院发布的《私募投资基金监督管理条例》正式施行，作为私募行业的首部行政法规，这标志着私募行业进入新的发展阶段。

近年来，在"备案制"的推动下，私募基金行业发展迅猛。中国证券投资基金业协会备案数据显示，截至2022年12月末，我国存续私募基金管理人已有23 667家，管理基金数量为145 048只，管理基金规模高达20.03万亿元。其中，私募证券投资基金92 604只，存续规模5.56万亿元；私募股权投资基金31 525只，存续规模10.94万亿元；创业投资基金19 353只，存续规模2.83万亿元。在如此众多的私募基金中，也不缺少传媒投资机构"火热"的身影（表6-4）。

表6-4 部分传媒集团投资设立基金情况

传媒集团	投资与发起设立基金情况
浙江日报报业集团	2001年成立新干线投资公司，2014年登记为私募股权、创业投资基金管理人，目前已备案5只私募产品，累计贡献利润10亿元以上；上市公司浙数文化设有东方星空、智慧盈动、星路资本等创投机构，发起管理多家文化产业和数字经济基金。
大众日报报业集团	运营山东文投、山东文交所、大众创投、深圳同心文鼎基金管理公司四大平台，拥有四张私募基金管理牌照，先后成功投资山东广电网络、山东出版、中青旅等优质标的，发起设立青岛文化产业投资基金、济南融媒基金、精品旅游母基金等基金。
新华报业传媒集团	已拥有三张私募牌照：江苏新华日报资产管理有限公司较早登记为其他类私募投资基金管理人；江苏新华日报基金管理有限公司登记为证券类私募，已备案2只私募产品；江苏新华沣裕资本管理有限公司登记为私募股权、创业投资基金管理人。
河南日报报业集团	已形成文化投资集群，运营河南省文投、大河投资、大河基金等多家投资或基金公司，先后参与发起设立中原文化股权投资基金、河南省文化产业发展基金，是大河景泰、上海豫鸿、大河豫京、大河德化、大河京广等基金的LP（有限合伙人）。
上海广电（SMG）	依托文广资本、东方明珠、创投公司等平台，投资网易云音乐、The Kingdom（元宇宙）、CSM索福瑞等优质标的，先后发起设立华人文化产业投资基金、弘毅SMG影视基金、文广创新创业基金、东方明珠传媒产业、上海体育产业等多只基金。
江苏广播电视集团	以所属集团公司以及上市公司、创投公司为平台，先后投资幸福蓝海、中国电影、江苏文投、江苏银行、江苏国际租赁等优质标的，近年来参与或发起设立紫金文化、江苏聚合创意新兴产业、上海文化产业发展、深圳华泰瑞麟等10多只基金。
凤凰出版传媒集团	正在努力成为全国文化产业重要的战略投资者，集团实控凤凰传媒、凤凰股份两家上市公司，成功投资江苏银行、南京证券。凤凰传媒与华泰紫金共同出资设立华泰凤凰股权投资母基金，并通过旗下投资公司成为中金甲子六号等4只基金的LP。
南方出版传媒股份公司	利用上市公司和南传投资公司平台，先后投资长城证券、龙版传媒等十多家上市公司股权，近年来参与或发起设立了广东省新媒体产业母基金、央视融媒体产业基金、南方传媒产业并购、湾区一号产业孵化、恒新智行、君度生益等多只基金。

2021年9月，中央广播电视总台联合中国电信集团、海通证券、中国文化产业投资母基金等26家企业，发起设立了首个以媒体融合为主题的国家级产业投资基金——央视融媒体产业投资基金（有限合伙）。该基金总规模100亿元，首期规模37.125亿元，由海通创意私募基金管理有限公司作为管理人，重点投资文化及互联网经济，主要投向为5G、超高清、人工智能、云计算、区块链等前沿技术应用领域。该基金的24家LP（有限合伙人）中，除中央广播电视总台外，还包括南方出版、SMG、南方报业、江苏演艺、广东广电网络、浙江文投、浙江出版、浙江广电、浙江报业、北京日报、新京报等多家地方文化传媒机构。

近年来，上海报业集团的投资业务，主要通过旗下的上报资产管理公司和上报文化新媒体投资公司两大平台展开，重点打造八二五新媒体产业基金、瑞力创新股权投资基金、众源文化产业母基金等3只基金，总规模近百亿元。脱胎于湖南广电的达晨创投，目前已发展成为国内规模最大、投资能力最强、最具影响力的创投机构之一，截至2022年末，达晨累计管理基金规模超过400亿元、投资企业总数超710家、IPO上市达137家，连续多年被评为"中国最佳创业投资机构50强""中国本土最佳PE管理人"，近十年来综合实力稳居本土创投前三。

【延伸阅读6-3】

达晨创投：价值观的胜利

24年前，揣着湖南电广给的1亿元启动资金，刘昼受命来到深圳这片热土。

此前，他已参与完成电广传媒上市工作，担任总裁助理，负责投资、融资两个部门。

当时的深圳，万众瞩目的创业板呼之欲出，大量人才和资本涌向这个大本营。

2000年4月19日，深圳达晨创业投资有限公司（以下简称达晨）成立。

作为我国第一批市场化运作的本土创投机构，达晨经历了非凡的20年。

达晨成立时，正值互联网泡沫破灭不久，创投行业迎来了第一次退潮。但在2001年，达晨完成了两笔投资：960万元参股同洲电子，1 480万元参股拓维信息。

2002至2005年，达晨进入艰难、苦苦挣扎的岁月。3年多时间，达晨过得非常艰辛，人手极少，投资也极为谨慎，每年只投资一两个项目，但从未放弃坚守。

直到2006年，同洲电子成功IPO。这是达晨第一个通过上市方式成功退出的项目，不仅收回此前全部7 600多万元的投资本金，就像一束光照亮了后来的路。

到2008年底，达晨已成功募集到5期创投基金，管理资金规模近20亿元。

2009年10月30日，深圳创业板开闸，达晨"连中三元"，成为最大赢家，一战成名。

2010年，达晨启动"行业＋区域"双轮驱动战略布局，以研究驱动投资，以区域实现覆盖，设置"深圳＋北京＋华东"三大总部。11月6日，完成本土创投首支美元基金募集。

之后10年，达晨一直在奔跑，募集管理多家基金，荣获多项荣誉：连续多年被清科集团评为"中国最佳创业投资机构50强"，2012年、2015年全国排名第一，近10年稳居本土创投前三；多次获得"中国本土最佳PE管理人""中国最佳退出创业投资机构"等称号。

2020年9月25日，"明源云"在港上市，达晨迎来投资的第100家上市公司。

截至2022年末，达晨管理基金总规模400亿元，投资企业超过710家，成功退出265家，其中137家企业已经上市，累计有100家企业在新三板挂牌。

谈及达晨的成功，董事长刘昼认为是"价值观的胜利"，"如果说我们能够给行业贡献什么，我想应该是我们的投资价值观——坚持专业、长线、价值投资"，我们最重要的认识是："投资要回归常识，回归商业本质，面向一级市场的投资，无论 VC 还是 PE，本质都是一样，都是要做长期价值创造者，而不是做短线投机套利者，这是唯一正确的路。"

6.5.2 "基金热"带来冷思考

发起设立各类产业基金，能够有效带动和引导社会投资，发挥资金放大效应和杠杆作用，不仅可以提高发起方的资金使用效率、形成资本供给效应，同时也能降低单一主体的投资风险，让社会资本分享到经济发展成果。并且，产业基金投资通常是撒网式、播种式的，通过分散化降低投资风险，对个体项目允许试错、宽容失败，更符合互联网创业投资的规律。近年来，传媒机构越来越多地参与或发起设立各类基金与管理公司，甚至成为一些传媒集团投资业务的标配，主要原因还有两点：一方面，传媒机构社会形象好、影响力大、公信力强，非常适合基金募集这样需要强信任度的投资业务；另一方面，文化产业受政策支持，文化数字化、媒体融合催生了很多新业态新企业，文化领域存在大量投资机会。

但客观地讲，当前传媒集团涉足基金投资业务，也不能一拥而上，基金投资毕竟是创业投资、风险投资，不确定性比较大，达不到预期的风险也不小。因此，有意进入这一领域的各类主体，应全面评估自身资源禀赋、市场对接能力、风险承受能力、人才储备等因素，具体而言，重点需要思考以下五个问题。

第一，并不是所有基金都能赚到钱。为什么这样说？因为私募基金运作有其规律，从资金募集、项目投资到投后管理、项目退出，每个环节都有不确定性。特别是在项目选择上，投资初创企业可能收益高但风险大、大家认为优质的项目估值又不会便宜，做 VC（风险投资）担心太激进、做 PE（私募股权）害怕变得平庸，基金投资的特点在于——它是典型的"广种薄收"，投资 10 个项目、有一两个项目带来超额回报，那就比较成功了。此外，私募基金的存续期一般是 5—10 年，虽然可以展期，但如果都搞成了长线投资，那与其他投资有何区别呢？加上如果投后管理不善，或者项目出现某些变故，那么投资大概率打水漂了。

纵观近年来案例不难发现，资金投出去容易，但退出机制不健全、通道少，有的甚至被清盘。统计显示，2022 年我国共有 5 308 只私募基金遭遇清盘，其中 3 515 只来自管理规模不足 10 亿元的私募，占比 66.2%。中国证券投资基金业协会的备案数据显示，2022 年末，已完成清算的私募股权及创投基金共有 15 902 只，累计清算率 14.63%。清算是一种被动的投资退出、大概率造成经济损失，其他退出方式包括 IPO 退出、并购重组退出或股权回购退出等，但由于市场变化、人员更迭频繁等原因，顺利退出已成为最大难题，更不用说获取收益了。

第二，能否利用基金促进战略协同。近年来，传媒发展面临两大战略任务：一是推动媒体从"融合发展"到"深度融合"，促使媒体融合从"相加"到"相融"转变，不仅任务比较重，对融合质量要求也高；二是数字经济正在成为引领文化产业发展的新风向、新动能，数字技术在传媒领域得到规模化应用，新业务新业态新模式不断出现，既带来了大量机遇，又可能增加试错成本。传统媒体在融合转型过程中，探索"媒体＋""文化＋""数字＋""互联网＋"等经营业态是应有之义，但在发展资金来源方面，仅仅靠自身积累和财政投入远远不够，因此，媒体通过发起设立产业基金、撬动社会资本参与媒体融合项目投资，是一种双赢的做法：媒体产业发展获得更多资金支持，基金可以获得优质投资项目，这就是战略协同。

类似案例很多。2014年，上报集团设立825新媒体基金，首期募集资金12亿元，投向了数字阅读、资讯服务、文化娱乐、消费升级、企业服务等领域，其中包括上报集团的重点新媒体项目"界面"和"唔哩"，时任上报集团社长裘新表示，希望通过825基金帮助报业集团进一步理解互联网，通过介入产业、产品的前端，为传统媒体与新媒体融合发展激发创新思维、引进创新人才。又如，2016年，SMG发起成立文化创新创业基金，首期规模10亿元，重点扶持内容创新、节目研发和内部创业，其中包括对重大主题文艺创作的支持、扶持和投资，SMG希望通过建立这种新的、市场通行的孵化机制，收获更多的优秀创意、更加精良的优秀作品，形成一批优秀团队；2017年，南方传媒出版公司联合广东新媒体产业基金设立了南方传媒产业并购子基金，初始规模10亿元，主要围绕南方传媒主业，孵化储备一批优质新媒体、媒体融合与数字化转型项目，推动南方传媒加速并购整合，走出一条内涵增长与外延扩张相结合的新型产业发展之路。

第三，能否建立灵活的市场化机制。私募基金运作市场化程度非常高，涉及封闭条款、项目决策、业绩对赌、风险控制、退出方式、分配契约等，有一整套非常复杂的程序、特定含义的术语，不同类型的基金运作模式又不完全一样，监管要求也不尽相同。基金运作必须建立市场化机制，核心有两个方面：一是决策机制，主要是如何科学高效理性地进行投资，一般基金是由投委会或合伙人联合进行项目决策，投委会和合伙人的眼光决定着项目成败；二是分配激励机制，私募基金是一个充分竞争的行业，既是资源密集型、又是智力密集型，合伙人、核心团队、骨干员工保持稳定，靠的不是口号，而是成熟的分配和激励机制。

达晨创投历史上经历过两次混改：第一次是2008年，在电广传媒支持下，达晨实施了混合所有制改革，设立达晨财智管理公司作为业务运作平台；第二次是2016年向管理团队定向增资扩股，2019年授予大部分中层干部和核心骨干的股份也是第二次混改预留的股份。目前达晨正准备进行第三次混改，通过引进战略投资者，打造企业与员工的利益共同体、事业共同体、命运共同体，实现股东、企业、员工共赢，目标就是让更多人享受到发展成果。除了股权激励，达晨还在内部设立创业子基金，将决策机制下放，让业务合伙人参与子基金运作管理。

第四，自己负责运营还是只做LP。基金投资大致分两种类型：一是自己运营，从发起募集、投资项目到投后管理、项目退出等全程参与；二是只做LP（有限合伙人），不参与日常运营，只做投资人，相当于基金的"股东"。这两种类型各有利弊，很难绝对地说哪一种更好，也有些基金发得多的传媒集团两种类型都存在，应该具体情况具体分析。传媒机构自己操盘运作，如果内部授权不清晰或者授权过小，很容易造成决策链条变长、决策难度加大，募资也可能不会那么方便，再者市场上投资机构那么多，LP为什么要投你呢？另外，如果确定是非常优质的标的，比如某些具有垄断性或资源分配性质的项目，还有些对投资主体有较多限制条件的项目，就像过去传媒集团投资的那些券商、银行、拟上市公司等，还需要募集基金来投吗？当然，只做LP也有好处，那就是背靠大树好乘凉，依托专业机构专业人士投资，目前多数传媒集团还是以做LP或参与运营为主。

第五，如何培养基金等投资运营人才。投资活动的核心是人，投资项目就是"投人"。传媒集团在这方面并无优势可言，擅长内容生产传播的媒体人转型到投资人，大都需要时间沉淀，从这个角度讲，似乎也印证了在基金投资中，传媒机构前期还是做LP比较好，但做LP不是当甩手掌柜，要有专业人员进行跟踪。传媒集团可以在财经报道、经营实体、财务管理等领域中，遴选对投资感兴趣、有潜力的人员，打造自身投资团队，系统进行培训，帮助团队成长。比如，达晨创投有一个"铁三角"核心团队：董事长刘昼把握大战略，总裁肖冰负责投资，副总裁邵红霞扛鼎募资。铁三角组合中，只有刘昼来自湖南电广，肖冰和邵红霞来自其他企业，近20年的合作经历，使他们既分工明确、各司其职，又无比默契、相得益彰，这个核心团队是达晨成长为本土一流创投企业的关键所在。

6.6 文化＋其他

"文化＋"是文化更加自觉、主动地向经济社会领域渗透，是以文化为主体或核心元素的一种跨业态融合，其实质是要实现内容、市场、资本和技术等关键要素在各种产业发展中的聚集、融合与创新。"文化＋"越丰富、越深入、越广泛，经济就越强劲、越发达、越繁荣，文化与经济"联姻"，不仅能更好融入社会、链接市场、亲和大众，也会因为经济效益与社会效益的兼容而充满生命力。

6.6.1 文化＋地产

房地产依然是我国国民经济的支柱产业。近年来，受益于文化产业良好发展前景，文化与地产结合呈现出快速发展态势。地产企业纷纷在项目中塑造文化内涵，以文化要素植入来实现地产项目的业态创新、场景创新与功能创新，以"文化和生活方式、居住理想"为核心来提升和固化建筑价值，促使地产项目综合价值更大释放，也有不少传媒集团在此领域展开探索。

据了解，传媒集团利用自身政治资源和品牌优势，拓展"文化＋地产"业务取得不错业绩的有江苏凤凰传媒、成都传媒集团、湖北日报传媒集团、四川日报报业集团、河南日报报业集团、云南日报报业集团等。比如，作为江苏凤凰出版传媒集团控股的一家上市公司，凤凰置业具有国家房地产开发一级资质，先后开发了苏州、合肥、南通凤凰文化广场等近20个项目，形成了凤凰"和"系列住宅、办公产品以及"凤凰书城"等文化地产品牌；河南日报报业集团投资手笔也很大，重大投资有开封城市文化综合体项目，以及早期的河南传媒大厦、海南保亭新媒体绿都项目、修武文化产业综合体等，拥有土地储备近千亩，2022年5月接手了建业集团旗下的华谊兄弟电影小镇和"只有河南·戏剧幻城"两大项目。

湖北日报传媒集团旗下的全资子公司——楚天房地产开发有限公司成立于2000年，已在武汉市以及省内市州开发地产项目21个，累计销售额300亿元，上缴税收20多亿元。楚天地产在荆州开发的大型社区"楚天都市生活圈"，是目前荆州最有品质的标杆项目；武汉黄家湖畔、50万方大盘楚天都市沁园，依湖而建的"报业发展文化长廊"与黄家湖湿地公园，既融合了江城文化，又彰显出党报集团的历史感和人文情怀。

总的来看，由于房地产是一个市场化程度高并且充分竞争的行业，不仅资金需求量大、周转效率必须高，还要求决策、反馈机制灵敏，并拥有较多专业开发人才，但这些都不是传统媒体集团的优势，因此，通过地产开发获得超额收益的传媒集团并不多见。近年来，随着"房住不炒"政策被深入执行，地产企业融资受限，行业转入平稳发展期，市场重点转向保障性住房、城市更新和具有产业带动能力的定制项目,转型发展是传媒集团所属地产公司的当务之急。

6.6.2 文化＋酒店

在"文化"成为消费关键词的背景下,酒店行业不再局限于餐饮和住宿,而是致力于开启人文之旅,文旅、文创融合提供了更多新场景,也成为酒店提升品牌竞争力的重要举措。近年来,涉足酒店业的传媒集团不在少数,凤凰出版传媒集团拥有多家富有个性的文化酒店——"书香四溢"的江苏凤凰台饭店、"书盈四壁"的北京凤凰苏源大厦、"拥书南面"的江苏凤凰京华大酒店等;大众日报报业集团旗下有山东新闻大厦酒店、中南出版传媒集团有普瑞温泉大酒店、新华报业传媒集团有新华传媒大酒店、湖南电广传媒有圣爵菲斯大酒店等。

河南日报报业集团则已形成了"大河酒店"集群。2002年,河南报业引进国内高端酒店管理品牌,在郑州投资建设了四星级的大河锦江饭店,运营情况一直保持良好,年利润连续多年稳定在千万元以上。之后,依托大河锦江饭店的品牌、管理和人才优势,又陆续创办了大河国际饭店、大河公馆酒店、大河商务酒店和大河锦悦酒店,全部实现当年投建、当年盈利。2010年,河南报业组建大河酒店投资管理有限公司,负责运营"大河酒店"品牌以及系列酒店,酒店业务年营收超过2亿元。2020年11月,大河酒店管理公司与希尔顿酒店管理公司签订合作协议,标志着河南报业的酒店产业迈出了国际化、现代化的重要一步。

经过三年疫情,酒店业正在慢慢走出低谷,虽然行业整体复苏尚有待时日,但酒店业态更新、服务升级却从未停步。当前,无论是国际品牌酒店,还是本土连锁品牌酒店,都正在致力于根据不同地域文化特色,开拓文化体验和新消费空间,从而将酒店打造成为地标建筑、文化展示空间和文化特色的网红消费打卡地,为酒店品牌赋能。经历了文化元素融入、文化体验融合、连锁品牌化发展等阶段之后,以文化力来打造特色酒店,已成为酒店业发展的重要方向。

6.6.3 文化＋艺术

随着人们生活水平不断提高,艺术品和艺术活动开始走入寻常百姓家,带动了艺术产业的发展。艺术产业包括艺术市场化生产、运营和艺术服务等,它是一种精神层次的商品和服务,能够提升人们的精神文化需求,营造和谐社会环境。艺术产业作为文化产业的重要组成部分,具有广阔的发展前景,特别是在数字经济时代,艺术品可以通过互联网、大数据等技术手段进行数字化推广和展览,也可以依托于电子商务平台实现线上交易。技术不仅使得艺术品市场的参与门槛更低、市场规模更大、参与人口更广泛,也增加了艺术产业的影响力和竞争力。

浙江日报报业集团从艺术培训出发,2014年成立浙报艺术产业集团公司,目前已拥有浙江美术传媒拍卖公司、浙江名课文化艺术公司、翰墨云科技(浙江)公司等5家子公司,形成了集艺术拍卖、艺术投资、艺术教育、艺术媒体、艺术科技为一体的数字化艺术服务平台,先后上线了"美术拍卖"APP、"艺术融媒体"APP、"美术名家课堂网"等核心产品;艺术集团不仅具备艺术品交易和文物交易的资质牌照,取得了国家颁布的(文物)拍卖许可证,还打造了艺术品鉴定评估中心,开发艺术家和收藏家的社交平台,为艺术市场提供全面解决方案。

2006年,凤凰出版传媒集团成立江苏凤凰艺术有限公司,2012年又在艺术公司下设江苏凤凰国际拍卖有限公司。凤凰艺术公司坚持大艺术经营思路,业务范围涵盖艺术出版、艺术品投资、艺术品拍卖和艺术印刷等，2012年6月曾以2.16亿元成功竞购一批以现存最大部头宋刻孤本《锦绣万花谷》领衔的"过云楼藏书"，创下了中华古籍拍卖价格的世界纪录，成为轰动全国的重大公共文化事件。凤凰拍卖重点经营传承有序、最能抒发人文精神的中国近现代及当代书画艺术作品，同时涉及古籍善本、油画雕塑、翡翠玉石、紫砂陶艺等分支领域。

6.6.4 文化＋体育

体育产业是名副其实的朝阳产业。近年来，我国的体育产业在供需两侧均取得长足发展，现已形成以竞赛表演和健身休闲为驱动，体育用品业为保障，体育场馆、体育培训、体育中介、体育传媒等多业态快速发展的新型格局。2020年，我国体育产业总规模达到2.74万亿元，实现增加值1.07万亿元，增加值已占同期GDP的1.06%。《"十四五"体育发展规划》提出，到2025年，我国体育产业总规模要达到5万亿元，居民体育消费总规模超过2.8万亿元，增加值占GDP比重达到2%。由此，可以预见，未来会有更多体育资源进入市场并且释放出红利，体育新业态、新商业模式会不断涌现，我国体育产业将获得进一步发展。

随着人们体育消费需求的日益增长，体育不再仅仅是为了身体健康的需要，而是成为一种可以满足文化娱乐和精神消费的产品，体育与文化、旅游、教育等产业不断融合，形成了新的经济业态和增长极。比如，当前旅游市场已经完成了从"吃住行"到"游购娱"，再到"运健学"的升级，如今，一边"跑马"、一边游玩成为一种新生活方式，参加马拉松比赛的选手和观众在参赛之余，也为主办城市的餐饮、购物、交通、旅游、住宿等相关行业带来了丰厚的经济收益。

鉴于此，有意或已介入体育产业的传媒集团越来越多。中央广播电视总台、山东广播电视台、成都传媒集团等参与联办知名马拉松赛事，以"体育＋"连接用户、推动产业融合；南方报业传媒集团牵手匹克体育，成立了广东南方体育产业股份公司，全面开拓体育产业市场。在电子竞技领域，浙报集团旗下上市公司——浙数文化依托行业资源，运营了战旗直播、上海浩方等电竞产业平台，同时主办全国电子竞技大赛、浙江省高校电子竞技联赛等赛事，以及浙江电竞节、战旗电竞总动员等行业会展，浙报不仅当选为浙江省电竞行业协会会长单位，还推动成立了"全国电竞协会联盟"；2023年3月31日，中央广播电视总台宣布成立"国家电子竞技发展研究院"，成为我国首家国家级的电子竞技研究院。

第七章 媒介进化

当前,新一代互联网信息与数字技术已下沉为整个社会新的"操作系统",推动着社会生活发生更深层次的嬗变与重构,由此带来的社会重组与个体激活,以及对旧传播领域的种种颠覆,给所有人和机构带来了新的挑战与机遇。互联网发展的"下半场"已经开启,海平面上 Web 3.0 的"桅杆"已经升起,从旧事物中解放出来的新模式、新力量不断形成,新一轮技术大爆炸、全新的文明形态正在露出雏形,在这样一个历史"紧要关头"抑或"十字路口",传媒业进化的方向也日渐清晰,万物互联、万物皆媒、万物生长的新媒介时代飞驰而来。

媒介生态环境正在发生的急剧变化,也带来了力量与动能。这些变化主要体现在三个层面:一是信息传播与受众层面;二是媒介组织层面,如资金、技术、人才、管理等;三是媒介控制层面,主要指政治、经济、文化等外围环境与媒介及信息活动之间的关系。媒介生态系统作为社会系统的一部分,离不开媒介、传播者、内容与受众等四大要素,它通过一种动态的、有机的、具有整体特征的运行规制,以信息传播和关系赋权为基点,把不同的人、物、媒介及其环境联结为一种网状的结构性存在,媒介不再抽离于社会,而是成为社会结构的一部分。

麦克卢汉曾对媒介重新进行过定义,他认为媒介是人体和人脑的技术延伸,而"人的任何一种延伸,无论是肌肤还是手脚的延伸,对整个心理的和社会的复合体都产生了影响",并由此提出"媒介即讯息"的著名论断:媒介技术更多地通过它们的形式而非所传递的内容来塑造社会。因此,理解媒介就是理解当代社会,在未来的媒介环境下,整个社会"深度媒介化"将成为一种必然现象。

7.1 媒介之变:万物皆媒

很多社会科学都将物种进化理论用于技术发展的研究之中,作为一个术语,"媒介进化"也常常被解释为媒介的变化或发展,它为分析媒介技术与社会之间的协同关系引入了一套参照体系。人类社会从口头传播、文字传播走来,已经创造了大众传播时代的辉煌,目前正在技术变革的推动下进入万物皆媒的新时代。

7.1.1 报纸消失与电视革命

"报纸即将消失"已经被证明是一个伪命题,但这并不妨碍从这个话题开始谈论媒介进化。不少人还记得,2007 年,美国北卡罗来纳大学菲利普·迈耶(Philip Meyer)教授所著《正在消失的报纸》一书所带来的震动与反思,尤其是封面上的那句名言:"2043 年春季的某一天,美国一位读者把最后一张报纸扔进了垃圾桶——从此,报纸就消失了。"迈耶认为新闻业遇到麻烦了,新闻的企业模式遇到了新技术的颠覆,问题在于"并非处于一个稳态的领域中"。

现在看来，这本书很有可能是被误读了：其一，互联网的普及并没有使报纸消失，只是加速了新闻业转型；其二，迈耶并非要成为报纸命运的"预言家"，不仅封面上的那句名言在书中踪迹全无，而且全书主要是在论述"如何拯救信息时代的新闻业"——这也是该书的副标题。实际上，迈耶的思考不仅理性，而且充满建设性，他认为报纸质量和报纸赢利之间存在着极强的关联性，他在书中提出了保存和稳定报业的商业模式——"影响模型"。报纸产生两种影响："社会影响和商业影响，或促使消费者下决心购买的影响。前者不用于出售，后者则用于出售。这个模型的美妙之处在于它为新闻业的卓越性提供了经济上的合理性。"迈耶甚至用一种经济分析方法——"生产成本法"来计算报业的固定成本、可变成本以及利润增加量等，并得出了如下结论：报纸之所以不再发展，并非仅仅是由于公众对它们已经厌倦，因而更喜欢新的电子替代产品，而更是因为"报纸的高可变成本结构已经对其发展造成了天然的限制"；新的竞争对手（互联网）不受这种限制的摆布，"这个曾经沉睡的巨人已准备好要接收越来越多传统的报纸功能"。

有意思的是，迈耶讲述了一个关于希永岩的故事。希永岩位于瑞士蒙特勒附近的韦托镇，坐落在日内瓦湖东岸的一角，9世纪时上面构筑了堡垒，12世纪时，萨伏伊伯爵在上面建造了城堡；这里西面是湖，东面是山，这座城堡俯视着湖山之间的南北通道。任何一个沿着这条路行走的旅行者都面临着这样的选择：要么给城堡的主人交过路费，要么爬山或者泅渡。这个买卖油水很大，以至于萨伏伊的领主及其继承人们在此坚守了3个世纪之久。迈耶将美国报纸出版商比作萨伏伊家族，"他们的垄断报纸是收费处，信息经由此处在地方零售商与其客户之间通过"。今天，希永岩的故事更像一种隐喻：正如旅行者可以乘飞机、坐汽艇或另觅他径绕开希永岩，新技术正在打破信息垄断，传播手段越来越多样化了。

电视的情况似乎也不太妙。现在还有多少人看电视？还有多少人会在客厅里摆放电视机？家中已有的电视机大多沦为客厅摆设，奥维云网的数据显示，2021年中国彩电零售量规模为3 835万台，同比下降13.8%，创下近12年的新低。移动互联网普及对内容和渠道带来的剧烈变迁，曾经贵为时代"四大件"之首的电视机，其"客厅娱乐中心"的地位已经被动摇，现在不仅没人看，也有些卖不动了。2013年底，Netflix①首席执行官里德·哈斯廷斯（Reed Hastings）在一次演讲中称，传统的广播电视服务将于2030年消亡，网络电视将在未来数十年内全面取代广播电视。种种迹象表明，电视开机率逐年下降趋势难以挽回，电视的黄金时代已经远去，替代性发布平台根本性地改变了电视产业，传统电视节目设计和营销方式受到了巨大冲击，电视与网络的聚合带来了"电视革命"。

再来看看电台广播。毫不客气地讲，作为媒介的广播已经"死"过一回了，广播一度被电视压得喘不过气来，但汽车时代的来临令广播"转危为安"。近年来，互联网电台正在显示出取代传统电台广播市场的趋势，人们可以在网上收听到大多数电台节目，还有相当数量的流行节目内容被制作成了播客的形式——专门为网络和移动互联设备制作并发行的媒体内容。但是，"认为互联网已经杀死广播这样的想法是不正确的"，正如传播学者查尔斯·斯特林（Charles Sterin）所指出的那样，"互联网广播不仅没有将传统广播置于死地，实际上，从逻辑

---

① Netflix即美国奈飞公司，简称网飞，1997年成立，总部位于加利福尼亚，是一家会员订阅制的流媒体播放平台，曾出品《纸牌屋》《马可波罗》《女子监狱》等剧集，2022年入选"财富世界500强"。

上说，它可能是现有大众传媒在媒介聚合时代更好地利用最新技术唯一行得通的发展模式"。在互联网的支持下，越来越多的数字广播电台开始以更低的运营成本，向区域的、全国的以及国际的听众提供更加丰富多彩的节目内容，这比传统广播几十年前所梦想的状况还要好，广播的地位和影响力得到了提升。

在互联网时代，媒介空间变得多维而发散，处处皆中心，无处是边缘，报纸、电视、广播等大众媒体正在与网络不断融合，媒介的边界不断消失，技术创新成为常态，新的进化已经开启，周而复始，生生不息。这一切，正将人类带入一个前所未有的美丽新世界，正如英国哲学家罗素所说：参差百态，乃是幸福之源。

7.1.2 媒介补救与进化历程

纵观人类传播发展历史，媒介技术变革总是会给社会生活带来深远影响，大众传媒既是媒介环境的塑造者，同时又深刻地被媒介环境所形塑。麦克卢汉早已提出"媒介是人的延伸"这一著名观点，他认为技术的任何进步都会使人类更有效率地生活和劳动，媒介具有有机体的性质，它的任何发展都能够延伸人类的五官功能：文字和印刷媒介是人的视觉能力延伸，广播是人的听觉能力延伸，电视则是视觉、听觉和触觉能力的综合延伸。在麦克卢汉的世界里，媒介即万物，万物皆媒介，所有媒介都可以与人的身体发生某种联系，媒介又怎么会消失？

"媒介即讯息"，正如麦克卢汉指出的那样，任何媒介或技术的讯息，"就是由它引入人类事物的尺度变化、速度变化和模式变化"，因此，不仅要关注媒介的内容，更要关注媒介本身。任何媒介的"内容"都是另一种媒介，"没有一种媒介具有孤立的意义和存在"，比方说，一部电影的内容是一部小说、一部剧本或一场歌剧，电影这个形式与它的节目内容没有关系，正如文字是印刷的内容、印刷是电报的内容一样。麦克卢汉认为，一种新媒介通常不会置换或替代另一种媒介，而是增加其运行的复杂性，新旧媒介的相互作用模糊了媒介效果。技术发展不断带来"新的媒介"，新媒介代表着新的尺度标准，而一部媒介进化史，就是人类凭借媒介技术的升级迭代不断突破现实世界限制走向更大自由的过程。

1980年麦克卢汉去世时因特网还没有诞生，但他的思想与数字时代非常协调，毫无违和之感。被誉为"数字时代麦克卢汉"的保罗·莱文森对其思想进行了诠释、补充和延伸，他运用"媒介即讯息"概念对因特网作出了解读："因特网是一切媒介的媒介""不仅过去的一切媒介是因特网的内容，而且使用因特网的人也是其内容。因为上网的人和其他媒介消费者不一样，无论他们在网上做什么，他们都是在创造内容""因特网摆出了这样一幅姿态：它要把过去一切媒介'解放'出来，当作自己的手段来使用，要把一切媒介变成内容，要把这一切变成自己的内容"。今天，用户生产内容、因特网的"雄心壮志"已然变成现实。

麦克卢汉认为，由于电力使地球缩小，我们这个地球只不过是一个小小的村落，他在名著《谷登堡星汉璀璨》（1962）中预言，新型电子条件下的相互依存性，把世界重新塑造成为一个地球村的形象。在麦克卢汉那里，媒介是推动社会发展的动力，媒介技术是人类历史发展的关键因素，技术演化促进了人类交往的变化，电子媒介（主要是指电视）的普及把世界拉得很近，人与人之间的感觉距离大大缩小，人类在更大的范围内重新部落化，整个世界变成了一个新的"地球村"。莱文森认为，因特网又一次完成了麦克卢汉的比喻，使地球村成为现实。网上地球村的村民，只要有一台个人电脑、一条电话线和一个浏览器，就可以居住在任何一个地方，就可以和别人聊天，可以搜寻新闻，而不是被动地坐在电视机前接收新闻。并且，因特网还验证了麦克卢汉关于地球村的另一个判断——信息的散播正在创立一个新的权力结构：处处是中心，无处是边缘。

莱文森没有止步于此，他在麦克卢汉、伊尼斯等人研究的基础上，提出了媒介演化的"人性化趋势"和"补救性媒介"理论。莱文森认为，人类媒介的演化越来越人性化，后继的媒介必然是对以前媒介的补足和补救。这是因为，媒介总是处于一个不断变化的过程中，当媒介依赖的内外环境发生变化时，媒介也能够通过自我调节和适应机制，在传播理念、传播形态等方面发生改变。莱文森发现了媒介进化的模式，即"随着技术传播媒介的发展，它们倾向于更多地复制真实世界中前技术的或是人性化的传播环境"，他将此称为"重返伊甸园"。

莱文森的理论包括两层含义——媒介进化集中体现了两个目的：一是满足渴求和幻想，"我们借助发明媒介来拓展传播，使之超越耳闻目睹的生物极限，以满足我们幻想中的渴求"；二是弥补失去的东西，"整个的媒介演化进程都可以看成是补救措施。因此，因特网可以看成是补救性媒介的补救性媒介，因为它是对报纸、书籍、电台和电话等等媒介的改进"。由于媒介进化朝着"人性化趋势"演进，因此，莱文森乐观地说，人基本上掌握着这个演化过程，人类理性和控制力在补救性媒介中占上风，"媒介不会压倒我们选择的能力。也许媒介会使我们麻木，会使我们着迷，但是麻木和痴迷状态重视短暂的"，因特网也不例外。

凯文·凯利从受众角度，将人类迄今为止的传播历史分为三个阶段。(1) 言语之民。在古代，文化都是围绕着语言的，记忆、念诵与修辞的语言技巧向这些依凭口口相传的社会注入对过去的崇敬之情。(2) 书籍之民。大约500年前，科技推翻了语言。1440年，谷登堡发明了金属制成的活字，将写作提升到中心位置。印刷文本意味着廉价且完美的副本，成为变化的引擎和稳定的基础。(3) 屏幕之民。今天，文字已经从纸浆里转移到了电脑、手机、游戏机、电视、电子显示屏和平板电脑中，屏幕占据了口袋、行李箱、仪表盘、客厅墙壁和建筑物的四壁，人类进入了"读屏"时代，屏幕将为人们寻找答案、寻找朋友、寻找新闻、寻找意义。

从麦克卢汉到莱文森，再到凯文·凯利，他们带有隐喻以及预言式的研究，为理解媒介进化逻辑拨开了迷雾，也让人们能够窥见未来之"一豹"。作为"工具"的媒介释义已不能满足需要，媒介开始从一种物理性范畴进入生理性和心理性范畴，会有越来越多的身体或物件上的感应元件可以实现"万物互联"，随之涌现出的大量内容范式，以及由此形成一系列传播功能和形态，不仅将带来人的内外因素的深度链接与"跨界整合"，也必然带来对于媒介自身定义的改变：从技术与社会的关系来看，媒介正在成为人感知和经验外部世界的"连接者"。

7.1.3 互联网：数字化生存

数字时代黎明的到来，并非在一刹那间。互联网的诞生，源于20世纪70年代美国国防部一个叫阿帕网的项目，起初是为了建立一个计算机网络，帮助那些位于不同地区的研究者分享数据、有效率地工作。1991年，英国科学家蒂姆·伯纳斯-李（Tim Berners-Lee）做出了一个意义深远的决定：当时他和在欧洲核子研究组织共事的罗伯特·卡里奥（Robert Cailliau）一起，发明了一项通信语言，使得客户端计算机和服务器可以在一个广阔的网络中使用标准协议进行相互交流，这就是万维网——一个存在于互联网中的文档（网页）系统，包含有文字、图片、声音、视频等多媒体内容，信息之间可以通过超链接进行联结，且易于访问；与此同时，伯纳斯-李强烈反对利用万维网牟利，并最终说服其他人将其向全世界免费公开发布。

互联网发展的节奏激动人心。1991年，美国国会通过《戈尔法案》，为建立地区主集线器及基础设备提供资金，"信息高速公路"即将由概念变成现实。1992年，在伊利诺伊大学超级计算机中心工作的马克·安德森（Marc Andreessen）和埃里克·拜纳（Eric Bina）研发出世界首个互联网浏览器"马赛克"，它可以让人们浏览、检索和移动万维网上的信息，不仅易于安装使用，还可以展示文字和图片，用户浏览网站变得异常方便，被称为"世界的标准接口"。

一切准备就绪，世界即将大为不同。从入口、技术、协议到网络建构计划和通信基础设施等，都为互联网的腾飞打好了基础，互联网带来的信息空间很快成为媒介交流的主导环境，并成为人类通往数字时代的强大跳板。1994年，凯文·凯利预言，计算机的未来不在数字而在于联结，"一旦计算机被用作通信工具，这些被网络联结起来的计算机就会将这个已经取得诸多进展的世界彻底颠覆，并将它推向一个完全不同的逻辑方向——Net的逻辑""无论是通过直接还是间接的方式，在引入这种网络化逻辑之后，商业活动的几乎所有方面都被荡涤一新"。

1996年，尼古拉·尼葛洛庞帝（Nicholas Negroponte）在《数字化生存》一书中写道："计算不再只和计算机有关，它决定我们的生存""大众传媒将被重新定义为发送和接收个人化信息和娱乐系统"。尼葛洛庞帝指出，信息技术革命将把受制于键盘和显示器的计算机解放出来，改变了人类学习、工作、生活的方式，他描述了"数字化生存"的四大特征。（1）权力分散。由于数字世界年轻公民的影响，分权心态弥漫于社会中，传统中央集权式的生活观念将成为明日黄花。（2）全球化。民族和国家将迈向全球化，新的一代正在从数字化环境中脱颖而出，完全不受地理位置的束缚。（3）追求和谐。过去泾渭分明的学科和你争我斗的企业开始以合作取代竞争，人们跨越国界，相互了解。（4）赋予权力。数字化生存具备流动性以及引发变迁的能力，其赋权本质将让人们找到新的希望和尊严。

互联网正在展现它的力量。托马斯·弗里德曼（Thomas Friedman）总结了"碾平世界的10大动力"，其中大部分由互联网带来或与数字化有关，比如Web的出现和网景上市、工作流软件、"上传"驾驭社区的力量、网络搜索服务以及数字的、移动的、个人的和虚拟的新技术等。克莱·舍基不仅将互联网视为一种"社会性工具"，并且发现了其中存在的"无组织的组织力量"——人们的能力在大幅增强，包括分享能力、合作能力以及采取集体行动的能力等。克莱·舍基尤其强调利用互联网构建群体的意义，新闻瓶颈被打破后，每个人都成为媒介出口，在突破了传统的组织局限的时候，人们发现新的关系和环境不再干老而僵硬，而是变成了充满生命力的、有黏性的、湿乎乎的存在，故而"未来是湿的"。

今天，人们对数字化生存已经习以为常，也不再仅仅将互联网视为一项技术，它是技术的技术、媒介的媒介，它是人与数字技术不可分割的融合。凯文·凯利早已指出，互联网时代"最核心的行为就是把所有的东西都联结在一起""所有的东西，无论是大是小，都会在多个层面上被接入到庞大的网络中，缺少这些网络，就没有生命、没有智能，也没有进化"。喻国明教授认为，"连接一切"是互联网作用于社会的基本方式，它不仅是一种传播媒介、渠道或平台，而且是可以与物质、能量相提并论的生产要素，是重新构造世界的结构性力量。

7.1.4 新进化：万物皆媒

在互联网语境下，媒介迭代以一种"更高、更快、更强、更聚合"的方式进行，媒介正在由"传递信息的工具"转向"连接关系的纽带"，媒介的形式和外延被大大拓展，任何一个客观存在于人们周围的物都可以传递信息，进而可能成为一种媒介。媒介形态也在发生着变迁：从有限输入源、有限时空选择、有限内容，到无限渠道、无时无刻、无限内容，构成了一个生态级别的复杂系统。进而，信息技术发展和媒介形态变迁成为社会进化的关键部分，每一种新技术应用，都给社会连接带来了一个新的规模、速度、范围以及传播模式的演进。

学者罗昕等认为，对应着互联网 Web 1.0、Web 2.0、Web 3.0 的发展，媒介组织形态经历了从内容媒体、社交媒体到场景媒体的裂变，不同媒体所形成的价值链不尽相同：Web 1.0 依然是单向传播，内容媒体通过人与内容的连接，依靠流量逻辑获得广告收益；Web 2.0 强调互动传播、交互性强，社交媒体通过人与人的连接，依靠关系逻辑催生共享经济；Web 3.0 则是个体精准传播，场景媒体通过人与万物的场景化连接，依靠跨界逻辑获取多方收益，应用和服务将无处不在。

近年来，移动通信技术逐渐成为媒介发展的底层技术之一，尤其是 5G 技术应用后，它以大带宽、低延时、泛连接等优势，对媒介生态产生了颠覆效应。5G 带来的革命性变化主要有：第一，5G 将造成万物互联、永久在线。5G 技术使数据传输速率提升了 100 倍，能容纳更多设备连接，并维持低功耗的续航能力，使得无时不有、无处不在、万物互联成为现实。第二，5G 将创造不受容量限制的用户体验。5G 将使用户进入"无限网络容量"的时代，毫无速度障碍、流量障碍的用户体验成为现实，不限流量的运营模式将成为下一个增长的驱动力。第三，5G 将衍生出多种生产和生活场景。5G 的低时延性将催生出更多生产与生活场景应用，例如无人驾驶汽车、智慧工厂、车联网、远程医疗等，都因为 5G 的超低时延而成为现实。第四，5G 将拓展信息空间、加速人工智能的发展。5G 的技术特性使信息空间彻底地摆脱了物理空间的束缚，构建出"端到端"的生态系统，数据收集和生产无时无刻不在进行，打造出一个全移动和全连接的智能社会。

5G 还将推动物联网普及和行业应用，万物互联的技术环境使任何物体都可以植入芯片和传感器而成为海量连接中的一环，所有具有传播能力的终端、设备都将具有"媒介"属性。在 5G 覆盖下，大规模物联网使每公里的连接数最高能达到百万量级，其中既包括人与人、人与物、物与物，也包括信息、数据、支付在内的全方位连接，物联网、车联网以及智慧城市、智慧家庭等快速发展，所有的物都可以上网，所有的应用都能上云，"万物皆媒"不再是想象。

彭兰教授认为，新一轮技术浪潮使得"媒介"与"非媒介"之间的界限淡化、模糊，未来甚至会消失，一个万物成为媒介的泛媒化时代正在到来。"泛媒化"首先表现为物体的媒介化，包括传感器对信息生产变革的触发、智能家居在家庭中带来全新媒介、车联网带来流动化场景化的新媒介等；泛媒化的另一个表现，是基于可穿戴设备及其他传感器应用的人体终端化，它意味着人体、人的行为甚至思维被常态性数据化，"媒介是人的延伸"。在泛媒化时代，人与物的关系，将成为共生、协作的关系，甚至进一步出现人机合一、人与机器共同进化的可能。

7.2 传播变革：人、受众与 AIGC

互联网作为一种信息技术，从传播工具、渠道、媒介、平台进化为基础性社会要素，从本质上改变了人与人连接的场景与方式，推动了社会关系网络转型，引发了社会资源分配规则和权力分布格局的变迁。互联网作为一种新的权力来源，它对于个体与自组织群体的激活，并对社会中"相对无权者"进行赋权，不仅前所未有地重塑了传播者与受众（用户）的关系，还带来了传播模式的"升维"。

7.2.1 个体激活与关系赋权

20多年前，尼葛洛庞帝曾如此描述人作为个体被激活后的状态：在数字化生存中，大众传播的受众往往只是单独一人，我就是"我"，不是人口统计学中的一个子集；机器对人的了解程度和人与人之间的默契不相上下，它甚至连你的一些怪癖以及生命中的偶发事件，都能了如指掌，真正个人化时代来临了。他认为，数字化生存天然具有"赋权"本质，这一特质将引发积极的社会变迁。

喻国明教授认为，互联网作为一种不同于传统媒介的"高维媒介"，其最大特点是改变了以往以"机构"为基本单位的社会传播格局，取而代之的是以"个人"为基本单位的社会传播。互联网对社会中个体的激活，主要体现在以下方面。（1）个人操控社会传播资源的能力被激活。传播技术发展与传播工具普及，使个人作为传播主体有机会直接成为社会资源的接触者和操控者，由此带来了个人表达权利的大大增强以及内容生产能力的普及，内容生产不再是少数媒体机构的专利，人人都能成为传播者。（2）个人湮没的信息需求与偏好被激活。互联网出现之前，传统媒体充当着"守门人"的角色，通过议程设置筛选传播信息，决定着公众视野并主导舆论。互联网重构了媒体与大众之间的关系，传播者与接受者之间的互动交流成为可能，传播内容和要素更加丰富、多元并富有个性，内容越来越贴近个人生活、个人情感和个性体验。（3）个人闲置的各类微资源被激活。原本散落在个人身上的闲置时间、知识、经验等被发现、被检索、被匹配，各类资源之间的连接呈现出无所不至的可能，这种融合将创造出新的资源配置方式和价值形成模式。

2004年以来，互联网迎来了 Web 2.0 时代，核心特征是用户（受众）参与。虽然 Web 2.0 的定义难以统一，但至少存在两点共识。其一，它是指允许用户广泛参与网站建设和交互的技术，也指由用户主导生成内容的互联网应用模式，具有强烈的交互性、个性化特征，它以人为中心、而不是以内容为中心。其二，它是一种用户参与的架构，既指网站内容建设，也指网站的整体"生态系统"建设，试图将人与内容的关系深化为人与人的关系，个体生产内容的目的在于，以内容为纽带、为媒介，延伸自己在网络社会中的关系。Web 2.0 的发展，不仅促使 UGC（用户生产内容）崛起，催生了 RSS（简易信息聚合）、博客（播客）、维基百科等平台，还激活了以个人为基本单位的社会传播构造，带来了社交媒体的繁荣。

在社交媒体带来的关系场景下，个体被激活主要表现在两方面：一方面，个体智慧不再是孤立的生产要素，而成为社交网络中的直接生产力。Web 2.0 的运作逻辑使每个人成为一个相对独立的"传播基站"，个人的能动性、创造性、附着资源得到了前所未有的激活、挖掘、聚合、重组，由此，个体成为独立社会行为体，得以跳脱出组织框架，凭借自身的智识、经验、关系与资源在关系网络中生产财富、实现价值、共享资源。另一方面，个人的内在需求、评价标准与价值体系逐渐主导技术与社会的发展。互联网进一步赋予普通人靠近政府等权威机构"后台"的权利，信息获得与表达的平权化，使特定场域的"官方话语""官方议题"往往被口口相传的"民间话语"解构，原本分散、微弱、边缘化的民间力量在互联网中延伸、聚合、放大，产生了"整体大于部分之和"的协同效应。

必须看到的是，数字技术以"赋权"的形式，不仅打破了传统各传播要素的原有结构与秩序，还深刻改变了社会权力的运行机制。互联网，尤其是移动互联网，极大地激活了个体及其嵌入的关系网络资源，从社会的"底部"改变了赋权模式与权力格局，关系赋权作为一种新的范式迅速崛起。这也意味着，以数字化信息传播为主要手段的网络社会里，在行政、资本、暴力等传统权力来源之外，节点间的连接以及大量连接所产生的关系资源，成为一种新的赋能赋权的力量源泉。关系赋权作为一种新权力范式，也可以被理解为："个体的力量在无限连接中聚合、放大、爆发，从而为社会的相对无权者赋予话语权和行动权。"

关系赋权作为一个新物种，它不依赖于任何外部的权力授予，而是来自个体的自燃和群体的协同，是一种内生性的权力；关系赋权是社会资本配置的新范式，它天然具有"去中心化"的倾向，如果说传统社会是个人不断将权力让渡给行政机构和资本集团的过程，那么互联网社会的权力逻辑则恰恰相反——以支配和强制为核心的控制权正在消弭，而属于个体的行动权和自由价值正在回归。

7.2.2 受众、用户与传播者

在传播学研究中，"传播者"与"受众"始终是一对非常重要的概念，传统的观念曾认为二者是一枚硬币的两面，虽然不完全对立，却总是界限分明。但在数字媒介环境中，它们之间的界限逐渐模糊甚至消失，"传受"双方更多的是相互促进、彼此成就，并且呈现出一些新的特征，不仅信息生产者在"大规模业余化"，传播者可以是机器或者物体，而且受众也正在向"用户"角色转变。

首先，信息生产泛众化，用户生产内容成为主流。麦克卢汉提出，消费者（consumer）通过电子技术将会变成生产者（producer）。未来学家阿尔文·托夫勒（Alvin Toffler）在《第三次浪潮》（1980）中，将两个词合成了一个新词"prosumer"，并指出：生产者和消费者之间的界限逐渐模糊，"产消合一"者的地位日趋重要，他们将改变市场的功能、角色和力量，并创造新的生活形态。"产消融合"改变了信息生产模式：组织化、专业性的新闻生产，逐渐被社会化、非专业的内容生产取代，消费者的愿望、观点、建议都可能被组织化、专业性的媒体机构所采纳、化用。个体对于信息的生产和消费变得更加主动，也更有权利。

现实正是如此。最初，社交媒体出现时，还是以文字传播为主，用户们成为点赞者、转发者、阅读者、评论者，他们表达着情绪、态度以及个体的悲欢，"沉默的大众"纷纷探出了"头部天线"。后来，短视频和直播普及了，老百姓可以毫无障碍地把自己的所思所想向全社会分享，拥有智能手机的人们无论是否可以描摹书写、遣词造句，按下拍摄键就可以进行内容创造，开启了海量普通大众成为今天真正意义上的传播者的状态，是一个革命性转变。

克莱·舍基认为，这是一个"人人皆记"的时代，"社会性工具"清除了公众表达旧的障碍，从而消除了大众传媒的特征性瓶颈，移动互联网络引入带来的是——以前专属媒体从业人员的种种工作被"大规模业余化"，对媒介的控制不再完全掌握在职业人士手中。从现在开始，新闻可以不借助媒体而闯入公众意识，新闻的定义也发生了改变："它从一种机构特权转变为一个信息传播生态系统的一部分，各种正式的组织、非正式的集体和众多个人都处在这个生态系统当中。"

其次，受众向用户转变，个体效果需要精准把握。技术发展牵引媒介进化，受众也在进化为具有选择权的能动主体。丹尼斯·麦奎尔指出，大众受众的时代已经逝去，无异质、无差别、面目模糊的"大众"无法再用来描述当代受众，取而代之的是下列角色中的任何一个：搜寻者（seeker）、咨询者（consultant）、浏览者（browser）、反馈者（respondent）、对话者（interlocutor）、交谈者（conversationalist）。不同于商品销售或新技术普及，从"受众"到"用户"的变革主要在于单向传播方式的颠覆，用户借由计算机技术与 Web 2.0、Web 3.0，实现以个人为单位的信息选择、互动，促成了"受众"概念的突破（表7-1）。

表7-1 受众与用户的内涵对比

比较要点	受 众	用 户
传媒传播模式	工业模式	社会化模式
信息接收特征	被动	主动
对话模式	单向	双向
群体界限	专业与非专业界限清晰	专业与非专业界限模糊
个体还是机构	个体	个体、机构、各种团体
是否跨传媒	基本固定，受众追随传媒	跨传媒，以计算机行为为核心内容追随用户

最后，机器写作不断进化，"物"成为公共信息传播者。在新传播时代，除了 UGC、OGC、PGC 等内容生产方式外，MGC、AIGC 正在异军突起。2010 年，美国 Narrative Science 公司推出了一款机器新闻写作工具，大约每 30 秒就能写一篇新闻报道。之后，更多媒体和网站加入机器写作的探索，包括美联社、路透社、Facebook 以及我国的腾讯网（写作工具名为 Dreamwriter）、今日头条（写作工具名为 Xiaomingbot）、新华社（写作工具名为快笔小新）等。

在 5G 和数字时代，无人机、各种环境中的摄像头、传感器等可以超越人的时空局限与感官局限进行信息采集，其中一些具有公共价值的信息可能由智能系统自动加工后直接发送给用户。"物"作为新的公共信息传播者，可以在时间的延续性、空间的广阔性、信息采集的多维度等多方面延展人的能力。这意味着，数字技术带来的"泛众"传播主体不仅仅是门槛再次降低的普罗大众，还有为人的自我感知、自我传播提供一种新媒介的"智能物"，未来人与各类终端、空间环境、公共信息、社会服务之间会形成多种交互链条，建立起人-物、物-物、物-空间环境、物-服务等新的传播关系，传播行为将弥散在各种日常活动中。

7.2.3 ChatGPT 开创新时代

AIGC（AI Generated Content），即人工智能生成内容，又称"生成式 AI"，是指利用 AI

自动生成文字、图片、视频、音频等内容，它被认为是当前新一代技术革命的代表之一。今天，AIGC 正在大步迈入数字内容生产领域，不仅在写作、绘画、作曲等多个领域达到"类人"表现，更展示出在大数据学习基础上的非凡创意潜能。ChatGPT 这一革命性产品的问世，为 AIGC 发展"点了一把火"。

ChatGPT 全称为 Chat Generative Pre-trained Transformer，中文译作"聊天生成型预训练转换模型"，是一款由美国 OpenAI 公司研发的聊天机器人程序，于 2022 年 11 月 30 日发布，上线 5 天用户即突破了 100 万，两个月活跃用户突破 1 亿，创下了互联网应用用户最快破亿记录。ChatGPT 是人工智能技术驱动的自然语言人机交互应用，它通过大量的文本数据进行预训练，能理解和学习人类语言并进行对话，还能根据聊天的上下文进行互动，甚至还能完成撰写邮件、新闻稿件、视频脚本、广告文案以及编写技术代码、智能翻译、论文写作等任务。

ChatGPT 拥有接近人类水平的语言理解和生成能力，使人们真切地感受到人工智能带来的巨大变革和效率提升，它的强大之处在于：（1）多轮对话。ChatGPT 能处理复杂的对话场景，更好地理解用户意图，可用于智能客服、语音助手等。（2）多语言支持。ChatGPT 可以处理多语言的文本输入，支持多语言文本生成和对话，为用户提供更好交互体验。（3）可扩展性强。支持多编程语言、应用场景和模型定制，具有广泛应用价值。（4）智能推荐。可以自动处理和理解海量文本数据，通过学习寻找其规律和关系，提升推荐的准确率和效率。（5）自我学习。其学习能力源于内部的神经网络结构，可以通过反向传播算法调整、优化自身参数和权重。

ChatGPT 是一个经过长期技术储备、大量资源投入、带有一定成功偶然性的人工智能"核爆点"，其发展经历了三个阶段：前期 GPT-1（2018 年）、GPT-2（2019 年）、GPT-3（2020 年）等版本已经投入了大量资源，但效果并不理想，后来采用"基于强化学习的人类反馈学习"技术后发生"蝶变"，迅速成为爆款应用。2023 年 3 月 15 日，GPT-4（多模态大模型）正式推出，其训练数量更大，在专业领域的学习能力更强，拥有强大识图能力，支持多元形式输入输出。

ChatGPT 标志着里程碑式的技术进步：一是在最具挑战性的自然语言处理领域实现了革命性突破。自然语言处理任务种类繁多，长期以来被认为是人工智能最具挑战性的领域，ChatGPT 不仅实现了高质量的自然语言理解和生成，还能够进行零样本学习和多语言处理，这种突破前所未有。二是标志着通用人工智能（AGI）的新起点。此前，人工智能在不同场景应用需要训练不同模型，而 ChatGPT 利用单一大模型即可完成人机对话、机器翻译、编码测试等多种任务，已经具备通用人工智能的一些核心技术和特征。三是代表着强人工智能的拐点。ChatGPT 证明了大模型的学习和进化能力，将推动强人工智能（机器拥有知觉和意识以及推理和解决问题的能力）加速演进，目前其智能程度已接近人类水平。

世界报业和新闻出版协会（WAN-IFRA）的最新调查数据显示，约有一半新闻媒体已经开始使用 ChatGPT 等生成式 AI 工具。很显然，生成式 AI 进入传媒领域已是大势所趋，它和通用人工智能（AGI）将对传媒行业的内容生产、传播格局、舆论构成和传媒生态产生深刻影响，这对传媒业来说是一柄双刃剑：一方面，生成式 AI 与传媒业深度结合，新闻生产的效率将得到提升，流程将不断优化，最终赋能媒体深度融合发展；另一方面，生成式 AI 在内容准确性、版权、数据隐私等方面依然存在一些问题，媒体行业需要合理合规使用该技术，趋利避害。

作为AIGC的重要分支，ChatGPT不仅加速了媒体的智能化发展趋势，也引发了传播革命与媒介生态的重构。ChatGPT是对于人的又一次重大赋能赋权，它帮助普通人突破专业能力局限，令大众能够有效地按照自己的意愿、想法来激活和调动海量外部资源，形成强大、丰富的社会表达和价值创造能力——这是又一次社会在数字化、智能化加持下的重大启蒙，也是一次巨大的社会活力重启。

ChatGPT引发传播领域的生态级变局和主流媒介的角色转移，主要体现在以下方面。第一，它使传播领域的权力分布进一步下沉。大众在内容创新、传播表达及参与对话中拥有更多平等机会和权利，这是与"分布式社会"的社会成员之间的权力构造相匹配的。第二，它促使传播领域核心逻辑进一步算法化。算法规则成为更高维度上社会重构的价值基础，算法信任与规则将通过社会的深度媒介化，进而演进成为未来数字文明时代社会的"操作系统"。第三，传媒业从劳动密集型产业转向技术密集型和资本密集型产业。新的"寡头独占"表现形式是，以头部技术平台来统辖被智能化技术释放出来的巨大传播生产力，而技术平台迭代升级又以资本支持为后盾。第四，主流媒介是"四两拨千斤"式价值引领者，更大程度上它应该成为整个社会的生产侧的那些生产者的指挥。主流媒体的功能和角色将转向"To B"模式，成为全传播场域的"压舱石"与"定盘星"。

可以预见，ChatGPT与更多AI、云计算等信息技术的集成创新，将创造改变生产力曲线的工具，成为经济发展新动力。腾讯研究院发布的AIGC趋势报告认为，AIGC牵引着数字内容领域的全新变革，目前爆发点主要在内容消费领域，其中有三个值得关注的趋势：第一，AIGC有望成为新型的内容生产基础设施，塑造数字内容生产与交互新范式，持续推进数字文化产业创新；第二，AIGC的各类商业化应用将快速成熟，大量应用场景将推动市场规模快速增长；第三，AIGC还将作为生产力工具，不断推动聊天机器人、数字人、元宇宙等领域发展。尤其在元宇宙领域，AIGC在构建沉浸式空间环境、提供个性化内容体验、打造智能用户交互等方面发挥着重要作用，ChatGPT也可能会成为未来人机交互的一个新入口。

【延伸阅读7-1】

AIGC时代：新闻业的六种可能

一阵生成式人工智能（AIGC）的旋风，正在席卷众多领域。

2022年底，OpenAI发布自然语言对话应用ChatGPT，并在2023年3月迭代推出GPT-4，迅速吸引了各界关注。全球范围内大模型风云骤起，资金、技术、人才持续涌入，科技公司布局不断，纷纷推出自家的大模型。据估算，到2030年，AIGC市场规模有望突破万亿元。

每轮技术革新，都将勾勒出一个新纪元。在AIGC时代，所有行业都值得用AI重塑，新闻业是其中受到影响最为剧烈的领域之一。

约书亚·梅洛维茨（Joshua Meyrowitz）认为：任何一种媒介的介入，都会创造出全新的环境。全球媒体已开始尝试AI应用，如BuzzFeed、《华盛顿邮报》、《金融时报》均在密切关注该领域的最新进展，国内已有澎湃新闻、封面新闻等百余家媒体机构接入AIGC产品。

从历史发展角度来看，新闻业并不抵触新技术，反而会将其能力融入自身发展中。随着AIGC技术能力提升与应用深化，新闻业将出现六种可能性方向。

其一，媒体专用大模型将得到开发与应用。目前AIGC在新闻业的应用程度尚浅，关键在于信息来源不明、内容参差不齐，随着成本降低，开发新闻行业专用大模型将成为趋势。

其二，事实核查与内容校对将成为关键角色。媒体将继续扮演着把关人角色，对AIGC生成内容进行校对、核查，避免引发舆论风险，防止新闻伦理失范以及法律与道德问题。

其三，新闻业的AIGC使用伦理、规范将建立。新闻业有自身的专业主义和伦理、规范要求，针对AIGC这种新技术形态，相关的使用伦理、规范也应当建立，便于从业人员遵守。

其四，新闻分层，权威的专业新闻报道将更加重要。在AIGC时代，重塑专业性将成为新闻媒体机构的重要使命和出路，AIGC提升了效率，却无法完全取代"好"的新闻报道。

其五，新闻业将发生本地化转向。由于大模型训练原理，AIGC在本地化内容生成方面稍显不足，受众这方面的需求未被满足，越来越多的媒体将报道重点回归到本地化报道。

其六，AIGC应用深化催生新闻类型创新。新闻业不仅擅于将新的媒介形态运用到新闻报道中，还吸纳AIGC技术优势重新定义新闻报道，催生更具想象力的新闻类型和业态。

AIGC对新闻业最根本的影响，是引发了新闻生产方式的变革，实现了生产关系的重构。当然，先进的技术或许会改变生产方式，但却改变不了责任所在——尤其对于新闻业来说，即便所有稿件都由AIGC生成，人类也将一直是AI背后的道德行为人和最终把关人。

7.3 内容范式：视频化生存

从基础的文字表达到视频表达，从历史悠久的文字传播到裂变式生长的视频传播，变革的不仅是内容范式，也推动着内容生态的升级。移动时代带来的视频化生存方式，既是日常生活的媒介化，也是媒介化后的日常生活，短视频成为一种粘连生活与媒介的界面，同时影响着人们的现实生存与媒介表达。在新的内容范式中，直播、播客、传感器新闻以及VR/AR等沉浸式内容也在不断发展中。

7.3.1 短视频崛起

如今，无论是商业平台、自媒体还是主流媒体、行业机构的内容输出，短视频都是当仁不让的主角，对短视频的追捧已经成为一种独特的媒介现象。中国互联网络信息中心（CNNIC）统计报告显示，截至2022年12月，我国网络视频（含短视频）用户达10.31亿，占网民整体的96.5%，其中短视频用户为10.12亿，占网民整体的94.8%。2018到2022五年间，短视频用户从6.48亿增长到10.12亿，网民使用率从78.2%增长到94.8%（图7-1）。根据第三方机构监测数据，中国移动互联网用户规模逼近饱和，但短视频行业不仅用户规模稳步增长，并且使用时长继续强劲增长：2021年12月，用户月人均使用时长53.2小时，同比增长25%，超越即时通信成为占据用户网络时间最长的应用，其中快手、抖音的单日人均使用时长都超过了100分钟，短视频仍然是一块突出的"流量高地"。

短视频用户规模急剧增长，离不开技术进步，尤其是4G、5G移动通信技术的发展和智能

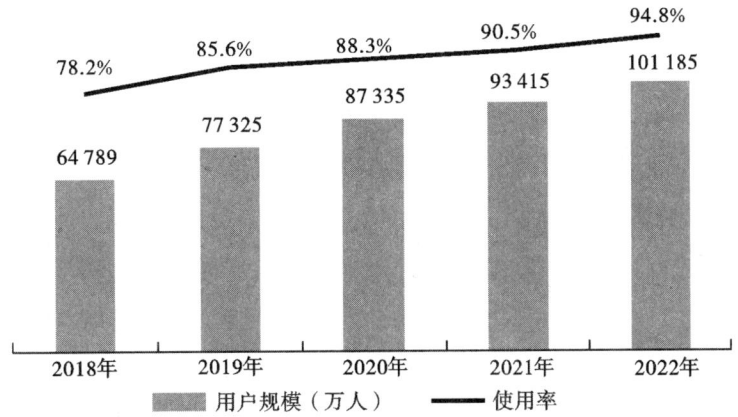

图 7-1　短视频用户规模及使用率（2018—2022 年）①

手机的普及，使得视频的拍摄、制作、上传更为便利。深层次原因是，短视频非常契合移动时代的碎片化消费模式和后现代文化语境，其低门槛、现场感、灵活性、快消费的特征，搭建起了内容、用户、场景之间的桥梁，极大地延展了自身疆域。同时，短视频为用户带来了新的权利以及新的权利变现能力，主要包括：一是影像创作权、记录权向民间下放。视频创作成为一种新的平民权利，多数用户甚至不是为了创作，而是为了记录，当足够多的碎片化记录汇聚起来，也可以拼贴出一幅宏大的社会画卷。二是个体表达权、存在感的增强与变现。当个体的表达手段从文字转向视频后，人们在公共空间的表达内容和方式大大丰富，表达的力量更多来自生活本身；并且，视频将现实和虚拟连接起来，人们在视频平台的存在感和表达权，也在以更多方式变现。

从媒介属性来看，短视频无疑是一种冷媒介。麦克卢汉认为，媒介的冷热是由讯息的清晰度和参与度决定的。冷媒介是低清晰度的，或者说具有模糊性，需要使用者参与其中，需要受众通过自己的想象和思考来补全缺失的讯息，与媒介一起完成行动。短视频不追求叙事的完整性和系统化，需要观看者参与其中并不停地发挥想象，串联起前后影像，暗合了冷媒介的文化逻辑。短视频以日常生活为安身之本，进入公共传播后，生活化作为一种基本的表达策略，被完全地接续下来，人的视角、人的情感与人的体验，在其生产逻辑中始终占据重要位置。短视频的创新与扩散，使视觉性成为传媒文化主因，给新闻业带来了重大变革。

从传播角度看，短视频是一种新的传播手段，但对于用户来说，其意义不仅仅是内容生产与传播，更是获得了一种新的生存方式。视频化生存直接取材于现实生活，即使缺乏文字表达能力的普通人，也能凭借视频产生存在感，视频不仅是与文字、图像并置的一种媒介，而是将人类所有媒介形态包裹其中，呈现出整个社会的视频化镜像。通过对人类感官的重置，视频再造了图像媒介的虚拟性，创造了个体与外部世界联系的新方式，成为人类生存的基本方式。

近年来，短视频越来越突破原有叙事模式，嵌套在多种媒介形态及场景中，构成了深度媒介化社会的重要基础。运营层面，短视频形成了比较稳定的盈利模式，包括广告投放、品牌定

---

① 根据近年来中国互联网络发展状况统计报告整理，数据来源为中国互联网络信息中心官网。

制、知识付费、内容电商等。疫情期间突飞猛进的直播带货、在线医疗、线上办公、远程教育、社区团购、公共服务等，不仅将视频功能延伸到展示、记录、陪伴、对话、表演等方面，还促进了内容与电商融合。

短视频之所以能成为一种媒介现象，本质原因是凸显了"无视频不传播"作为一种连接器的功能，它有效实现了个人与圈层、信息与社交、内容与商业的连接。但是，短视频带来的消极影响也不可小视，正如尼尔·波兹曼指出的那样，电视导致了严肃的公众对话的缺失，视频会使人失去理性思考能力，从而对整个社会有害。波兹曼认为，阅读过程可以促进理性思维，铅字那种有序排列的、具有逻辑命题的特点，能够培养"对于知识的分析管理能力"，而"电视的思维方式和印刷术的思维方式是格格不入的"，视频（电视）使"无聊的东西在我们眼里充满了意义，语无伦次变得合情合理"，视频媒介已经改变了某种话语的结构。

7.3.2 直播无处不在

随着通信和传输技术的进步，媒体直播逐渐走向常态化，极大地强化了信息传播的及时性，直播发挥作用的空间越来越广阔，尤其是当重大事件发生时，直播可以第一时间进行同步报道，并将身处不同地域的人们连接在一起，一起实时关注、讨论有关话题，似乎又回到了古老村落时代面对面传播的状态，麦克卢汉所说的"地球村"进一步成为现实：人们生活在地球村里，事情同步发生；人们回到听觉空间，再次建构原始的感觉、部落人的情感，进而形成现代部落社会。

在传统媒体时代，直播内容大都局限于重大新闻报道、体育赛事、娱乐晚会以及大型活动等领域，而网络直播则完全不同，其直播类型、主体、内容等已经完全多元化。我国网络直播平台起步于2005年前后，其发展已经历三个阶段：1.0时期，以秀场类直播为主；2.0时期，游戏直播成为直播业务增长的引爆点；直播进入3.0时期后，得益于智能手机的普及和移动互联费用的降低，随时随地收看直播成为消费主流，直播内容涵盖的领域也逐渐泛化，借助直播平台的各类商业活动不断兴起，"直播+"成为诸多行业青睐有加的商业模式。

近年来，移动视频直播迅速突破原有概念和范畴，其应用范围及场景不断拓展，成为人人可以发起、参与的传播方式，直播从"稀缺"转变为一种"泛在"。学者彭兰认为，移动视频直播主要功能是"在场""表演"与"陪伴"，在直播发展过程中，新闻事件直播以及社交互动直播的影响尤为显著。在传统电视时代，一些重大政治、体育活动等事件的直播，甚至被称为一种媒介事件、一种仪式或文化表演，并非反映现场感，但移动直播则创造了一种不同的在场感，媒介事件的仪式感、呈现模式不再那么重要，重要的是"我在现场""身处其中"。在美国社会学家戈夫曼看来，社交互动都是拟剧化"表演"，社交直播也可以看作是一种表演，大多数是无事件、无主题的，主要是为了营造在场感与陪伴感。

中国互联网络信息中心（CNNIC）统计报告显示，截至2022年12月，我国网络直播用户规模达7.51亿，占网民整体的70.3%。其中，电商直播用户规模5.15亿，占网民整体的48.2%；游戏直播用户规模2.66亿，占网民整体的24.9%；真人秀直播用户规模1.87亿，占网民整体的17.5%；演唱会直播用户规模2.07亿，占网民整体的19.4%；体育直播用户规模

3.73 亿，占网民整体的 35.0%，如图 7-2 所示。

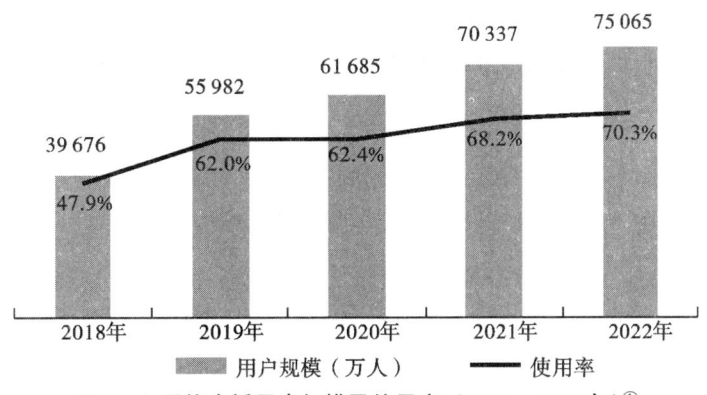

图 7-2　网络直播用户规模及使用率（2018—2022 年）①

《第 51 次中国互联网络发展状况统计报告》指出，2022 年网络直播业态的发展主要体现在三方面：首先，电商直播日趋成熟，拉动企业营收。电商直播不仅成为传统电商平台的重要业务抓手，短视频平台对电商直播业务的探索初见成效。其次，网络直播内容的专业化、公益化成为重要趋势。专业化和公益化内容愈发受到青睐，双语直播带货成为新热点。再次，人工智能、5G、VR 等新兴技术为网络直播业态注入了新动力。不仅应用于网络直播的数字人产品崭露头角，VR 全景直播提升了用户收看体验，而且 5G 技术助力媒体改造了直播流程，"5G 直播背包"通过前端信号采集、云端传输处理和远程导播制作等环节，实现了转播云端化和服务远程化，让记者摆脱有线束缚，做到边逛展、边采访、边直播。

7.3.3　播客迎来复兴

播客（podcasting）是记录和传播声音（含音乐、访谈和独白）的新媒介，它是"iPod"（便携式苹果播放器）与"broadcasting"（广播）的合成词。2004 年，美国人亚当·库里（Adam Curry）和软件工程师戴夫·维拿（Dave Winer）等人合作，编写出一个名为 iPodder 的程序，能自动从互联网下载音频广播，并转存到 iPod 中去，他们还制作音频节目，在播客网站发布，引发了网民的兴趣。

保罗·莱文森认为，播客是一种音响节目或视听节目，可以到互联网上去免费获取。其优势是，播客节目直接来自播客人，不必满足广播电视制作商的任何要求。这就是说，播客节目可以更富有原创性，更具有个人色彩，其节目不必吸引到额定的人数就能继续办下去——是否继续办完全取决于播客人自己。随着技术的进步以及多种类型内容渠道的涌现，播客的内涵与外延得以不断丰富、扩大，其技术色彩日趋淡化，越来越成为移动互联网时代一种多元、满足个体需求的数字化音频媒介形态，逐渐显现出成为主流媒介和重要叙事平台的趋势。

近年来，得益于移动智能设备的普及，手机具备了"收听信息"和"信息制作"两种功能，为移动播客的制作与传播提供了极大便利。与传统广播严格的制作标准和审核程序不同，独立的播客制作人在内容创作上拥有相当大的自主权，不必受到题材、时长、音质等方面的限制。因此，多样化的播客作品大量涌现，不仅覆盖了小众、边缘话题，而且增强了与受众亲密感、提升了作品的真实性，越来越多的年轻人通过听播客、录播客、聊播客，尝试在播客中追

---

① 根据近年来中国互联网络发展状况统计报告整理，数据来源为中国互联网络信息中心官网。

寻心灵栖居地,在声音里构建情感共同体,播客给他们带来了即时即刻的陪伴与情感共鸣。

据 Insider 的《播客行业报告》预计,到2028年,全球播客市场规模将达到948.8亿美元。如今,虽然视频行业发展如日中天,但播客带来了音频行业新一轮的曙光,布局播客再次成为行业趋势。2023年6月,路透新闻研究所发布的《2023数字新闻报告》透露,各国的音频新闻消费一直在增长,新闻播客很受年轻听众和教育水平较高的听众欢迎,35岁以下的年轻人更愿意听新闻。数据显示,大约三分之一的人每月收听播客,其中12%的人定期收听与新闻有关的节目,具有深度内容、解释性的新闻播客和长篇访谈节目是比较受欢迎的播客类型。

虽然一度风靡互联网的博客已经走向没落,但播客的崛起,让以图文为主要载体的博客通过麦克风和录音器以另一种形态存在下来。对于个人叙事而言,第一人称是"互联网之音",播客可谓一种天然的归宿,因为音频形式不仅能让受众接触到故事,还能听讲述者亲口将自己的故事娓娓道来。实际上,讲故事是人类本能的冲动,这种古老的口语传播与交流形式,在沟通情感、建立联结、获取信息等方面发挥着重要作用,而这些正是播客的精髓所在。

麦克卢汉早已预言,在新的电子文化中,"耳朵"将卷土重来,与"眼睛"相抗衡,重新实现感官平衡,实现人的回归。他在《理解媒介》一书中多次谈到广播、收音机以及听觉媒介:"耳朵没有宽容性,它是封闭的、排他性的""收音机直接地、面对面地影响着多数人,给人提供一种作者或演讲者与听众不凭借言语而交流的世界""收音机的阈下深处饱含着部落号角和悠远鼓声那种响亮的回声……广播有力量将心灵和社会变成合二为一的共鸣箱"。

随着声音的主体性被唤醒,多样的移动音频产品层出不穷,播客逐渐成为听觉媒介中不可忽视的力量,也带动了"耳朵经济"的快速发展。2020年新冠肺炎疫情以来,移动播客成为继在线音乐、短视频、直播之后我国互联网新媒体应用的"新风向",吸引新老互联网平台、内容生产者、MCN 机构、用户共同入局,国内移动播客市场迎来了新一波爆发式增长。可以预见,由新媒介技术与新媒体文化促生的播客,不仅越来越多地嵌入日常生活中,而且正以其丰富的功能改变和建构着媒介与社会公共空间的关系,未来必定有着更加广阔的应用市场。

7.3.4 沉浸式新闻

扩展现实技术(XR)并非单一技术形态而是各种沉浸式技术的统称,它不仅带来虚拟现实领域的技术革命,也为新闻业数字化转型注入了新活力。扩展现实技术(XR)是一种涵盖性术语,包含增强现实(AR)、虚拟现实(VR)、混合现实(MR)等沉浸式技术,它通过计算机打造仿真环境,为用户提供视、听、触、嗅多种感官一体化的沉浸式体验,具有高情境性、强代入感、强现实感等特点。当传统新闻报道形式难以满足对新闻个性化、游戏化以及沉浸式体验等需求时,以扩展现实技术、360°全景技术等为支撑的沉浸式新闻能让受众身处报道场景中,以第一人称视角体验新闻故事,不仅仅是受众之需,也成为时代之需。

匈牙利心理学家米哈里·契克森米哈赖(Mihaly Csikszentmihalyi)首次提出"沉浸"一词,但传播意义上的"沉浸"最早出现在虚拟现实领域,主要是指感知系统的沉浸感。"沉浸式新闻"由美国学者诺尼·德拉佩娜(Nonny de laPena)于2010年提出,她界定沉浸式新闻是"以一种形式制作的新闻,人们可以通过这种形式获得新闻报道中描述的事件或情况的第一人称体验",参与者(数字化身)真正进入一个虚拟的再现场景,从化身的第一人称视角看世界，让参与者身临其境体验新闻，使其能够以更大、更广泛的身体、空间和时间来参与。

大多数研究者认为，沉浸式新闻是一种基于虚拟环境来复现真实场景或还原新闻事实的报道形式，在终端设备辅以各类视觉、听觉、触觉等传感系统模拟用户反应，营造"沉浸"或"在场"体验，以此建立使用者和新闻报道之间的互动关系。目前，沉浸式新闻主要包括全景新闻和虚拟现实新闻：全景新闻的受众主要通过移动端来浏览新闻，利用手指或鼠标实现互动；虚拟现实新闻则需要借助可穿戴设备（VR眼镜、头盔等）实现具有在场感和情境感的体验。

"看新闻"正在转变为"感受新闻""体验新闻"，这种接受和感知上的转变，反映了深度融合趋势下沉浸式报道发展的进程。沉浸式新闻的最大特点在于营造了在场体验：受众置身其中，投入了对新闻场景的信任和情感，仿佛身临其境，而新闻报道内容也趋于可感知、可参与、更真切。沉浸式新闻打破了对新闻报道的传统划分，直播、短视频、动画、数据新闻、H5等可视化产品形态，改变了以往报道静态呈现的方式，为受众可视化阅读带来了全新体验。

伴随着5G时代下VR、全息投影以及可穿戴设备等的普及，人类社会将加速迈进一个高度智能与实时交互的沉浸传播时代，并将重新定义传播形态。实际上，虚拟现实技术作为元宇宙的核心技术，正在驱动着一场数字新闻业的变革，在近十年的新闻实践中已经初露锋芒，美联社、《纽约时报》《赫芬顿邮报》《今日美国》《卫报》和BBC等都对虚拟现实新闻进行了大量投入，有人甚至认为此变革堪与五个世纪前古腾堡创造的"新闻革命"相媲美。沉浸式新闻不只是发生于用户在一个虚拟现实的临场体验中，它还处于一个更复杂的背景下：数据驱动的新闻、可视化信息的扩散、基于数据集创建和导向的媒体商业模式、新闻的平台化特征，以及新技术所驱动的社会结构性变革、人的功能性新需求。

在全新的沉浸传播时代，网络被重新定义为一种联结的背景，各种媒介都将重新在"泛连接"中找到新位置。沉浸传播包容了过往的一切传播形态，将大众传播与人际传播更紧密地融为一体，正如麦克卢汉所说的"处处皆中心，无处是边缘"。在此环境下，人本身成了一种媒介，媒介是人体的延伸，时间和空间的界限消弭，身体与技术、感官与媒介的交互得以持续，最终被"自然化"。

7.3.5 传感器新闻

"传感器新闻"（sensor journalism）最早出现在美国，近年来逐渐从概念变成了现实。哥伦比亚大学教授弗格斯·皮特（Fergus Pitt）认为，传感器新闻是在互联网逻辑下，依靠大数据形成的非独立新闻报道类型，是依托传感器与互联网技术相融合来抓取数据，可供媒体进行新闻内容制作的一种方式。

传感器是一种信息收集工具，极大地延伸了人类感官，它能感受到被测量的信息，并将其按规律转换成为电子信号或其他形式，以完成信息的记录、传输、存储、显示和控制流程。互联网时代传感器无处不在，从电子芯片、GPS、智能手机到无人机、卫星。正如弗格斯·皮特指出的那样：目前，传感器的种类与数量正在不断增加，其获取信息的能力也在不断增长；而与此同时，越来越多的调查型新闻记者、使用计算机进行报道的记者与其他新闻从业者都开始使用传感器。我们特地将无人机报道纳入传感器新闻的领域，不仅因为其近年来所受到的巨大关注，也因为它将人的视觉这一感官延伸至更远处，远超出人力所能及。

从新闻生产角度看，传感器扮演着两个角色。一是作为信息采集工具的传感器。这个层面的传感器，可以见人所未见，知人所未知，可以在一定程度上帮助人们突破自身局限，从更多空间、更多维度获得与解读信息。二是作为用户反馈采集工具的传感器。传感器可以采集用户的心跳、脑电波状态、眼动轨迹等身体数据，准确测量用户对于某些信息的反应状态，并将用户反馈深化到生理层面。传感器是比传统媒体更强大的"人的延伸"，它们可以代替人的眼睛、耳朵等去探测和感知，从而将麦克卢汉所讲的"媒介是人的延伸"演绎得淋漓尽致。

传感器新闻兴起源于两大因素：一方面，媒体是数据信息的重要应用者，通过对传感数据的分析、挖掘可以发现常规新闻中不能发现的意义和价值，从支离破碎的信息中发现规律和趋势，有助于引导受众在体验中获取信息；另一方面，传感器的硬件部分越来越便宜，传感器不仅广泛应用于政府、企业和科研单位，就连日常生活中的智能手机也配置了定位感应器、录音摄像装置以及收集个人生理数据的感应APP，通过传感器采集数据信息的成本大大降低了。

传感器在传播领域具有广阔应用前景，如今，天气预报、无人机新闻等都是常见的传感器新闻，其作用主要体现在：（1）丰富并优化了新闻源，促进媒体内容繁荣和多元化。传感器新闻改变了信息采集模式，突破了时空束缚，带来了更加接近真相的可能、解释真相的新角度，减轻了新闻真实性与报道周期缩短之间的对抗压力。（2）实时全景监测，为突发报道和预测性报道提供依据。突发事件发生时，"媒体大脑"不仅能在几秒钟内完成一篇MGC新闻推送，还可以通过传感器对消息源进行监测，利用大数据展开更加精准的预测性报道。（3）重新定义传播反馈机制，定制化服务更精准。不仅是在生产环节，传感器还使用户反馈"从意见层面深化到人体生理与心理层面"，有利于传播效果监测和市场策略调整。

凯文·凯利说过，"我们会继续给自己制造的事物添加新的传感器和感官功能""每样事物都将获得视力、听力、GPS定位能力"，技术成为人类的"第二层皮肤"。在传感器新闻具体实践中，多样态的传感器作为新闻消息源，在秩序、内容、语境等层面体现出明显的物质性特征，并在新闻的生产与传播过程中发挥"物"的能动性，通过与人的传播互动，逐渐编织起覆盖人与人、人与物、物与物/环境的庞大传播网络。在智能物体作为信息采集者日益普及时，物-人间的直接信息交互也将成为常态，由"物"所监测或感知的某些信息，也许通过物-人信息系统就能到达目标受众，这会使得专业媒体的中介意义被削弱。

7.4 生态重构：未来已来

数字媒介带来的传播革命正在根本性地重构着各种社会关系、改造着社会基本形态，也就是整个社会正在按照新的传播机制、法则和模式来进行自身业态和架构的重建，"深度融合"成为时代发展的现象级潮流。在整个社会从"媒介化"到"深度媒介化"过程中，元宇宙作为一种以技术为基础的数字文明的聚合形态，正在从想象走向现实，将为传媒业发展以及互联网市场格局带来深刻变化。

7.4.1 "媒介化"社会到来

现代社会中，媒介正在扮演越来越重要的角色，甚至成为形塑社会发展的核心力量。媒介作为连接人类的"中介物"，已不仅仅是作为内容资讯的中介者，它已经成为新社会形态的构建者：媒介跨界成为促进社会重构的基础设施，各行各业都在进行媒介化变革，用媒介传播模式、运作机制、发展逻辑进行自我改造，借助媒介的力量拓展运营，媒介凭借高科技加持的优势，成为政治、经济、文化要素的激活者、连接者和整合者，在社会架构、运行中，成为设计者、组织者以及推动者，人、社会与媒体三者关系的紧密度达到了前所未有的程度。

近年来，随着数字技术的飞速发展，媒介在社会中的地位发生了转变，越来越多的传播学者洞察到新技术引发的媒介环境变革：传播媒介的数量不断增加、类型日益多元，多种形式的媒介逐渐整合并融入日常生活，现代社会已经完全被媒介所"浸透"（permeated），以至于媒介再也不能被视为一种独立于文化和其他社会机构的存在。"被媒介浸透"成为当代文化和社会的一个关键特征，媒介不再"抽离"于社会，而是成为社会内部结构的一部分。于是，媒介日益融入其他社会制度与文化领域的运作中，同时自身也成为社会制度，而社会互动——在不同制度内、制度之间以及社会整体中——越来越多地通过媒介得以实现。

人类传播活动历经了口语传播、文字传播、印刷传播与电子传播四个阶段，随着媒介技术的更迭，媒介逐渐居于社会与文化变革的核心位置，并不断推动着社会各领域转型。媒介角色转型分为三个阶段。（1）"工具性"角色。早期，媒介作为信息载体，扮演着传输信息的工具性角色；即便到了文字传播阶段，媒介也是统治者用来巩固政权合法性以控制民意的工具，普通大众几乎无法接触到文字媒介，这种情况一直持续到15世纪印刷术的普及。（2）"中介性"角色。报纸的诞生使民意的汇聚与表达成为可能，公民逐渐开始参与政治生活；广播电视诞生后，与报纸共同构建了一个大众传播时代，大众媒介成为人类传播与互动活动的中介。（3）"媒介化"趋势。数字技术发展和信息化社会的崛起，使得信息传播呈现出"裂变式"模式，媒介已经渗透社会生活的各个方面，媒介不再被视为一种静态、稳定的社会机制，而是被当作一种引发社会结构变迁的动态性过程。

如今，媒介嵌入了日常生活，日常生活被"媒介化"，媒介化行为与日常生活相互渗透融合，媒介化行为成为生活方式。媒介曾是一种特殊资源或权力，或被视为可以影响文化和社会的事物，或被看作是个人和组织可以加以利用、实现不同用途与目的的手段，但随着传播革命的深入，媒介不再仅仅是受制于社会结构的一个子系统，而是通过对日常生活的全面渗透，成为建构社会的基本动力。

德国学者温弗里德·舒尔茨（Winfried Schulz）认为，媒介化来自媒介的三大功能：传播功能、符号功能与经济功能。舒尔茨把媒介化对人类行为的影响归为四类。（1）延伸。媒介技术扩展了人类的交流能力，使传播行为克服了时间与空间的局限性，并通过提高逼真度、生动度或审美情趣等提升了传播能力。（2）替代。媒介部分或者全部取代了社会行动及社会制度，并改变了它们的性质，使得面对面的交流活动不断减少。（3）融合。媒介活动与非媒介活动之间界线模糊，媒介越来越多地渗透到了社会生活和专业化领域中，媒介使用成为个人生活和社会生活的一部分。（4）适应。媒介的存在导致了社会改变，不同专业领域的组织或个人接纳媒介操作信息的方式，并且有意识地按照媒介逻辑开展交流与行动。

丹麦学者施蒂格·夏瓦（Stig Hjarvard）认为，"媒介化"往往意味着媒介、文化和社会之间关系的长期、大范围的结构性变迁，应当被看作与全球化、城市化和个体化同等重要的一个现代化过程，媒介将社会关系从现有语境中剥离，并重新嵌入新的社会语境之中。夏瓦将媒介视作一种独立的社会机构，"媒介逻辑"是其具有的独特方式及特质，深刻影响着其他制度与文化社会，而媒介化正是指其他社会机构遵从于"媒介逻辑"而发生的历史性转变。在现代社会语境下，尤其是数字社会到来后，媒介的社会动能更加强大，媒介对于人、物、社会的连接是空前的，人们甚至能感觉到，媒介图景就是社会图景的写真或高仿。

媒介化已经成为社会发展的重要推动力，媒介化社会是社会媒介化的结果，是媒介与社会间互动关系的一种表述。童兵、张晓锋等人认为，媒介化社会形成有三重逻辑：一是媒介技术演化结果提供了媒介化社会形成的技术支撑力，为社会不断媒介化提供了可能性；二是受众对信息的需求、依赖构成了媒介化社会形成的主体牵引力，是媒介化社会形成的必要前提；三是现代社会"环境化"展示了巨大的媒体影响力和建构性，是媒介化社会的必然后果。媒介融合、信息依赖和环境建构三重逻辑交织在一起，构成了媒介化社会的建设性力量，一个全部社会生活、社会事件和社会关系都可以在媒介上展露的媒介化社会得以显现。

近年来，互联网和数字技术推动媒介化进入全新阶段，数字媒介作为基础设施和"操作系统"，前所未有地与社会现实紧密交织。作为一种结构性力量，媒介既是如影随形的"物"，又是无法逃离的"境"，更是无处不在的"力"。因此，学者尼克·库尔德利（Nick Couldry）与安德烈亚斯·赫普（Andreas Hepp）主张用"深度媒介化"来概括、阐述媒介化在数字时代的新特征，以此探究数字媒介作为基础设施建构社会的过程和基础性作用，以及它们自身被重构的过程。

赫普认为，"深度媒介化"是媒介化的高级阶段，在这个阶段，社会的所有元素都与媒介发生着深刻关系，社会建构在特定时刻被委托给特殊的、与媒介相关的技术手段，比如数字化浪潮使人们有可能将某些形式的能动性委托给算法。在深度媒介化社会中，数据、算法等成为最核心的驱动力，不仅增强了人的能动性，还从根本上塑造了社会的基础设施，改变了人所处的社会组织形态。在深度媒介化时代，与人们打交道的可能是不同媒介所交织形成的"媒介集群"，此时的媒介直接转化为了生成、组织整个社会的一种基础设施，人们生活的城市被转化为即时生成数据、处理数据和存储数据的巨型自动化反馈系统，人类自身也只是庞大传播网络中的一个个节点，他们不再对媒介的演变过程产生主导性影响，相反他们常常作为媒介技术体系中的"具体化"媒介而参与到传播活动之中。

赫普提出，"深度媒介化"包含五个定量特征。（1）媒介终端的日益多样化。信息和内容在不同的数字平台上穿梭流动，媒介具有将原本不属于媒介的自然物或技术物转化为媒介物的能力。（2）互联网体系中与日俱增的连接性。数字媒介不仅加强了人与人的连接，还包括人与物、物与物的连接，甚至延伸至自然环境中。（3）永久连接所带来的传播遍在性。数据流动超越空间和时间局限，给个体生活带来前所未有的便捷性和快捷度，使个体"永久在线"、无处逃遁。（4）媒介科技的持续性创新。媒介科技发明和生产加速，推动社会节奏全面加快，既使得人们的日常生活更加智慧化，也将带来新的危机。（5）数据化趋势的出现。数据化成为媒介建构社会的主要方式之一，个体需让渡一部分隐私权以获得便捷的平台服务。

喻国明、孙玮等学者认为，"深度媒介化"是不同于"媒介化"的新理论范式：媒介化描述的是媒介传播技术变革和社会变迁之间的全景式关系，但以互联网与智能算法为代表的数字媒介作为一种新的结构社会的力量，其作用于社会的方式与以往任何一种"旧"媒介都不同，它下沉为整个社会的"操作系统"，所引发的是根本性和颠覆性的社会形态变迁。从"媒介化"到"深度媒介化"的变革意味着，互联网等数字媒介引发的传播革命正在史无前例地改变社会的基本形态，传播不再只是社会结构中一个组成部分的功能，而是构成了整个社会形态的基本要素，传播编织的网络就是社会结构本身，或者说是对传统社会结构的一种替代。

7.4.2 元宇宙：新生态图景

元宇宙并非新词汇，它酝酿、产生、演绎于文学影视和游戏作品中，至少已有 30 年历史。1992 年，美国作家尼尔·斯蒂芬森（Neal Stephenson）[①] 在科幻小说《雪崩》（*Snow Crash*）中，首次提出元宇宙（Metaverse）的说法，描述了一个平行于现实世界的虚拟世界，所有现实生活中的人都有一个网络分身，在现实世界中地理位置彼此隔绝的人们可以通过各自的"化身"进行链接。随后，《黑客帝国》《阿凡达》《头号玩家》等电影，对"化身""虚拟世界"等亦有涉及。受斯蒂芬森启发，2003 年林登实验室推出游戏《第二人生》（*Second Life*），这是一个开创性、现象级的虚拟世界，人们可以在其中社交、购物、建造、经商，它不是单纯的游戏，而是拥有强大的世界编辑功能与更发达的虚拟经济系统。

凯文·凯利提出过一个全息圈（holos）的概念，与元宇宙有些类似。他在《必然》一书中写道，"人类开始用微小的智能让没有生气的物体变得活跃，把它们编织进云端机器这张大网中，并将数十亿心智与一个超级心智相连""用玻璃、铜和电磁波组成神经，人类这个物种开始将所有的地区、过程、人口、人工制品、传感器、事实和概念编织成一张复杂到难以想象的巨网"。他将这张巨网称为"全息圈"，复杂程度已经大大超过了人类大脑，不只是加入虚拟关系，人类会紧密相连并汇入一个全球性母体，超级网络推动着新需求和新欲望。

2021 年，元宇宙概念迎来爆发。3 月 10 日，沙盒游戏公司 Roblox 在纽交所上市，被称作"元宇宙第一股"，上市首日市值突破 400 亿美元，引爆了科技和资本圈；10 月，Facebook 将公司名称改为"元"（Meta），扎克伯格曾多次在公开场合表示元宇宙是互联网的未来，将在五年内把 Facebook 转型为元宇宙公司；此后，亚马逊、微软、谷歌、苹果、英伟达等头部企业竞相入局，围绕着与元宇宙相关的硬件、软件，提出发展方案。在国内，字节跳动收购虚拟现实设备公司小鸟看看（Pico），投资"中国版 Roblox"代码乾坤以及摩尔线程、熵智科技等公司；腾讯不仅参投 Roblox 的 G 轮融资，马化腾还在内部刊物上发文称，移动互联网将迎来下一波升级——全真互联网。在新冠肺炎疫情背景下，元宇宙已经构成了独特的历史事件、科技事件和经济事件，也构成了独特的社会运动。

元宇宙不是平行于现实世界的一种存在，而是既超越现实世界，又与现实世界相融共生的"混合现实"，它是一种全新的数字文明形态。从本质上说，元宇宙不是一项技术、一个产品、一个场景，甚至也不是所有技术的集合体，元宇宙其实是一种数字革命以来发展起来的全部技术与社会现实融合的文明形态——数字文明是人类文明发展的全新阶段，它将使人类进入一个有更高自由度、更高灵活性、更多体验性、更强功效性的超现实世界之中。事实上，元宇宙作为一个具有科技和人文元素的系统，并非一次性创造的新事物，而是一次再发现。

[①] 尼尔·斯蒂芬森是美国著名的赛博朋克流科幻小说家，也被公认为"元宇宙"的正式提出者。

尽管目前对元宇宙的最终形态还没有定论，但并不影响元宇宙"标定"媒介化社会的未来生态图景。在区块链、交互技术、电子游戏、人工智能、智能网络、物联网等六大技术支撑下，元宇宙的基础架构在于连接各技术体系、重组各技术要素，通过全面融合、有机整合，将实现现实世界和虚拟世界的连接革命，进而成为超越现实世界、更高维度的新型世界，描绘和构造未来社会的愿景形态。

从传播的角度讲，元宇宙就是人类社会的"深度媒介化"，传播环境和传播现实发生了根本性改变，固有的传媒业发展模式已经失效，在威权丧失、个体平权化的网络社会，单向度传递公共信息的大众媒介日益被边缘化。传媒业正经历着新生力量主导的发展逻辑迭代，大众媒介能否通过"深度融合"实现传媒场域重塑，能否从信息提供者升级为社会生活组织者，成为一个紧迫的时代命题。

7.4.3 "媒介融合"再解析

1983 年，美国学者伊契尔·索勒·普尔（Ithiel Sola Pool）在其著作《自由的科技》中提出了"传播形态聚合"的概念，认为在电子信息技术的影响下，传统的相互隔离的传播模式将会改变，媒介形态将会逐渐交叉融合，呈现出多功能一体化的态势，这一想法成为"媒介融合"一词的"先驱"。从狭义上讲，媒介融合指不同的媒介形态融合在一起，形成新的媒介形态；广义的媒介融合不仅包括媒介形态的融合，还包括媒介功能、渠道、传播手段、所有权、组织结构和产业形态等诸多要素的融合，而且涉及社会各领域、行业的跨界合作。

近年来，人类信息技术的发展进入了加速通道，数字信息技术正在汇聚成为推动媒介融合发展的主导力量，媒介融合是数字传播的必然归宿。那么，在"深度媒介化"和元宇宙正在来临的时代，究竟应该怎样理解"媒介融合"？

首先，从技术层面看，媒介融合是数字技术主导的"再媒介化"过程。在数字媒介赋能个体的泛众化传播时代，传统媒体不得不借助多种手段向新媒体平台拓展，不管是入驻第三方平台还是自建端口进行内容聚合、分发，传统媒体都成了新媒体的内容供应商之一，新媒体成了传统媒体抵达用户的"中介"。数字媒介带来的社会化信息生产和关系赋权机制，稀释了传统媒体之于公众的必要性，传统媒体要直接实现与公众的信息和意义勾连已十分困难。因此，媒介融合其实是数字媒介对传统媒体的"收编"，融合的主导力量是新兴数字媒介，这带来了传媒产业边界拓展与格局变迁，技术平台方正在成为传媒场域内的关键行动者。

其次，从价值层面看，未来媒介融合很可能实现媒介与人的"交织互嵌"。任何媒介的发展都是人的连接自由度的扩大，现实世界与虚拟世界的边界不断融合，"人的解放"程度加深，用户将生产、创造和消费能力集于一身，进而被赋予了更多社会性意义。经由媒介技术，人与环境发生了前所未有的融合，主客体的边界正在逐渐消失，这也意味着，人与媒介的区分渐渐消失了，媒介正在不断地嵌入人类自身。用户本身成为融合的关键节点，媒介融合已经超出了媒介本身，即将迈向一种主体层面的融合，以期实现技术逻辑与生物逻辑的交织互嵌。

再次，从功能层面看，大众媒介要完成从信息提供者向社会生活组织者转变。新兴数字媒介强调的不再是直接的内容生产，而是将信息生产发布权赋能给个体与社会后，通过广泛地连接与再连接来创造更多功能，传媒业不仅仅是公共信息的提供者，也是社会关系的建构者，是社会架构的运行者和社会生活的组织者。因此，媒介融合应该是以媒介的连接性为基础逻辑的、跨行业跨领域的"宽融合""泛融合""大融合",那种死守内容生产传播的狭隘做法或内部敲敲打打的"小融合",完全是南辕北辙。媒介融合应以自身品牌和在地性资源为基础,链接更多社会资源、商业资源、生活资源,这才是互联网逻辑下媒介融合的主线,也只有这样的融合才能破解传统媒介的生存危机,进入"柳暗花明又一村"的新境界。

最后,从实践层面看,媒介融合要尽快从渠道转型到市场、需求融合上来。媒介融合既不能站在生产者(传播者)的角度"唱卡拉OK",也不能将注意力都集中在"渠道"上,更不能只顾传统内容的那"一亩三分地",而是必须从市场需求、用户需求环节的洞察起步。进一步而言,大众媒介、传统媒体应该借助媒介深度融合成为所谓的"平台型媒介"——提供一系列连接、整合、激活和基础条件构建的服务,为所有内容生产与分销的个人与机构服务,为他们提供一系列创新与成功的保障性条件,包括设立运行规则、构建生态平衡、提供基础服务等。

"媒介融合"也被称为"媒体融合",虽然"媒介"与"媒体"两个词的含义有差异,但目前对二者并没有做出明确的区分。在我国,媒介融合变革具有典型的自上而下推进的特征,国家层面系列政策文件的出台、高层重要讲话的发表为其指引了方向。2014年8月18日,中央全面深化改革领导小组第四次会议审议通过了《关于推动传统媒体和新兴媒体融合发展的指导意见》,由此,媒体融合上升成为国家战略,2014年也被视为"媒体融合元年"。

2018年11月14日,中央全面深化改革委员会第五次会议审议通过了《关于加强县级融媒体中心建设的意见》,明确指出县级融媒体建设是新时代治国理政的新举措,是强化新闻舆论阵地、提升社会治理水平、加大风险防范力度的有效方法。2020年9月,中办、国办又印发了《关于加快推进媒体深度融合发展的意见》,进一步提出推动传统媒体和新媒体在体制机制、政策措施、流程管理、人才技术等方面加快融合步伐,尽快建成一批具有强大影响力和竞争力的新型主流媒体。

过去十年的探索中,我国媒体融合演进具有以下鲜明特征。第一,政策引领始终是推进媒体融合的风向标。人们所熟悉的新型主流媒体、四全媒体、从相加到相融、"新闻+"等诸多提法,大部分都来自政策文件甚至最高领导人之口。第二,数字治理与数据驱动始终是媒体融合的重要抓手。数据已经成为基础性资源、重要生产力和关键生产要素,面对大量新场景新模式新业态,完善数字治理路径、开发数据资源等已成为重中之重。第三,构建现代传播体系始终是媒体融合的主要目标。互联网重构了国家、社会和个体之间的关系,传统媒体只有适应技术变革、顺应新的市场需求,构建开放式现代传播体系,才能实现融合目标。

当前,许多媒体已经摆脱了单一业态,逐渐演化成为一种以连通性与多元性为特质的媒介多元体。在未来的融合中,媒体作为社会组织的结构性效用将被持续强调,媒体也将作为一种基础设施嵌入到社会结构的运作之中,从而成为国家治理的单元体以及社会意义的建构者,传媒业的发展前景也将更为多元广阔。

【延伸阅读7-2】

安吉县融:4.87亿元背后的秘诀

4.87亿元,是安吉县融媒体中心2022年交出的营收成绩单。

2023年上半年,营收同比增长更是达到38%,全年营收有望实现"坐6望7"。

安吉只是一个常住人口不满60万、未能位列全国百强县（市、区）的小县，其融媒体中心营收却能高居全国第一，它背后的运营秘诀是什么？

取得这样的成绩并非偶然。在做好主业的基础上践行"新闻＋政务服务商务"理念，将其做新、做精、做细、做全，实现媒体价值增值，就是安吉县融媒体中心的基本经验。

2014年，安吉在全国率先探索县级媒体融合发展，整合原安吉广播电视台和安吉新闻宣传中心，成立了安吉新闻集团，实现县级融媒体的机构重组、平台搭建和传播流程再造。

2021年，在全国县媒融合基本完成之时，安吉又率先深化第二轮体制机制改革，明确融媒体中心主抓新闻主业，新闻集团负责产业经营。近年来，安吉县融的主要做法包括：

第一，"融媒＋文创"。每年筹办演艺、会展、培训等大型活动300场以上，并承制各类宣传片、汇报片、公益片100余部。文创产业连续五年实现15%以上增长，其中，2018至2022年，文化展演收入分别达到862万元、1 149万元、2 295万元、2 400万元、2 600万元。

第二，"融媒＋智慧产业"。安吉智慧广电建设起步较早，2014年实现了"村村通"数据光网、"村村用"信息平台、"村村响"音频广播、"村村看"视频监控的全域覆盖，获国家软著、专利46项，2019至2022年，智慧产业营收分别达0.28亿元、0.58亿元、1.3亿元、2.1亿元。

第三，"融媒＋旅游＋电商"。安吉是"绿水青山就是金山银山"理念诞生地、中国美丽乡村发源地和绿色发展先行地，具备强烈品牌效应。2022年7月，"安吉优品汇"平台上线，不仅将安吉的产品推送给消费者，还和知名景点、星级酒店、高端民宿等合作，为消费者提供消费券和房产推介，吸引消费者到安吉旅游、购置房产，带动二次消费，为乡村振兴提供支持。2023年，"安吉优品汇"将拓展会员1万多名，预计总营收5亿元以上。

此外，安吉县融每年研发支出占总收入的3%以上，自主研发的融媒体系统和数字化应用已在浙江、山西等24个省份300多个市县落地，技术输出累计创收3 500余万元。

未来5年，安吉县融的目标是：总营收突破10亿元。

第八章　平台战略

互联网时代，数字连接和平台模式不仅颠覆了众多经济和社会领域，重新定义着人们生活、工作和娱乐的方式，而且还改变了当今世界——以平台为导向的传播变革、经济变革为社会整体和商业机构创造了巨大价值，包括扩大传播、促进增长、创造财富并满足人类需求。因而，数字技术支撑的互联网平台已经成为驱动新经济发展的新引擎，也成为大多数新公司、新商业模式的基础与内核。

在传播领域，互联网的成长与数字化融合重塑了传媒市场和消费方式，更激烈的市场竞争因此出现，调整组织结构和厘清商业模式至关重要。这不仅给传统媒体带来了巨大挑战，也带来了新的商业契机：在网络效应的影响下，不同产品与服务之间的边界变得模糊，那些在平台末梢处的"长尾"看起来也将变为现实，平台战略正在改变传媒业价值链，传媒经济从规模经济向范围经济转变。

传播领域的生态体系和运行法则已经改变，媒介形态变革与更迭只是表象，伴随媒介形态而延伸的媒介功能则是本质。在这个过程中，媒介平台发挥的作用越来越重要，平台成为媒介资源的聚合器和传播关系的协调者，连接社会关系网络和人际关系网络。未来会有这样一个平台，能让所有人在上面找到自己的通道，找到能激发自己活力的资源，让每一个个体在上面都能各得其所，这也应该是未来媒介发展的主流模式——构建一个平台型媒介，以人的社会关系和社会关联作为半径来构造传播的生态型平台，媒介管理和运作也在这个平台上进行。

8.1 平台模式崛起

平台是一种基于外部供应商和用户之间的价值创造、互动的商业模式，它利用科技连接起生态系统中互动的人、机构和资源，创造意想不到的价值并进行价值交换。平台商业模式的精髓，在于打造一个相对完善、成长潜能强大的生态圈，连接两个以上的群体，弯曲、打碎了既有的产业链。互联网平台是继市场、企业之后的第三种资源与利益组织方式，毫无疑问，平台的崛起改变了商业法则。

8.1.1 平台改变世界

平台概念并非近代才出现。历史上，它曾被广泛运用，古代欧洲的市集和我国的集贸市场就具有平台的雏形。平台也是一个听起来简单，但是具有变革性的概念，它大范围地改变了商业、经济和社会。在任何一个行业中，只要信息是其最重要的组成部分，那么，这个行业就极有可能被平台改变，包括一些产品本身就是信息的传媒、教育行业，以及任何能获得顾客需求、价格变动和市场趋势的企业。实际上，很少有行业或企业被排除在外，平台无处不在。

近年来，那些快速发展的全球品牌正在被平台公司所主导。在美国，互联网公司巨头苹果、谷歌、微软、亚马逊、Meta（脸书）等，无一不是采用平台模式；在我国，除了阿里巴巴、腾讯、百度三大互联网巨头之外，新兴的字节跳动、滴滴、美团、快手、拼多多等互联网新贵，也纷纷利用平台模式"开疆拓土"。

对比《财富》全球500强企业2012年和2022年榜单，不难发现一个现象：仅仅十年时间，石油、汽车等传统公司不断退出榜单前10，2022年，转型后的沃尔玛以及亚马逊、苹果、CVS Health等4家平台型公司跻身全球500强榜单前10，而十年前的前10却几乎没有一家平台型公司（表8-1）。

表8-1　2012年和2022年《财富》全球500强企业前10

排名	2012年			2022年		
	公司名称	营业收入（百万美元）	利润（百万美元）	公司名称	营业收入（百万美元）	利润（百万美元）
1	荷兰壳牌石油	484 489	30 918	沃尔玛	572 754	13 673
2	埃克森美孚	452 926	41 060	亚马逊	469 822	33 364
3	沃尔玛	446 950	15 699	中国国家电网	460 616.9	7 137.8
4	英国石油公司	386 463	25 700	中国石油	411 692.9	9 637.5
5	中国石化	375 214	9 452	中国石化	401 313.5	8 316.1
6	中国石油	352 338	16 317	沙特阿美公司	400 399.1	105 369.1
7	中国国家电网	259 141.8	5 678.1	苹果公司	365 817	94 680
8	雪佛龙	245 621	26 895	大众公司	295 819.8	18 186.6
9	康菲石油	237 272	12 436	中国建筑集团	293 712.4	4 443.8
10	丰田汽车	235 364	3 591.3	CVS Health	292 111	7 910

从市值来看，目前世界上市值最大公司前10大部分已经是平台型公司了（表8-2），普华永道（PWC）根据全球上市公司2023年3月31日的股票市值排出了"2023全球市值100强上市公司"榜单，市值前五中有四家公司采用了平台模式，它们是苹果、微软、ALPHABET INC（谷歌母公司）和亚马逊，中国的互联网平台公司——腾讯和阿里巴巴在这份榜单中分别位列第11位、第32位。

表8-2　2023年全球市值100强上市公司前10

排名	公司名称	总部所在地	所属行业	股票市值（亿美元）
1	苹果公司	美国	信息技术	26 090
2	微软公司	美国	信息技术	21 460
3	沙特阿美公司	沙特	能源	18 930
4	ALPHABET INC（谷歌母公司）	美国	通信服务	13 300
5	亚马逊	美国	非必需消费品	10 580

续表

排名	公司名称	总部所在地	所属行业	股票市值（亿美元）
6	英伟达	美国	信息技术	6 850
7	伯克希尔	美国	金融	6 760
8	特斯拉	美国	非必需消费品	6 590
9	META（脸书母公司）	美国	通信服务	5 500
10	维萨	美国	金融	4 640

平台模式已经释放出了强大力量，崛起也是不争的事实。如何理解平台变革？平台企业为何能够获得快速成长？从价值创造角度来看，大多数传统企业采取的经营模式是一种"管道"（pipeline）系统，管道一步步创造和传递价值：公司首先设计产品或服务、制造产品，然后投入市场进行销售或交付，最后用户出现并购买产品或服务。管道业务具有简单、单向特征，也被称作"线性价值链"。而平台机构则完全不同，不同的用户——一些是供应商、一些是顾客、还有一些身份模糊的人，利用平台进行连接和互动，供应商、顾客和平台都进入一个关系网络中进行交换、消费，共同创造某些价值，由此，线性价值链被改变了。

这种改变看起来非常简单，但蕴含的意义令人震惊。平台之所以能够打败管道，是因为它带来了革命性变化。第一，平台消除了"守门人"，从而使规模化更加有效。管道是由低效率的守门人管理着从供应商到顾客的价值传递，消除守门人给各环节带来了更多自由选择。第二，平台开发了价值创造的新来源。在平台市场里，供应方特性已经改变了，不仅没有库存，闲置产能还能得以共享，交易成本显著降低。第三，平台借助数据工具创造了反馈回路。平台汇集了社群观众对内容质量的反馈或顾客对供应方服务的评价，市场交互变得越来越高效。第四，平台颠覆了公司形态。平台价值是社群用户创造的，平台商业必须将工作重心从企业内部转向外部社会，公司运作模式也随之发生了根本性颠倒——更加关注企业或业务外部的人、资源和功能，强调生态系统治理超过了产品优化。

平台不仅改变了商业，而且正在改变社会与生活。荷兰学者何塞·范·迪克（Jose van Dijck）提出了"平台社会"概念，他认为平台已经成为当今社会的基础设施，对经济、社会、政治、文化等进行着深度渗透，同时改变着政府、平台与用户之间的关系，并使三者关系出现了新的博弈张力。欧美社会中，苹果、亚马逊、谷歌、脸书和微软已经成为控制信息传输节点最重要的五大平台，它们几乎控制了人们数字生活的各方面，在这个由私有化平台控制的平台型生态中，政府和非政府组织等公共机构不得不依靠它们来传播信息，并与用户互动。更为严重的是，如果公共机构或公共信息服务不接入这些平台生态系统的话，就根本无法从这些私有化的核心平台中获益，因为这些平台系统通过垄断，已经逐步形成独特优势，这些平台很有可能正在成为政府、公民、社会之外的第四极。

8.1.2 平台网络效应

网络存在于一系列的环境中——社会的、组织的和产业的，包含着许多可能的关系形态和形式，网络产业的结构包含着互联和连接。早期网络行业如电力、通信、交通等，存在规模经济和自然垄断的倾向，但由于技术的飞速进步，网络的内涵在不断发生变化，最初的计算机网络阿帕网已经演变成了今天的互联网,而数字技术还在继续改变网络的形式,网络经济未来仍将呈现出多种可能。与传统产品相比,网络产品具有巨额沉没成本、低边际成本等特征,大多数产品为数字产品,规模经济的作用范围发生了变化,网络还具有强烈的外部性特征。

1985年,经济学家迈克尔·卡茨(Michael Katz)和卡尔·夏皮罗(Carl Shapiro)指出,不论是物理网络还是虚拟网络,都存在着"网络外部性",即一个使用者从产品消费中得到的效用随着同一产品的消费者数量的增加而增加,这种现象揭示了用户数量与产品价值之间的正反馈关系。网络外部性也被称为"网络效应",它的含义是:市场上存在许多产品,用户消费某一产品得到的效用随着消费该产品用户数量的增加而增加,也就是说,用户使用产品的效用依赖于其他所有用户的数量,但是市场均衡却无法反映出这部分外溢的效应。

网络效应意味着,网络的价值会随着别人对它的共享而增加,对产品和服务更高、更广的使用量能够给予使用者更大价值。平台商业模式具有典型的网络效应,因为用户数量对平台价值创造的影响巨大。平台网络效应分为两类:积极的网络效应指一个巨大而管理完善的平台社区具有的、为每一个平台用户创造重要价值的能力,它是平台公司价值创造和竞争优势的源泉;消极的网络效应是指管理不善的平台社区的增加,能够减少为用户创造价值的可能性。在平台模式中,网络效应代表了一个新的、由科技创新驱动的经济现象,其典型特征包括:

首先,只有当网络规模达到临界点以后,网络效应才能充分发挥作用。"临界点"是指网络产生的价值超过产品本身和竞争对手产品的"点",在网络规模达到临界点之前,产品通常比较脆弱,对于用户价值不大,此时平台公司面临的挑战是创建足够的初始价值,以激励用户在早期使用某种产品或服务。以太网的发明人之一罗伯特·梅特卡夫(Robert Metcalfe)发现了一种量化网络效应的方法:一个网络的总体价值与连接到这个网络的用户数量的平方成正比。他曾用这个方法来说明以太网的价值及其发展——当用户人数很少时,网络发展缓慢、停滞不前,而当用户数量越过临界点后,网络获得爆炸式增长,网络效应出现。

其次,网络效应改变了竞争的性质,可能促成个体公司对市场的主导,形成赢家通吃局面。网络效应出现时,对供应商来说最重要的是赢得并保持用户对其产品或品牌的认同感,因为先期进入市场者具有先发优势,大多数用户不愿意承担转移成本,即中断熟悉的产品或服务转移到相对不太流行的品牌以及兼容性不高的服务上,这种情况被称为"供应商锁定"。在平台模式中,"供应商锁定"提升了平台效用,使得竞争者很难挤进同一条赛道,最终将推升优势平台的市场占有率,形成赢家通吃的局面。但过度的"供应商锁定"和平台集中会形成垄断,对市场发展具有潜在的伤害,甚至导致网络崩溃以及市场失灵。

再次,网络效应取决于网络规模,并以间接的或双边的形式存在。间接的网络效应是指某种产品的用户数量对另外一种产品的价值以及用户效用不存在直接影响,比如对于一项特别的专利标准或系统的使用者来说,只要一个新增的用户购买由那个标准或系统所支持的产品或服务,一份间接的益处就会产生,更多的使用量会使这个系统的产品更流行、更普及、更便宜。在双边市场存在的地方,一部分用户数量的增加可以给另一个不同的用户群体带来裨益,这种情况被称作双边网络效应,比如大多数媒体在双边市场中运行——同时服务于用户和广告商,媒体可以从广告商那里收取费用,并为用户的使用行为提供补贴。

最后,网络效应促使平台公司的关注重点由内部转移到外部,平台价值源于参与它们的社群。一方面，作为网络的节点之一，用户已经成为产品或服务价值的主要来源，依靠需求侧规模经济建立用户价值优势是核心策略。另一方面，网络效应起作用时，平台公司的关注重点必须由内部转向外部，人力资源管理从员工转向大众，创新从内部研发转为开放式创新，让参与者创造价值的活动从内部生产部门转移到外部的供应商和用户。平台发展不再依靠横向整合和垂直整合，而是依靠功能整合和网络协作，对外部事物的管理能力成为竞争关键。

8.1.3 平台颠覆与反噬

平台模式的目标是将生产者和消费者聚合在一起，使他们能够进行信息、商品或服务以及货币的交换。平台会给参与者们提供一个加入即用的基础设施，包括软件工具和平台规则等，目的是让交换变得更加方便，且能够使交换各方互惠互利。平台通过模块化设计，有效解决了复杂产品或服务以及进程问题，也重建了平台的结构体系——这也是最大限度增加价值创造的需要。互联网和数字技术的快速发展，不仅消除了一些市场进入障碍，而且促进了产业融合，跨地域、跨行业、跨所有权的平台商业组织不断涌现，颠覆性变革正在各领域不断上演。

在传媒和通信领域，近年来不断消解的并不仅仅是地理性的市场边界，在某种程度上，不同类型的媒体和通信产品、服务之间的界限也变得模糊。曾经人为划定的、用以界定某一特定产品和服务市场的边界甚至消失了，对报刊、电视和通信行业的划分正在失去意义，数字化融合贯穿了通信产业和媒体内容生产、发行的所有环节，数字技术使曾经分立的产业领域和产品市场聚集到一起。因为可以采用相同的技术来完成数字信息的捕捉、标签、储存、包装和发布，媒体产出可以更容易地被再包装，以适应多种形式的分发和传播。数字技术还促进了新形式内容的发展，并将互动和多层次效果包含在媒体产品中，这又刺激了融合型设备的发展，例如智能手机和媒体播放器，同时也影响到传媒和通信组织的运营和公司策略，适应互联网变革、建立多元化数字平台成为必然选择。

数字平台的蓬勃成长，给传统媒体行业带来了极大的冲击与威胁。互联网能在不考虑印刷、运输、零售和投递等传统分销成本的情况下，将新闻、信息内容直接传播给环球读者，这使得新闻报刊行业的运作模式完全被颠覆了。与此类似的情况还有：伴随着亚马逊在数字出版行业越来越成功，已经迫使不少线下书店和出版机构关门；苹果在线内容商店 iTunes Store 以及网飞（Netflix）流媒体服务的兴起，又让多少电视台和唱片商叫苦不迭；阿里巴巴、腾讯、百度以及今日头条对在线广告的挖掘，已经让传统媒体赖以生存的二次售卖模式不断式微。在这些新兴平台中，互联网不再只是销售渠道的角色，它还扮演了创新的基础设施以及协调机制的角色，平台正在利用外界的行业生态以新的方式创造价值。

这种由科技进步和模式创新带来的颠覆性变革，就是经济学家熊彼特所说的"创造性破坏"。在平台模式中，主要体现在三个方面。第一，资产与价值脱钩，即实体资产的所有权与使用权分离。资产使用者不要求拥有产权，这让资产得以充分利用并创造最大经济价值，如此一来，使用效率和价值将大幅提升。第二，中介重构。平台不断引入新型中间人，替换掉不可扩展的低效率中间代理人，以扩大平台在市场中的调节能力，使参与者以前所未有的力量与效率联结到一起。第三，市场集合。平台将无序的市场集合起来，更好地服务于广泛分散的个体和组织，改变了此前用户多以偶然方式参与交互的格局，从而创造出新的效率。

虽然网络平台的爆炸式增长带来了利益，但大量平台的兴起给监管带来巨大挑战，因为平台模式也有潜在危害，甚至出现反噬现象。在我国，自2020年以来，平台的无序扩张已经引起监管者的高度关注，并作出了一系列重大处罚决定：

2020年12月，国家市场监管总局宣布对阿里巴巴涉嫌滥用市场支配地位行为进行立案调查，次年4月10日，阿里巴巴被罚款182.28亿元；2021年4月，国家市场监管总局对美团涉嫌滥用市场支配地位行为立案调查，同年10月8日，美团被处以罚款34.42亿元；2021年7月，国家互联网信息办公室依法对滴滴全球股份有限公司涉嫌违法行为立案调查，次年7月21日，滴滴被罚款80.26亿元；2020年11月3日，监管部门紧急叫停蚂蚁金服上市计划，并对其展开反垄断、反洗钱、数据安全等方面的调查，2023年7月7日，中国人民银行、国家金管局等部门对其罚款71.23亿元，腾讯旗下的财付通也被罚款29.9亿元。

从以上案例不难看出，平台公司发展得太快，或者网络规模过于庞大，极有可能带来负面或消极的网络效应，主要表现在以下方面。（1）滥用市场支配地位。某些平台取得优势市场地位后，为巩固市场版图或打击竞争对手，有可能采取"掠夺性定价"、限制跨平台访问甚至操控消费者和市场的策略，这些做法抵制有益的创新，给行业发展带来危害。（2）泄露数据隐私。平台收集用户及使用者数据的能力越来越强大，这不仅给平台带来了反馈和回报，也带来了数据滥用和用户隐私泄露的可能，这是人们长期以来一直怀疑并且担心的问题。（3）危害信息安全。互联网的普及增强了平台行为的复杂性，比如不少国家都对数据访问权限控制有本地化要求，即不能在国际范围内存储和处理业务数据，平台企业如果违反就可能危害信息安全。（4）税收与劳动权益。平台企业跨地区、跨行业甚至跨国界经营比较常见，各类新型业态层出不穷，合理征税成了一个越来越困难的问题；平台企业用工形式多种多样，也比较容易与现行劳动法规形成冲突。

随着各类平台兴起，其阴暗面也不断暴露在阳光下，进一步加强平台监管，制定合理有效的平台治理规则，使之更好地服务于价值创造和经济增长，已经势在必行。平台自身也需要持续加强自律，不断优化平台运行管理规则，以协调、平衡政策要求及各主体利益诉求，唯有如此，平台经济才能够持续健康发展。

【延伸阅读8-1】

被罚1.376亿元，知网缘何惹众怒？

CNKI，即中国知网，始建于1999年6月，作为"中国知识基础设施工程"的载体，其内容建设由中国学术期刊（光盘版）电子杂志社负责，技术服务由同方知网技术公司承担。

近年来，通过与期刊界、出版界及各内容提供商合作，知网已发展成为集期刊、报纸、各类论文、工具书、年鉴、专利标准、海外文献资源于一体的具有国际领先水平的网络学术平台。知网日更新文献量5万篇以上，越来越多的读者将其作为日常工作和学习的平台。

知网本应该是一个公益属性大于商业属性的组织，但事与愿违，人们看到的是一个不断商业化的知网，巨大的利益使其不断爆出负面新闻，知网实际上已经严重变质。

2019年开始，中南财经政法大学89岁的退休教授赵德馨发现，知网在未经授权的情况下收录了自己的160多篇论文，不仅从未收到过稿费，而且自己下载还要向知网付费。"太欺负人了""这些网站对学者不尊重",2020 年 8 月,赵德馨教授将知网告上了法庭。

2021 年 12 月初,此案被媒体曝光后,国内迅速掀起一股声讨知网的舆论声浪。12 月 10 日,知网发布道歉声明,全面检查在互联网业态下的著作权保护与使用授权方式。

2022 年 5 月初,北京知识产权法院终审判决,知网构成对赵德馨作品信息网络传播权的侵害,老教授获赔经济损失、诉讼费、律师费等 70 余万元;5 月 12 日,知网登门道歉。

2022 年 5 月 13 日,国家市场监管总局根据前期核查,依法对知网涉嫌实施垄断行为立案调查;6 月 23 日,国家互联网信息办公室约谈其负责人,对知网启动网络安全审查。

2022 年 12 月 26 日,国家市场监管总局认定,知网存在滥用市场支配地位实施垄断的行为,依法对其做出行政处罚决定:责令知网停止违法行为,并处以罚款 8 760 万元。

2023 年 9 月 1 日,国家互联网信息办公室认定,知网运营的手机知网、知网阅读等 14 款 APP 存在违反必要原则收集个人信息、未经同意收集个人信息等违法行为,依法作出网络安全审查相关行政处罚决定,责令停止违法处理个人信息行为,并处以罚款 5 000 万元。

网友评论,无论是知识侵权还是垄断行为,"知网事件"彻底暴露了平台的傲慢。不仅如此,知网的行为破坏了市场秩序,妨碍了学术文献传播和知识分享,损害了知识创新的生态环境,并且毛利率高达 50% 以上,知网早已背离建设"中国知识基础设施工程"的初心。

知网被查被罚,再次给所有平台敲响了一记警钟:越是头部平台,越要依法规范经营,积极履行社会责任。不断在法律边缘试探,甚至逾越底线,最终只会失去信任、失去市场。

8.2 构建媒介平台

传媒业推行平台战略,是数字化产业融合与媒介组织形态变革的必然。在媒体行业中,互联网和数字技术对传统媒体不断进行解构,不仅重组了传媒价值链,而且促使了许多公司采取与生产和内容资产相关的多元化平台策略。为了应对市场和产业边界急速模糊的趋势,大部分传统媒体正在向新的生产方式迁移,"平台型媒体"的出现就是一个有力佐证,它成为未来传媒转型发展的主流模式。

8.2.1 传媒价值链重组

在传媒经济学的分析中,经常会出现"价值链"概念。它是哈佛大学终身教授迈克尔·波特(Michael Porter)提出来的,价值链是他用来分析竞争优势来源的基础性工具。波特认为,竞争优势源自企业为买方创造的价值,大多数来自成本领先、差异化以及集中战略等方面,但如果总是把企业看作一个整体,就很难识别、理解其竞争优势,因为企业的竞争优势来源于企业在设计、生产、营销、交付和产品支持等方面的活动,这些活动代表了企业应用价值链的方式。价值链将企业行为分解为与企业战略相关的活动,内嵌在企业价值体系中。

在价值链视角下,企业开展产业活动都是按照一定次序进行的:生产活动从上游初期环节开始,包括市场调查、产品设计、原材料采购等;然后进入产品生产环节,产品得到处理和精炼,包括包装、赋予品牌意义等;最后,通过广告宣传、市场营销、售后服务等环节,产品销售给了消费者,价值活动结束。价值链概念假设了一个从生产到组装和加工,再到最终与消费者交接的序列，价值不断地被加入每个环节中。其中，价值链的表现是垂直的、线性的。

价值链理论非常适合用来分析传统媒体的产业结构。对传媒业来说，的确有许多环节存在这种垂直的、线性的价值链，它连接着生产者和消费者，主要包括：首先是媒体内容生产，采编新闻信息、制作广播电视节目或制作网络传播内容；其次是把媒体内容组装成产品，印刷一份报纸或杂志，提供一项电视或广播服务；最后是把成品发行或销售给消费者。尽管许多传媒公司在双边市场中运营，但传媒业本质上还是为消费者提供传播服务的产业，任何传媒公司价值活动的核心仍然是供应内容，并以合理价格向潜在受众进行多次销售。

但现如今，上述情况发生了根本性变化，很大程度上是因为互联网和数字技术发展带来了极具变革性的力量。比如，对于任何想发布内容的个人来说，互联网和社交媒体极大地降低了进入成本；而对于想要看视频或听广播的人来说，广播和电视台不再是唯一渠道，基于网络传输的媒体服务已经开始流行。普遍而言，传媒市场的传统边界已被侵蚀，因为互联网没有形状、没有边界，但可以跨越国界进行通信并传播数字内容，它的快速成长重塑了传媒价值活动的环境与模式。

以出版业为例，这个存在于人类社会数百年的产业，在数字技术和互联网生态的洗礼下，其运营模式和价值活动发生了重大改变，产业价值链已经被重组。传统出版业的价值链是单向的、直线式的：作者酝酿出自己的作品后，将其交给出版社或公司；然后，出版社在众多书稿中筛选出他们认为符合市场需求的作品，经过修改、编辑、美术设计后，由印刷厂印制、包装成书；之后，再由经销商将成书运至各地零售书店等分销场所，最终被读者购买（图8-1）。在这一系列价值活动中，价值链的前一个环节都在尽力与下一个环节协作，并将各自的成本和利润加入产业链，最后体现在图书的售价上，这种传递是垂直而封闭的。

图8-1 传统出版业的线性价值链

数字出版的运营模式完全不同。数字出版利用数字技术进行内容编辑和加工，并将内容转化成为数字形式，通过互联网和移动设备提供在线阅读、下载、购买等服务，可以使读者随时随地获得书籍、杂志、报纸等电子出版物。在数字出版模式中，原本处于传统产业链两端的创作者和读者，不仅可以直接互动、交流，还可以按需定制，以付费等形式"催更"，创作者与读者都有彼此选择的自由，多样化供给与多元化需求得以匹配。在此过程中，传统出版社所扮演的把关人角色被削弱，数字出版平台不仅直接连接起了生产者和消费者，而且立体化了传统出版业原本垂直的价值链。不仅如此，广告商、市场创新者以及利益相关方都参与进来，市场结构变得更加扁平、更加发散，数字出版平台扮演着连接者、组织者、协调者的角色，为各方提供网络接口、软件等基础设施（图8-2）。

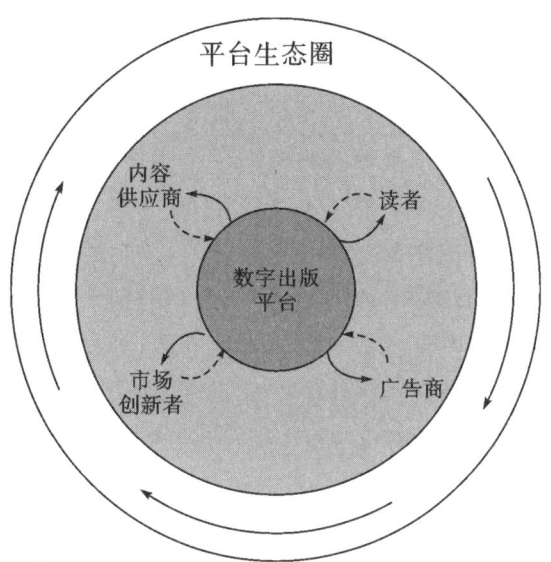

图 8-2 数字出版平台生态圈

在传媒行业其他领域，情况也大体如此：抓紧向数字平台过渡或者构建新型平台生态圈，已成为大势所趋。这种情况也表明，传媒行业的价值创造活动已经变得复杂而多元，市场结构正在从"线"到"面"，垂直封闭的传统媒体价值链正走向开放，呈现出一种类似网络的弥散状态。美国学者亚德里安·斯莱沃斯基（Adrian Slywotzky）提出的"价值网"概念，很好地解释了这一现象：由于互联网日益发达，顾客需求不断扩大，企业应将传统的价值链变为价值网，价值网突破了传统的单一的价值链，不再独立地看待企业，而是把企业和合作伙伴联系起来，还把相互独立的用户联系起来。简单来讲，价值网不仅关注供应，而且关注为用户、公司和供应商创造价值，它是一种以用户为核心的价值创造体系。

8.2.2 平台型媒体出现

2014 年 2 月 7 日，美国社交网站 Sulia 的 CEO 乔纳森·格里克（Jonathan Glick）发表了《平台型媒体的崛起》一文，构造了"platisher"（平台媒体）这个缩略词，随即引起了广泛关注。当时，格里克敏锐地感知到一种处于平台商（platform）和出版商（publisher）的交集之中、兼具二者特性的新兴互联网平台出现，并将这种平台命名为 platisher，以强调其内容和技术的混合属性。格里克认为，平台媒体是一个能同时满足用户和广告商快速生产内容，并且具有综合信息处理、差异化品牌推广和提供独家内容等"编辑基因"的互联网平台。

但对平台媒体最好的定义是自由撰稿人杰罗姆（Jerome Sun）提出的：平台媒体是指既拥有媒体的专业编辑权威性，又拥有面向用户平台所特有的开放性的数字内容实体。也就是说，平台型媒体不单靠自己的力量做内容和传播，而是打造一个良性平台，向所有内容提供者、服务提供者开放，使其价值能够尽情体现。平台会致力于平衡和多元健康的规则设定，以营造一个具有某种自清功能的传播"生态圈"，在此基础上，平台型媒体本质上是一个开放性和社会性的服务平台。

作为网络社会的重要枢纽，平台型媒体连接起了各类节点之间的关系链条，并与依托其上建立的数量庞大的自媒体、专业媒体、机构媒体一起构成实时在线、滚动更新、即刻分发的新闻生产与信息流通体系，进而编织出了巨型传播网络。平台型媒体依靠技术创新、资本驱动和海量用户构建起强大影响力，最大特点是内容的社会化生产和基于社交链接的用户黏性，大致可以分为两类。

一类是基于资讯定制的平台型媒体，其特征是提供满足用户个性化需求的"千人千面"信息，如 Buzzfeed、今日头条、天天快报等。此类平台利用技术手段，整合互联网中庞杂的新闻资讯，通过智能算法对用户使用习惯、内容偏好等进行挖掘和分析，为用户提供高度差异化、个性化、定制化的信息服务。资讯定制类平台型媒体打通了信息传播所有环节，不仅确保信息丰富，而且实现了信息价值，使得所有媒介都成为其可用的信息源。不仅如此，内容生产与发布平台的深度融合，实现了聚合性的全面外延，即新闻信息与信息渠道的双重聚合。

另一类是基于网络社交的平台型媒体，其最主要的功能是社交连接，如 Facebook、Twitter、微博、微信等。此类平台型媒体发挥着社会关系建立与维护的重要角色，交互性是其显著特征，也是吸引用户使用的主要原因。基于网络社交的平台型媒体侧重即时化传播，信息的生产、发布、转载和反馈几乎是零时间或者趋向零时间。在微博和微信朋友圈中，当一条信息受到关注或评论即受到追捧时，这种信息流动模式就会产生核分裂效应。信息通过信息源的即时传播，以及大规模关注者的信息即时再传播，就有可能实现即时扩散。

宋建武教授认为，未来媒体将是平台型（平台化）媒体：一是指提供公共信息及其他信息的传播、交流、互动的平台，二是指它将在互联网生态系统中存在，其功能不仅仅是信息传播。平台型媒体必须拥有强大的用户黏性与吸附能力，能够建立与外界的全面连接，使公众在平台上进行充分的信息交流。传统媒体通过聚合原有资源，发挥打通社会方方面面的能力，是有可能建立起平台型媒体的，核心就是要把传统能力在互联网上建立起来，不仅能够聚合海量用户，还要能够清晰分析和深入挖掘，进而为用户提供更有价值、更全面的服务。

平台经济学和价值网理论都认为，平台是以为用户创造价值为导向的，通过建设大型平台系统，开放各类信息与服务接口，汇聚各方资源以满足参与者多样化的需求。一般来说，一个功能完善、架构合理的平台型媒体具备以下特征。

一是强吸聚性的信息传输渠道。平台型媒体打破了各类互替代性小的传统媒体渠道之间的共存局面，由入口、通用介质空间、平台交互中心、终端等组成。其中，入口是搭建平台、获取用户的第一步，在这一入口内部，用户就可以通过媒介接触获得绝大部分体验，入口内的活动占据了互联网用户的大部分上网时间。已经有不少学者认为，如今对平台的争夺实际上就是对于互联网入口的争夺。

二是多重的信息服务价值。平台型媒体不仅吸引了大量的用户和参与者，还注重立足于用户需求和偏好，通过管理整合信息内容、重新定义多种合作方式、为用户提供个性化匹配信息等方式，拓展盈利模式和信息服务价值。通过平台规则和算法，围绕用户需求，开放合作，构建与用户生活场景对应的信息服务产品群，实现价值链上下游和价值网络延展，促进了平台服务的商业生态的形成。

三是与用户的价值共创。网络技术的价值之一，就是将更多信息节点连接在一起，这些节点包括人和物。作为具备主观能动性的用户本身，已经成为网络新媒体产品的全部消费者、部分生产者和重要传播者。根据梅特卡夫法则，当一个产品的用户数量达到一定规模后，它将成为基础设施一样的存在。用户对网络的连通性、延展性有着重要意义，也是构建平台型媒体的最重要因素之一。

8.2.3 媒介的平台化

当今传媒市场中，数字化变革导致受众和广告商行为出现了许多新特征，适应这些新变化、新特征，对于传统媒体来说意义重大。平台型媒体已经展现出勃勃生机，大部分传统媒体也正在向互联网迁移，试图通过数字技术和深度融合来形成平台系统生态，这个过程被称作"媒介平台化"。一般来说，媒介平台化要以两个方面的优势为前提：一是提供更多且更好的内容消费方式，促进对内容资产更为充分的开发利用；二是提供新形式的受众参与机会，数字化和平台传播为创新和高效率提供了机遇，内容提供商与受众之间可以建立起更加紧密的关系。

由传统媒体向媒介平台转变，理解平台运行规则至关重要。媒介平台的运行规则主要有：第一，去中心化与分布式控制。这也是所有互联网平台运行的基本规则，从中心化组织向扁平化的网络结构转变带来的结果是，平台中的事物必须快速"流动"起来，"液态联系"主导着去中心化组织，这种类似于"蜂巢"的分布式控制系统，不仅让媒介平台充满活力，还能够激发网络效应。第二，开放连接成为关键路径。"连接"是互联网价值形成的基本方式，是互联网的根本逻辑，开放与合作已成为对媒介平台的关键性要求，媒介平台需要有能力连接用户、终端、网络和应用就是构建连接的基础。第三，"产消合一"的生产模式。媒介平台不单靠自己的力量做内容和传播，而是允许用户在这个开放的平台上组织、生产内容，并完成信息之间的消费流通服务。"平台＋服务"是未来的发展方向，"产消者"对媒介平台发展起到至关重要的作用。第四，容错机制与协同发展。媒介平台在不断试错中成长，不求产品和服务完美无缺，但一定要注重用户反馈，持续进行迭代升级。媒介平台将拓展市场力量，并利用第三方供应商增强平台价值，通过相互依赖的产品和服务构建生态系统。

媒介平台正在超越内容传播层面的价值，通过多元化服务来构建生态系统，促进参与者之间的协调并进一步创造价值。那么，传统媒体能够利用互联网平台"借船出海"吗？近年来，也有不少媒体花很大力气、很多精力发展第三方平台，常见做法就是拼命做大微信、微博、今日头条、抖音等平台的公众号，一些媒体大号动辄也有几千万、数百万的粉丝量，一些媒体甚至将此当成主要融合成果而四处宣扬。实际上，这是一种典型的虚假繁荣——因为与这些粉丝有关的数据都被互联网平台所掌控，他们并不是媒体真正的原生用户，看上去热闹而庞大的"流量"是商业平台的，媒体只是这些平台的内容供应商和廉价"打工仔"，依然是在"为他人做嫁衣裳"。有研究者将这种现象称为"种别人的田、荒了自己的地"，所谓"借船出海"只是权宜之计，并不是真正的媒介平台化。痛定思痛，传统媒体的决策者们已经意识到："借船出海"不如"造船出海"，"没有一个自主可控的主流媒体平台，就没有主流媒体的一切"，失去了平台，就失去了话语权，失去了主流媒体在我国作为最有权威的信息枢纽的功能。

客观地讲，传统媒体打造自主可控的媒介平台并非易事，存在体制、技术、资金、人才等多方面的制约因素：第一，难以获得充足资金。互联网平台快速壮大的催化剂是资本，但传统媒体囿于体制，不仅引入民营资本很困难，由于决策链条长、运营效率低，引入国有资本也存在不少障碍。第二，内容风控能力弱导致难以形成生态。媒介平台需要引入大量 UGC 内容，但 UGC 内容存在较大风险隐患，审核把关难度大，传统媒体又是风险敏感者，因此很难大规模、大范围导入 UGC 内容。第三，难以吸引优秀的人才加盟。互联网平台的本质是技术和创意驱动，竞争的关键在于拥有大量一流人才乃至超一流人才，但传统媒体囿于体制等因素制约，难以建立起行之有效的薪酬、激励机制，对优秀人才缺乏吸引力。

从当前我国传统媒体的平台化转型实践来看，大多数传媒集团还处于探索与试错阶段，但也有一些取得了不错的成绩。比如，湖南广电打造的芒果TV，现已跻身国内互联网视频行业前三，平台日活用户超千万，每年会员收入高达数十亿；上海报业的"澎湃新闻"、浙报集团的"潮新闻"、川报集团的"封面新闻"、南方报业的"南方＋"等平台，近年来发展很快，已经成为媒介平台的代表。

【延伸阅读8-2】

芒果TV：打造自主可控新平台

从金鹰网到芒果TV，从独播到独创，从自制节目到建立芒果生态圈，从差异化会员收费到芒果超媒上市……芒果TV"十年磨一剑"，为传统媒体打造自主可控平台提供了范例。

2004年，湖南广电创办金鹰网，借助2005年《超级女声》所带来的短信红利，赚到了第一桶金。金鹰网最初由湖南快乐阳光传媒公司运营，2009年12月，湖南广电将金鹰网内提供视频直播和点播服务的"芒果网络电视"模块独立出来，命名为"芒果TV"。

当时，视频网站全行业都依靠资本烧钱，缺乏盈利预期，而快乐阳光公司一直无法突破融资瓶颈，因此很长一段时间里，芒果TV基本上都是免费的内容分销平台，籍籍无名。

真正的危机来自移动互联网。从2012年开始，移动互联网快速崛起，人们阅读新闻、收看视频的方式和渠道发生了很大变化，媒体形态和竞争格局也发生了根本性改变。

2013年5月，爱奇艺CEO龚宇造访湖南广电，希望购买湖南卫视的综艺节目版权。年底，爱奇艺以2亿元的价格，买下了《爸爸去哪儿2》等6大热门节目的网络独家版权。

2014年6月20日，《爸爸去哪儿2》在湖南卫视首播、爱奇艺互联网独播，24小时，爱奇艺流量突破5 000万，爱奇艺APP新增下载量日环比增长80％，平均每期一亿多的流量，日均用户覆盖5 078万，领跑整个视频行业，爱奇艺的市场占有率也从第二升至第一。

面对爱奇艺的"优异成绩"，湖南广电却感到恐慌：传统媒体的内容变成了视频网站的流量，内容版权外放必然养大竞争对手。2014年，湖南广电全面启动"芒果独播战略"，也就是湖南广电的内容版权除了湖南卫视外，只在自己的新媒体平台——芒果TV上播出。

芒果TV独播的第一个节目《花儿与少年》，两天点击量即达到561万次，视频点击量、用户下载量迅速增长，两个月就实现了独立用户超过1 000万的目标。独播战略实施后，芒果TV仅用了一年，就达到了那些商业视频网站需要四五年才能累积的用户规模。

芒果TV快速发展也离不开资本助力。2015年初，湖南广电旗下"快乐购"在创业板上市；2018年4月26日，快乐购以发行股份购买资产的方式，收购了快乐阳光、芒果娱乐、天娱传媒、芒果影视、芒果互娱五家公司，公司更名为"芒果超媒"。

芒果超媒2022年财报显示，全年营业收入达137.04亿元，净利润为18.25亿元。2022年末，芒果TV有效会员数达5 916万、日活过千万，已跻身中国网络视频行业前三。

8.3 媒介平台经济

规模经济、长尾理论、范围经济等概念，经常被用来解读传媒经济和平台经济的特征，因为它们背后的经济现象在传媒市场中比较常见。在互联网经济中，企业竞争优势并不完全来自迈克尔·波特提出的"竞争五力"，平台战略使得竞争从企业内部转向了外部的广袤空间，企业运营的目标甚至不再是创造利润，而是彼得·德鲁克所说的"创造客户"。经历十多年的转型探索，媒介平台的运营思维、盈利方式、重点目标逐渐清晰，新的机会和源泉正在涌现。

8.3.1 从"规模"到"范围"

在传媒产业发展过程中，规模经济和范围经济较为常见，但二者范式不同。规模经济又称规模效应，即因市场或经营规模扩大，企业减少了产品的平均成本，带来了经济效益提高，它被认为存在于任何边际成本低于平均成本的产业之中。

在传统媒体垄断市场的阶段，媒体产业的规模经济（效应）得到充分发挥，其表现诸如报刊不断扩版增量、广播电视扩充频率频道等，这是因为，随着传媒产品数量的增多，平均成本下降得很快。在大部分传媒领域中，传媒产品生产的边际成本（每多生产一个产品所花费的成本）很低，在某些情况下甚至可能为零。因此，如果有更多的观众收看（听）节目，更多的读者购买杂志，更多的用户访问网站，媒体平台提供产品与服务的平均成本就会不断降低。随着消费规模的扩大或增加，平均生产成本不断降低，媒体就可以获得规模效应和更高利润。在规模经济主导时期，媒体在结构和功能上反映为以下特征：横向上，报业、出版、广电等集团立足分隔的市场，独立运营；纵向上，中央、省、市、县等不同层级的媒体自成体系，联系松散；此外，媒体功能定位比较单一，以内容传播为主。

然而，随着技术进步和互联网的普及，传媒产业生态发生了重大变化，人们的信息需求和渠道选择趋向多样化、个性化，传统媒体的产能已经明显过剩，不少媒体还走向了亏损，因而纷纷进行供给侧改革，对报刊、频道实施关停并转。从经济角度来说，传统媒体以往的规模效应不复存在，实际上已经进入衰退期。产业经济学认为，根据产业演进的趋势，衰退产业调整的路径主要有两条，一是流程再造，二是资源重组。前者如对媒体生产流程的一体化、智能化改造，后者则意味着传媒业要重新配置资源，有序淘汰落后产能，推动供给结构、产品形态、经营模式、体制机制等多方面变革，激发活力，以应对市场挑战。

当前，在媒介经济领域，范围经济受到越来越多的关注。范围经济基于一个公司同时生产多种产品所可能获得的成本节约和成本效率提升，虽然范围经济也与更多产品被消费带来的成本节约和效率有关，但在范围经济中，成本节约主要来自更多类型和更广范围的产出。如果大规模多元产品的生产和发行可以使一个公司的产品供给价格比多个单独公司分别供应更为低廉，那么范围经济就会出现。随着媒介融合的深入，传统媒体不可能再用一种类型的产品包打天下，而是纷纷转向全媒体信息产品，力求在多元渠道中综合利用以降本增效，如报业已广泛涉足视频、直播领域，所涉及的平台类型、传播介质、产品形态等均已扩大范围。

媒体能够有效实施范围经济，因为媒体产品天然具有一种属性——为一个市场所生产的一种产品可以被重塑后销售到另一个市场中，"波纹理论"恰好可以说明这种情况。波纹理论对传媒生产的启发在于，生产者可以圈层式地生产各类信息产品，实现多层次收益。比如，拥有报纸、杂志、通讯社、电台、电视台和互联网服务的道琼斯公司在面对一个新闻事件时，一般先由道琼斯通讯社提供第一次报道，再由《华尔街日报》新闻网站跟进，接着是道琼斯和 GE 合资的 CNBC 对事件进行报道，随后道琼斯广播继续跟进，然后由《华尔街日报》展开详细报道，接下来由《精明理财》等系列刊物对新闻事件展开深度报道，最后由道琼斯和路透社合资的商业资讯数据库 Factiva 进行数据处理，供收费用户检索，这就是道琼斯著名的"七次售卖"。依据波纹理论完成的生产流程再造，实质上是实现传媒商业利益最大化的一项制度安排，它与电影"窗口理论"所主张的一部电影依次经由电影院线、音像制品、付费电视、免费电影等多个窗口获取收益的实践有着异曲同工之妙，差别仅在于"窗口理论"侧重于销售，而"七次售卖"侧重于生产。无论是波纹理论带来的"七次售卖"，还是"窗口理论"，都形象生动地诠释了传媒范围经济的魅力。

在网络与平台经济时代，"长尾理论"可以帮助人们更好地理解规模经济和范围经济。互联网思想家克里斯·安德森（Chris Anderson）提出了"长尾理论"——最初是一种用来形容线上市场的出现是如何影响零售活动的概念，他在《长尾理论》中指出，文化和经济重心正在加速转移，从需求曲线头部的少数大热门（主流产品和市场）转向需求曲线尾部的大量利基产品和市场，在一个没有货架空间限制和其他供应商瓶颈的时代，面向特定小群体的产品和服务可以和主流热点具有同样的经济吸引力，互联网平台使构建长尾成为可能。

长期以来，"二八法则"似乎是金科玉律，决定着大多数商业活动的开展，但在今天，千篇一律或者说一种产品"卖天下"的时代已经结束，它的地位正在被基于多样化、个性化、复杂化的市场供给所取代。安德森认为，在互联网环境中，如果品种多样化以及储存成本足够低，一些相对而言不太流行的产品能较长时间出现在市场上供消费者选择，那么这些产品与那些满足特定偏好的产品一起，也可以产生较高销售额（图 8-3）。在长尾理论中，"头部"属于规模经济，"长尾"属于范围经济。简单地讲，规模经济就是品种越少、成本越低，通过单一品种大规模生产；范围经济就是品种越多、成本越低，通过小批量多品种生产。

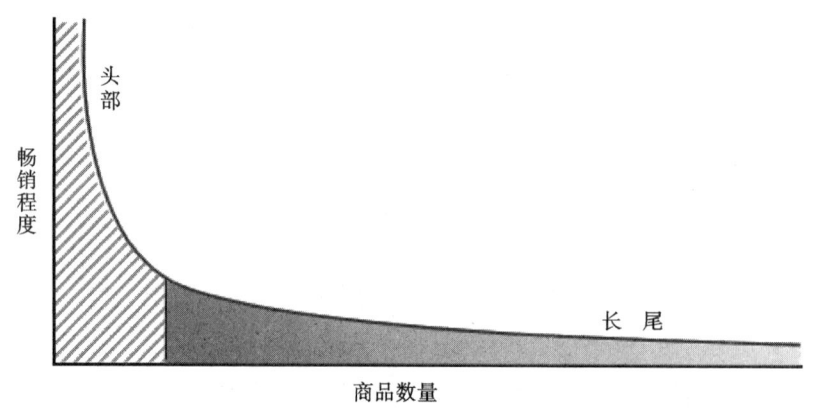

图 8-3 "长尾"模型

大多数成功的互联网平台，都在以这样或那样的方式利用"长尾"拓展范围经济，因为技术正在将大规模市场转化成无数的利基市场。比如，谷歌大部分收益并非来自大广告商，而是来自不计其数的小广告商（广告的长尾）；eBay 做的也主要是长尾生意——也就是利基产品，如车迷收藏的经典汽车或是精心装饰过的高尔夫球杆等。在突破了地理位置和规模的限制之后，这些平台不仅扩展了现有市场，还发现了新市场，而且新市场的规模远比想象的要大。

在数字产品的长尾市场中，传统经济学的两个稀缺性函数——边际生产成本和边际销售成本，正在趋向于零，这也是范围经济出现的重要前提。比如，在图书出版领域，数字图书的发展延伸了出版产业的产品线，同时推出纸质书和电子书不仅意味着读者群扩大，也意味着更低的边际成本，没有必要舍弃任何一种形式；又比如，付费订阅也是典型的范围经济，各类内容产品或数字服务的用户增加而成本不增加，增加的收入几乎是纯利润，如《纽约时报》已经在数字端建立起了这种可持续的经济模式。这些都说明，虽然广告商依然是传媒经济的重要方面，但只对那些处于头部地位的广告商青睐有加的策略可能行不通了，因为在互联网时代，商业场景的呈现是分布式、非线性、发散的，既能赢家通吃，也能聚沙成塔。

总而言之，规模经济是工业社会的产物，但在网络社会中，范围经济会有更大发展空间。在互联网发展逻辑中，做大并不是最重要的，基于开放的广泛连接才是革命性的生产力。对传媒业来说，从规模经济向范围经济转变，不仅仅是媒体调整商业模式的需要，也是媒介生态平台建设的价值取向，必将促进媒体结构和功能重塑：过去因传输物理介质不同而形成的报业、广电分离以及不同层级条块分割的媒体格局将被打破；媒介平台的功能和定位将发生改变，提供的产品和服务将更加丰富多元，媒体将成为社会生活的连接者、协调者和组织者。

8.3.2 平台竞争与盈利方式

多年来，迈克尔·波特总结的"竞争五力"模型，一直被奉为战略管理"圣经"。波特模型指出了影响企业竞争的五种力量：市场新进入者的威胁、替代产品或服务的威胁、买方的议价能力、供应商的议价能力以及现有竞争者之间对抗的激烈程度（图8-4）。竞争五力决定了企业在特定行业内除去资本成本外取得的平均投资回报率，即该行业的盈利能力。企业战略管理的目标就是控制这五大力量，建立一个保护企业的坚固壁垒，从而使其坚不可摧。

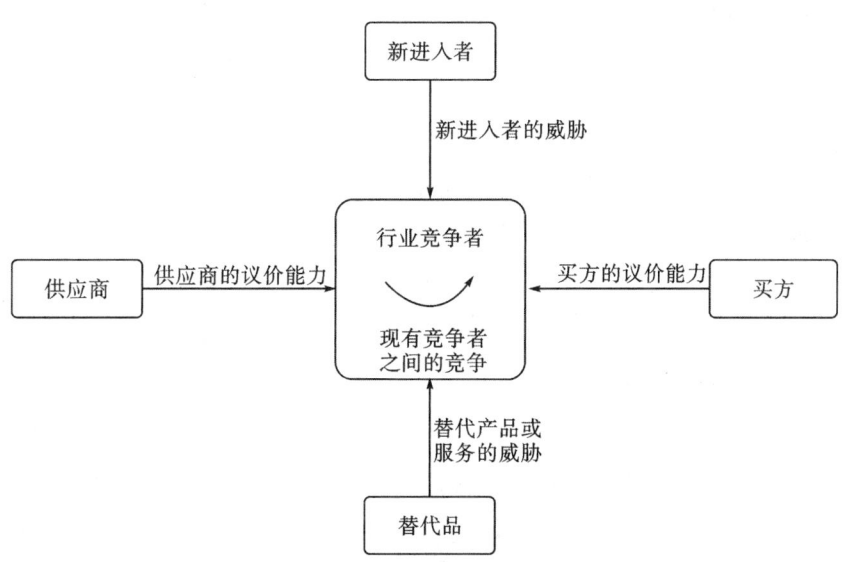

图8-4 波特"竞争五力"模型

但技术进步使产品的生命周期越来越短，互联网连接使得企业可以重新界定工业和地域，因此稳定、行动缓慢的传统企业会败给采用新工具和新技术的敏感性竞争对手。因此，一些研究者转而支持彼得·德鲁克的观点，即企业的目标是"创造客户"，他们认为公司与客户的关系才是唯一持续存在的价值来源。在平台领域，企业竞争战略正在重组。其一，平台可以通过网络效应重塑市场，而不只是对市场作出被动响应。传统企业认为竞争是零和博弈，但这在平台领域中不适用，因为平台企业并不是重新瓜分一块大小固定的蛋糕，而是将其做大。其二，平台扩大了企业界限，甚至彻底颠覆了企业，把管理的影响从企业边界之内移到外部。因此，企业不再需要抓住每个新机会，而是可以只抓住最好的机会，同时帮助生态系统伙伴抓住其他机会，让所有合作伙伴分享共同创造的价值。

在平台经济中，竞争的重要性远远低于跨界协作和共同创造，这种情况被称为"竞合"，即从保护公司内部价值转变为在公司外部创造价值，主要手段不再是命令，而是说服。竞争五力模型中的每一种力量都是单独实体，必须被单独管理，但在平台市场中，制胜战略会模糊参与者之间的界限，从而增加平台上有价值的交互。平台竞争要求不能将购买者和供应商视为要加以控制的威胁，而是要将他们看作创造价值的客户，赞同、鼓励和庆祝他们参与多种角色。

对媒介平台而言，认识到竞争性质的改变只是第一步，转变思维才是关键，而转变思维就是要互联网化，使创新成为一种常态，具体包括三个方面。

首先，内容和服务产品化。互联网对传统媒体的一个重要启发，就是要将内容和服务转变为产品。从营销角度看，一个产品，不仅包含它的核心价值或利益，还应包含消费者购买产品所期待的一整套条件，以及产品可能的附加值乃至价值转化。传统媒体一直将内容看作精神产品，忽略了其作为产品的完整属性，更没有注意内容与社交的关系等附加价值。媒介平台化转型，不能只是以产品形态变化为目标，而是要在新生态中确定产品定位，否则很难对接市场。

其次，以用户为中心，建立广泛连接。传统媒体的受众已经转变为用户，对用户需求的深层次理解是平台生产的起点。媒介平台定位多边市场，用户和关系是其构成基础，连接用户是媒介平台的灵魂。对用户信息进行深度挖掘，包括对用户的内容偏好、行为偏好的分析，既可以从广泛连接中寻觅商机，还有助于提升平台的战略价值。网络时代的消费，更多是参与式消费、体验式消费、分享式消费，在很大程度上也是生产行为，用户既是消费者，也是生产者。

最后，利用网络效应，创新商业模式。挖掘信息消费市场中潜在的网络效应是媒介平台盈利的关键，核心是要构建起一个不断拓展的平台生态圈，让利益相关者交流互动，实现更多价值创造。互联网平台经常采取"免费＋收费"的商业模式，先通过免费内容和服务吸引用户，再通过增值服务等收费服务实现商业价值变现，进而形成商业模式的闭环。媒介平台也是互联网平台，如果要想引爆网络效应，也应该探索"免费＋收费"商业模式，吸引足够的用户。

从实践来看，媒介平台的盈利方式主要包括：（1）原生广告与交易平台。在受众碎片化又再聚合的过程中，平台会形成一个个具有规模效应的用户群，在大数据工具帮助下，为原生广告的精准传播提供条件。同时，内容型平台很可能会延伸出一个广告交易平台，这也是一个谋求利益最大化组织的天然倾向。（2）内容产品深度开发。互联网使信息充分共享成为可能，形成了一种高效率、分布式、低成本的内容生产模式，同质化、碎片化、过载信息的吸引力正在减弱，内容深度开发将是媒介平台价值创造的主战场。（3）内容孵化与经纪。媒介平台具有强大整合能力，是内容商和出版商的结合，进行内容孵化和内容经营的成本大幅降低，差异化、特色化、独占性的内容资源将成为制胜关键。(4) 跨界资源整合。媒介平台以关系和连接为驱动力,将各行业的资源进行聚合及重新构造,再将其与其他社会资源需求者进行对接,这种跨界整合的产业形态促进了平台盈利模式创新。

8.3.3 To C 还是 To B、To G

在电子商务众多的业务模式中,To B 和 To C 是比较常见的两种:To B,即 to business(商业),指企业面向各类商业、组织机构提供产品或服务;To C,即 to consumer(顾客),指企业直接面向终端,直接为消费者提供产品或服务。由于 B 端和 C 端客户的需求不同,因此,选择 To B 或 To C 模式意味着不同的市场定位,它决定了产品设计、运营管理、服务体系等一系列复杂操作(表 8-3)。

表 8-3 To B 和 To C 业务模式比较

比较要点	To B	To C
产品设计	本质是为组织提高生产效率的工具,追求高效实用,迭代较慢,维护和迁移成本高	注重流程与交互设计以及使用者的情感共鸣,快速迭代,以求达到极致的用户体验
决策机制	决策流程比较复杂,涉及部门多、链条长	决策相对简单,冲动而且分散
用户特征	具有集体人格,用户数量不在多而在精	通常用户数量巨大,可以进行细化画像
可拓展性	偏弱	较强
盈利方式	一般为买方支付	大多数采用"免费+付费"模式
售后服务	要求较高、且复杂,需建立客户服务系统	要求一般较低,多为标准化服务

在具体业务中,To B 和 To C 经常混在一起,以传统媒体为例:因为媒体一直处于双边市场之中,To C 业务直接面对读者,为其生产高品质、喜闻乐见的内容产品,To B 业务则面向广告商,为其提供广告信息服务,两种业务模式都很重要。但在互联网时代,内容生产和传播渠道日益多元化、泛众化,UGC、OGC、PGC 成了内容供给侧中最活跃的生产力,传统媒体不仅在内容产能上无法与社会化大生产匹敌,在面对用户多样化、个性化、定制化的信息需求时,也显得力不从心。因此,在向媒介平台转型过程中,还有没有必要死守 To C 业务?

喻国明教授认为,这是当今媒体融合实践中的一个"顶级问题"。不妨换个思路来看未来新型主流媒体的价值定位——能否从传统的、直接为用户生产内容的 To C 模式上退后一步,变成为内容生产提供专业支持、价值服务及操作指导的 To B 模式?正所谓后退一步天地宽,To B 模式正好填补了人人都是传播者时代所急需的为全社会传播提供价值引导和专业服务的市场空白。具体而言,To B 模式的价值展开空间和角色逻辑在于:(1) 为一线传播内容的生产者,特别是不精通专业之道的大众打造方便他们表达自己、表达生活的传播模板。(2) 通过内容、形式和技术手段创新以及传播边界拓张、传播规则的重新建构,激发多元的内容生产活力。(3) 占据大数据与人工智能应用于传播的制高点,利用数据资源、挖掘数据价值等为社会化内容生产和传播沟通提供专业支持。(4) 成为社会信息传播、意见表达和情绪宣泄的协调者和平衡者,这也是未来媒介的责任。

近年来,在 To B 业务中,又细分出来 To G 商业模式,即面向 government(政府)提供产品或服务。严格来说，To G 模式只是 To B 的一个分支，彼此之间有很多共性，但政府（含事业单位）作为 B 端用户也有一些特殊性。比如，G 端采购费用一般由财政预算支付，准入门槛高且受国家政策影响较大，对数据、软件的安全性要求更高，也更加看重产品质量和售后服务。传统媒体在 To G 业务方面具有天然的优势：一方面，传统媒体作为国有事业单位，长期与各级党委及政府部门保持着密切联系，人脉资源深厚；另一方面，传统媒体长期服务于党委和政府部门，互动比较频繁，对他们的产品和服务需求有着非常深刻的理解。

目前，传统媒体的 G 端业务主要包括：(1) 互联网传播服务。具体有政务新媒体、公众号代运营，内容审核与风险控制，内容聚合分发以及内容定制服务等。(2) 政务公开与数据业务。主要有承接政府门户网站运维、政务信息发布，参与政府数据公开、智慧城市建设等业务。(3) 舆情信息与智库服务。跟踪监测政府部门网络舆情，提供相应分析报告、舆情处置、口碑维护等服务；承接政府研究课题，提供媒体智库服务。(4) 线上线下活动以及其他服务项目。承办政府部门主办的各类主题活动、峰会论坛、行业会展、场馆建设等。通过拓展 To G 业务，传统媒体不仅获得了多元收入以弥补广告下滑的损失，更为重要的是，传统媒体能够以此为起点，进一步连接政府、社会、企业各方面资源，推动媒介平台化转型。

除此之外，基于互联网的媒介平台也不局限于线上，它也可以从线上延伸到线下。此类业务模式被称为"O2O"，即 Online To Offline，是指将线下的商务机会与互联网结合，让互联网成为线下交易的平台。这个概念延伸得非常广泛，只要产业链涉及线上线下，就可以统称为"O2O"，国内也有一些媒体进行过尝试。总之，在未来媒介平台的商业模式构建中，To B 和 To G 模式将较长时间占据主导地位，但也不排除某些 To C、O2O 模式取得突破的可能。

第九章 技术赋能

科技已经成为推动世界发展和社会变化的主导力量。在人类漫长的进化历程中，曾长期需要赤手空拳应对各种困难和挑战，而各种工具的使用，使人类应对能力有了革命性跃升。人类文明史，就是一部科技发展史，卡尔·雅斯贝尔斯（Karl Jaspers）将技术定义为：技术是通过科学的人来支配自然的过程，其目的在于塑造人类生活，减轻人类困境的负荷，使其赢得令人满意的环境优势。

工业革命以来的技术变迁，使人类进入了发明大爆炸的时代，人类利用技术改造自然和社会的能力越来越强，机械化和电气化浪潮席卷了一切。但这并不是终点——在最近三十多年里，数字技术和互联网再次来袭，新的通信技术、信息技术、网络技术正在重新定义社会的政治、经济、文化及其运行规则。近年来，人工智能技术又有了里程碑式的临界突破，科学技术开始从相对纯粹的工具性向人类引以为傲的人脑功能转向，给人类文明进步带来无限可能。

纵观当代社会，媒介已成为一个基础性的架构，技术也成为一种关键性的驱动力量。5G、大数据、云计算、区块链、人工智能等技术以及智能算法，正在重构互联网时代的传媒业，其突出特征是：一是为产业赋能，二是为个体赋权。正如凯文·凯利所言，科技不再是一个名词，而是成为一股力量——一个推动我们前进或者阻挡我们的充满生机的精灵，科技是一个动词，而非一种物事。

9.1 技术认知论

技术有其自身的发展逻辑，它不仅仅是工具和手段，也是一定社会的伦理、政治、经济与文化价值的体现。任何技术都有它产生和发展的根源，技术认知就是一种文明认知，对人们理解媒介技术及其与社会的关系具有重要意义。媒介技术发展总是与社会的演化变革结合在一起，新技术蕴含着各种各样的可能性，既推动着传播变革，也作用于文化、经济变革。

9.1.1 媒介技术与社会发展

媒介作为信息传递的载体、渠道、中介物、工具或技术手段，在人类传播活动中起着极为重要的作用。媒介技术也称传播技术，指的是人类为驾驭信息传播、不断提高信息的生产与传播效率所采用的工具、手段、知识和操作技艺的总称，它包括三个方面的含义。（1）人类使用的符号体系、文本形式、制作工具、物理载体、采集手段、保存手段、传输手段、接收手段及其知识和操作技艺等；（2）媒介技术发展的动因，来自提高信息生产传播效率的努力，是社会精神生产力的构成要素，也是一个社会或时代的精神生产力发展水平的标志；（3）技术发展所要解决的是实践应用层面上的效率问题，即如何以最方便、最灵活、最快捷、最经济、最有效的办法提高信息生产传播效率，其内在逻辑具有技术理性或工具理性。

技术通过媒介化能够催生新的知识并产生新的文明，这种独特的技术现象正如传播学家哈罗德·伊尼斯（Harold Innis）所描述的那样："一种媒介经过长期使用之后，可能会在一定程度上决定它传播的知识的特征……一种新媒介的长处，将导致一种新文明的产生。"伊尼斯认为，壁画、象形文、字母文以及纸莎草、竹简、书籍、电子设备等媒介物，无不承载着源自不同地域、不同历史时期、风格迥异的人类文明。进入信息时代后，技术媒介化现象更加显著，从电子邮箱、社交网络、即时通信、搜索引擎、电子商务等到虚拟现实、物联网、区块链、人工智能等，媒介技术进一步改变了人们的认知方式、生活习惯和生存环境，技术设备成为生活必需品，并不断塑造出"媒体新世界"和"媒介新物种"。

麦克卢汉"媒介即讯息"强调的是，媒介最主要的价值并不在于具体内容，媒介本身才是真正有意义的讯息，因为媒介技术的基础性作用形塑了社会存在的方式，包括一定形式的社会行为方式、具象的社会结构和文化现象。这也是麦克卢汉对传播媒介在人类社会发展中的地位和作用的一种概括，从漫长的人类社会发展过程来看，真正有价值的讯息不是各个时代的传播内容，而是该时代所使用的传播工具、技术和手段，它所开创的可能性以及带来的社会变革。

在麦克卢汉眼里，媒介概念是非常广泛的，它不仅指语言、文字、印刷物、电话、电影、报刊和广播电视，而且包括各种交通运输工具，甚至服装、住宅、货币、时钟、打字机等，任何能够延伸人体功能的事物，都可以称之为媒介，所以他说媒介是人的延伸。麦克卢汉认为，媒介是社会形态变化发展的决定性因素，每一种新媒介的产生，都开创了人类感知和认识世界的方式，传播变革重构了人与人之间的关系，并创造出新的社会行为类型，人类由"部落社会"到"脱部落社会"再到重新部落化、"地球村"，无不归功于媒介技术的发展与进步。

麦克卢汉从媒介技术角度出发观察人类社会发展，强调媒介技术的社会历史作用，与当今社会"科学技术是第一生产力"的理念不谋而合。媒介工具和技术作为生产力的重要组成部分，对社会变革和经济发展具有强大推动作用，这一点早已被社会发展所证实。但是，当人们的衣食住行、工作娱乐、学习教育等社会生活深度依赖于媒介技术时，媒介技术所带来的负面效应也开始显现出来。尼尔·波兹曼认为，"技术既是朋友，也是敌人"——技术使生活更容易、更洁净，使人的寿命更长，技术给人的馈赠实在是太丰盛；但失控的技术增长毁灭人类至关重要的源头，它造就没有道德根基的文化，瓦解人的精神活动和社会关系。

在《技术垄断：文化向技术投降》（1992）一书中，波兹曼将人类文化和技术发展分为三个阶段：一是工具使用文化阶段，从远古到17世纪，人和技术关系友好；二是技术统治文化时期，开始于18世纪末瓦特发明蒸汽机（1765）和亚当·斯密《国富论》的发表（1776），技术和人的关系开始逆转；三是技术垄断时期，从20世纪初开始，技术与人的关系完全颠倒，文化向技术投降。他进一步指出，"所谓技术垄断论就是一切形式的文化生活都臣服于技艺和技术的统治"，技术垄断带来的威胁是：信息的失控、泛滥、委琐化和泡沫化使世界难以把握，人可能沦为信息的奴隶，个人隐私更容易被机构盗取，常常沦为被人操弄的数字客体……哪怕21世纪过去了多年，这种令人不安的局面仍未得到改善。

对于媒介和技术的关系，国内研究者认为，媒介发展实质也是技术发展，在技术的强大能力面前，在传感器社会和智能机器人的时代，人的主体性正在受到挑战。同时，媒介、技术与人之间的深度关联打开了当代社会的底层逻辑，媒介技术应用必须更加注重社会效益，对价值负载现象需要更加完备的监管机制。

9.1.2 技术进步与媒介生态

近年来，媒介技术进入了一个高速发展时期，各类技术应用令人眼花缭乱，给媒介生态带来了革命性变化。目前，新媒介技术主要集中在以下三大领域。

第一，数字技术。数字技术主要指计算机信息处理技术，即借助一定的设备将各种信息，如文字、图片、声音、视频等，转化为计算机能识别的形式——由二进制代码 0 和 1 所表示的信息，并利用计算机对信息进行处理、加工、存储和传播等。数字技术是信息社会的基础，也是媒介融合时代的核心基础技术，它具有通用性强、抗干扰能力强、精度高、便于长期存贮、保密性好等特点。数字技术对信息传播的影响，不仅体现在它对信息生产与传播各个环节的渗透上，而且大大突破了传统信息传播技术的障碍和弱点，使得信息采集、加工、传输等环节成本不断降低，也使得传播渠道日益多元化，双向互动、交叉融合成为常态。

第二，网络技术。如果说数字技术为多种媒体形式的信息传播提供了统一格式，那么网络技术就为其提供了传播渠道。网络技术是数据通信技术与计算机等终端硬件技术结合的产物，是按照网络协议，通过电缆、双绞线、光纤、微波、载波或通信卫星，将地球上分散的、独立的计算机相互连接集合。计算机网络具有共享硬件、软件和数据资源的功能，具有对共享数据资源进行分布式处理、提供综合信息服务等能力。20 世纪 90 年代，WWW 技术架构的出现使互联网迅速大众化，互联网上的信息传播变得异常活跃；进入 21 世纪，在网络规模和用户数量持续增长的同时，互联网开始向更深层次的应用领域扩展，新一代互联网作为一种技术性概念越来越普及，主要技术包括 IPv6、云计算、语义网、物联网等。

第三，通信技术。现代通信技术一般是指利用有线、无线的电磁系统或光电系统，传送、发射或接收语音、文字、数据、图像以及其他任何形式信息的活动，它不仅拉近了人与人之间的距离，而且提高了经济效率，深刻地改变了人类的生活方式和社会面貌。通信技术是涉及信息传输和信号处理各方面的技术集合，包括电话、无线电、卫星通信、互联网、移动通信和通信协议等许多不同的技术，例如，移动通信技术已经发展了四次革命，分别是 1G、2G、3G 和 4G，而下一代移动通信技术 5G 也已经进入了商用阶段，5G 具有更快的速度、更低的延迟和更广阔的接入能力，将推动物联网、人工智能、智慧城市等应用得到进一步发展。

值得注意的是，当前，数字技术、网络技术和通信技术正呈现出加速融合的态势，这种态势在 TMT 行业表现得尤其突出。TMT 是指科技、传媒和电信三个领域的集合，即 technology、media、telecommunications 三个词首字母的缩写，它是当前信息技术行业的主要载体，融合了大量新兴的信息技术，如人工智能、大数据、云计算、物联网等。TMT 行业中，技术多以 IT 为主，IT 和电信都在向应用、信息、服务、娱乐转型，媒体则在这两股力量交织影响下向新媒体转型。

与此同时，数字技术、网络技术和通信技术的不断进步，并广泛渗透到内容创作、生产、传播、消费等各个方面，使得传媒生态发生了深刻变化，也加速了传播主体、传播内容、传受关系以及传媒组织的商业模式等一系列变革创新：

首先，传播主体的改变。在传统媒体的传播活动中，传播主体是高度组织化的传媒机构，存在单一化倾向，容易导致信息传播的内容来源相对单一，但数字技术和网络技术的应用，使得传播主体多元化了。渠道拓宽了，信息共享也更为便捷，传播平台由纸质、广播、电视变成了互联网数字新闻采编与产业运作平台。传播者也不再只是媒体的编辑、记者，每一个用户都可能成为组织者和传播者，这不仅使信息传播的内容来源极大丰富，也变得更加多样化。

其次，传播内容的改变。以网络媒体为代表的数字媒体，是一种可以集合文字、声音和图像为一体的多媒体平台，智能手机等移动终端的普及使随时随地接受信息成为可能。同时，互联网时代媒体传播内容不断朝着碎片化、泛娱乐化的方向发展：碎片化既指在生活的各个间隙迅速获取所需信息，也指时间被不断地分割；而随着人们生活水平的提高，根据马斯洛的需求层次理论，人们会寻找娱乐的需求，媒体制作的选秀、歌唱类综艺节目等便应运而生。

再次，传受关系的改变。数字技术和网络技术使传统媒体改变了以往"高高在上"的态度，开始向"服务者"方向转型；受众不再是同一传播口径下被动地接受信息，他们会依照个人体验对媒体进行选择。在硬件设备和网络基础设施不断升级的前提下，媒体与受众的关系从 Web 1.0 时代的单向传播到 Web 2.0 时代的双向传播，再到 Web 3.0 时代的全方位传播。受众的声音也越来越多地被听见，受众不再仅仅是信息的接收者和阅读者，更是信息的传递者、制造者、参与者。

最后，传媒组织商业模式的改变。互联网以及移动互联网正在颠覆和重构传统产业，媒体商业模式创新就是基于对传媒行业本质的理解与定位，充分利用新的媒介技术完成互联网化，即通过研究用户需求痛点并为其提供独特的价值体验，融合信息入口和场景入口，从而形成内容、流量、交易的闭环。由于技术、市场、政府规制和社会关系等原因，互联网时代改变媒体组织传统的价值方式，为实现用户价值、企业价值、伙伴价值而创新了商业模式。

9.1.3 数字经济与传媒未来

科技赋能经济发展，最突出的表现就是数字经济。1946 年 2 月 14 日，世界上第一台通用计算机 ENIAC 在宾夕法尼亚大学诞生，标志着数字时代开启。其后，晶体管（1947）、集成电路（1958）、光纤通信（1966）、阿帕网（1969）、微处理器（1971）、万维网（1989）等一系列重大发明相继出现，电子商务、云计算、大数据、物联网、区块链、人工智能等技术商业模式此起彼伏，深刻改变了经济社会，引发了一场新的革命。这场革命源于二战后并延续至今，以计算机、互联网和数字技术为标志，具有指数级增长、数字化进步、组合式创新等特点。

技术变革是一股神奇的力量，数字技术更是如此。任何一项新技术都是由多个小发明、小改进逐渐累积起来的，有一个从简单到复杂、从量变到质变的过程。瓦特改良蒸汽机之前，纽科门蒸汽机（1712 年）已发明 60 多年；人工智能和计算机一样古老，但也只有前些年的深蓝、AlphaGo 到近期的 ChatGPT，才真正挑动人们兴奋的神经。酝酿数十年后，数字技术对生产力的影响变得随处可见，并在互联网时代开始爆发，数字经济就是这种技术爆炸带来的产物。

数字经济是数字技术革命的市场化和产业化，开辟了继农业经济、工业经济之后新的经济形态。2016年，G20杭州峰会发布的《二十国集团数字经济发展与合作倡议》将其定义为："以使用数字化的知识和信息作为关键生产要素、以现代信息网络作为重要载体、以信息通信技术的有效使用作为效率提升和经济结构优化的重要推动力的一系列经济活动。"这个定义准确阐释了数字经济的"三大支柱"含义：（1）新的通用目的技术——信息通信技术，以互联网、大数据和人工智能为代表的数字技术成为新的通用目的技术；（2）新的生产要素——数字化的知识和信息，数据成为继土地、劳动（劳动力）、资本和企业家才能之后新的生产要素；（3）新的基础设施——现代信息网络，基础设施是社会分摊资本，是经济腾飞的基础和底座，5G、数据中心等成为数字经济时代新的基础设施。

近年来，全球数字经济迅猛发展，成为多个国家的先导与支柱产业。中国信息通信研究院发布的《全球数字经济白皮书（2022年）》显示：2020年，美国、中国、德国、日本、英国、法国、韩国、印度的数字经济规模合计达到28.4万亿美元，占全球GDP的33.5%。2022年1月，我国发布的《"十四五"数字经济发展规划》指出，数字经济发展速度之快、辐射范围之广、影响程度之深前所未有，正在推动生产方式、生活方式和治理方式深刻变革，是重组全球要素资源、重塑全球经济结构、改变全球竞争格局的关键力量。在数字经济浪潮的驱动下，国内媒体产业经营也焕发出了新的活力，媒体融入数字经济的意义在于：

首先，有利于建设全媒体传播体系。媒体发展数字经济，能够补齐技术短板、增强产业实力，也能够打开数字经济发展空间，二者都以数字技术为支撑，相互融合既扩大了数字经济容量，也能促进媒体商业模式创新。同时，媒体开发数字产业项目，比如智慧政务、智慧旅游、智慧教育、大数据、电子竞技等，本身就具有较强信息传播属性，也是宣传舆论阵地的延伸，有利于媒体发挥传播优势。

其次，有利于传媒产业高质量发展。当前，数字经济已经成为推动我国经济增长和高质量发展的重要动力，传统媒体必须以开放、连接、共赢的理念，以媒体资源为优势，紧紧抓住数字经济发展机遇，推动数字经济与传统媒体产业融合，深入实施"互联网+""文化+""媒体+"，加快新旧发展动能转换，聚焦新产业新业态，构建可持续的数字化商业模式和运营模式，推动传媒产业高质量发展。

最后，有利于激活媒体存量资源。近年来，传统媒体以培育、并购等方式，相继进入了网络游戏、数字娱乐、网络影视、舆情服务等领域，逐步建立起数字经济平台。在此基础上，媒体仍需进一步激活存量资源，比如利用独有的内容和受众资源，挖掘数据潜在价值，根据受众需求开发各类商品、信息、培训、服务等市场，形成媒体数字经济集群，并培养复合型人才，扩大数字技术人才队伍。

【延伸阅读9-1】

"小镇报纸"的转型之路

在美国北卡罗来纳州一个以伟大航海家哥伦布命名的小镇上，有一家陪伴小镇居民的本地报纸——《新闻记者》（*The News Reporter*），创刊于1896年，迄今已有128岁。

1953年，因冒着巨大危险报道并终结了当地三K党的恐怖主义行径，《新闻记者》与《泰伯城市论坛报》（Tabor City Tribune）曾共同获得"普利策公共服务奖"。

百年报纸身披荣光，本该岁月静好，然而随着数字时代的到来，《新闻记者》还没来得及跟上步伐，就和大多数报纸一样，发行量和广告收入不可避免地出现了下滑。

为了生存，《新闻记者》打起精神，向全新的数字时代进发，开启了艰难转型之路。

首先，做好用户洞察，为改革提供数据支持。通过在网站和社交媒体上发放问卷，收到200份反馈，将其作为改革决策的基础数据。编辑每周分析浏览量最高的、讨论参与度最多的前50个新闻报道，以确定读者更喜欢阅读哪种新闻和报道，根据数据表现提升阅读量。

其次，确立"数字先行"策略，重构业务流程。2018年4月，该报上线了新的官网，并帮助记者们学习掌握数字技能，鼓励他们运用多媒体手段进行报道。同时改变社交媒体运营策略，第一时间在Facebook、Twitter和Instagram上发布数字报道，还在Facebook主页开设视频专栏，回顾一周新闻，预告未来大事，有时也会采访当地新闻人物和名人。

再次，建立付费墙，推出数字和印刷订阅新模式。《新闻记者》不断精简付费订阅方案——从最初的48个缩减到8个，再到最后只有2个：纸质版＋数字版全订阅、纯数字版订阅，价格都是65美元一年，或6.5美元一个月。2019年2月，该报正式推出计量付费墙，虽然最初遭到了一些读者反对，但现在已经被大部分社区居民接受，订阅收入迅速增长。

最后，多元化扩大读者群，拓宽收入来源。该报不仅以略低的折扣价面向企业提供订阅服务，由雇主付费，企业员工都能全端口阅读，还请求长期赞助者为当地学校的老师和学生赞助数字订阅资格，并准备了增值服务——在新闻编辑室为学生们举办讲座。另外，该报还将纸质版定价从75美分调至1美元，虽然整体销量有所下降，但收入依然增长了51%。

令人欣慰的是，"小镇报纸"的改革成果初显——与2018年同期相比，2019年前五个月该报发行收入增长了48%，数字与印刷收入超过12万美元，打了一场漂亮的翻身仗。

9.2 新媒介技术

二十多年来，在媒介生态和传播格局的重塑中，互联网起到了关键性作用。如今，数字技术、网络技术和通信技术已成为支撑社会底层架构的基础性技术，互联网也下沉为整个社会的基础设施和"操作系统"，新技术无处不在。如果将能够应用于媒介发展的技术都归入广义的媒介技术，那么这个阵营是极其庞大而复杂的，主要有5G、大数据、云计算、区块链、人工智能等。

9.2.1 5G

5G是指第五代移动通信系统，在此之前，人类社会已经历四次技术迭代。在我国，从20世纪80年代初出现第一代移动通信系统（1G），到2019年工业和信息化部发放第五代移动通信系统（5G）商用牌照、跨入5G时代，移动通信技术平均每十年左右经历一次换代升级，与传媒业的关系也经历了一个从分隔、接近到融入的过程（表9-1）。如今，移动通信技术已经成为媒介发展的底层技术之一。

表 9-1 从 1G 到 5G 的信息传播

应用时间	移动通信迭代	传输特征	传播介质	行业影响	内容生产演变
1980 年代	1G（语音时代）	模拟信号传输	语音	无	OGC
1990 年代	2G（文本时代）	数字信号传输	短信/彩信 网页	较弱	OGC
2000 年代	3G（图片时代）	高质量数字通信	图片/音乐 视频	报业衰退	UGC/OGC/PGC
2010 年代	4G（视频时代）	高速率数字通信	短视频 移动直播	广电衰退	UGC/OGC PUGC/MGC
2020 年代	5G（智能时代）	增强型移动宽带	超高清 VR/AR/MR	万物皆媒	UGC/OGC/PGC MGC/AIGC

2015 年 9 月，国际电信联盟（ITU）发布 5G 愿景文件，给出了三类应用场景：一是高速率、大容量通信（eMBB）。5G 网络速率大幅度提高，峰值速率可达 10~20 Gb/秒，用户体验速率可达 10~100 Mb/秒，是 4G 的 10~100 倍，即使同时连接多台设备，网络速率也不会下降。二是高可靠性、低时延通信（URLLC）。5G 引入"边缘计算"①，有效缩减了数据传输距离，使其时延可以降低到 1 毫秒、为 4G 的 1/10，低时延对自动驾驶、远程医疗等应用意义重大。三是大规模物联网（mMTC）。5G 网络可以接入大量终端设备，一座基站即使同时接入 10000 部终端也能保证网络畅通无阻，允许接入数量是 4G 的 100 倍，这为大规模物联网应用提供了先决条件。5G 网络还具有能量损失小、流量密度大、定位精准等特点，它带来的广域覆盖和稳定服务使"万物感知""万物互联""万物皆媒"成为现实。

技术变革从来都是媒介和社会发展的重要驱动力，相比 4G 而言，5G 更有针对性地赋能各类生产和服务。一方面，5G 将扩大移动互联网在消费领域的优势，进一步促进新经济的发展；另一方面，5G 应用场景将从移动互联网拓展到物联网、车联网、工业互联网等更为广泛的产业领域，加快实体经济数字化、网络化、智能化升级，全方位推动社会变革和经济转型。5G 对传播的影响主要包括以下方面。

第一，视频成为主要交流手段。5G 具有高速率、高容量、低时延、低能耗等特点，将从分辨率、快速传输、沉浸式等多方面推动视频发展，各类视频更易于传播、获取，视频成为诸多行业关键的数据载体和基础能力，人类社会将进入一个"视频化生存"阶段。因此，社会中的核心表达、关键性交流会被视频取代，视频将取代文字语言成为社会交流的主要表达形式。4G 时代，短视频已经异军突起，但在 5G 时代，视频将承载更多，中长视频会"登堂入室"。

第二，泛在与连接将成为常态。5G 是一场技术革命，是对信息网络所连接的关系总体性重构。5G 网络形成的"大连接""泛连接"指向万物互联、万物皆媒，将使信息内容的接收、存储、传输渠道极大丰富，也使各类介质呈现出强烈的"泛在性""流动性"，固定终端对其的

---

① 边缘计算是一种基于 SA 5G 架构（独立组网），将移动接入网与互联网业务深度融合的技术，它将计算能力向网络边缘迁移，能降低网络时延，保证数据安全，使内容和服务更加靠近用户，改善用户体验。

束缚大为减弱。这导致媒体系统与其他社会系统、产业系统更紧密地融合，从而带来新的机遇和挑战，一方面传统媒体的原有领地被侵蚀，另一方面又有越来越多的智慧终端和应用场景可供开发利用。

第三，媒体"在地性"优势凸显。进入5G时代，社会生活的发展逻辑将会沿着进一步"加宽""加细""加厚"的方向前进，人们将更多地从线下生活向线上转移，使得线上生活日益变得丰富、主流，并逐渐成为社会生活的主阵地。在未来发展中，流量不是问题，用户也不是问题，媒体或机构乃至个人，有没有某种专业服务能力才是问题的关键。这种情况下，传统媒体只要善于利用"在地性"优势，即在一个地区、一个领域内，推动、激活与统合各种专业或垂直服务所需的全部资源的优势，就能获得非常好的发展机遇，这也是一种稀缺能力。

9.2.2 云计算

云计算（Cloud Computing）是指基于互联网相关服务的增加、使用和交付模式，用户可以通过网络终端设备接入云数据中心，按需求提取信息，进行运算。从技术上看，云计算是分布式计算的一种，它将庞大的计算处理任务自动分拆成多个较小的子任务，然后把这些任务分配给由多部网络服务器所组成的系统进行处理，并将处理结果返回给用户。早期的云计算又被称为网格计算，利用这项技术，可以在很短时间内完成复杂的信息处理，实现"超级计算机"式网络服务。

与传统网络应用相比，云计算主要特征包括：（1）超大规模。"云"具有相当的规模，谷歌云计算拥有100多万台服务器，拥有数十万台服务器的"云"也不在少数。（2）资源共享。云计算基于网络，通过共享计算和存储资源，降低了服务成本。（3）弹性扩展。云计算可根据需求自动配置和调整资源，以满足不同业务需求的变化，提高资源利用率。（4）虚拟化。云计算支持用户在任意位置、使用各种终端获取应用服务，应用在"云"中运行，将物理资源转化为虚拟资源。（5）高可靠性。"云"采用分布式架构，可以在多个设备和数据中心之间实现资源互备、冗余备份，避免单点故障，保障系统稳定。（6）高性价比。云计算服务可计量，节点构建成本低廉，其通用性又使资源利用效率大幅提升，具有低成本优势。

云计算的产生是市场需求推动、技术进步、商业模式转变共同促进的结果。作为一种新型计算模式，近年来发展迅速，已经广泛应用于信息和传媒产业当中，不仅推动了媒体融合与转型发展，还加速了传媒产业变革步伐，主要体现在以下方面。

首先，云计算已经成为媒体融合技术基础。云计算是新型媒介平台业务建设的基础，它支持业务模块间呈松耦合关系，业务接口可对外开放，业务流程可动态构建，并具备一体化的运维支撑、数据共享等特征。从技术上讲，传统媒体原有的IT架构已经不能适应发展需要，媒体融合发展的重点任务之一，就是要运用云计算、大数据和宽带互联网等技术构建新的底层技术架构，打通面向互联网的新型业务通道，没有云计算的支持，媒介平台建设无从谈起。

其次，云计算有助于媒体降低运营成本。尤其是在内容管理、发布等环节，可以实现分布式私有云架构到混合云的架构演进，其中云存储技术不仅节约了机房建设和服务器运维成本，还增强了系统运行的稳定性。在国外，Netflix公司2015年就关闭最后一个数据中心，将所有业务放到亚马逊公有云上运行；而《纽约时报》仅花费3 000美金租用亚马逊云计算服务、历时四个小时就将 1 100 万份文章扫描文件从 TIFF 格式转换为 PDF 格式，内容生产成本一下子降低了许多。

再次，云计算有利于媒体拓展数据业务。大数据无法用单台计算机进行处理，必须采用分布式计算架构，依托云计算的分布式处理、分布式数据库、云存储和虚拟化技术，因此，大数据与云计算的关系密不可分。对媒体而言，无论是媒资管理还是数据收集、存储、分析、处理，只要是基于大数据开展业务或提供服务，就离不开云计算的支持，云计算不仅可以助力媒体内容生产，还能改善用户体验，在推动传媒集团内部信息化建设等方面也能发挥作用。

9.2.3 虚拟现实

虚拟现实技术（VR），又称为虚拟实境或灵境技术，是一种可以创建和体验虚拟世界的计算机仿真系统。它利用计算机生成一种模拟环境，综合运用 3D、多媒体、仿真显示、伺服技术等多种最新的科技发展成果，产生一个逼真的三维视觉、触觉、嗅觉等多种感官体验的虚拟世界，从而使处于其中的人产生一种身临其境的感觉。VR 被认为是继个人电脑、移动电话后，颠覆人类生活方式的新一代计算和通信设备，它使人机交互从平面升级为沉浸交互。

VR 概念并不是近年来才出现的。1935 年，美国科幻作家斯坦利·温鲍姆（Stanley Weinbaum）在小说《皮格马利翁的眼镜》中描述了一款 VR 眼镜，这款眼镜能同时模拟视觉、触觉、嗅觉和味觉，甚至可以与画面中的世界发生交互行为，影响镜中世界的历史进程。1965 年，人机交互界面缔造者伊凡·苏泽兰（Ivan Sutherland）发表论文《终极的显示》，定义了"终极显示器"概念，讨论了对虚拟现实系统的基本设想；1968 年，苏泽兰和学生制造出世界上第一台与电脑连接的头戴式显示屏——"达摩克利斯之剑"，名字由来大概是因为这个设备太重，限于当年的制造工艺和技术，这款头戴式设备需要从天花板上吊下钢索予以悬挂固定。1987 年，"虚拟现实之父"杰伦·拉尼尔（Jaron Lanier）创造了一个新的词组"virtual reality"，也就是人们今天所说的 VR——虚拟现实，拉尼尔创立的企业也成为史上首个制造并销售虚拟现实头盔的公司。

20 世纪 90 年代初，我国著名科学家钱学森在阅读文献时注意到 "Virtual Reality" 一词，并将之命名为"灵境"。钱学森对灵境技术非常重视，他在写给同行的书信中预言，灵境技术是继计算机技术革命之后的又一项技术革命，它将引发一系列震撼全世界的变革，一定是人类历史中的大事。21 世纪前后，应用于游戏等领域的消费级 VR 发展较快。从 2102 年开始，VR 技术研发在全球再次提速，并获得资本市场热捧，Oculus Rift、Google Cardboard、HTC Vive 等消费级虚拟现实头显相继推出，激起了 VR 装备和产品生产的新一轮热潮。随着技术的不断升级，未来 VR 可以用来扩展人脑的感知，并将在远程办公、在线社交、实景学习、虚拟娱乐等多个领域发挥更大作用，"灵境"终将照进现实。

在信息传播领域，VR 应用探索主要集中在以下方面。(1) VR 内容。VR 新闻、纪录片突破了二维画框限制，用户可以获得全景环绕的第一视角呈现；综艺节目可以利用 VR 摄像机带来 360°观赏体验，还能实现与舞台场景融合互动；用 VR 头显体验影视作品，也能获得模拟影院场景的沉浸式体验。(2) VR 直播。"5G＋VR＋超高清"将成为未来重大活动、体育、文娱直播的标配，不断强化了观众的在场感，而且可以实现多重视角转换。(3) VR 社交。VR 社交是"真人+虚拟化身"相结合的交流互动,未来或将进化到 VR 办公,足不出户、戴上头显即可与同事们一起工作。(4) VR 广告。相比传统视频广告,VR 赋予的沉浸感使用户更易融入,产生共鸣。

VR 基本特征是"3I",即沉浸(Immersion)、交互(Interactivity)、想象(Imagination),它使人们从"内容之外"进到"内容之中",不仅打破了二维空间局限,还打破了视听感知和物理距离的局限,人们在接受信息的时候,不再限于视觉和听觉,还可以利用嗅觉、味觉、触觉甚至通感来体验。但 VR 给人们带来的,也并非只是身临其境、新鲜刺激那么简单,更为重要的是,VR 在社会生活中的渗透将改变人们交往及与世界互动的方式,包括利用媒体的方式。

9.2.4 物联网

物联网(Internet of Things,简称 IOT)意为万物相连的互联网,即把人或各种物品通过射频识别(RFID)、红外感应器、全球定位系统、激光扫描器等信息传感设备与互联网连接起来,进行信息交换和通信,实现智能化识别、定位、跟踪、监控和管理,或者提供相应服务。物联网是一个基于互联网、传统电信网的信息载体,也被认为是继计算机、互联网之后的信息产业第三次浪潮。

1995 年,比尔·盖茨在《未来之路》中首次提出"物物相连"的构想,但迫于当时无线网络、传感设备的局限,这一构想无法真正落地。1999 年,"物联网"第一次正式出现在人们的视野中,提出者便是后来被称作"物联网之父"的凯文·阿什顿(Kevin Ashton),当时他在宝洁公司做了一次内部讲座,题目就是"物联网",主要是指依托射频识别技术的物流网络。2005 年 11 月 17 日,在突尼斯举行的信息社会世界峰会(WSIS)上,国际电信联盟(ITU)发布了《ITU 互联网报告 2005:物联网》,正式引用了"物联网"概念,报告指出:泛在"物联网"通信时代即将来临,世界上所有物体都可以通过互联网自主进行数据交换。

麦克卢汉说过,任何技术都倾向于创造一个新的人类环境。物联网意味着,只要需要,各种物体都可以联上网,对这些物体的控制也就变得更为直接、直观。各种物体可以"自己说话",并通过网络将发出的信息传递给需要的人。人们对于物体的状态、动态的监测将变得容易,对物质世界的感知将更为全面、及时,人类对物质世界的控制、管理将变得更为智慧,当然也带来了安全隐患。

物联网的内在逻辑是实现物理世界与人类社会的有机互联,其主要技术特征包括以下几点。(1) 全面感知。利用射频识别、传感器、二维码、卫星定位等技术,随时随地获取物体信息。"感知"是物联网的核心,是指对客观事物的信息直接获取并进行认知和理解的过程。(2) 可靠传递。通过对互联网、无线网络的融合,将物体的信息实时、准确地传送,以便信息交流分享。物联网是一个异构网络,不同协议规范可能存在差异,需要通过相应软硬件进行转换。(3) 智能处理。利用云计算、模糊识别等智能技术,对感知数据、信息进行处理,实现智能监测与控制。

如果说移动互联网的发展,深刻地改变了人类社会的交往方式,那么物联网不仅促进了物与物的相连,还带来了物与人、物与环境、物与信息之间关系的深刻变化,并将人与万物置于全方位的信息交互网络之中,其未来必然在与移动互联网的互动中完成共同进化、甚至走向融合,这既给物质世界带来结构性的时空重塑,还将带来一场全面的信息传播革命。其影响主要体现在以下几个方面。

首先，物联网使信息生产形式得到延伸。物联网时代，传感器作为"触角"延伸到社会各个角落，一些重要的公共信息作为数据被留存下来，为公共新闻生产提供了信息来源；智能家居、智能医疗、可穿戴设备等终端，还能感知记录人的生理、行为数据，促进个性化的信息精准推送服务。同时，一些拥有数据特权、渠道资源和技术优势的企业，逐渐向新闻生产核心领地渗透，一旦它们在新闻生产领域掌握话语权，可能会对新闻专业伦理价值造成较大冲击。

其次，物联网使媒介与社会深度融合。一方面，传播终端无处无时不在，智能设备扮演着媒介角色，促使物质世界与虚拟空间深度融合，传播媒介所营造的"拟态环境"与现实社会更难以区分。另一方面，媒介终端对社会场景的覆盖更广，可以有效监测公共领域与个人世界的实时状态，记录甚至培养人们的生活习惯，从而提供基于场景的更加人性化的不同服务。LBS（基于位置的服务）、传感器、大数据等技术，将无限拓展媒介终端的场景化基因，推动媒体更加智能化。

再次，物联网使用户的概念更加清晰。一是物联网终端的普及将使网络平台用户极度扩张，用户不仅是信息消费者、媒介平台使用者，更成为直接意义上的物质产品使用者。二是智能设备应用将促使用户向物联网平台迁移，强化社交属性、利用场景优势、提供个性服务的物联网终端产品将会赢得更多用户青睐。三是用户分析更加多维化。不仅能实时检测用户的媒体使用行为，还增加了对用户生理反应的记录和深度需求挖掘，从而改善传播方式，用户不再"面目模糊"。

另外，物联网与大数据的结合，将给新闻传播业带来新的震荡。对于转型中的传统媒体来说，不一定是最大的受益者，因为传统媒体并不掌握物联网数据资源，大数据处理能力也非常弱，基本还处于新闻传播的"农耕"时代。但物联网技术的提供者、平台搭建者、数据及其处理技术的拥有者等，则有可能借助物联网进入新闻传播领域，甚至成为未来的话语权拥有者。因此，对传统媒体而言，尽早抛弃门户之见，以开放胸怀拥抱新的能量，将是必由之路。

9.2.5 区块链

区块链（Block Chain）一词最早出现在 2008 年 11 月 1 日，在以"中本聪"（Satoshi Nakamoto）为名发表的论文《比特币：一种点对点的电子现金系统》中，首次提出"区块链"概念。论文指出，区块链是构建比特币系统的基础技术，区块链记录着所有元数据和加密交易信息，从而建立了一个完全通过点对点（P2P）技术实现的电子现金系统，使得在线支付的双方不用通过第三方金融机构而直接进行交易。随后比特币大行其道，区块链作为比特币系统的底层技术得以重视。

区块链是一项新的技术，但并不是一种创新技术，它对许多跨领域学科进行了整合。麦肯锡研究报告认为，区块链是继蒸汽机、电力、信息和互联网之后，目前最有潜力触发第五轮颠覆性革命浪潮的核心技术，很可能在全球范围内引起一场新的技术革新和产业变革。2009 年以来，区块链不仅催生了各种各样的数字货币，其应用已延伸到物联网、智能制造、供应链管理、数字资产交易等多个领域。区块链作为"不可篡改的数字账簿"，也是 Web 3.0 的核心技术，主要特征有以下几点。

第一，去中心化。区块链系统革命性设计在于，它没有中心化的机构管制，而是通过分布式点对点的网络结构，由系统各个节点实现自我验证、自我管理。区块链中不存在中心服务器，但每个节点都有服务器的功能，每一个交易动作都会在全网广播以供后续校验和验证，整个过程不会涉及中心化的第三方，也不会在一个中心化服务器中存储任何数据，这就能够有效去除不必要的人为干预。

第二，公开透明。区块链技术基础是开源的，除了交易各方的私有信息被加密外，其他数据均对所有用户开放，个人和企业的信息都被记录在区块链里，任何人都可以通过公开的接口进行浏览、查询、获得并存储在网络上，还可以开发相关应用，因此区块链系统信息呈现出公开透明的特征，并且是高度开放的。

第三，信息不可篡改。区块链的分布式网络节点众多，参与者共同维护着"共享账本"，所有的原始数据都有对应的哈希值，除非大部分节点取得共识，否则无法修改。区块链构造了一个有顺序的存储关系和时间戳，使得信息可以追溯，建立起了去中介化的信任机制，篡改信息需要改变所有时间戳，基本不可能。

第四，安全可靠。区块链运用了加密技术，用户是匿名的，基于密匙来证明账目归属。在数字签名、哈希算法、密码学等技术的保障下，信息传输安全可靠，虽然区块链是公共、透明的，但用户可自主决定透露哪些信息、以何种方式、透露多少。区块链上的数据保存多个副本，任何节点故障都不会影响数据的可靠性。

第五，价值传递。区块链把基于算力的公平性和价值分配利用到分布式网络构建中，通过智能合约和通证即时传递，把投资人、用户、治理者、开发者等参与方都纳入价值分配中，实现了科学的价值分配。另外，只要有互联网的地方，区块链资产就可以进行流通、转账，并且它在全球流通的转账手续费非常低。

随着新一轮产业革命的到来，区块链的发展和应用需要移动互联网、云计算、大数据、物联网、人工智能等新一代信息技术作为支撑。同时，作为底层技术的区块链，不仅是支撑万物互联的"账簿"，它将与互联网技术一样，有可能成为新一代信息基础设施和社会操作系统，未来它们将会彼此赋能、相互促进。

目前，媒体应用区块链技术的方式主要包括：一是数字版权保护。区块链数据公开透明、不可篡改，具有很强的存证性和追溯性，最高人民法院发布的《关于互联网法院审理案件若干问题的规定》已明确电子签名、可信时间戳、哈希值校验等证据的合法性。二是虚假信息治理。"后真相"时代，通过区块链技术可以追踪信息来源，包括发布者信息、时间、签名等，从事实现信源认证，还可以构建公开的分布式新闻数据库，建立新的新闻审核机制。三是重构利益分配格局。在区块链体系中，无论是媒体机构还是个人用户，对自己的数字资产都有更强掌控权，可通过智能合约定价，进行去中介化式的交易，信息产品收益机制被重构。四是优化信息生产模式。媒体可以利用区块链判断用户需求，生产精准适配的信息产品，拓展众筹收入，还可以搭建社群媒体的自组织平台，提升内容的广度和深度。五是验证广告效果。在区块链平台中，广告商能实时跟踪并校验内容访问量和广告展示量，获得真实准确的广告效果及用户行为数据，避免流量造假。

2018年6月，德勤会计师事务所发布了题为《区块链：改变媒体的游戏规则》的研究报告，其中列举了未来区块链变革媒体的五种可能：(1)区块链技术将加速碎片化内容的货币化进程，助推内容变现；(2)广告营销将省去更多中间环节，进一步垂直化；(3)版权问题将会得到规范，创作者的经济权利和精神权利将会得到更好地保护；(4)行业将会向更加安全和透明的方向迈进，假新闻和盗版等问题将会得到解决；(5)在区块链技术完全普及后，媒体业有望形成一个"无边界的付费内容市场"，用户订阅和数字版权管理格局将会得到根本性变革。

【延伸阅读9-2】

NFT：区块链发展新阶段

NFT（Non-Fungible Token）全称为"非同质化通证"，本质上是一种加密货币。

简单而言，NFT是一种数据格式，也是一种不可分割、可确权、可追溯的某种信息及价值的载体，它可以把多种形态的信息存储在区块链上，包括图片、声音、视频、纯文本。

NFT与比特币等相比，最大的不同是"非同质化"。NFT具有独特性和稀缺性，价值由购买者决定，并且每个人都可以创造NFT，某些NFT可能价值很高，另一些则可能无人问津。

由于具有区块链技术的底色，因此从功能属性上看，NFT具有基础设施支撑、项目创作、交易流动等诸多应用前景，目前已较为广泛地应用到了艺术品收藏、游戏等领域。

2021年3月，NFT数字艺术的巅峰之作 *Everydays: The First 5 000 Days* 在佳士得拍卖行以6 934.6万美金成交，向世人宣告了这个赛道对于艺术领域的无限可能。

就技术手段而言，任何事物都可以被数字化为NFT形式。各类大众媒介产品更是NFT交易的首选对象，图片、音乐、视频或游戏中的物品都是"币圈"交易热点，传统媒体机构更是"非同质化"新闻产品的"富矿"，因而NFT在其数字化转型中具有广阔应用空间。

美联社是第一个涉足NFT"币圈"的新闻机构：2021年3月，以18万美元售出了一幅名为《大选：来自外太空的视角》的数字艺术品；10月，又以NFT形式发售一套数字藏品（Unique Moments Collection），汇集了该社在过去100年间所记录的53个珍贵历史瞬间。

社交媒体也不甘落后，2021年3月，Twitter创始人杰克·多西（Jack Dorsey）将他2006年发布的第一条仅有5个单词的Twitter电子版以NFT形式拍出了290万美元"天价"。

《纽约时报》则利用特色内容产品进军NFT，2021年3月，其科技专栏作家凯文·罗斯（Kevin Rose）的一篇介绍NFT专栏文章以NFT形式进行了拍卖，最终以56万美元售出。

2021年12月24日，新华社发行了中国首套新闻数字藏品。新华社精选了当年的新闻摄影报道，包括建党100周年、东京奥运会首金、三星堆出土金面具等重要时刻和难忘瞬间，一共11张图片，每张发行1万个NFT，结果一上线就被疯抢，还导致了APP服务器过载。

业内人士指出，未来构建元宇宙离不开虚拟现实、数字孪生、区块链等技术，而"NFT是传统媒体进入元宇宙的一张门票"。

9.2.6 人工智能

人工智能（Artificial Intelligence，简称AI）是计算机的软硬件模拟人类某些智能行为的基本理论、方法和技术。它主要通过研究人类智能活动的规律，并构造具有一定智能的人工系统，让计算机完成以往人的智力才能胜任的工作。麦克卢汉在20世纪60年代指出："我们已经延伸了中枢神经系统，使之转换成了电磁技术。把意识迁移到电脑世界，就只有一步之遥了。"凯文·凯利也曾在《失控》一书中写道，"人造物"表现得越来越像生命体，人造世界很快会具有自治力、适应力以及创造力，这是一种很难想象的力量，"数以百万计的生物机器汇聚在一起的智能，也许某天可以与人类自己的创新能力相匹敌"。他还曾如此描述人工智能的未来：很难想象有什么事物会像强大、无处不在的人工智能那样拥有"改变一切"的力量，它在未来世界中的威力与曾经的"铀元素"相当。

1956年，在美国新罕布什尔州的达特茅斯学院，来自数学、通信、计算机等领域的专家们发起研讨会，讨论如何利用机器模仿人类的学习能力与其他智能，标志着"人工智能"学科正式诞生，约翰·麦卡锡（John McCarthy）因在会上提出了"人工智能"这个概念而被后世称为"人工智能之父"。人工智能的产生过程为：对于人类因问题和事物而引起的刺激和反应，以及因此而引发的推理、解决问题、判断及思考决策等过程，将这些过程分解成一些步骤，再通过程序设计，将这些人类解决问题的过程模拟化或公式化，使电脑能够有一个系统的方法来设计或应付更复杂的问题。这套能够应付问题的软件系统，被称为人工智能。

综合技术发展和社会关注度，人工智能的发展浪潮分为三个阶段：第一次浪潮兴起于20世纪70年代，涌现出了许多人工智能新领域和新发现，如发明感知器、聪明的机器STUDENT等，但由于当时人工智能数学模型存在先天缺陷和技术瓶颈，很多算法只能在理论层面而无法实现。第二次浪潮出现在20世纪80年代后期，专家系统、第五代计算机、多层神经网络、BP反响传播算法、高度智能机器、自动识别机器等技术带来了人工智能新浪潮，但这一轮浪潮很快淹没在几年后个人PC电脑的普及应用中。第三次浪潮兴起于最近几年，新数学工具、新理论、新计算框架等带来了新的解决方案，尤其是AlphaGo在"人机大战"中的胜利以及"生成式AI——ChatGPT"这一革命性产品的问世，带来了广泛社会关注。

近年来，在传媒领域，人工智能的作用凸显，媒体对人工智能的应用进一步升级，突出表现为与智能媒体、智慧媒体相关的平台、规划、机构陆续推出，不断催生出新模式新业态。人工智能已成为未来媒体发展的重要技术支撑，智能化生产传播不仅有助于节省成本、提高效率，还可以将服务对象从群体细化到个体，精细精准适配用户多样化、个性化的场景和需求，进一步赋能媒体机构内容生产和传播流程再造，进而推动从"融媒体"向"智媒体"升级。

在内容生产方面，人工智能带来的变化主要包括：一是新闻信息来源极大丰富，大量社会公共信息将智能化生成、发布，"全员媒体"概念的外延从全新维度拓展开来，不但是"人人参与"，而且是"物物参与"。二是新闻生产效率大大提升，基于云计算和深度学习的人工智能不仅能够完成一些固定的、重复性的任务，如自动化生成稿件、内容分类、智能审核等，还可以利用大数据以及语音、文字、图像识别等技术对视频内容进行配音、剪辑、字幕、导播、标签处理。第三，改变了"把关人"规则，算法在数字把关中的作用不断上升并成为社会建构的一部分，每一个个体和算法都可能充当把关人，把关成为信息传播的共同过程，有多个看门人、选择机制和平台相互作用，事后把关变成了即时把关。

在信息传播方面，人工智能的影响主要体现在：一是"全息传播"成为现实，数据和算法使信息采集、加工加速智能化，VR、AR、MR等技术将彻底颠覆大众传播时代的选择性传播，从多层面、多维度揭示社会实践的"实然"和真相的向度,实现社会信息高保真的全息传播。二是促进了分众化、个性化传播,有效采集"长尾资讯"成为当前众多用户的迫切需求,机器学习算法通过分析用户行为数据,基于用户特征建立画像,将内容精准投送给不同受众群体,形成"千人千面"式的传播,增强用户对媒介平台的黏性。三是推动了智能播报的发展,虚拟主播通过融合人脸建模、动作捕捉、情感植入、语音识别等技术制作而成,作为一种可以模拟人类主播动作、发音习惯、面部表情等特征的AI分身模型,目前已经在娱乐、服务、新闻类节目中得到了大量应用,具有超强的互动性。

【延伸阅读9-3】

封面新闻:AI重新定义媒体

2019年,封面新闻就明确提出:"以AI重新定义媒体。"随后几年,其主要做法有:

第一,数字人率先落地。封面先后打造了"小封"写稿机器人、"小清姐姐"虚拟主持人,其中"小封"是编号为240的正式员工,除每月写稿3 000篇外,还结合不同场景,"变身"为大川、小科、小新、汉风小子、江小潮、时小刻等机器人,为各类用户提供服务。

2020年9月,封面与四川互联网联合辟谣平台共同研发,推出了虚拟主播"小清姐姐",负责主持"小清话辟谣"视频栏目。上线两年多来,该栏目发布权威辟谣内容2 700余条,其中8条辟谣稿件阅读量过亿,作为视频讲述的灵魂,"小清姐姐"功不可没。

第二,打造数字藏品。虎年来临之际,封面联合东北虎豹国家公园推出系列独家报道,探访虎豹主宰下的野生动物家园,展现生物多样性。在此基础上,2022年1月31日,封面推出了"国家公园·东北虎"数字藏品,限量2 022份,一经上线,便被用户抢购一空。

第三,新闻报道"虚实结合"。为了使新闻报道更加立体而丰富,封面创新了MR视频、虚拟直播间、虚拟实景相结合的报道模式,并将其运用到突发新闻、重大新闻和原创节目中;封面还专门成立了XR工作室,赋予视频新闻更丰富的场景、新闻播报更多的可能性。

第四,区块链赋能版权保护。2020年,封面开发的区块链数字内容版权系统上线,系统核心是封面"智媒云"3.0的版权管理联盟链。所有内容由后台授权处理,配备专人调控管理模块,当记者发布稿件后,随即完成"上链"处理,并形成独一无二的存证证书,处理领域包括文字、图片、音视频、融媒体报道,目前已为《光明日报》《四川日报》等党媒提供服务。

此外,封面先后推出了"封巢"智媒体系统、智媒审核云、智能媒资创新平台、智慧云博览平台等一系列"AI+"产品与服务,不断将大数据、人工智能等前沿技术应用于信息采集、热点追踪、内容审核、智能分发、传播分析等环节,形成开放共享的智媒发展生态。

9.3 大数据与算法革命

徐徐而来的新传播时代,实质就是智能传播的时代,大数据、人工智能与算法正以其革命性的力量改变着信息传播和社会生活,开启着新的转型。大数据无处不在,已成为新时代的"石油",人工智能正在成为嵌入社会系统的一系列应用技术集群,而算法不仅是数字信息技术的底层支撑,还是建构数字社会的基础性力量,并因此成为"数字媒介群落中更占统摄地位的元数字媒介"。

9.3.1 大数据时代

所谓大数据,是指以服务于决策为目的,需要新型数据处理模式才能对其内容进行采集、存储、管理和分析的海量、高增长率和多样化的信息资本。大数据的主要特征是"4V":体量大(volume),类型多(variety),价值巨大(value),处理速度快(velocity)。在信息经济时代,大数据能够实现信息的智能化,并利用相关工具对数据进行有效挖掘和专业处理,通过加工实现数据增值。

如今,一个大规模生产、分享和应用数据的时代正在开启,而发掘数据价值、征服数据海洋的"动力"就是云计算。在云计算出现前,传统计算机系统无法处理如此大量、且不规则的"非结构性数据",但在今天,通过云计算对大数据进行分析、预测,可以使决策变得更为精准,释放出数据隐藏的价值。大数据标志着人类在寻求量化和认识世界的道路上前进了一大步,过去不可计量、存储、分析和共享的很多东西都被数据化了,这为人们理解世界打开了一扇崭新的大门。

近年来,大数据正在成为社会基础设施的一部分,就像道路、港口、电力、通信和互联网一样,不可或缺。但就其价值特性而言,大数据与一些具有物理化特征的基础设施又不一样,因为它不会因为人们的使用而折旧或贬值。大数据是当今社会所独有的一种新型能力,它以一种前所未有的方式,通过对海量数据进行分析,获得有巨大价值的产品和服务,或深刻的洞见。大数据带来的巨大而深刻的变化,将逐渐影响人类的价值体系、知识结构和生活方式。

同时,数据也正在成为巨大的经济资产,甚至是新世纪的矿产与石油,并带来全新的创业方向、商业模式和投资机会。目前,大数据价值链由三类来源构成:一是基于数据本身的公司,这些公司拥有大量数据或可以收集到大量数据;二是基于技能的公司,通常是咨询公司、技术供应商或数据分析公司;三是基于思维的公司,通过创新思维,总能找到挖掘数据新价值的独特想法。大数据能够优化生产和服务,甚至催生出新行业,因此,它成为许多公司竞争力的来源,不同公司都能通过挖掘数据价值而获利,消费者也拥有了比以前更多的权利。

维克托·迈尔-舍恩伯格在《大数据时代》一书中将新闻业看作夕阳产业,大数据对传统新闻业的采写过程、组织方式和内容呈现带来了巨大冲击。当然,传统媒体如果只是仅仅把大数据等技术看作改进工具或手段,必然会陷入巨大的认知误区与茫然,因为大数据是思想、方式和手段的集合体,它代表着新思想和新思维。因此,大数据时代新闻业是否会走向没落仍存在争议,在信息爆炸的时代,公众对高质量的新闻与信息的需求也在增加,一旦媒体机构在思维和行动上开窍,大数据将毫不犹豫地为其内容生产和信息传播注入新的活力。

事实上,整个新闻传播行业一直在进行数字化、数据化改造,大数据的应用势不可挡。数据可以对任何一个人、状态或事件,以及相关的方方面面进行描述、定义,并对其需求进行某种推断、计算,这样的一种无所不在的数据将成为未来进行新闻传播的动力和能量所在。未来在信息传播、内容生产、市场运营等领域,大数据将成为一种标准配置,具体而言,它对新闻业的变革主要体现在以下几点。

首先,大数据对内容生产影响深远。一是信息来源更加多元,伴随着各种随身设备、物联网和云计算存储技术的发展，人和物的轨迹都可以被记录，改变了传统新闻采写的时空观。二是生产流程趋于数据化，新闻网站通过分析用户分享数量、新闻受欢迎程度、评论质量等数据，可以筛选出哪些是热点新闻，这种方式生产出来的新闻弱化了媒体的主导作用，提升了用户在新闻生产中的主动性。三是预测性和调查性新闻写作增加，互联网既有历史可回溯性又拥有实时性，而大数据的核心作用是预测，通过云计算等分析手段可以得出数据之间的相关关系进而实现预测，以数据驱动为主的深入调查报道也会得到越来越多的重视。

其次，促进了新闻媒体角色转变。一方面，新闻媒体是大数据的重要应用者，具备挖掘大数据价值的潜力，可以从两端入手、在资源和创新思维上寻找机会，让大数据为己所用，推动从内容生产者到数据挖掘者转型。另一方面，媒体行业拥有庞大的数据资源，媒体既要利用好已有数据资源，加快建立媒体资源数据库，通过以量化分析为导向的数据化挖掘媒体资源的价值，还要利用官方网络和与社交网站的互动获取一手资料，拓宽数据来源与采集渠道。

最后，记者必须提升大数据素养。一要辩证认识大数据。大数据"一切皆可量化"，大数据既蕴含着巨大能量，但并非"万能膏药"；二要合理利用大数据。大数据既可以帮助记者获得更多信息来源，也对新闻伦理与规范提出更高要求，内容编造、抄袭等不道德的行为更容易被发现；三要谨慎分析大数据。面对海量数据，首先应判断数据的质量与意义，认真考察数据来源、收集方式、处理模型是否科学；四要培养批判能力。坚持职业道德和新闻操守，捍卫媒体公信力，在进行数据分析时遵守隐私保护法律法规，掌握好行动边界，避免"媒体审判"。

【延伸阅读 9-4】

人是如何被"数据化"的?

今天，"数字化生存"正在深化为"数据化生存"：数据不仅支持着人们的虚拟化生存，也强化了现实空间中的人与虚拟空间中的人的对应关系，反过来影响现实空间中的人。

"数据化生存"更强调数据作为人与数字空间进行交互的介质、手段与方法。数据体现着人与人、人与内容、人与媒介的关系，数据变成了各种服务商算计、利用的资源。

如今，从用户画像、身体、位置、行为到情绪与心理、关系、评价，人的多种维度，都有可能被数据化，甚至思维方式也会受到数据化的影响。人的"数据化"具体包括以下几点。

第一，"画像"的数据化。用户画像包含用户属性、用户特征、用户标签三个要素，在新技术条件下，针对用户的精准数据画像成为可能，其目标是揭示用户的自然属性、个性特点、兴趣偏好、行为习惯、需求特征等，甚至还能揭示出个体的政治倾向、态度立场等。

第二，身体的数据化。未来，可穿戴设备将完成的身体数据化，身体与网络之间形成更紧密的连接，所谓的"身联网"也就会成为现实，影响身体的因素也会变得更为复杂。

第三，位置的数据化。移动用户的物理位置是一个自变量，对位置及运动轨迹的数据记录与分析，不仅是一些新媒体服务的依据，某些时候也能反映人在某些方面的属性。

第四，行为的数据化。将用户的内容生产与消费、社交活动、电子商务、劳动甚至日常活动等行为数据化，是服务商描绘用户画像、构建与用户相关的算法的基础。用户在数字空间中自主发布的内容，包括点赞、转发、评论等，都是典型的可被数据化、可被分析的行为。

第五，情绪、心理的数据化。通过设备采集分析人的视线移动、脑电波、汗液等生理信号，将人的内心活动变成显在的数据，从而精准判断人的注意力指向、大脑兴奋程度等。

第六，关系的数据化。人是复杂关系的总和，包括人与人、人与内容、人与服务、人与机器、人与环境的关系等，这些关系也被越来越多地以数据的方式描绘、计算。

第七，评价的数据化。数据化的评价机制变得普遍，最典型的就是个体之间的相互评价，它打破了过去单一的组织评价机制，每一个个体都拥有了对他人进行评分的权利。

第八，思维方式的数据化。数据取代了原子、实体、物质，成为世界的新"基质"，一切事物、人、人际关系、文化、价值都可以还原为不同算法模式下的数据。

9.3.2 作为媒介的算法

算法（Algorithm）的概念很大，内涵极其丰富。百度百科对其的定义是：算法是指解题方案的准确而完整的描述，是一系列解决问题的清晰指令，算法代表着用系统的方法描述解决问题的策略机制。算法最早可以追溯到公元前1世纪我国的《周髀算经》，即数学演算的方法；公元9世纪，"代数之父"——波斯数学家阿尔·花拉子模（al-Khwarizmi）在数学上提出了"算法"的概念，意思是阿拉伯数字的运算法则；1842年，计算机程序创始人——阿达·洛芙莱斯（Ada Lovelace）编写了人类历史上首个程序，并于次年公布了世界上第一套计算机算法；1936年，英国数学家图灵提出了一种假想计算机模型——图灵机，它能够模拟人类所能进行的任何计算过程，这一天才设想对算法发展起到了重要作用。

纵览历史不难发现，古代算法主要指"算术"，即数值的计算运算。随着科学技术的发展，算法的内涵和外延逐渐发生变化：狭义上看，算法是符号算法，是关于数学计算的方法；但从广义上讲，算法是指解决问题或完成任务的一系列步骤，它既包括传统意义上计算任务，也可以是生活中各种事物的处理。因此，算法具有某种工具意义，有研究者认为"算法本身是一种完成某种特定功能的、高度凝练的知识，是人类改造世界的重要工具"，区别于石器、青铜器、铁器等"硬"工具，算法技术物属性偏"软"，它总是需要依靠一定的载体来发挥效用；很长时间以来，能够运行算法的只有人类大脑，直到计算机和人工智能的出现，算法获得了更大的施展空间，开始了对客观世界进行"智慧性"改造。

近年来，算法的进化极大地推动了数字技术的发展，大数据、物联网、人工智能等技术应用迎来了大爆发，几乎所有数字媒介技术的背后都有算法的身影，算法已经从人类大脑中走出，从心灵算法蜕变为机器算法，外化的算法构成了数字信息技术集群的基石。也就是说，算法成为一种构建数字社会的底层技术。如今，互联网发展已进入细分式的纵向挖掘阶段，低频度、高场景和体验型等需要成为这一时期开发长尾市场、利基市场的关键，而算法作为大数据、人工智能等技术的结合点，发挥着构造流量入口、捕捉用户黏性的重要作用。

喻国明等学者认为，在算法日益包围社会生活的智能时代，作为具有资源聚拢特质的技术系统，算法本身就是一种媒介，一种更高意义上的"元媒介"，把算法理解为媒介，既能为分析算法的社会建构功能提供逻辑起点，还能从万物皆媒的复杂媒介形态中洞察未来媒介的运作机理。"算法即媒介"的含义在于以下方面。

一方面，算法正在成为个体认知世界的"中介"。作为一种社会技术力量，算法不仅重构了传播空间，还影响了人类认知世界和看待自己的方式——作为人与信息之间智能代理的算法，成为人们洞察现实的新中介。技术发展使人的行为能以数据形式呈现，而数据反过来又成为人们理解世界、做出决策和采取行动的前提。实际上，算法和数据已经形成了巨大的传播网络，没有人能够逃离。

算法这一信息和受众之间的新中介，正在发挥着隐形的"把关人"作用。凭借着"分类""筛选""优先""过滤"等模式，各种算法不断地决定着展示在个体面前的信息，从购物推荐到资讯推送到搜索结果排序，均是数据分析和算法运行的结果。可以说，算法像是虚拟探照灯一般，通过放大或者遮蔽注意力和想象力，影响人们对自我身份、人际交流、社会分层和公共舆论的理解和想象。

另一方面，算法正在成为整个社会的秩序组织者。基于计算机、互联网、智能终端、物联网等已成为人类社会基础机构的数字"硬组件"，一个运行其上的更高维度的联结人与人、人与物、物与物的算法"神经系统"正在形成。算法庞大、无形，却勾连着各种数字媒介，并以技术系统的方式，将分散的资源整理、调度和分配，由此成为了社会结构化中的关键性力量。它正在重新"组装"社会关系——重新联结个体间、社会资源间的关系网络；关联着社会要素的算法，借助价值匹配，运用"数字化的手"再造社会结构。因此，在纷繁芜杂的数字媒介群落中，无论数字技术物的外在形态如何变化，控制其"躯体"的"灵魂"始终由算法赋予，从这个意义来说，算法是一种更占统摄地位的数字媒介技术。

作为一种价值判断框架，算法充当着认知塑造者、关系建构者、社会黏合剂的角色，在这个意义上，算法即媒介。在移动互联时代，算法为特定场景下的信息适配或服务提供了底层技术支撑：场景突破了物理空间，扩展到媒介信息所营造的行为与心理的环境氛围，媒介形态已由传统意义上的物理媒介迭代到关系媒介，再迭代到算法媒介，在算法媒介的连接下，人也成为广泛意义上的媒介。

9.3.3 算法即权力

人类已经步入了算法社会，算法正在被普遍接受，其影响也变得越来越系统化：首先，算法收集、处理、应用信息并学习改善输出，人工智能、数据库、网站和自动化程序正在从实际决策中取代人类代理，自由裁量权转移到设计算法的 IT 人员和识别行为模式的数据分析师手中，也转移到了算法手中；再者，算法不仅嵌入了现有组织的实践或程序，而且形成了信息架构的核心，在很大程度上决定了商业组织和公共服务的运作方式；最后，基于算法的组织实践应用范围逐渐扩大，在形成新的社会治理模式过程中发挥着关键作用，还被用来预测、引导或约束人的行为，将人及其行为"化约"成一组组变量来突出其行为模式和特征。

实际上，算法的力量不仅在于计算机代码，它已成为"规范化代码"的一部分，应将其认定为人类社会中权力的表现形式之一。这意味着，不仅要关注算法的影响及后果，还要考虑算法在由图像、传说、故事、符号、虚构等填充的社会秩序进程中震荡的方式，这些填充物如果不是由整个社会共享，起码也应该由大部分人共享。算法已经深度嵌入社会生活，从新闻推送到手机导航，从预测治安风险到辅助法官量刑，算法逐渐在多个领域接管人类让渡的决策权。

英国文化学者斯科特·拉什（Scott Lash）认为，"在一个媒体和代码无处不在的社会，权力越来越存在于算法之中",权力与算法的合谋日益显现。在拉什的启发下,大卫·比尔(David Beer)提出了"算法的权力"这一概念,分析了算法权力生成的原因:一方面在于算法本身的分类、过滤、搜索、推荐能力,另一方面是算法决策往往被认为是客观、高效、值得信赖的等文化内涵。但最早把权力与传播联系在一起的是法国学者米歇尔·福柯(Michel Foucault),在其所著的《规训与惩罚》(1975)一书中,他注意到作为话语的知识是如何与权力嫁接、互相助长,并被运用到现实中对某些特殊群体形成了规训作用。

喻国明认为,算法既是权力的体现,又是权力的载体,人工智能的技术本质就是算法,而算法的社会本质则是一种权力。他指出,算法实质是在行使着一种社会权力,塑造着人们新的认知和行为模式,控制着社会认知对世界的看法和主张。由此观之,算法和权力密不可分,算法本身暗含着复杂的权力关系,隐藏在算法背后的权力可以通过不断调整算法参数来执行自己的意志,同时,这些真正的权力亦可通过话语与其传播去达成某种"群体合意"的逻辑。

算法拥有强大支配力,但亦有别于传统意义上的公权力,其主要特征有以下几点。

一是具有弥散性。算法权力作为一种"知识型权力",也是一种"无处不在的微观权力",呈现出网络化结构,到处弥漫,无处不在。一方面,算法技术与私人资本、政治力量交织在一起,形成了一张覆盖社会空间的权力网络,很多主体都有掌握算法的可能,也都有行使算法权力的可能。另一方面,在算法权力弥散于整个社会的情境下,算法公权力、算法私权力以及其他机构掌握的算法权力都在不断地施以影响和控制,人人都可能是算法权力的对象。

二是具有隐蔽性。互联网、大数据、机器学习等技术发展使权力的实现方式发生了变化,算法权力在数字技术的作用下实现了"隐身",或者说信息的符号化、数字化使权力看不见了,但权力隐身并不意味着权力消失,而是指权力本身以及权力的行使不能被权力对象所意识到。由于算法本身具有高度的专业性和复杂性,在应用过程中又被大型互联网公司和算法平台企业所掌控,可能导致产生"算法黑箱",权力行使的主体和目的得以掩藏在合法的外衣之下。

三是具有非均衡性。算法权力的主体包括政府、企业和社会机构,这种多元化特征带来了权力分配问题,它们利用人工智能在多个领域内竞逐权力,试图通过掌握算法来实现自己的意愿。算法也可以被视为一种"公共产品",但政府并不能一直是算法权力的绝对掌控者,因为算法权力在多元主体间的分配并不是均衡的。实际上,"算法社会"的形成不仅使政府受益,也使企业、社会机构等行为主体受益,尤其为互联网平台和企业提供了大量机遇和机会。

在大数据和人工智能时代,数据和算法正在重塑新闻业的生态系统,不仅仅体现在内容生产和信息传播的全环节中,甚至选择内容的权力也从编辑转移给了算法推荐,互联网平台替代媒体机构成为"超级把关人"。那么,算法对新闻业到底是弊大于利还是利大于弊?"平台社会"概念提出者范·迪克认为,这是个很难回答的问题,虽然算法本身并没有好坏之分,但事实上它们也不是中性的。算法的好坏,取决于在某种语境下实现算法的方式,也取决于数据,如果你的数据是有偏见的、歧视性的,那么很有可能该算法也会有同样的缺陷。根据算法被训练和被实施的语境,算法可以做得很好或很坏,所以,算法是一个实施过程——这是一个需要被跟踪和追查的过程,也是平台需要向公众公开的过程。

9.3.4 算法风险与规制

如今,算法权力的扩散使得各类平台承担起部分公共职能,推动着算法成为社会运行的重要潜在规则,并在此基础上形成了一种以平台、数据和用户交互作为公共空间、公共资源和公共行为的新型权力运转模式,这种新模式在促进社会进步的同时也不可避免地带来了新的风险。在算法构建的新社会图景与现实中,数据和算法搭建的网络对用户形成了类似于一种"全景监狱"的凝视,算法的合理性外衣和日常化呈现成为社会控制"无形的手",同时也带来了政治操控、隐私泄露和偏见固化等风险。而算法霸权、隐性操纵、算法偏向、隐私泄露等问题,也使得互联网平台公司的技术机制、信息来源和商业模式饱受质疑。

美国学者马克·波斯特(Mark Poster)根据福柯的话语、权力概念和全景监狱理论,结合数据与算法的进展,提出了网络社会的统治模式是"超级全景监狱"——它瓦解和重构了个人身份,并使权力对个体的监控超越了时间、空间的限制,渗透到人们的日常生活之中。数据库像"监狱"一样在暗中运作着,与全景监狱不同的是,被监视的人们无须固守任何建筑物,只需进行日常工作。算法技术日常化、个性化的呈现方式容易使人沉浸在技术"幸福"中,技术在赋予人们这种"幸福"的同时埋藏了许多风险。算法已成为社会场域中利益博弈的重要资源,一些权势集团能凭借"天然优势"形成对公共领域的"权力凝视"。

一直以来,对算法权力滥用、异化的批评声音不绝于耳,特别是针对一些巨型互联网平台,公众要求算法技术透明化的呼声与日俱增。范·迪克认为,算法的透明性要求是一柄双刃剑:一方面,新闻是一种公共产品,增加这些方面的透明度,有助于获得用户信任;另一方面,平台的算法也是商业机密,从商业角度来看,不完全公开也是可以理解的。此外,算法处于不断变化中,不断适应着用户行为,其透明性很难一下子实现,它就是一个猫和老鼠的游戏。

学者彭兰认为,人们在享受算法带来便利的同时,也面临着成为算法"囚徒"的风险。某种意义上,算法是两种风险的结合:一方面,算法对人的计算越准,意味着它对人的了解越深,对人的监视与控制也可能越深;另一方面,当算法对人的理解越深,对人的服务就越"到位",人们从中获得的满足也越多,对算法的依赖也会越多。当算法渗透到社会生活各个方面,人们对它的依赖成为惯性,只有提高对算法的认识和驾驭能力,人才能成为算法主宰者,而不是其"囚徒"。

近年来,在新闻传播领域,算法不仅改变了内容生产模式、增强了传播效果,拓展了新闻产品的分发渠道,还对媒介伦理产生了巨大冲击,主要体现在以下方面。

首先,算法推荐导致"信息茧房"。"信息茧房"最早由凯斯·桑斯坦(Cass Sunstein)在《信息乌托邦》(2006)一书中提出,是指信息传播中公众的需求并非全方位的,公众只注意选择使自己愉悦的领域,久而久之,会将自身束缚于像蚕茧一般的"茧房"中。算法推荐容易造成选择性接触,使用户受困于自己的信息圈层,进而引发"群体极化""刻板印象增强""社会黏性降低"等潜在风险。桑斯坦还提出了"回声室效应",即人们更倾向于听到意见相同的声音,却让自己更加孤立,无法听到相反的声音,最终导致信息和观点在封闭圈子中得以加强。

此外,伊莱·帕里泽(Eli Pariser)还提出过"过滤泡"概念,更为直接地强调了信息过滤对用户的影响。帕里泽认为,以搜索引擎为代表的算法通过了解用户偏好,进而过滤异质信息,在为用户打造个性化的信息世界同时构筑"隔离墙",使其被隔离在自己的文化或思想泡沫中,阻碍多元化观点的交流。

在相似观点的重复中，用户强化了固有的偏见和喜好，很难接受与自己认知不同的观点，导致视野越来越窄，接触到多元信息的机会也越来越少，导致价值观渐渐固化，而媒介技术进步使用户更容易和兴趣相投的人产生联结，形成拥有相似观点的群体，进而加剧社会价值观念和意识形态的分化。价值观分化使人们对客观事实的认识出现较大差异，人们难以理解或倾听别人的意见，这在公共议题的讨论上，影响社会共识的达成，加剧了群体共识的离散化。

其次，算法抓取侵犯用户隐私。大数据时代，公民隐私保护面临着巨大挑战，算法抓取具有"无感伤害"特征：数据公司如何利用数据也是秘而不宣的，因此，这种因不当使用对隐私造成的伤害并非不存在，而是隐私主体没有及时感知，使伤害具有滞后性，且伤害程度更为严重。令人担忧的是，由于被伤害的隐私主体短期内"无感"，有时还主动提供伤害的资源——持续提供数据信息以接受个性化服务，这种"隐私悖论"成为每个现代社会成员深陷其中的一个困局。

"隐私换便利"成为互联网时代的常态，其实是对个人隐私的一种侵犯。算法推荐是基于海量数据来运行的，媒介平台的内容分发是基于用户的内容偏好和浏览历史来计算和运行的，平台在对用户喜好和行为的长时间记录中，形成用户画像，并总结出用户的兴趣图谱，再将内容与用户画像进行相似度匹配，最终将最优匹配推荐给用户。站在用户角度来看，"画像"完善、细化的过程，也是自己不断暴露在大数据中的过程，一旦大数据技术和不当媒体"合谋"，很容易使人变成"透明人"，加上算法技术不透明、不准确，极易形成算法歧视与偏见。

再次，算法导致"把关"失灵。传统新闻生产者是依据新闻要素、价值观，如对重要性、新鲜性等要素的把握，以及自我认同的职业伦理来对新闻事实进行采写和编辑，但面对互联网的便捷性、共享性、碎片化等新要求，过去作为信息源头的"把关者"不得不让位于数据与算法，算法完成了"对把关权力的程序化收编"。在20世纪90年代初开始的中国媒介市场化进程中，"编辑终审权"始终作为一条红线不容市场侵犯，如今却在算法分发的趋势中毁于无形。

如今，算法在信息的管理与分发领域占据了支配地位。当把新闻把关权交给算法时，也意味着交给了算法背后的利益市场。对于互联网平台来说，它们的根本目的是抓住用户，最大限度满足受众需求，增加流量、增强用户黏性，就能带来经济收益。因此，所谓算法推荐其实是"伪个性"的，它使人们更加关注浅表性、娱乐化的信息，长此以往，那些需要深度阅读和思考的内容会被算法"屏蔽"，越来越多的低俗、猎奇内容被不断推送，从而造成社会主流价值观异化。

最后，资本嵌入造成公共性缺失。公共性作为新闻传播学的核心概念，体现了一种伦理规范和价值原则。当人们在公共领域就普遍利益问题进行公开、平等和理性的协商，形成公共舆论，公共性才能实现。但处于商业框架下的算法无形中被赋予了权力，并在多个领域成为一种决定性的力量，这无疑影响了公共性的实现。如今，算法主要由互联网巨头掌控着，由于商业竞争的特殊性，在运行过程中，难免会发生资本内嵌的现象：利益集团人为操纵算法程序和结果，有意识地生产对自身有利的信息，继而操控舆论和公众对事件的客观认知，以此实现利益最大化，"算法背后的资本甚至拥有了影响和主宰国家治理秩序的能力"。

德国社会学家马克斯·韦伯（Max Weber）将人类理性分为价值理性和工具理性。媒体应将传播公共信息、构建公共领域作为自身发展所遵循的价值理性，而媒介平台使用算法推荐无疑是放大了技术的工具理性。算法技术由一种知识体系演化成意识形态，进阶为新的"统治形式"，算法限制了人们对自我的认知、意识和价值的评判，使人们不再反思制度，也不关心实践。因此，看清技术理性局限，防止算法对社会道德、伦理及价值基础的背离，已是当务之急。

尼尔·波兹曼认为，不存在中性的技术，它一直都有偏见——技术一旦被人接受，就会按照发明者所设计的方式，发挥自身的力量，控制技术运行机制的人积累权力，必然要密谋防备那些无法获取专门技术知识的人。他指出，每一种工具都嵌入了意识形态偏向，都会倾向于将世界构建成某种特定形态，并看重某种特定的事物，使之超过其他感官、技能或能力的倾向。

因此，规制算法、驯服权力是建立良好网络空间秩序的必然，具体包括：

其一，从偏重数据保护转向注重使用监督。数据作为算法的养分，传统保护路径已经失灵，因此，政策重点要转向对数据控制者的使用行为进行监督，防范由于算法对数据的不当使用而造成的负外部性。

其二，从技术规制转变为权力制约。算法的设计责任固然重要，但算法权力的运行才是造成风险的直接原因，法律应避免将算法作为纯粹的技术而进行规制，应以权力制约的理念进行制度设计。

其三，突破公私界限进行制度设计。在人工智能时代，借由算法技术连接，商业领域与公共部门的权力很难简单地进行划分，因此，要对算法规制进行整体性设计，并引入第三方治理，防范算法权力滥用。

第十章　资本运营

资本的创造与使用，媒介取得投资以求扩张与成长的能力，对传媒机构来说至关重要。亚当·斯密认为，凭借资本使用，工业生产得以机械化，财富和资本被创造出来，这些财富又可以进一步促进经济发展。马克思《资本论》也是研究财富积累问题，他认为是市场追求产品与服务的内在动力推动了资本创造。资本是价值形成的必要条件：没有资本，劳动者无法创造出相应价值或回报；资本得不到替换和补偿，社会化再生产难以持续，价值创造过程就会中断。

从经济学角度来讲，资本运营就是以利润最大化和资本增值为根本目的，以价值管理为特征，通过生产要素的优化配置和产业结构的动态调整，对企业的有形和无形资本进行综合有效运营的一种经营方式。资本运营也被称为资本运作或资本经营，它是产业经营的一种高级手段，具体包括公开上市、对外融资、并购重组、联盟联营等多种方式。

我国资本市场正在发生巨大而深刻的变化，从注册制到科创板、北交所，无不昭示着资本市场的改革决心与创新力度，资本市场建设进入了全新阶段。对于同样身处变革进程中的传媒机构而言，积极对接不同层次的资本市场，进而提升公司治理水平、打通投融资渠道、寻觅新发展良机，已经成为一种战略选择。

10.1　传媒资本运营

传媒资本运营，就是资本运营在传媒产业领域的具体应用，运营主体是传媒组织或机构。从内容和形式来看，传媒资本运营涵盖了实业资本运营、金融资本运营、产权资本运营以及无形资本运营等几大类，它既具备资本运营的共性特征，同时基于传媒业的意识形态和精神产品属性，又呈现出一些特殊规律。

10.1.1　传媒资本运营特点

传媒资本运营是指遵循资本运作规律，将传媒机构所拥有的可经营性资产（包括和新闻业有关的广告、发行、印刷、信息、出版等产业以及所经营的其他产业部分、商誉等无形资产）都视为有经营价值的资本，通过多种途径进行运作，优化传媒资源配置，扩张传媒资本规模，以实现最大限度增值目标的一种经营管理方式。它包括两层含义：第一，资本运营是市场经济条件下社会配置资源的重要方式，它通过资本层次上的流动来优化资源配置结构；第二，资本运营是利用市场法则，通过对资本的技巧性运作，实现资本增值、效益增长的经营方式。

传媒资本运营的本质是传媒产业要素与资本市场在各个层面协同运作。传媒机构通过发起设立股份制公司、上市融资、并购重组、租赁联营、业务分拆等多种方式，将创造利润的主营业务做大做强，并与非主营业务的资产有效结合，从而盘活不良资产，激活无形资产，从整体上提升资产运作效率。另外，还可以通过资本运营实现投资主体多元化，突破体制机制束缚，提升公司治理水平。

一般资本运营要求市场中的企业在开展经济活动时，始终要以资本的保值增值为核心目标，具体表现为追求"三个最大化"。一是利润最大化。既要增加当期利润，又要增加长期利润；不仅要注重增加利润额，还要不断提高利润率。二是股东权益最大化。股东权益是指投资者对企业净资产的所有权，包括实收资本、资本公积金、盈余公积金和未分配利润等。三是企业价值最大化。将企业未来经营的预期收益，用适当的折现率体现、累加得出估值，据此体现企业价值，如果大于全部资产的账面价值，那么企业资本增值；反之贬值。

传媒资本运营既具有一般资本运营的特点，还具有一些特殊属性，这些特殊性是由资本运营的主体——传媒机构的双重属性决定的。传媒具有意识形态和产业双重属性、宣传和经营双重职能，使得传媒机构在进行资本运营时，不能片面追求资本增值和经济效益，而是始终要把社会效益放在首位，牢牢把握正确的舆论导向和经营导向，坚守社会责任。总的来看，传媒资本运营的主要特点有：

第一，以价值形态管理为主。资本经营要求企业利用、挖掘各种要素潜能，不仅重视生产经营中的实物供应、消耗、实物产品，更要关心价值平衡和价值形态变换。传媒进入市场后，经营管理策略从增长导向转向价值导向，传媒企业要将所有可以利用和支配的资源、生产要素都看成是可以运营的价值资本，并充分发挥资本的运动特性，重视资本支配而非占有，通过资本组合来回避经营风险。

第二，开放式运营。开放式运营使经营者面对的经营空间更加广阔，传媒经营者不仅要重视内部资源的优化整合，还要尽可能地利用融资、信用等手段扩大资本份额，通过兼并、收购、参股、控股等途径实现资本扩张，将企业内部资源与外部资源结合起来进行优化配置，以获得更大的价值增值。资本运营甚至要求打破地域、行业、部门、产品等概念，而将企业看作价值增值的载体进行运作。

第三，长期性和复杂性。资本运营是一个循环过程，需要较长时间，传媒资本运营更是如此。传媒投资主要是做品牌，吸引、留存用户需要长期努力，也不是一次性的，而是需要持续精心运作，才能获得回报，不能急功近利。同时，资本运营是一项创新性活动，存在不确定性，也具有一定风险，需要依靠专业化人才开展运作，其中包括经验丰富的投融资人员、财务分析师、法务专家等。

第四，政策性非常强。由于传媒产业具有意识形态和经济双重属性，使得传媒领域的产业政策呈现出两方面特点——既表现为积极推动传媒产业发展的利好，另一方面也表现为国家强化监管、加强窗口指导、划定边界的决心和举措。我国对传媒资本运营有比较多的政策限定，如新闻媒体只能由国家主办经营、禁止非公有资本投资设立广播电视台、国有传媒企业上市融资必须绝对控股等。

10.1.2 传媒资本运营历程

随着经济社会的快速发展，传媒市场逐步成熟，市场化和产业化催生了大批媒体组织，而资本不断参与其中，扮演着越来越重要的角色。目前，我国已经拥有100多家各类A股传媒上市公司，数十家在海外上市的中概股传媒公司，每年发生在传媒领域的并购案不胜枚举。传媒蓝皮书《中国传媒产业发展报告（2023）》显示：2022年中国传媒产业总产值为29 082.5亿元，20年增长了将近20倍。

20世纪80年代初，人民日报社等实行"事业单位、企业化管理"，被认为是我国传媒产业化、市场化的发轫，但当时并没有资本运营的概念。20世纪90年代开始，伴随着社会主义市场经济体制的建立，各种类型的传媒集团不断组建、实力快速增长，资本运营作为市场拓展的高级手段，被越来越多地用到传媒经营实践中。纵观最近30年来的传媒资本运营，大致可以分为三个阶段来解读。

第一阶段是从20世纪90年代到21世纪初，对应传媒集团化运作时期。这一阶段前期，传媒产业进入集团化阶段，以广州日报报业集团为首的一批报业集团陆续组建，出版和广电行业正处于"管办分离"、剥离改制、组建集团的前夜，传媒资本运营重点以内部资源整合、做大做强经济实力、发起设立各类产业公司、形成市场主体等为主。进入这一阶段后期，部分具有国有背景的传媒公司开始试水A股市场，广电方面有东方明珠（1994）、中视传媒（1997）、电广传媒（1999）、歌华有线（2001）等，报业方面有博瑞传播（1999）借壳上市，它们成为第一批"吃螃蟹者"。随着网络媒体的兴起，2000年前后，曾经的四大门户网站——新浪、网易、搜狐、腾讯先后在境外上市，成为第一批中国概念传媒股。

2001年可以视为这一阶段的末期，随着我国加入WTO，中央《关于深化新闻出版广播影视业改革的若干意见》即"17号文件"出台，不仅明确提出加快组建若干大型报业、出版、发行、电影集团，还对传媒业融资、媒体与资本合作、跨媒体发展等敏感问题做出规定，允许媒体通过正常的融资渠道进行融资。

第二阶段是21世纪开始的十多年时间，对应文化体制改革时期。在此阶段，为推动文化事业大繁荣和文化产业大发展，文化体制改革从试点到全面铺开，在管办分离、政企分开、事企分开、采编经营"两分开"等政策指引下，国有传媒机构纷纷通过整体改制或剥离经营性资产改制等方式，形成市场主体，一大批出版、报业、发行、电影集团公司以及广电网络公司得以组建，对接资本市场展开运作——改制、并购、重组、上市，对于传媒集团来说不再陌生。

这一阶段，传媒资本运营可谓百花齐放、精彩纷呈：其一，一批出版集团完成改制后成功IPO，如中文传媒、时代出版、出版传媒、凤凰出版、中南传媒、长江传媒等，其中辽宁出版、中南出版上市还获得了国务院关于公司设立"三年豁免"政策的支持；其二，省级层面的有线电视网络剥离与资产整合不断提速，部分广电网络公司成功上市，如广电网络、华数传媒、天威视讯、吉视传媒、湖北广电等；其三，报业传媒公司通过采编经营"两分开"、剥离经营性资产等方式，形成市场主体，华闻传媒、新华传媒、浙报传媒先后借壳上市，粤传媒转板、北青传媒赴港上市；其四，一批传媒影视公司逐渐成长起来，华谊兄弟、华策影视、光线传媒、百纳千成、慈文传媒等先后登陆A股市场；其五，以互联网为特征、户外媒体为代表的市场化传媒公司成为海外资本追捧热点，纷纷海外上市。

第三阶段是21世纪10年代初期至今，对应媒体融合发展时期。这一阶段，传媒资本运营的宏观环境发生了深刻变化：一方面，随着互联网和数字技术发展，传统媒体经营受到猛烈冲击，对传媒公司成长性、财务指标影响巨大，从2014年开始，我国开始推动传统媒体与新兴媒体融合发展，寻找新的市场空间和发展变量，政府一系列扶持文化传媒产业发展的政策落地见效；另一方面，为适应经济结构转型的需要，我国资本市场先后推出了创业板、科创板、新三板、北交所，加快建设多层次市场体系，同时全面推行股票发行注册制，助推高质量发展。

这一时期，传媒资本运营的广度、密度、力度均在向纵深发展，主要表现为：其一，一大批出版、广电、影视类传媒公司继续上市，如中国出版、读者传媒、新华文轩、贵广网络、江苏有线、新媒股份、中国电影、幸福蓝海、博纳影业等；其二，推动以重点新闻网站为代表的新媒体资产上市，成为新一轮上市扶持政策的中心，不仅人民网、新华网、四川新闻网先后成功 IPO，央视网、大众网、华龙网、华声在线等也在积极筹备；其三，新媒体领域并购重组与融资活动频繁，力度不断加大，如澎湃新闻于 2016 年、2022 年完成两轮融资、融资总额超过 10 亿元，"快乐购"通过吸收合并芒果 TV 等优质资产、变身"芒果超媒"等；其四，部分传媒集团拥有了两家上市公司平台，如湖南广电、凤凰出版等，上海报业和浙报集团也在培育第二家拟上市公司——界面财联社和浙报融媒体科技；其五，还有部分传媒公司通过挂牌新三板，进一步规范公司治理，提升资本运作效率。

分析 30 年来的传媒实践不难看出，我国传媒资本运营具有三大突出特点。

一是政策引导始终是传媒资本运营的深层次支配力量。在我国传媒业发展历程中，资本、市场和政策之间一直存在着复杂的博弈，传媒的意识形态属性使其作为治国理政基石的功能远远大于其经济层面价值创造的功能。过去 30 年中，无论是集团化、文化体制改革还是推动媒体融合发展，政策指向都很鲜明——"引导、规范与强化监管"并重。因此，传媒国企对接资本市场是一个不断试探政策底线的过程，一方面舆论阵地不能丢，另一方面又要促进行业开放、壮大综合实力。

二是传媒资本运营始终立足要素协同追求价值最大化。传媒资本运营实质是传媒产业要素与资本要素的协同运作，主要沿着三个维度进行：传媒产业与现代信息产业的融合；传媒产业与文化产业的融合；传媒产业与大众消费产业的融合。产业融合发生后，传媒行业的竞争也由产业内部走向了外部空间，在充满不确定性的市场环境中，零和博弈已经没有意义，资本成为"竞合"的重要纽带。

三是资本纽带促进了多种力量在传媒市场中相互渗透。传媒领域的金融创新与传播创新不断融合，泛传播时代的到来既挑战了媒介认知与分类框架，也不断突破过去传媒监管边界，多层次资本市场体系渐趋完善为文化传媒产品与服务创新、模式创新和业态创新注入了强大动能，各类资本游走于新兴增长点与既有传播格局之间，适合文化传媒产业轻资产特征的融资模式不断创新，主板、创业板、科创板、新三板等平台对传媒场域内资源配置的作用越来越大。

10.1.3 资本运营改变传媒业

在中国互联网产业和新媒体发展进程中，如果没有早期的大量风险投资支持企业"烧钱"，就不可能拥有今天的用户规模、流量支撑和关注价值，资本起到了关键作用。传统媒体办新媒体起步并不算晚，办了很多年新闻网站、数字报，搞了十多年的报网互动，后来发现路走偏了。为什么？除了理念上存在差异外，核心问题就是比较封闭，没有下决心推动资本运营。

今天，中国互联网产业版图已经瓜分殆尽，BAT 等互联网巨头筑起了高高的市场壁垒，技术赋能和资本运营正在彻底改变媒体行业。十八届三中全会以后，党中央提出，国有媒体所属传媒公司，要借助上市融资方式，发挥金融、基金、股市、证券的投融资功能，打造新媒体投资平台，跨区域、跨所有制收购一批有潜质的新媒体项目和网络平台，实现经营方式转型，提升市场影响力。因此，资本运营将给传媒行业带来更深层次变化，主要体现在：

第一，资本运营将改变传统媒体集团治理模式。国内大多数传统媒体公司，长期受制于行政化思维约束，政企不分、事企不分导致效率低下，在技术创新、业态转型等方面动力不足，陷入今日之困境，也是"温水煮青蛙"之必然。不管哪种形式的资本运营，都只能在市场主体之间展开，因此，传统媒体集团必须继续推进转企改制，加快公司制、股份制改造步伐，建立现代企业制度，否则无法与资本市场对接。随着外部资本和控制力量的注入，传统媒体集团将运用不同手段，从事业单位治理模式向现代企业治理模式转变，治理理念也将从单纯公益性、消耗型向分类管理、效益型转变，进而减少内部人控制，提升决策水平。

第二，资本运营给传统媒体带来全新发展路径。传统媒体一直存在着行政区隔和行业壁垒，客观上造成了我国传媒集团规模小、分布散、实力较弱的现状，迫切需要通过跨地区、跨行业、跨所有制的并购重组，促进资源流通与合理配置，实现从内生式发展向外延式发展转变。近年来，在中央力推媒体融合、转型发展的背景下，传统媒体正在打一场输不起的战争，非常需要资本市场输送大量资金"弹药"，还要以资本手段实现跨界发展。喻国明教授认为，跨界是对既往传媒业固有业态边界的打破，就其价值来说，既可以激活原有相关要素的"沉默价值"、形成范围经济的服务格局，还可以拓宽原有市场边界、谋取更大市场版图。

第三，资本运营有利于建立多层次的投融资渠道。抓住了资本市场，传统媒体集团才能改变过去只能靠银行借贷融资、靠自身积累投资的局面，彻底打通资产证券化、资源资本化通道，并向文化市场主导力量和文化产业战略投资者转型。十多年来，一系列支持文化传媒产业发展的政策先后出台，要求金融机构利用信贷、债券、信托、基金、保险等多种工具，做好文化企业融资衔接；支持文化传媒企业上市，鼓励已上市企业开展并购重组；支持设立文化产业投资基金，鼓励风险偏好型投资者进入新兴文化传媒业态。放眼世界，产业资本与金融资本融合已成为潮流，也是国际大型传媒集团运营的常态，我国传媒资本运营空间广阔。

第四，资本运营有利于价值发现与隐性资源变现。传统媒体隐性优势包括：一是政治资源，尤其是党报党刊、广播电视台、重点新闻网站，都是执政党的舆论工具，社会接触面广，资源聚集能力强；二是制度安排，传媒业具有意识形态属性，准入门槛高，政策支持力度大，不可能任其衰败；三是公信力优势，媒体运营从"二次售卖"向"N次售卖"、混合补偿模式转变，核心是将品牌价值、影响力及关联产业资本化。资本市场的重要功能是价值发现，一旦传统媒体集团的隐性优势被挖掘出来，一些沉淀、沉默多年的无形资产与要素资源被激活，将极大提高传统媒体的市场估值和对价能力，使资源变现成为可能，推动转型发展。

第五，资本运营能提升公司治理水平、倒逼改革。不管是传媒有限公司还是股份公司，进行资本运作的前提是公司治理规范高效，这样才能保持对外部资本的吸引力。尤其是上市公司、新三板挂牌的公众公司，可以通过定向增发、股权转让等方式，不断优化股权结构，以业绩增长、成长预期为主要目标，建立有竞争力的市场机制，激发组织活力。实际上，对传统媒体集团而言，不管是上市、新三板挂牌还是引进外部资本，都只是一种手段而不是最终目的，都是为了建设具有强大传播力公信力影响力的新型主流媒体集团。在此过程中，外部资本进入既是一种认可，也带来了治理压力与要求，将倒逼传统媒体集团的内部改革。

第六，资本运营有利于资源整合和战略并购。中央已经多次提出，推动国有文化传媒企业跨地区、跨行业、跨所有制并购重组，提高文化传媒产业规模化、集约化、专业化水平，还要强化互联网思维，实现跨媒体、全媒体发展。对绝大多数传媒集团来说，完全依靠自身的资源禀赋和既有能力，实现这一战略目标的可能性很小，因此，必须以资本为纽带，不断丰富对价和支付方式，整合产业链价值链上下游及相关产业资源，通过强强联合、优势互补，聚集新要素，形成新优势。研究表明，媒介平台上任何新资源、新要素的引入，绝不是其原有价值和市场逻辑的简单延伸，只要运筹得当，就可以创造出"1+1＞2"的价值倍增效应。

第七，资本运营能创新服务模式、发现新商机。互联网已经颠覆了传统媒体固有的商业模式，整个传播逻辑和产业形态都在重构，而互联网产业的特点是在没有用户规模和品牌享誉之前不大可能有商业模式。浙报集团利用资本力量壮大传媒，在国内较早进行"新闻＋服务"模式探索，将媒体的商业服务功能下沉，通过服务来变现，简单地说就是新闻免费、服务收费，同时组建数据库业务部，从单纯新闻资讯提供者向综合文化服务供应商转变。在"互联网＋"的带动下，不同行业之间的技术壁垒不断被打破，产业边界越来越模糊，"媒体＋"的机会越来越多，新业态、新商机层出不穷，但靠什么"＋"上去？只能靠技术和资本。

第八，资本运营有利于留住人才、创新激励机制。转型困局之下，传统媒体人才流失加速，不少知名媒体人离职转换阵地，他们的去向几乎都是互联网企业，其中一个很重要的原因就是分配与激励不够，传统媒体集团的干部人事管理、薪酬绩效制度、激励机制等面临着巨大挑战。引入了外部资本的文化传媒公司，可以通过完善现代企业制度，大胆尝试市场化薪酬、重置人才管理模式、市场化选聘职业经理人等措施，突破固有体制束缚，提高经营管理效率。在此基础上，进一步探索市场化的激励方式，通过股权、期权以及股权收益信托等多种方式对核心团队和员工进行中长期激励，绑定各方利益，提高资本运营效率和回报率。

10.2 资本运营方式

总体来说，资本运营有三种模式：一是扩张型运营，指通过内部积累、追加投资、吸纳外部资源使资本规模扩大，包括横向、纵向、混合型扩张，具体方式有并购、上市、联盟、联营等；二是收缩型运营，是指将一部分资产、子公司或分支机构转移出去，放弃一些价值贡献小或与主业很少协同的业务，包括资产剥离、分立分拆、股份回购等方式；三是治理型运营，是指通过优化企业运行效率、资产利用效率、降低代理成本等进而实现资本增值，包括管理层收购、职工持股、期权计划等。在资本运营中，资产重组也是一个比较常见的概念，它是指对一定范围内的资产进行整合、分拆或优化的活动，其目的是对资产总量、质量与结构重新进行配置，在上述三种资本运营模式中都存在，一般都隐含着产权变动。

自文化体制改革以来，在一揽子政策的推动下，原来作为事业单位存量部分的传媒经营性资产，迸发出来极大活力与爆发力，传媒机构进行资本运营的条件不断成熟。近年来，传媒资本运营主要方式包括对外融资、上市、并购重组等。

10.2.1 对外融资

传媒融资、筹资，即外部资本进入传媒业的方式，是传媒资本运营的核心问题。一般而言，传媒资本的筹措方式分为债权资本和股权资本两种，不过随着互联网对于金融体系的介入，更多新颖的融资方式也在进入传媒产业领域，比如近年来火热的众筹融资模式，也在影视制作的融资中发挥着越来越重要的作用。

债权融资是指传媒公司作为债务方、通过举债方式进行融资。债权融资获得的只是资本（资金）的使用权而不是所有权，负债资金的使用是有成本的，传媒公司必须支付利息，并且在债务到期时向债权人归还本金。债权融资主要包括：

一是银行贷款。银行贷款是最传统的融资方式，借款单位只要符合法定条件都可以申请贷款，是传媒集团最为常用的融资方式。银行贷款具有筹资速度快、借款弹性大、借款成本较低等优点，不足之处是限制性条款较多，如需要授信额度、第三方担保等，用途方面受政策制约，但仍然是一种很稳妥的融资方式。

二是商业信用。商业信用融资指利用分期付款、开具商业汇票或商业期票、预收账款等方式进行融资。传媒集团长期在事业体制下运行，社会形象好、品牌美誉度高、公信力强，利用信用优势进行融资具有天然优势，虽然此种方式一般期限较短、额度也不可能很大，但已被较广泛应用于购买设备或节目过程中。

三是发行债券。债券是经济主体为筹资而发行的，用以记载和反映债权债务关系的有价证券。与长期借款相比，发行债券的优点在于筹资对象广、市场大，劣势是发行成本高、风险较大、限制条件多而严格。因此，利用发行债券进行融资在我国传媒领域的应用实践并不是很多，只有少数传媒集团进行过尝试。

股权融资是指传媒公司股东让出部分股权，通过公开发行股票、增资、配股或私募基金等办法引进新股东，同时使总股本增加的融资方式。股权融资所获得的资本（资金），传媒公司无须还本付息，新老股东共享公司的赢利与成长。

按融资渠道来划分，股权融资主要分为两大类：第一，公开发行股票。具体包括通过证券市场 IPO（Initial Public Offering，首次公开募股）、增发、配股等形式。第二，私募投资基金。一般是指以非公开方式向特定投资人募集资金而设立的投资基金，因为绝大多数股票市场对申请发行股票的公司都有一定的条件要求，例如《首次公开发行股票并上市管理办法》要求公司上市前股本总额不少于人民币3 000万元，因此，对大多数中小企业来说，较难达到上市发行股票的门槛，私募成为其股权融资的主要方式。另外，一批改革改制比较早的传媒上市主体，从开始尝试到纷纷利用私募股权发起设立新兴产业、并购基金等，以提升产业规模与集中度，也取得了较好效果。

除了债权、股权两种融资模式之外，还有两种筹资方式也值得关注。

一是利用众筹模式融资。众筹即大众筹资或群众筹资，也被称作群众集资或群众募资，由筹资人、投资人、众筹平台三部分组成。众筹最早起源自国外网站 Kickstarter，2011年后在国内兴起，它是一种自愿融资模式，具有低门槛、多样性、依靠大众力量、注重创意等特征，较好地解决了融资过程中信息不对称、风险控制难、中介成本高等问题，为一些初创型文化传媒公司融资提供了新思路。

目前，国内文化传媒领域的众筹涵盖了文创产品预售、影视、出版、新闻、游戏等多个细分领域，每一细分领域的众筹依据标的物属性、特点，又衍生出了不同的众筹方案和回报体系。根据其回报形式的不同，大致可以将众筹融资模式划分为债权众筹、股权众筹、回报众筹、公益众筹四种基本形式（表10-1）。

表10-1 众筹融资的四种形式

众筹模式	主要做法	案例代表
债券众筹	投资人将资金借给筹资人，筹资人承诺按期还本付息	各类P2P平台
股权众筹	投资人将资金投入筹资人的公司，获得一定比例股权，在筹资人公司上市、挂牌或被收购后取得相应收益	人人投/云筹 天使街/天使汇
回报众筹	投资人将资金投给筹资人、用以开发某种产品或服务，筹资人再按约定将产品或服务提供给投资人	摩点/淘宝众筹 京东众筹
公益众筹	投资人将资金投给筹资人用于公益事业，不期望获得回报	轻松筹/水滴筹

二是争取财政投入或引导基金扶持。财政投入对文化传媒产业的发展具有不可替代的作用，但投入范围已经从最初全面投资转变为对重点发展项目、关键环节的投资，投入方式也从直接拨款转变为债权投资或引导基金投资。政府发起设立文化产业引导基金，现已成为一种常见的财政投资模式，引导基金由政府部分出资，吸引有关金融、投资机构和社会资本，不以营利为目的，以股权、债权方式投资创投机构或新设创投基金，以支持创业企业发展。

政府引导基金的作用主要在于：一是发挥政府引导作用，加快经济结构调整与协调发展。设立引导基金，通过政府注资增信，弥补投融资市场失灵，加大对战略性新兴产业的扶持力度。二是有效带动和引导社会投资，发挥财政资金杠杆效应。设立引导基金，以较少的财政子基金，撬动社会资本，形成资本供给效应，降低投资风险。三是加快政府职能转变，提高市场配置资源效率。引导基金实行市场化、专业化运作，既提高了投资效率，又减少了权力寻租空间。

10.2.2 公开上市

近年来，政府层面积极推动完成改制的文化出版、数字媒体、广电网络传输资产以及互联网媒体、影视娱乐、动漫游戏等泛文化传媒企业公开上市，构成了目前A股市场中的文化传媒板块，总数已有100多家。但在意识形态属性更强的报业、广电等核心资产领域，上市实践一直以个案探索的形式展开，早期如博瑞传播、华闻传媒、新华传媒等，后来在事企分开、采编经营"两分开"的基础上，浙报传媒、粤传媒、华媒控股相继借壳上市成功，它们都是剥离传媒集团部分经营性资产上市，具有一定偶然性，目前来看不具备普遍复制的意义。

与此同时，我国多层次资本市场建设也在不断推进：2009年10月30日，创业板在深圳证券交易所开板；2012年7月，国务院批准设立全国中小企业股份转让系统（亦称"新三板"），次年1月，新三板市场正式揭牌运营；2019年6月13日，科创板在上海证券交易所开板；2021年9月3日，北京证券交易所（简称"北交所"）经国务院批准设立，11月15日，北交所正式开市；2023年2月1日，全面实行股票发行注册制改革正式启动，2月17日，中国证监会发布注册制相关制度规则，证交所、新三板、结算、证券业协会等配套制度规则同步实施。

证券市场板块如此之多，主板、创业板、科创板、北交所定位不同（表10-2），IPO条件也不尽相同。

表 10-2　证券市场各大板块的定位

市场板块	功能定位
主板	突出"大盘蓝筹"特色，重点支持业务模式成熟、经营业绩稳定、规模较大、具有行业代表性的优质企业上市
创业板	贯彻创新驱动发展战略，适应发展更多依靠创新、创造、创意的大趋势，主要服务成长型创新创业企业，支持传统产业与新技术、新产业、新业态、新模式深度融合
科创板	面向世界科技前沿、面向经济主战场、面向国家重大需求，优先支持符合国家战略、拥有关键核心技术，科技创新能力突出，主要依靠核心技术开展生产经营，具有稳定的商业模式，市场认可度高，社会现象良好，具有较强成长性的企业
北交所	深入贯彻创新驱动发展战略，聚焦实体经济，主要服务创新型中小企业，重点支持先进制造业和现代服务业等领域的企业，推动传统产业转型升级

但无论哪个板块，对上市主体的总体要求都是"三分开""五独立"：三分开是指董事会、监事会、经理层的责权分开；五独立是指资产独立、业务独立、人员独立、财务独立、机构独立。当前，文化传媒公司IPO路径如图10-1所示。

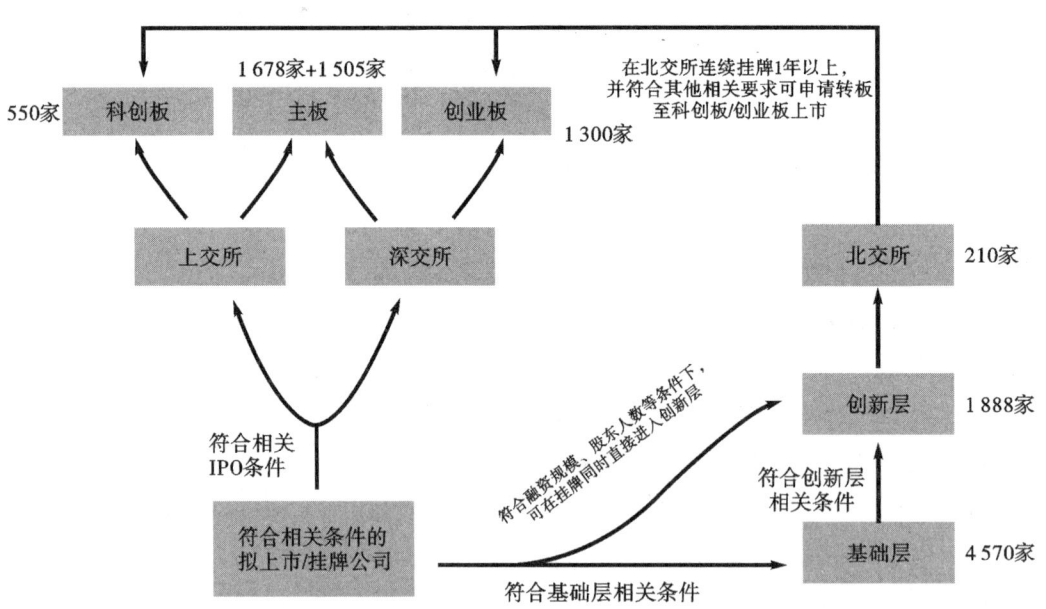

注：数据截至2023年8月4日

图 10-1　文化传媒公司 A 股 IPO 路径

从财务指标来看，各大板块已经形成了较为丰富的体系条件，包括净利润、营业收入、市值、现金流量净额等在内的多种指标组合，具体如表10-3所示。

表 10-3 各大板块 IPO 发行条件（财务）

板 块	财务指标（任选其一）
主板	（一）最近 3 年净利润均为正，且最近 3 年净利润累计不低于 1.5 亿元，最近一年净利润不低于 6 000 万元，最近 3 年经营活动产生的现金流量净额累计不低于 1 亿元或营业收入累计不低于 10 亿元； （二）预计市值不低于 50 亿元，且最近一年净利润为正，最近一年营业收入不低于 6 亿元，最近 3 年经营活动产生的现金流量净额累计不低于 1.5 亿元； （三）预计市值不低于 80 亿，且最近一年净利润为正，最近一年营业收入不低于 8 亿元
科创板	（一）预计市值不低于 10 亿元，最近两年净利润均为正且累计净利润不低于人民币 5 000 万元，或者，最近一年净利润为正且营业收入不低于人民币 1 亿元； （二）预计市值不低于 15 亿元，最近一年营业收入不低于人民币 2 亿元，且最近三年累计研发投入占累计营业收入的比例不低于 15%； （三）预计市值不低于 20 亿元，最近一年营业收入不低于人民币 3 亿元，且最近三年经营活动产生的现金流量净额累计不低于人民币 1 亿元； （四）预计市值不低于 30 亿元，最近一年营业收入不低于人民币 3 亿元； （五）预计市值不低于 40 亿元，主要业务或产品需经国家有关部门批准，市场空间大，目前已取得阶段性成果
创业板	（一）最近两年净利润均为正，且累计净利润不低于 5 000 万元； （二）预计市值不低于 10 亿元，最近一年净利润为正，最近一年营业收入不低于 1 亿元； （三）预计市值不低于 50 亿元，最近一年营业收入不低于 3 亿元
北交所	（一）预计市值不低于 2 亿元，最近两年净利润均不低于 1 500 万元且加权平均净资产收益率平均不低于 8%，或最近一年净利润不低于 2 500 万元且加权平均净资产收益率不低于 8%； （二）预计市值不低于 4 亿元，最近两年营业收入平均不低于 1 亿元，且最近一年营业收入增长率不低于 30%，或最近一年经营活动产生的现金流量净额为正； （三）预计市值不低于 8 亿元，最近一年营业收入不低于 2 亿元，或最近两年研发投入合计占最近两年营业收入合计比例不低于 8%； （四）预计市值不低于 15 亿元，最近两年研发投入合计不低于 5 000 万元

除了核心的财务指标外，各大板块还对 IPO 公司的主体资格、发行股本、独立性、高管团队、内控制度、持续经营能力等多方面有明确要求（表 10-4）。

表 10-4 各大板块 IPO 发行条件（其他）

项目要求	主 板	科创板	创业板	北交所
主体资格	依法设立且持续经营 3 年以上的股份有限公司，具备健全且运行良好的组织机构			在股转系统挂牌满 12 个月的创新层公司
公众化条件	公开发行的股份达到公司股份总数的 25% 以上；公司股本总额超过 4 亿元的，公开发行股份的比例为 10% 以上			发行后股东人数 ≥ 200 人，公众股东持股比例 ≥ 25%；股本总额超过 4 亿元的，≥ 10

续表

项目要求	主 板	科创板	创业板	北交所
发行后股本	不低于 5 000 万元	发行后股本总额不低于 3 000 万元		
主营业务和管理团队	最近 3 年内主营业务和董事、高级管理人员均没有发生重大不利变化	最近 2 年内主营业务和董事、高管人员均没有发生重大不利变化，核心技术人员应当稳定且最近 2 年内没有发生重大不利变化	最近 2 年内主营业务和董事、高级管理人员均没有发生重大不利变化	
控制权	最近 3 年实际控制人没有发生变更	最近 2 年实际控制人没有发生变更		
独立性	资产完整，业务及人员、财务、机构独立，与控股股东、实际控制人及其控制的其他企业间不存在对发行人构成重大不利影响的同业竞争，不存在严重影响独立性或者显失公平的关联交易			
持续经营能力	不存在涉及主要资产、核心技术、商标等的重大权属纠纷，重大偿债风险，重大担保、诉讼、仲裁等或有事项，经营环境已经或者将要发生重大变化等对持续经营有重大不利影响的事项			
内控制度	内部控制制度健全且被有效执行，能够合理保证公司运行效率、合法合规和财务报告的可靠性，并由注册会计师出具无保留结论的内部控制鉴证报告			

一般来说，文化传媒公司 IPO 流程包括：（1）前期准备。中介机构进行尽职调查，就关键事项给予建议并协助公司进行整改规范。（2）改制辅导。在适当时点由有限责任公司改制为股份有限公司，并向当地证监局报送辅导备案。（3）申报审核。中介机构根据监管要求撰写申请文件，在通过当地证监局辅导验收后报送交易所，完成历次反馈意见回复和上会审核。（4）发行上市。取得证监会注册文件后，经过询价确定发行价格后发行，最后在交易所挂牌交易。

从上市方式来看，除 IPO 上市之外，还有一种方式就是借壳上市（Back Door Listing）。借壳上市是指未上市的公司通过收购、资产置换等方式取得已上市公司的实际控制权，使本公司资产得以较快上市的一种资本运作方式。在股票发行核准制时代，上市公司一"壳"难求，借壳上市一度炙手可热，如新华传媒、粤传媒、浙报传媒等报业经营性资产，均采取此种方式上市。随着股票发行注册制实施，上市公司"壳"资源价值下降，加上借壳资产本身必须具备 IPO 条件以及审核时间长、或有风险大、再融资难等问题，借壳上市这种方式逐渐被边缘化。

此外，还一种比较受关注的运作方式——新三板挂牌。近十年来，新三板一直走在改革路上：设立之初挂牌公司不足 1 000 家，如今已有接近 7 000 家，先后推出做市商、创新层等制度安排，并通过设立北京证券交易所，打通了挂牌企业的转板通道。也有不少传媒公司挂牌新三板，规范公司治理，提升运作水平。

10.2.3 并购重组

传媒市场的并购重组是一种极其复杂的经济活动，它是指企业基于发展战略考虑，对企业股权、资产、负债等进行的收购、出售、分立、合并、置换活动，具体包括为资产与债务重组、收购与兼并、破产与清算、股权或产权转让、资产或债权出售、资本结构与治理结构调整等。其中，兼并、收购、重组是三种比较常见的运作方式，但这三种方式含义既有交叉，也有不同特点（表 10-5）。

表 10-5　三种资本运作方式比较

运作方式	共同点	不同点
兼并	都是对目标公司达成控制，合称"并购"	两个及以上的企业合并为一个，一个企业继续存在，其他企业丧失独立身份，它们的资产被存续企业融合
收购		一家公司购买另一家公司的多数权益或所有权，以取得实际控制权，后续行动或者是兼并，或者是分拆与私有化，或者是收购方与目标公司之间形成母子公司关系等
重组	兼并和收购都是重组的一种方式	重组侧重于资产或债务形式的整合，含义更加宽泛：既包括收购和兼并，也包括资产或债务剥离、股份回购、清算重整等

按照业务关系区分，传媒并购可以分为三种类型：（1）纵向并购。通常是指处于传媒产业链不同环节之间发生的并购，有的向产业上游拓展，有的向下游延伸，如报刊出版商并购新闻纸企业、发行商等。（2）横向并购。一般是指在同一市场、同一传媒产业链环节内发生的并购行为，目的是扩大生产规模、获取更大利润，如传媒集团收购其他报刊、出版社、电视台（频道）等。（3）混合并购。是指发生在不同市场、不同行业之间的并购行为，又可细分为跨媒介扩张型、地域市场扩张型和纯粹混合并购三种类型。跨媒介并购拓宽了媒介生产、传播的信息产品种类，跨地域并购扩大了媒介产业的地域覆盖程度，纯粹的混合并购则涉及媒介产业跨界拓展到其他领域，并购双方从事的经营活动并不一定具有相关性。

近年来，文化传媒行业景气度不断提升，传媒领域内的并购重组活动日益活跃。不仅字节跳动、阿里巴巴、腾讯、京东、B站等头部互联网公司热衷并购，其他公司也纷纷通过并购重组扩大产业规模，知名案例如东方明珠吸收合并百视通、浙报传媒收购边锋和浩方游戏平台、快乐购重组芒果TV变身芒果超媒、阅文集团并购新丽传媒、光线传媒并购猫眼电影等。传媒并购重组的作用在于以下几点。

首先，协同效应。经济学家伊戈尔·安索夫（Igor Ansoff）率先提出协同效应，认为公司之间可以通过并购实现经营、财务、管理等方面的协同，进而提升经营效率。传媒并购后获得的效益要大于两个独立公司获得的效益总和，这种效应来源于并购带来的效率提升和规模经济，不仅节省管理费用，也可以对不同受众或市场进行专门化服务，还能集中经费用于研发，提升产品和服务质量。

其次，战略优化。传媒公司扩张产业版图，方式有独立扩张和寻求外力相助两种，而并购成熟标的和优质资产，通常被认为是快速提升竞争力的有效途径。通过各种并购重组，传媒公司不仅能整合上下游资源，优化完善产业链，还能够减少竞争对手数量、扩大市场占有率，从而增强市场控制力和话语权，降低竞争的激烈程度，甚至获得某种形式的垄断，进而形成生态优势，不断实现战略目标。

再次，价值发现。资本市场最大的魅力在于价值发现，而并购重组就是一个价值发现与重估的过程。目标公司被收购时，资本市场将重新对其作出价值评估，因为人们相信，既然有投资者愿意收购，肯定认为被收购的公司在其控制下能够产生更大价值，也就是说，目标公司当前的价值被低估了。传媒并购传递了某种价值低估的信息或信号，这将促使并购双方管理层从事更有效率的管理活动。

最后，转型发展。国有传媒集团肩负着引领舆论导向的重大使命，虽然近年来受互联网冲击很大，但都在推动转型发展，资本市场为其保驾护航是应有之义。传媒集团向互联网、新媒体发展已呈必然之势，但对新领域并没有太多经验，要减少中间的摸索过程，少走弯路，减少代价，比较直接的办法就是并购相关传媒公司，利用其品牌、技术、人才等，突破固有发展模式，寻觅新的蓝海市场。

尽管并购重组推动了传媒产业快速发展，并被视为传媒集团获得核心竞争力的战略手段，但也要看到：很多传媒并购活动的效果并不理想，有些传媒公司合并后未能完成业绩承诺，有些重组后未能按照当初的预想发展。哈佛商学院教授保罗·希利（Paul Healy）将并购风险描述为：（1）直接并购失败。经过一系列资本运作，并购以失败告终；（2）市场价值下降。由于并购产生了一系列费用，远远高于并购后的盈利增长；（3）并购后管理失控。并购后企业无法有效整合资源、无法满足并购后经营管理的需要。因此，比传媒并购重组活动更重要的是并购以后的资源整合与文化融合策略，这些策略可能关系到整个并购重组工作的成败。

【延伸阅读10-1】

浙报故事：资本壮大传媒

谈论传媒资本运营，绕不开浙江日报报业集团（简称"浙报集团"）。

20多年前，浙报集团就大胆提出：传媒控制资本，资本壮大传媒。

也许是长三角的富饶与活力使然，也许是骨子里面的浙商基因使然，过去20多年里，浙报集团体制改革、借壳上市、并购重组动作频频，不断抒写着资本市场的"浙报故事"。

2002年，浙报集团首创性地提出"一媒体一公司、两分开一本账"体制架构，在采编经营"两分开"的基础上，将媒体经营部分改制为公司，媒体总编辑兼任公司董事长，采编与管理费用在公司列支。这种架构不仅实现了不同业务在日常层面分开运行，又确保各个板块的目标和利益取向一致。更重要的是，由此形成了市场主体，为后期开展资本运作埋下伏笔。

2011年9月，浙报集团向ST白猫注入优质资产——16家传媒主业子公司的股权、涵盖5大业务板块，评估作价24.6亿元，从而取得上市公司64.62%的股权。之后，ST白猫更名为"浙报传媒"，浙报也成为国内首家传媒经营性资产整体上市的党报集团。

2012年3月，上市还不到半年的浙报传媒，启动收购边锋网络和上海浩方两家游戏公司；次年4月27日完成非公开定增，募资32亿元，收购顺利完成。通过此次收购，浙报传媒获得了一个拥有3亿注册用户、2000多万活跃用户的游戏平台，进军数字娱乐产业。

2016年12月，浙报传媒完成了第二次非公开发行、募资19.5亿元，投建浙江大数据交易中心、富春云数据中心、大数据创客中心及产业基金等"四位一体"大数据产业生态圈。

2017年4月，浙报传媒实施第二次重大资产重组，剥离传媒类资产，包括21家一级子公司部分股权，由浙报集团斥资近20亿元回购。同时，浙报传媒更名为"浙数文化"。

从2018年开始，浙数文化先后发布"天目云"融媒体平台、深度参与"杭州城市大脑"

"数字浙江"建设、兴建数字文化科技产业园，集中资源打造融媒体科技业务板块。

2020年，浙数文化投资另一家上市公司罗顿发展，整合资源组建浙报艺术产业集团，同时预披露分拆二级控股子公司浙报融媒体科技至科创板上市。

2023年1月，以浙数文化为主体组建的传播大脑科技（浙江）公司揭牌；5月，传播大脑大模型上线内测，探索AI大模型在传媒等领域的应用，赋能媒体深度融合发展。

2023年9月初，浙数文化搬进刚刚建成的数字文化产业园，再次开启新征程。

10.3 传媒上市运作

上市运作被认为是资本运营的一种高级手段，一直是众多改制文化传媒公司孜孜以求的目标。我国传媒上市运作受监管政策影响大，不同时期的上市侧重点不同，出版、广电、报业、新媒体、影视娱乐等细分领域适用政策也有差异，但总体取向是支持具有业态创新、文化创意、科技含量的文化传媒公司上市。目前，已有100多家文化传媒类公司在A股上市，资本市场中文化传媒板块初步形成。

10.3.1 两种上市路径

梳理自文化体制改革试点以来的文化传媒企业上市案例，不难发现市场中存在两种上市路径：一种是整体改制后上市，另一种是剥离改制后上市。实际上，两种上市路径体现了对不同传媒形态的监管要求，也构成了传媒上市运作的政策取向和尺度把握，有利于对当前传媒产业资本运营与体制创新边界的理解。

先来看整体改制上市。整体改制就是将某种类型的文化传媒业务和资产全部注入、组建为公司制企业，人员转换身份，建立法人治理结构和现代企业制度，然后实施股份制改造，经过券商辅导后，申请公开发行股票而完成上市。目前，整体改制上市的文化传媒企业主要包括三大类：一是中央及省级出版传媒集团，二是互联网、新媒体与文化科技公司，三是影视娱乐、动漫游戏等泛传媒公司。

从股票注册与审核角度来看，整体上市一直是证监会、交易所大力倡导的一种上市方式，其优势在于：一方面，主业整体上市能够较好地规避实际控制人、控股股东与上市公司之间的同业竞争。文化传媒公司上市时，如果发行人未能将构成同业竞争关系的相关资产、业务全部装入上市公司，最终会导致上市公司的经营业务与控股股东形成竞争关系，从而对中小股东、公众股东利益造成伤害。另一方面，整体上市有利于减少实际控制人、控股股东与上市公司之间的关联交易。关联交易是指发生在具有特定关系的当事人之间的交易，一直都是上市公司监管部门关注的重点，关联交易不得显失公平，也不得过于频繁或者超过一定比例，关联交易量太大必然影响上市公司独立性，也可能伤害其他股东潜在利益。

以出版行业为例，自文化体制改革试点伊始，在"管办分离"政策的推动下，各地出版社、新华书店、发行、印刷等部门纷纷从行业主管部门分离出来，改制组建为出版（传媒）集团。之后，各大出版集团积极运用资本手段，利用社会资本做大做强主业，取得了社会效益和经济效益双丰收，社会影响力进一步提升。据不完全统计，目前已有20多家出版集团改制重组后整体上市（图10-2）。

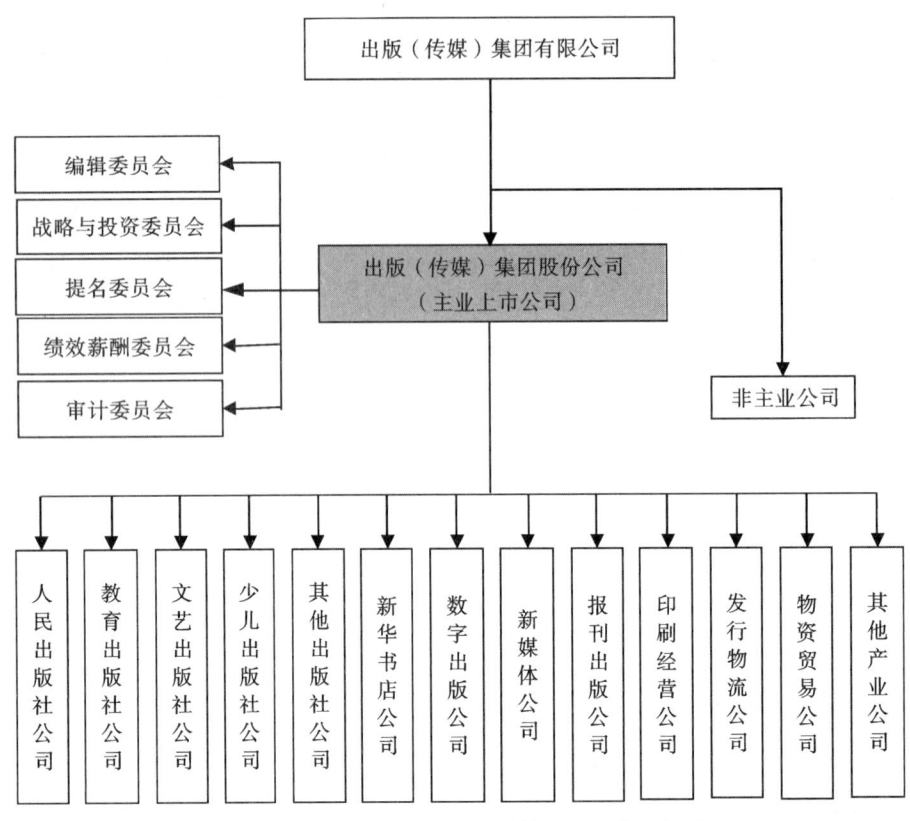

图 10-2　出版（传媒）集团整体改制上市路径图

再来看剥离改制上市。剥离改制是指传媒集团按照"事企分开"、采编经营两分开的政策要求，将主业中的经营性资产剥离出来，进行公司化改造，并在改制公司建立现代企业制度，实施股改后申请上市。剥离改制主要针对传媒业的核心资产——报业集团和广播电视台而言的，为确保舆论导向和宣传安全，内容采编这一部分不能公司化、商业化，依然按照事业体制运行，其他如广告、发行、传输网络等经营性资产以及新媒体部分可以剥离改制，申请上市。

目前政策允许剥离改制上市的业务和资产包括：广电台所属的 IPTV、网络传输、广告发行、一般节目制作、新媒体、互联网接入与信息服务等，报业中的广告、印刷、发行以及新媒体、文化创意、"媒体＋"业务。近年来，通过剥离改制上市的广电类公司不在少数，比较知名的有东方明珠、芒果超媒、幸福蓝海、华数传媒等。相比之下，报业集团在剥离改制上市方面，除了浙报传媒、粤传媒、华媒控股相继借壳上市之外，近年来似乎陷入了停滞状态。

报业改制上市缘何沉寂下来？这个问题还是要结合其上市路径方面来分析，已上市报业传媒公司的运作表明：采编与经营"两分开"、国有资本绝对控股、经营性资产尽量完整，这是对具有强烈意识形态属性的报业集团剥离经营性资产改制上市的三大核心要求，也可以说是暂时无法突破的改制上市政策底线。

那么，什么是采编经营"两分开"？"两分开"原指在同一媒体内部、从事新闻采编和经营业务的人员在工作层面上的分开，是媒体为了避免有偿新闻、岗位混编而进行的职能界定，本属于媒体从业人员的一种职业规范。但是，随着文化体制改革纵深推进以及对媒体双重属性认识的深入，"两分开"逐渐演变成为一种新的制度安排：采编部分从事媒体内容的采集、编辑工作，事关舆论导向和文化安全，依然按事业体制运行，以维护意识形态属性；广告、发行、印刷及其他经营部分剥离改制为企业，成为市场主体，产业化运作，体现媒体产业属性。

从浙报集团、广州日报社、杭州日报社的上市路径来看（图10-3），采编经营"两分开"后：运营采编业务、资产的报纸杂志社（编辑部）仍是事业单位，拥有刊号资源和内容终审权，负责提供内容服务，运作资金来自经营公司的广告分成，本身不从事经营性业务，也不以盈利为目的；与报刊经营有关的广告、发行、印刷业务及相关资产和人员，经转企改制和身份转换后、进入上市公司下属各经营公司，经营公司通过与集团或报刊编辑部签订《授权经营协议》和《广告收入分成协议》，从而获得报刊媒体的独家经营管理权。"两分开"的重点和难点在于，采编与经营部分如何建立有效联结机制、内部运营模式和业务流程如何创新等。

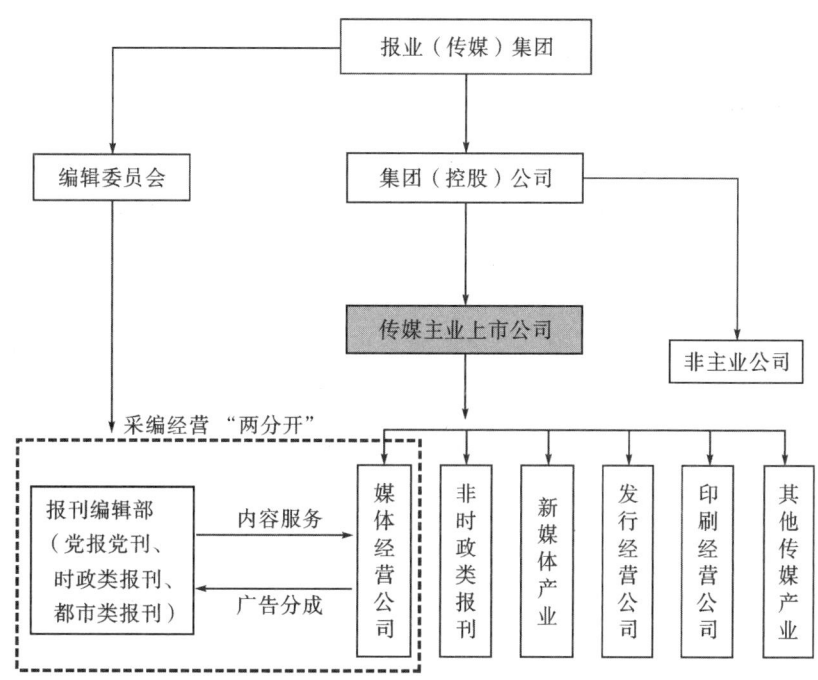

图 10-3 报业（传媒）集团剥离改制上市路径图

10.3.2 媒体上市判断

媒体在社会发展中扮演着至关重要的角色，反映着一个国家的文化价值观，正如加拿大传播学者伊尼斯所言，传媒不仅仅是信息的载体，它还能塑造人们的思想和行为。因此，媒体上市受到多重政策规制，一直处在复杂的博弈之中，但也并非完全无迹可寻，梳理产业环境与上市政策，可以得到以下基本判断。

判断之一：文化传媒企业上市运作呈现加速之势。

媒体普遍具有意识形态属性，上市前必须报宣传及行业主管部门前置审批。业内一度认为，文化体制改革的规定动作和阶段性任务，已于党的十八大前完成并收官，传媒企业上市尤其是在核心领域基本不可能再批了。十八届三中全会作出全面深化改革的决定后，中央很快出台了《关于推动传统媒体和新兴媒体融合发展的指导意见》《关于推动国有文化企业把社会效益放在首位、实现社会效益和经济效益相统一的指导意见》等重头文件，明确提出"鼓励符合条件的重点新闻网站上市融资""鼓励符合条件的国有文化企业上市融资"。之后《关于加快推进媒体深度融合发展的意见》再次提出，"创新媒体投融资政策，鼓励符合条件的媒体企业上市融资""支持主流媒体控股或参股互联网企业、科技企业"。

近年来，一些出版、广电大省及文化强省的文化传媒企业纷纷加快改制上市步伐，一批知名文化传媒企业登陆A股市场，比如出版行业的中国出版、读者传媒、浙版传媒、南方传媒、中信出版、果麦文化等，广电行业的江苏有线、芒果超媒、幸福蓝海、海看股份、多彩新媒等，影视娱乐行业的中国电影、万达电影、横店影视、金逸影视、博纳影业等，目前已进入上市辅导期以及排队候审的文化传媒企业也不在少数。与此同时，一些省市不仅制定了推动文化传媒企业上市的专项政策，有的还建立了省属文化企业上市工作协调机制与机构，在资源配置、战投引进、改制政策、中介费用、引导基金等方面给予真金白银的支持。

总的来看，媒体上市的政策基调并没有变，核心要点是国有资本绝对控股、拟上市公司成长性等，但上市形态更加丰富，并且鼓励多种形式探索，采编资产上市或有突破迹象——出版行业和新闻网站的内容部分已注入多家上市公司。

判断之二：报业集团已经错失最佳上市时间窗口。

似乎是一夜之间，传统媒体的生存危机来临了：在互联网浪潮的裹挟之下，整个传播逻辑正在被重构，广告断崖式下跌，读者和人才加速流失，盈利模式被颠覆，发展形势异常严峻。传统媒体尤其是报刊媒体的"二次售卖"商业模式失灵，媒体公司业绩曲线掉头向下，在这种情况下，传统报刊媒体的入口价值、对价能力、市场估值都在急剧下降，价值创造能力萎缩，新媒体盈利模式尚未成熟，这意味着，大多数报业集团已经错过了最佳上市时间窗口。

报业的"高光时刻"是在新世纪的最初十年，广告业务突飞猛进，一度被称为"暴利行业"，那个时代是报业经营业务、资产估值最好的时期，在那个时候，以授权经营、广告分成的形式为采编部门提供费用的模式是可行的。但到后来，媒体广告收入逐年下滑，广告分成的比例不得不越提越高，到最后，有些媒体甚至全部广告收入都无法覆盖采编成本了，带来的后果不仅是报业媒体盈利能力问题，还在于以广告分成为利益联结机制的采编经营"两分开"体制架构难以为继。

2017年，浙报传媒再次进行重大资产重组，剥离传媒类经营资产——由浙报集团斥巨资予以回购，上市公司更名为"浙数文化"，将主业确定为数字娱乐、数字科技与创业投资。此番操作并非是"翻烧饼"，究其原因，主要是两方面：一是意识形态管理政策收紧，媒体必须确保舆论导向安全；二是经济原因，传统报刊业务的盈利能力急剧下降，广告分成机制已经不能为未上市的内容采编部分提供充足经费，更不足以支持集团推动融合发展所需的资金资源，如果不果断进行重组处置，必将拖累上市公司发展，也会影响整个集团的媒体融合运作。实践证明，浙报集团的做法是非常明智的，反观粤传媒和华媒控股，之前注入的传统报刊经营资产面临很大经营困难，粤传媒一度要靠财政补贴收入才能"保壳"。

判断之三：新闻网站上市或将成为下一轮"风口"。

当前，互联网已经成为舆论主战场，媒体格局及舆论生态发生了重大变化，只有从战略高度推动媒体深度融合发展，打造一批新型主流媒体集团，才能确保意识形态和执政安全，这为传统媒体集团转型发展指明了方向。但媒体融合与转型发展，并不存在一条当然之路或一种商业模式，可能需要较长的培育期，探索以资本为纽带的股权架构与发展模式，吸引社会资本参与技术研发和项目开拓，增强传统媒体的市场竞争意识和能力，也成为一种必然选择。

近年来，中央主管部门大力推动重点新闻网站上市融资，取得了很大突破。2009年，中央外宣办确定 10 家重点新闻网站进行改制上市试点，分别是人民网、新华网、央视网 3 家中央重点新闻网站和北京千龙网、上海东方网、天津北方网、湖南华声在线、山东大众网、浙江在线、四川新闻网 7 家地方重点新闻网站。2011 年，中央外宣办印发《关于积极推进新闻网站转企改制和上市融资的意见》，又有 8 家中央重点新闻网站、32 家地方重点新闻网站被列入了改制上市扶持名单。之后，在中央关于推动媒体融合和文化产业发展一系列文件中，始终都鼓励、支持条件成熟的重点新闻网站上市融资，激发发展活力，增强市场竞争能力。

在政策利好推动下：2010 年 10 月，湖南红网随中南传媒上市；2011 年 9 月，浙江在线随浙报传媒上市；2012 年 4 月，人民网 IPO 上市；2016 年 10 月，新华网登陆 A 股；2021 年 5 月，四川新闻网二次"闯关"成功。一些重点新闻网站如央视网、华龙网、华声在线以及山东互联网传媒集团（以大众网为主体组建）等，也正在积极筹备、推动上市；还有多家重点新闻网站如东方网、荆楚网、大江网、南海网等挂牌新三板，规范公司治理，提升市场运作水平。

判断之四：新闻媒体"整体上市"仍然有待时日。

我国文化传媒企业规模和经济贡献明显小于国际同行，不仅缺乏细分领域巨头公司，也缺乏真正意义上的综合型传媒集团，而国际大型传媒集团之所以基业长青，原因就在于不断拓展创新，不断地做加法和减法，不局限于地域行业，不断布局新兴领域和新型业务。因此，在互联网不断颠覆原有传播和信息消费模式的趋势下，我国报业、出版、广电等媒体集团不仅要对内部资源配置方式进行再思考，还要突破地域分割和行业壁垒困扰，通过股权多元化提升活力、从资本层面壮大规模，整体上市非常有利于内部资源整合、提高估值水平获得更好对价。

多年来，传统媒体集团一直延续着事业单位管理的巨大惯性，一些传媒公司改制不彻底、治理不规范，直接影响资本运作。中国资本市场在完成股权分置改革后，证监会一直大力提倡整体上市，即使股东利各方利益攸关、价值取向一致，也有利于减少关联交易、规避同业竞争，这也是文化传媒公司上市的必由之路。目前，在出版、新闻网站以及影视娱乐、动漫游戏等领域，内容业务都可以注入上市主体，不存在政策障碍，实现了某种程度上的整体上市。

但对于一些剥离部分资产上市的传媒集团来说，整体上市仍然有很长的路要走。比如，某些省级广电台已经拥有两家、甚至提出打造多家上市公司的目标，虽然从目前来看，有线电视网络服务、IPTV、影视制作、新媒体、等业务属于不同类型业务，也都有单独申请上市的可能，但未来随着媒体深度融合的推进，这些业务将会不断交叉渗透，仍然存在进一步整合的必要；同时，资本市场更希望看到同一控股股东或实际控制人旗下的业务和资产整体上市，这也是一种必然趋势。

10.3.3 上市策略分析

如今，文化传媒企业上市，借助资本市场融资发展，是看得见的制度红利。资本市场改革的深化、媒体深度融合进程加快，将为国有传媒集团转型发展提供丰富营养与强大动力，而尽最大可能、尽快上市已成为重要工作抓手，因为资本市场是解决历史问题的首选，是做大增量、优化存量的最佳办法，只有将盘子做大、真正发展起来了，才能平息利益调整带来的不适与震荡，才能继续深化改革。

近年来，中国资本市场正经历着前所未有的深刻变革，文化传媒企业要利用好资本市场，首先必须了解其发展现状与未来趋势，以下几点值得重点关注。

第一，股票发行全面实行注册制。存在了20多年的股票发行行政审批制度（核准制）已经改变，而转向以信息披露为中心的注册制，并逐步探索符合国情的股票发行条件、上市标准和审核办法。注册制使得上市条件更加多元，意味着以后公司上市会有多套标准，主板、创业板、科创板、北交所都可以选择，未来的股票发行，证监会、交易所将转向监管为主。

第二，多层次股权市场带来更多选择。近年来，证券交易所的市场主导地位得到加强，市场层次结构逐渐清晰：上交所、深交所、北交所为一个层次，股转系统（新三板）次之，再就是俗称"四板"的区域股权交易市场。不同层次中又有若干板块，鼓励良性竞争、市场包容，这些股权市场的转让、投融资功能不断完善，根据不同定位，文化传媒企业成长到不同阶段、可以灵活选择市场挂牌。

第三，鼓励市场化开展并购重组。充分发挥资本市场在文化传媒企业并购重组过程中的主渠道作用，拓宽并购融资渠道、丰富并购支付方式，支持并购重组的各种金融创新，加大债券融资、定向权证、并购贷款等供给。精准有效的并购重组，有利于优化资源配置、提高协同效率，也是国有传媒集团做大做强的必由之路。另外，进一步提升上市公司质量，欺诈发行、业绩不达标将会被强制退市。

总之，资本市场未来发展方向可以如此描述：注册制丰富上市条件，多层次市场提供多元选择，信息披露是规范经营的核心，融资要看市场买不买账。随着媒体深度融合的持续推进，资本市场政策红利有望进一步释放，国有传媒集团借助资本市场推动转型发展恰逢其时，相关工作准备可以围绕三个方面展开。

首先，认清形势，量力而行。资本、媒介、互联网市场变化非常快，国有传媒集团一定要不断跟踪学习，认清改革趋势、踏准市场节奏，并根据自身发展阶段、资源禀赋等，选择合适的股权市场以及适当运作方式，步步为营，量力而行。

例如对新三板这个新兴市场，不少企业最初看不起，后来一度竞相入局，为什么？因为新三板存在"三大改革""一个预期"，即市场分层、竞价交易、降低投资门槛以及转板预期，制度创新可能带来改革红利，因此"宁要模糊的正确、不要精确的谬误"。对于部分改制时间不长、改革不是很彻底的国有传媒公司而言，挂牌新三板是比较明智的选择，因为新三板包容性强，挂牌手续相对简单，可以促进企业资源整合、提高治理水平。随着新三板改革预期逐步兑现以及北交所设立，又推动了科创板、创业板上市制度变革，给传媒企业上市带来更加丰富的路径选择。当前，虽然新三板市场有所降温，但其交易、分层、转板等制度已经比较完备，也有些传媒集团认为挂牌新三板没什么用，其实这是一种误解——因为挂牌新三板并不是终点，而是资本运营的新起点，挂牌公司如果不持续进行运作，比如挤进创新层、北交所上市或者转板，只是挂牌作用有限，关键要研究市场规则、跟上政策节奏，不能笼统地说没用。

其次，规范运作，练好内功。对传统媒体集团而言，当前最重要的事情是做减法：对一些舆论引导能力弱化或者经营不善、已不具备基本生产经营条件的媒体和公司，必须坚决予以关停并转；对一些服务保障部门，要加快社会化步伐、加大剥离力度，从而减轻利润负压，做优做实拟上市主体业绩，不仅包括财务指标，还包括用户规模、黏度等。

同时，暂时还没有剥离经营性资产改制的媒体集团，一定要尽快完成改制等基础性工作，因为重塑市场主体是对接资本市场的第一步。已完成改制的国有传媒公司，要进一步完善法人治理结构，依法健全股东会、董事会、监事会及经理层，建立相应议事规则、授权体系、管理制度等，做好内部控制，不断提升公司治理水平和发展质量，确保依法合规运营。另外，还要设计处理好拟上市主体、控股股东和实际控制人之间的关系，拟上市主体必须保持资产、人员、业务、财务、机构"五独立"，并减少关联交易、规避同业竞争，这既是重点也是难点。

最后，立足未来，发掘成长。从传媒集团所承担的使命来看，推动媒体融合、转型发展，不可能一蹴而就，要作好打持久战的准备，而高科技、高成长性、跨界业务也需要时间培育。因此，国有传媒集团对接资本市场，一定要立足长期，运用系统思维，剥离哪些资产、注入哪些业务、采取何种路径对接市场、如何把握上市时点等要系统分析，尤其是决策者们要统一认识，千万不能急功近利、急于求成，否则很有可能欲速不达，甚至发生战略误判。

另外，资本市场非常看重企业未来发展，投资者投资企业也是投资未来，因此，拟上市文化传媒企业要把故事讲好。当然，讲故事不是编故事，而是要求企业准确提炼核心竞争力、发展战略、目标路径，并且如实披露。同时，国有传媒公司还要充分利用自身资源禀赋，精心谋划一批"内容＋""媒体＋""文化＋"产业项目，不断创新、迭代商业模式，培育新经济增长点和支柱产业，这既是传统媒体集团生存和转型的需要，也是对接资本市场的必然要求。

【延伸阅读10-2】

川网传媒：二次"闯关"圆梦

2021年5月11日，四川新闻网正式登陆创业板，股票简称"川网传媒"。它是继人民网、新华网之后国内第三家上市的新闻网站，也是首家在A股上市的省级重点新闻网站。

川网传媒前身为四川手机报传媒有限责任公司，成立于2009年12月；2012年12月，更名为四川新闻网有限公司；2013年3月，整体变更为股份有限公司。公司控股股东为四川省新传媒有限公司、上市后持股比例为44.99%，实际控制人为四川省委宣传部。

川网传媒的上市之路颇为坎坷：2014年12月，第一次申报创业板IPO，次年4月被抽中接受现场检查；2016年8月更新申报，12月9日，上市申请被创业板发审委否决。

彼时，创业板发审委提出了公司手机报用户数加速下滑及风险等4个问题。此次申报前三年，公司营业收入为1.13亿元、1.22亿元、1.33亿元，扣非净利润只有3 000万元、2 587万元、3 122万元。

首次IPO被否后，公司更换了保荐机构，并于2019年6月再次申报。由于创业板实施注册制改革，2020年6月又按注册制要求重新申报。本次招股说明书显示：申报前三年，公司营业收入分别为1.67亿元、2.06亿元、2.07亿元，扣非净利润已达3 433万元、5 247万元、5 144万元。

2020年10月23日，深交所公告：四川新闻网传媒（集团）股份公司IPO申请获批。

此次IPO，川网传媒实际募资总额约2.26亿元，主要用于全国手机报联合运营平台、四川省融媒体项目、技术平台改造升级、全媒体采编平台扩充升级等项目建设。

在川网传媒上市过程中，原董事长是灵魂人物。2013年，55岁的他从四川省委外宣办调任川网董事长、总经理，一直视川网上市为使命，哪怕二次闯关也"衣带渐宽终不悔"。

2021年11月12日，川网传媒上市半年后，因年龄原因，原董事长退休离任。八年时间，他兑现了带川网上市的承诺，这不仅仅是坚持的力量，也体现了情怀与梦想的魅力。

目前，川网传媒拥有四川新闻网、中国西部网、四川发布、四川手机报、麻辣社区、川网影视等新媒体平台，涵盖网站、手机报、微博微信、论坛社区和互动电视等，拥有互联网媒体业务全牌照，提供多样化的新媒体产品、服务，拥有大量优质、高黏度的用户资源。

未来，川网传媒将继续推动新媒体整合营销与移动信息业务协同发展，拓展"互联网＋""信息＋""文化＋""媒体＋"等新兴产业项目，加强全国性布局，不断提升综合竞争力。

10.4 无形资本运营

传媒无形资本是和有形资本相对应的概念，主要强调无形资产的资本特性。无形资产是会计学范畴的概念，而无形资本是金融学范畴的概念。具体而言，传媒无形资本是指具有资本特性的传媒无形资产，其核心是商誉，还包括传媒版权资源、用户资产、关系渠道、营销网络、频率频道、栏目品牌、节目形式等。

10.4.1 传媒无形资产分类

会计学上将企业资产分为四大类别，即流动资产、固定资产、无形资产与其他资产。无形资产指由特定主体控制的，不具有实物形态，对生产经营长期发挥作用且能带来经济利益和影响力的资源，其中主要包括专利权、专有技术、商标权、著作权、土地使用权、特许权和商誉。大众传媒业拥有的无形资产主要有以下几种。

一是特许经营权。我国对传媒业准入实行审批特许制度，具体表现形式为刊号、书号、频率、频道等资源归国家所有，未经许可，任何个人及组织不得开展相关业务。获得特许经营权的企业，都有严格的主体要求和规范的运营条件，这也是传媒企业所独有的优势。因此，很多传媒机构以此作为对外合作的基础，在市场经营中提升了品牌、商誉等无形资产价值。

二是品牌与商标。传媒的名称、商标、域名具有占有权、排他权、转让权。品牌是具有经济价值的无形资产，给拥有者带来溢价、产生增值，它的载体是用于和其他竞争者的产品服务相区分的名称、术语、象征、记号或者设计及其组合。传媒品牌承载着对产品或服务的认可，是媒体与用户行为之间的一种衍生物。

三是著作权（版权）。著作权是指自然人、法人或其他组织对文学、艺术和科学作品享有的财产权利和精神权利的总称。在我国，著作权即指版权，它是传媒其他无形资产生成、积累、拓展的基础，广义的著作权还包括邻接权。

四是渠道网络资源。无形的人际关系网络、渠道网络，有效加快了信息资源的整合配置效率,提高了信息传递效率,传媒企业的发行、传播网络和经由内容传播构建起来的社会网络资源等,也是具有市场价值和开发潜力的无形资产。

五是影响力。影响力是一种人们所乐于接受的方式,也是一种改变他人思想和行动的能力。传媒影响力的本质特征在于它对受众的社会认知、社会判断、社会行为产生影响,它体现为传媒在社会和受众中的信誉度、权威性和公信力。

六是人力资源。人力资源指传媒组织中的人所拥有的能被企业利用,且对价值创造起贡献作用的教育、能力、技能、经验、体力等的总称,是重要的生产要素之一,包括传媒集团的名编辑、名记者、名主持人、优秀经营管理人才等。

在传媒业有关的无形资产中,知识产权是评价传媒机构竞争力和创新力的最重要依据。知识产权包括财产权利和精神权利,它不但使所有者获得人身权利,如名誉权、荣誉权、著作权、商誉等,也能够使所有者获得经济方面的利益。

无形资产是文化传媒企业的核心资产,但其价值评估较复杂。2016年4月,中国资产评估协会在中宣部和财政部指导下,制定并发布《文化企业无形资产评估指导意见》,当年7月1日起施行。这是我国首次针对具体企业类型的特定资产制定评估准则,意见对文化企业无形资产评估进行了规范,明确文化企业无形资产评估要求,为明晰文化企业无形资产评估当事各方的责任义务提供了参考。

10.4.2 传媒无形资本运营

随着信息时代的到来,企业赖以生存和发展的核心价值已经发生了实质性改变:从以实物资产(如土地、矿产、物业、机器设备、存货等)为主,演变为以实物型资产和金融/财务型资产(现金、存款、应收款、信贷、投资、股东权益)为主,进而演变为以金融/财务型资产和无形资产为主。在一些发达国家,无形资本成为传媒企业核心竞争力,有些无形资本的价值甚至数倍于有形资本。

传媒无形资本运营,是指传媒对自身拥有的各类无形资产进行运筹、谋划、置换、交易,使其合理流动、并实现价值最大增值的市场活动。无形资本运营是传媒经营活动的重要组成部分,促进了存量资产优化重组,其主要作用在于以下方面。

一是促进传媒企业规模经营。通过无形资本运营,传媒企业可以将自己的知识产权、管理类无形资产对外参股,或者授权经营,以实现规模经济目标。当今世界,许多知名文化传媒企业都在减少有形资产投资的同时,加大无形资本运营力度,通过特许经营、品牌有偿使用等形式扩大资产规模,取得了飞速发展。

二是发现提升传媒企业价值。无形资本在实际应用之前,其价值是潜在的、待实现的,我国现行会计制度又不能很好地反映企业的无形资产价值,会计指标体系下的业绩可能不是公司的实际价值。无形资本运营将知识形态生产力转化为现实形态生产力,不仅可能带来超额利润,还能够发现、提升企业价值。

三是推动传媒企业技术研发。强调、重视无形资本运营,可以促使传媒企业重视技术和产品研发,创新独有的、擅长的技术和服务,形成具有强大竞争力的产品体系,进而使得传媒企业增强技术基因、科技含量,不断升级、迭代媒介产品与平台,有利于新技术在传媒行业的应用与扩散，增加传媒产品附加值。

当下，传媒企业的经营优势，更多地体现在无形资本运营方面。由于媒体的权威性和公信力，在社会生活中形成了"超经济"影响，使传媒企业容易吸引外来资本投资与合作，也比较容易找到投资项目与合作对象。主要运营方式包括：

第一，交易式运营。按交易权益分类，可分为无形资产所有权交易和使用权交易。前者特点是转让后，原所有者不再拥有所有权；后者只是一种有偿许可使用，在国际贸易中又称为许可证贸易，许可后原无形资产所有者仍拥有所有权。

第二，融资式运营。它是指运用传媒无形资产的影响力和信誉度，广拓融资渠道，或利用传媒品牌、版权等进行质押融资。传媒业利用无形资产融资大有可为，具体方式又可以分为信用型、惠利型、引资型融资以及无形资产质押贷款等。

第三，扩张式运营。传媒企业利用品牌效应、技术优势、管理优势、渠道网络等无形资产可以盘活有形资本，通过与外部企业联合、参股、控股、兼并等形式实现资本扩张。利用无形资产进行资本扩张，最大优势是成本低、投资小。

10.4.3 传媒品牌运营

现代营销学之父菲利普·科特勒（Philip Kotler）将品牌定义为"销售者向购买者长期提供的一组特定的特点、利益和服务"。一般来说，品牌是消费者对产品、产品系列以及生产者形成的认知和评价，是具有经济价值的无形资产，一个成功的品牌往往有各种广为接受的特定形象符号。品牌和产品之间能够形成交叉促进的关系，通过一系列优质产品建立、提升品牌形象，再围绕品牌扩大再生产、开发新的产品与服务，进一步增强品牌影响力。

传媒产业是一种注意力经济、影响力经济，受众、用户的认可是构建注意力和影响力的根本所在，传媒企业的终极目标是创造价值以推动社会进步，而品牌的价值就体现在与用户的关系之中。随着互联网时代的来临，传媒市场已经超越了简单的产品竞争阶段，而是达到了一种"零和市场"的状态，在这种状态下，媒体受众资源不会随着新产品或更多产品的进入而增加，竞争使得传媒公司必须通过品牌来争取顾客（用户）。也可以说，传媒业正在由卖方市场转向买方市场，打造一流传媒品牌，已经成为传媒市场竞争的关键。

截至目前，我国传媒市场尚未建立起对传媒品牌进行全面评价、评估的标准化体系，也不存在一份权威性质的排名或榜单。但市场中却并不缺乏各类传播力榜单、品牌价值排名，以下对近年来使用比较多的三个榜单作一些简要分析。

其一，"中国500最具价值品牌榜"。该榜单由"世界品牌实验室"于2004年开始发布，涉及中国数十个行业品牌，也有大量的传媒品牌上榜。2023年6月发布的最新一期榜单显示，我国排名前十的传媒品牌为：CCTV（11）、人民日报（55）、湖南广电（66）、凤凰卫视（82）、江苏广电（94）、SMG（103）、参考消息（115）、浙报控股（118）、南方日报（120）、广州日报（130）；对应的品牌价值为（亿元）：4 137.89、1 280.27、1 115.85、877.65、868.57、857.29、806.16、802.69、791.96、786.52。这份榜单的神奇之处在于，近十年来，传统媒体受互联网冲击这么大，盈利能力、市场地位等均在下降，但品牌价值却大幅上升。

这个所谓的"世界品牌实验室"是个什么机构？网络资料显示，它是一家国际化、专业性的品牌研究机构，总部设在美国纽约，号称由诺贝尔经济学奖得主、"欧元之父"罗伯特·蒙代尔（Robert Mundell）担任首任主席。进一步查询可以得知：该机构由丁海森先生联合蒙代尔教授创办，全资附属于战略咨询公司世界经理人集团。再用"天眼查"查询丁海森、世界经理人等关键词，不难发现："世界经理人"系列公司2003年成立，多以港资名义注册，实际认缴资本从一万元到数十万元不等；丁海森先生更不简单，任职100家企业，提示风险119条。

2009年即有公开报道称，北京名牌资产评估事务所在京召开新闻发布会，多位学者齐聚一堂，声讨冠以"世界品牌实验室"的世界经理人资讯有限公司多年造假事件，并联名上书有关部门揭露其造假行径。但就是这样一个榜单，近年来非但没有销声匿迹，反而被一些主流媒体机构"食若甘饴"，的确有些耐人寻味。

其二，"新闻出版产业分析报告"。该报告2010年首次发布，近年来开始以国家新闻出版署的名义发布，但统计数据的采集、审核、汇总、分析及报告撰写工作均由中国新闻出版研究院承担。这个报告的数据统计与分析范围包括图书、期刊、报纸、音像制品、电子出版物、印刷复制、出版物发行及出版物进出口等新闻出版业务，既有对行业全貌的总览概括，也对某些细分领域展开了深入分析，尤其是对图书、报刊、发行、印刷等四类集团的总体经济规模进行了综合评价，分别排出了位列前10位的集团。近年来，这个排名经常被一些上榜的传媒集团用来做"宣传"，比如，最新一期总体经济规模综合评价位列前10位的报刊出版集团为：上海报业集团、浙江日报报业集团、湖北日报传媒集团、成都传媒集团、江苏新华报业传媒集团有限公司、河南日报报业集团有限公司、南方报业传媒集团、山东大众报业（集团）有限公司、广州日报报业集团、重庆日报报业集团。

但这个排名也被业界诟病，主要原因是它的数据质量问题，并不能完全反映全行业的状况。实际上，该排名只是调查范围内的一种结果，作为分析报告本无可厚非，但如果将其视作一种权威的实力排名，它的缺陷也是显而易见的：一是统计数据不全、口径不一致，有些传媒集团并没有上报数据，有些集团报的数据只是一部分而非全部；二是调查、排名所依赖的数据，都是各大传媒集团自己上报的，一些上市公众公司的数据比较准确，其他数据缺少必要的查证与核实；三是综合排名只选取了主营业务收入、资产总额、所有者权益、利润总额等4项指标，分析方法不够全面，并不能完全反映传媒集团的经济规模与发展质量。

其三，"全国文化企业30强"榜单。2009年以来，光明日报社和经济日报社连续15年发布"全国文化企业30强"名单，自2015年起又连续9年发布提名企业名单。截至目前，已有85家文化企业成功跻身"30强"名单、107家文化企业获得"30强"提名，其中连续15年入选的文化企业有7家，分别是：中国出版集团公司、中国国际电视总公司、中国电影股份有限公司、江苏凤凰出版传媒集团公司、中南出版传媒集团股份有限公司、江西省出版传媒集团公司、浙江出版联合集团有限公司。这份榜单既是对企业在文化产业领域综合实力的认可，也是对我国文化产业发展的重要评估和成果展示，目前市场认可度是最高的。

近年来，"全国文化企业30强"的参评企业主要分为五类：出版发行类、广播影视类、文化艺术类、文化科技类、其他类。在评选标准上：首届评选按照主营收入、税前利润、净资产值及近两年全国性奖项情况等指标进行综合排序；第三届评选增加了社会责任"一票否决制"，要求文化相关业务收入占总收入的60%以上；第四届评选新增了纳税总额指标，文化艺术类企业税前利润的入围标准提高到超过千万元；第五届评选适当加大了主营收入和净利润权重，并在社会效益指标中明确赋予企业获奖情况10%的权重；第六届评选突出强调了企业获奖和出口评价指标。经过十余年探索，"全国文化企业30强"评选范围越来越全面、典型，评选体系越来越科学、严谨，现已基本覆盖了文化产业全链条，形成了"把社会效益放在首位、实现社会效益和经济效益相统一"的综合评价体系。

第十一章 管理变革

与任何年代相比，当今商业环境中，一个更为突出的特征是：唯一不变的就是变化。一个成功的传媒机构总是能够有效地应对、适应各种变化，不断地去调整其发展战略、组织机构、产品服务、企业文化等，从而经受住内外部的冲击，并在市场竞争中得以生存发展。正如管理大师彼得·德鲁克所言，社会、政治和经济方面的广泛变化正影响着全世界，管理者应该成为"变化的领导者"，处理变化并利用变化以取得竞争中有利地位的能力是成功的关键所在。

在互联网时代，传媒管理者面临的关键问题在于：如何理解、把握媒介生态的深刻变化，如何协调传媒内外部发展环境，以及如何去应对管理和战略思维方面存在的诸多不确定因素。智能时代的媒体已不再局限于单一的信息传递，而是作为一种基础设施嵌入到社会结构的运作中，把控着内容生产与传播的流动，成为国家治理的单元体以及社会意义的建构者。

近年来，我国传媒战略管理关注的重点，正是来自行业内部或外部的变化：一方面，管理体制改革成为传媒产业化的核心命题，也是释放发展活力的逻辑起点；另一方面，面对外部环境的发展变化，传媒组织必须致力于创新，以适应新的挑战。持续改善将成为一个系统过程，它关乎着传媒战略目标的实现，包括如何推动高质量发展、建设新型主流媒体。

11.1 传媒战略管理

战略管理是制定、实施和评价使组织能够达到其目标的、跨功能决策的艺术与科学，即企业应连续不断地关注内部及外部的事件与趋势，以及时做出调整。在传媒领域，战略管理本质上就是媒介企业如何满足观众、广告商和社会及影响媒介产品、服务的生产和分配因素，如何获得市场竞争优势和优秀业绩。

11.1.1 重新理解媒介管理

传播媒介具有特殊性，关键在于它的活动无法摆脱政治和经济的影响，并且非常依赖于技术的革新。更确切地说，随着历史的发展，大众媒介在公共生活中扮演重要角色以及和公共领域有着本质联系的形象，已经得到强烈而广泛的认同。传播学者丹尼斯·麦奎尔认为，媒介"不是其他任何企业"，人们可以把媒介的特殊地位放在三种力量的中心，即政治的、经济的和技术的力量，而媒介处于三种力量与影响重叠区域的中心（图 11-1）。

如今，从技术、经济和政治的角度来理解媒介管理，不仅是非常有必要的，而且对传媒企业制定、实施发展战略至关重要，也是适应变化的前提所在。

首先，技术已成为影响传媒业的基础性力量。技术改变传媒业主要表现在：其一，技术生态性地改变媒介形态，形成多重媒介环境。在这种认识中，传播媒介不是中性的信息渠道（即

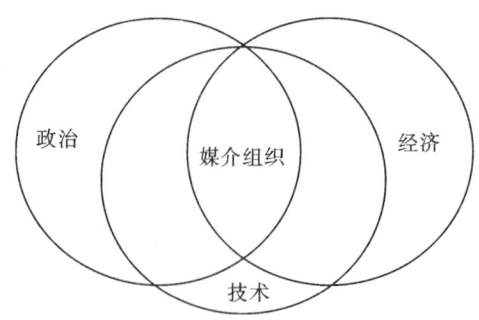

图 11-1 媒介处于三种力量的中心

单纯的工具），媒介技术独特的物质特征和符号特征使其具有特定的偏向，并促成社会、经济、政治、文化的结果。其二，技术以赋权的形式，打破传媒业的信息垄断地位，深刻改变了传播格局。其三，技术导致的传媒格局变化为传播制度变迁提供创新动力。互联网公司以技术为媒，凭借技术和资本优势逐渐在传媒业站稳脚跟，客观上改变了传媒产业的生态结构。

其次，媒介融合导致传媒经济模式发生了巨大改变。其中，一个非常突出的特征是，传媒产业从规模经济转向了范围经济，更大范围的长尾市场正在形成。媒介融合既创造了利基受众市场，也大大推动了受众细分，使得媒体内容提供者发展培养特殊受众群的新策略成为必要。利基受众市场带来的需求变化表现为：一方面，内容需求的多样性大大提升，传媒业的管理者必须提供更有针对性的内容，以吸引、留住受众的注意力；另一方面，新内容和新服务使市场的范围和竞争发生了变化，传媒企业必须寻找新的商业模式，以提高利润或削减成本。

最后，媒介已发展成为国家治理和社会生活的重要组成部分。近年来，从突尼斯、埃及、利比亚、也门等阿拉伯国家和地区发生的一系列社会政治变革，再到美国的"占领华尔街"、西班牙加泰罗尼亚地区的抗议运动，传播媒介正在成为社会组织和协调动员的核心力量。伴随着网络社会的崛起，媒介系统逐渐占据公共领域的中心位置，曼纽尔·卡斯特（Manuel Castells）认为，在网络社会中，公共领域实现了范围转移——从围绕政府机构到围绕媒介系统。

越来越多的学者将媒介视作为一种逻辑而存在，"媒介逻辑"甚至超越了以事实为根本的"事实逻辑"。2016年，由于美国大选、英国脱欧等一系列"黑天鹅"事件，《牛津词典》将年度关键词定为"后真相"，旨在说明公众在进行政治决策时更加依赖情绪，而非理性与事实。的确，赛博空间呈现出的非理性、不平等、观点极化等特征，对国家和社会治理形成了新的挑战。因此，如何定位媒介在国家治理体系中的角色，已经成为媒介治理研究的焦点问题。

综上所述，建立在技术、经济、政治等因素影响之上的媒介管理，一般包括两个层面：一是政府、行业对媒介整体性、全局性的宏观管理，主要由媒介产业制度体现，即规范和管理媒介及媒体发展的法律法规和体制政策；二是指不同媒体机构的内部管理，既要符合宏观管理制度，又要立足于市场发展需求，不断对组织和流程进行优化。事实上，理解并把握这些变化，也就构成了传媒战略管理的核心内容，结合产业组织理论和资源基础理论，媒介战略研究者建立了一个标准的分析框架，包括可能影响传媒产业的战略形成和执行的要素（图11-2）。

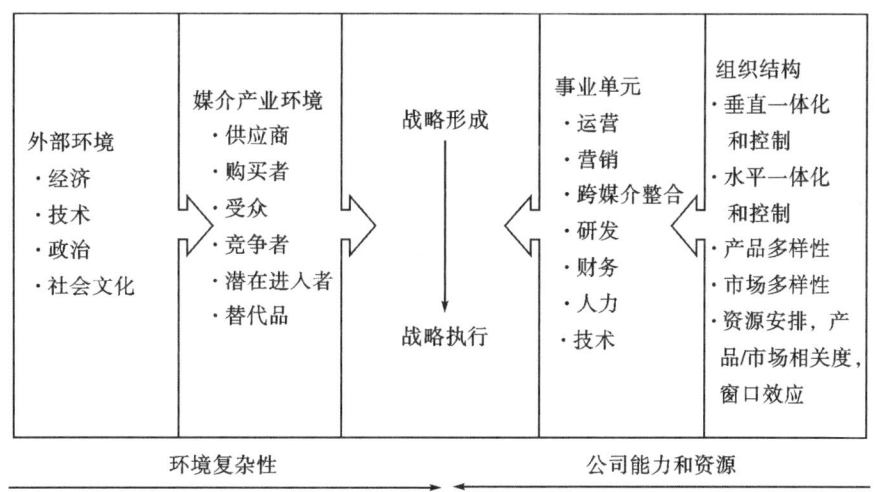

图 11-2 影响传媒战略形成和执行的要素

11.1.2 目标：新型主流媒体

目标可以被定义为"企业为完成其基本任务所要得到的具体结果"。目标对于企业来说至关重要，因为它确定了企业的发展方向，有助于业绩评估，促进了企业各部门之间的合作与协调，揭示了业务重点，并为有效的计划、组织、激励和控制活动提供了基础。设定长期目标是传媒战略管理的核心内容之一。

一直以来，传媒经济学和传媒管理学对定量指标有很多研究与诠释，定性研究并不是很多，也不是很具体，主要原因在于传媒业受政策影响较大，其定性目标往往由监管部门设定或引导，具有鲜明的自上而下特征。在文化体制改革时期，我国曾将推动"文化事业大繁荣、文化产业大发展"作为共同目标予以设定，如今发展目标已凝聚为"打造新型主流媒体"，这是国有传媒集团新时期的历史责任。

那么，何谓"主流媒体"？何谓"新型主流媒体"？主流媒体这一概念，一般认为来源于美国学者乔姆斯基（Noam Chomsky），他在 1997 年发表的《主流媒体何以成为主流》一文被认为是最早提出主流媒体的文献。乔姆斯基认为，媒体可以被分成两类：一类面向大众群体，它们以报道娱乐、好莱坞新闻或肥皂剧为乐事；另一类面向少数社会精英和特权阶层，报道严肃内容，属于主流媒体。

2004 年，新华社"舆论引导有效性和影响力研究"课题组提出，判断主流媒体有六条标准：（1）具有党、政府和人民的喉舌功能，被国际国内社会各界视为党、政府和人民群众意志、声音、主张的权威代表；（2）体现并传播社会主流意识形态与主流价值观，引导社会发展主流和前进方向，具有较强影响力；（3）具有较强公信力，报道和评论被社会多数人群关注并引以为思想和行动依据，较多被国内外媒体转载、引用、分析和评判；（4）着力于报道国内外政治、经济、社会、文化等领域的重要动向，是历史发展主要脉络的记录者；（5）基本受众是社会各阶层的代表人群；（6）具有较大发行量或较高收听、收视率，影响较广泛的受众群。

近年来，打造新型主流媒体上升为国家战略。2014 年，《关于推动传统媒体和新兴媒体融合发展的指导意见》提出，推动传统媒体和新兴媒体在内容、渠道、平台、经营、管理等方面深度融合，打造一批形态多样、手段先进、具有竞争力的新型主流媒体，建成几家拥有强大实力和传播力、公信力、影响力的新型媒体集团。以此为新起点，各大传媒集团纷纷提出打造新型主流媒体、重塑传统媒体话语权，成为了实现国家治理体系和治理能力现代化的重要任务。

新型主流媒体是新媒体与主流媒体融合发展的产物，它通过流程优化、平台再造、一体化发展实现各种媒介资源、生产要素的有效整合，以及信息内容、技术应用、平台终端、管理手段的共融互通，形成具有强大传播力、影响力、引导力、公信力的全媒体。新型主流媒体打破了媒介壁垒，消融了媒介以及传受者之间的边界，研究者从不同维度揭示了新型主流媒体的基本特性（表11-1）。

表11-1 我国新型主流媒体"维度"分析

分析维度	主要含义
政治维度	党领导的媒体，是主流内容、主流舆论、主流价值的生产者、建设者和传播者；定位为党和人民的喉舌、党掌握的舆论工具，是党的宣传思想和新闻舆论工作的主体。
社会维度	新型主流媒体是为人民服务的大众媒体，坚持以人民为中心的工作导向。
文化维度	中国特色社会主义文化的主阵地、主流文化建设的主力军、主流价值建设的排头兵。
经济维度	传媒市场举旗定向的中坚力量，是媒体产业竞技场的主导角色；在追求传播效果的同时，不断创新商业模式，在市场竞争中获得发展，形成可持续的造血机制。
形态维度	必然同互联网、大数据和人工智能深度融合，以互联网（移动互联网）、云计算、大数据、物联网为依托，具备全程媒体、全息媒体、全员媒体和全效媒体的功能。
国际维度	积极参与全球传播、参与国际舆论场竞争，是国际传播的排头兵、主力军。

当前，媒体融合正在向纵深推进，新型主流媒体建设进入了"存量竞争阶段"。截至目前，虽然新型主流媒体还没有统一的建设和评判体系，但也有一些传媒集团在探索中提出了自己的看法。南方报业传媒集团原社长黄常开透露，该集团2023年的目标是将"南方+"建设成为中等水平的新型主流媒体。何为"中等水平"？南方报业设定了一个标准：营收5亿元以下，是低水平新型主流媒体；5亿元到8亿元，是中等水平新型主流媒体；8亿元以上，是高等水平新型主流媒体。"高水平"包括两个层面：一是新媒体传播力完全取代"传统媒体＋新媒体"，履职尽责能力强大；二是新媒体营收达到8亿元～10亿元，能完全覆盖传统媒体和新媒体成本，比如"南方+"，哪怕南方日报完全没有广告了，"南方+"也能养活报端1 200名员工，还能保证上交集团的利润，到了那时候，南方报业就可以说"南方+"转型成功了。

【延伸阅读11-1】

澎湃新闻：新型主流媒体"样板"

2014年7月22日，作为上海报业集团转型试验田的"澎湃新闻"正式上线。

澎湃新闻以打造"专注时政与思想的媒体开放平台"为理念，其内容采编由原《东方早报》团队负责，拥有互联网新闻一类资质，具有对现场和时政新闻的直接采访权。

据了解，澎湃新闻初期投资达3亿元～4亿元，其中一部分来自政府、一部分来自财团，起步时商业化压力不大。此外，其核心成员还实现了项目持股。多元化的股权结构以及团队激励等机制，从一开始就证明了上海报业集团拥抱市场化、转战新媒体的决心。

澎湃新闻甫一诞生，便成为国内媒体融合发展的标志性事件之一。

2016年12月28日，澎湃新闻完成A轮融资，上海久事、精文投资、东浩兰生、百联、锦江、仪电六家国资6.1亿元战略入股，估值超过30亿元，同时《东方早报》休刊。

2019年7月，澎湃新闻宣布下载量超过1.5亿、日活超过千万量级，发布了包括政务号、媒体号和湃客号三大领域在内的"澎湃号"，聚集1.5万个政务号、近百家主流官媒。

2022年8月8日，澎湃完成B轮融资，上海文化产业发展投资基金独家投资4亿元。

2023年7月，澎湃总裁、总编辑刘永钢宣布，澎湃新闻将启动新的自我革命——重构技术底座、重建管理流程、重塑产品矩阵，打造24小时直播媒体和新型全球媒体。

在媒体融合转型实践中，澎湃新闻坚持一体化推进，形成了"一二三四"法则。

"一心"，坚守媒体初心，坚持正确的政治方向、舆论导向、价值取向；

"二用"，用好政策、用好技术，强化场景应用，不断激发融合发展内生动力；

"三做"，做好内容、做好品牌、做好服务，坚持好内容永远是刚需，坚持从打造品牌到品牌溢价，并以开放生态连接用户、客户，使三者相互促进、相得益彰；

"四化"，以主流化、平台化、生态化、全球化为方向感和方法论，立志打造成为具有全球影响力的全媒体内容供应商、全链条内容生态服务商、更美好数字生活赋能者。

对于未来，澎湃新闻认为，要想进一步在媒体融合转型发展中取得优势，不断地突破媒介边界和平台限制，整合利用更广阔的社会资源，让主流真正成为顶流。

11.1.3 路径：高质量发展

战略管理中所称的"路径"，是指企业实现战略的道路选择，就是把战略起点和终点连接起来，根据环境不断迭代商业模式，实现企业的使命、愿景和目标。

当前，我国经济发展正在经历一个战略转型时期，生产函数以及经济发展的要素条件、组合方式、配置效率等正在发生变化，经济发展方式比较粗放、经济结构不合理、资源环境约束加剧等问题日益突出，迫切要求转变经济发展方式、实现可持续发展，不断推动我国经济由高速增长阶段转向高质量发展阶段。

传媒业要走好高质量发展之路，首先必须深刻理解什么是高质量发展。高质量发展是体现新发展理念的发展，即创新成为第一动力、协调成为内生特点、绿色成为普遍形态、开放成为必由之路、共享成为根本目的，最终目标是推动经济发展质量变革、效率变革、动力变革。传媒业要实现高质量发展，必须做到以下几点。

首先，大力深化供给侧结构性改革。供给侧结构性改革目的是调整经济结构，促使要素实现最优配置，提升经济增长质量。供给侧要素包括有劳动力、土地、资本、制度创造、创新等，改革的核心任务是"三去一降一补"，即去产能、去库存、去杠杆、降成本、补短板，从生产领域加强优质供给，更好满足市场需求，促进经济社会持续发展。在传媒领域，供给侧结构性改革主要体现在两方面：

在内容传播方面，要坚持以用户需求为供给导向，对内容生产和传播形式进行革新：一是加大可视化产品供给，相较于文字表达形式，读图、看视频等方式门槛更低，更易被大众接受，图片和视频应成为内容供给的中心；二是打造精品内容，网络内容习惯于求快求新，同质化问题严重，粗制滥造的不少，优质内容、精品内容稀缺，用户需要更多具有创意、差异化的内容；三是拓展传播渠道，技术进步促使传播渠道多元化、泛众化，用户也随着新媒体迁移，媒体须由单一端口走向多个端口、由单一渠道走向复合渠道，这是传媒供给侧改革的支撑点。

在产业发展方面，传媒经营应遵循经济发展规律，进一步提升市场化水平，聚集可持续发展新动能：一是聚焦主业主责，推动要素资源向主业集中，不断增强主业发展能力，着力打造"内容＋""媒体＋""文化＋"等新兴产业集群；二是瞄准"小、散、弱"，对功能不明确、主业不突出、效益不优的媒体或公司，要下决心压缩低效产能，推动无效产能市场出清；三是对持续亏损以及与主业关联度不高的经营单位，以及投资回报不明显的股权合作项目、僵尸企业，加快实施"关停并转"；四是规范财务管理以及投融资行为，降低金融杠杆风险，始终将资产负债率控制在合理水平；五是优化制度供给，及时落实各类财税优惠政策。

其次，提升传媒企业经营管理水平。传媒企业的经济发展质量怎么样、可持续发展能力强不强，很大程度上取决于企业的经营管理状况，主要做法包括以下方面。

一是突出效率效益导向。文化传媒企业不同于其他企业，必须把社会效益放在首位、促进社会效益和经济效益相统一，否则可能被"一剑封喉"，还要处理好大与强、大与优的关系，发展理念要从单纯扩大规模向效益提升转变。在考核评价上，坚持以业绩论英雄，既要强化人均意识、"亩产意识"，又要突出可持续发展能力。在利润率方面，德鲁克将对高利润率和溢价顶礼膜拜列为"企业五种致命的经营失误"之首，他认为一味强调利润"会严重误导管理者""会引导管理者采取最糟糕的经营方式"，可能危害企业生存，破坏企业未来。此类情况在传媒业中表现得也很突出：由于广告发布利润率高，所以经营者试图将大部分业务广告化，用最小成本赚取最大利润；然而，网络时代的市场需求已经变了，广告模式失灵了，业务利润率在摊薄，提升综合服务能力成为大趋势。

二是有效利用资产资源。传媒集团拥有大量有形、无形的资产资源，但大多数利用效率不高，甚至被闲置，如何盘活存量资产资源并加以有效利用，是必须深入思考的问题。近年来，一些传媒集团纷纷腾笼换鸟，通过土地置换、园区开发、物业出租等方式，不仅增加了业务收入、利润，还延伸了传媒产业链，取得了不错效果。但对于大多数传媒集团而言，如何进一步激活多年沉淀下来的品牌价值，用好商誉、商标、公共关系等无形资产，以提高资产资源的利用效率，仍然有很大空间，目前很多传媒集团财务报表上的净资产收益率只有1%、2%。

三是提升市场竞争力。一方面，传媒企业要完善治理结构，提升"三会一层"以及专业委员会的议事决策能力，建立健全合理的授权体系，实行分层分级管理，科学划分人权、事权、财权，还要着力培养经营人才，创新分配激励机制，激发管理层与员工活力；另一方面，传媒企业要不断增强开放发展的能力，积极链接外部资源，以市场化专业化为导向，推动主业相近、行业相关、优势互补的企业并购重组，合理利用资本市场，以资本为纽带培育上市主体，服务于突破性发展。

最后，不断优化传媒产业发展环境。一方面，对于主管部门来说，既要根据传媒业发展需要，理直气壮地拿出真金白银，支持国有传媒集团融合转型，更要从战略高度推动传媒嵌入国家治理体系，进一步明确"传媒治理"的路径、方法、形式等，不断加强顶层设计，增加制度供给。另一方面，传媒企业不仅要用足用活现有文化产业扶持政策，落实有关经营性文化事业单位转企改制、文化企业改制重组上市以及国企改革、文化金融、税收优惠等一系列政策，积极争取各类基金对重点产业项目的支持，还要不断完善内部各项管理制度，充分利用制度管人管事、形成制度闭环，始终坚持底线思维，健全风险防控机制。

11.2 管理体制改革

体制改革始终是传媒管理的核心命题，也是传媒产业释放活力的逻辑起点。自改革开放以来，我国传媒业开始了一系列改革过程，市场机制越来越多地介入到传媒产业发展当中，特别是到了20世纪90年代之后，体制改革的目标逐渐清晰：一是确保舆论导向，坚持把社会效益放在首位、社会效益和经济效益相统一，不断提升传播能力；二是加快传媒产业化市场化进程，做大做强文化传媒产业。

11.2.1 传媒体制改革历程

我国传媒体制改革始终与传媒产业市场化进程相伴而行，也是党和政府对传媒产业的多重属性认识不断加深、并使其不断彰显的一个过程。从经济学角度来看，体制改革、机制创新优化了生产关系，解放了生产力，促进了传媒经济发展。改革主线是：非商业化媒体在保持所有制、政治属性、编辑方针不变的前提下形成市场主体，使媒体减少或摆脱经济上对财政投入的依赖，依靠市场发展壮大。

自改革开放以来，我国传媒管理体制改革探索主要经历了以下三个阶段。

第一阶段："事业单位、企业化管理"。事业单位指国家为了公益目的，由国家机关举办或其他组织利用国有资产举办的，从事教育、科技、文化、卫生等活动的社会服务组织。事业单位人员使用事业编制，以财政预算拨款为活动资金来源，不进行成本核算、不上缴利润、不缴纳税金。改革开放前，我国传媒单位一直实行事业体制，新闻媒体日常运行中的资源消耗由国家补贴，各级政府根据每年的财政预算，规定新闻媒体的人员编制和各类支出，财政完全供给。这种体制模式固然消除了新闻媒体的生存压力，但很难使媒体增强发展动力，改革开放时期，新闻媒体承担的职能更加丰富，亟待扩大事业规模，增强造血功能。

正是基于这样的要求，1978年底，人民日报社等首都8家新闻单位一起向财政部提交了试行"事业单位、企业化管理"的申请报告。1979年初，财政部批准了报告，由此，"事业单位、企业化管理"成为我国新闻媒体管理的基本体制，新闻单位的自我发展能力迅速增强，随后财政部又印发了《关于报社试行企业基金的实施办法》。1998年，国家工商行政管理局《关于事业单位企业化经营含义问题的答复》指出，凡国家不核拨经费，实行自收自支、自主经营、独立核算、自负盈亏的事业单位，均属于企业化经营的事业单位。企业化经营的事业单位，应执行企业的财务制度和税收制度。实行"事业单位、企业化管理"体制意味着，新闻单位既有国家财政方面的资金保障，又获得了开展自主经营、自负盈亏的企业化经营权利，此后十多年里，传媒产业因此迸发出极大发展活力。

第二阶段："事企分开"。进入21世纪，经历了一轮集团化浪潮后，大部分传媒集团的产业规模和综合实力都得到了较大提升，也面临着进一步集约化、跨越式发展的迫切需求。此时，"事业单位、企业化管理"管理体制的不足逐渐显现出来了，甚至带来了一定束缚，因此，对媒体产业部分进行公司化改造、建立现代企业制度渐成大势所趋。2002年11月，党的十六大报告明确提出加快发展文化事业和文化产业，并将文化单位分为两大类：一类是公益性的文化事业组织，为社会提供公共文化服务；另一类是经营性的文化产业组织，生产文化产品，通过市场实现价值。2003年6月，中央在京召开全国文化体制改革试点工作会议，确定9省市、35家文化传媒单位承担试点任务。2006年1月，中共中央、国务院印发《关于深化文化体制改革的若干意见》，文化体制改革全面铺开、推进。

这一时期，传媒管理体制改革的主要特征是：区分公益性文化事业和经营性文化产业，在管办分开、政事分开、事企分开的基础上，探索建立"党委领导、政府管理、行业自律、企事业单位依法运营"的新型管理体制。具体做法是：公益性文化事业深化劳动人事、收入分配和社会保障"三项制度改革"，加大国家投入，增强活力，改善服务；经营性文化产业创新体制，转换机制，面向市场，壮大实力。在此基础上，通过整体或剥离传媒经营性资产转企改制，一大批出版传媒集团、广电产业集团、报刊集团公司得以组建，传媒市场主体逐渐形成。

在此期间，国家层面出台了多项文化经济政策，支持经营性文化单位转企改制和文化传媒产业发展，还形成了转企改制认定的"五个衡量标准"：第一，是否进行了企业法人登记，核销原来事业编制；第二，是否进行了产权制度改革，建立了企业法人治理结构；第三，是否真正做到了自主发展、自我约束、自负盈亏；第四，是否建立现代企业制度，是否在企业内部形成有效率的微观运行机制；第五，是否建立了企业分配制度，并做好人员分流安置。此轮体制改革，使得传媒产业发展进入了新的市场层面和更高级别平台，发展面貌焕然一新。

第三阶段："一体化"。党的十八大为文化体制改革打开了新天地、注入了新动力，也提出了新要求。随着互联网尤其是移动互联网的快速发展，传统媒体受到极大冲击，"主力军"面临网上网下"双线作战"的新挑战。2014年8月18日，中央全面深化改革领导小组第四次会议审议通过了《关于推动传统媒体和新兴媒体融合发展的指导意见》，提出要树立一体化发展理念，促进报网融合、台网融合，实现各种媒介资源、生产要素的有效整合，实现信息内容、技术应用、平台终端、人才队伍的共享融通，形成一体化的组织结构、传播体系和管理体制。

此后，中央又多次明确要求构建"一体化"体制机制，其中，《关于加快推进媒体深度融合发展的意见》指出，要坚持一个标准、一体管理，通过流程优化、平台再造，催化融合质变，放大一体效能，充分发挥媒体融合的整体优势。实现传统媒体和新兴媒体在内容、渠道、平台、经营、管理等方面深度融合，探索建立"新闻＋政务商务服务"的运营模式，发挥市场作用和制度优势，"一体化"是必然要求，因为新媒体具有传播去中心化、受众泛在化、技术边界模糊化等特征，人为地"分离""分开""分割"媒体业务流程和组织架构已不可取，不符合互联网传播和产业规律。目前，"一体化"体制仍在探索之中，尚未形成标准模式。

11.2.2　现有管理体制弊端

长期以来，我国传媒业一直存在条块分割、准入限制、区域壁垒等现象，传媒资源无法完全通过市场配置，跨媒体跨区域经营很难开展，有实力的传媒集团不能横向扩张，这也是导致我国传媒业发展缓慢的主要原因之一。同时，产业化和非市场化构成了传媒经济发展的内在矛盾，尤其当传媒产权多元化和投资市场化逼近政策底线时，传媒体制弊端就会显现出来，主要表现在以下方面。

其一，"事业单位、企业化管理"不能适应发展需要。虽然"事业单位、企业化管理"模式运行了40多年，但明显具有"过渡性特征"。2004年10月2日，李长春同志在视察辽宁出版集团讲话时指出："发展文化产业最大的障碍就是体制弊端，再具体说就是事业单位性质是文化产业发展的最大体制弊端。这种事业体制没有办法市场化运作，只能靠国家；需要的人进不来，不用的人出不去，大锅饭，铁饭碗；没办法融资，不是经济法人，不是企业法人，无论是直接融资还是间接融资都实现不了。"由于这种体制束缚，传媒业的巨大资源在毫无效率的空转中被虚掷和浪费，良好的发展机遇被搁置，传媒实践者的首创精神被压抑和挫伤，传媒人的专业精神及其智慧才干被窒息，传媒产业的内在动力被扼杀。

随着传媒产业市场化进程加快，"事业单位、企业化管理"体制面临颠覆性挑战：（1）事业和企业属性存在冲突，企业实行经济核算制度，而事业单位一般由国家财政供养，突出的是公益性，二者难以在一个主体内兼容。（2）媒体体制变得很复杂，管理难度大。传媒集团类似于一个机关、事业、企业的复合体，管理头绪多，令人无所适从。（3）这种体制不能使媒体拥有市场主体地位，也不能完全融入市场经济，传媒单位缺乏独立承担经济责任的能力，更无法进行资本运营等高级运作。（4）在事业单位分类改革中，有些媒体被确定为公益一类事业单位、有些则是二类，部分传媒单位仍按企业化模式运行，媒体管理体制会陷入混乱。

其二，国有文化传媒资产管理呈现"多头监管"态势。长期以来，传媒产权不明晰、所有者长期缺位、谁来充任国资代表等问题，一直困扰着我国传媒产业发展。由于各级党委不能代为行使出资人职责，广电、新闻出版等部门也不能既是行业管理者又是产权代表，因此，国有传媒资产管理体制始终处于探索之中。在"事业单位、企业化管理"体制时期，对传媒单位管理相对简单：党委宣传部门管导向、管干部、管重大事项，财政部门管资产。后来在集团化发展浪潮中，一些传媒集团实行了"国有资产授权经营"，财政部门认为："事业单位、企业化管理"模式下，传媒集团拥有的资产是其自身通过自我积累、自我发展形成的，并不是由财政资金投入形成的，应界定为国有法人资产，故而实行"授权经营"。

在文化体制改革过程中，中央提出探索"管人管事管资产管导向"相结合的国有文化资产管理体制。于是，国有文化资产管理出现了多种模式（图11-3）：2010年7月，中央文化企业国有资产监督管理领导小组成立，办事机构设在财政部（简称"文资办"），承担由财政部履

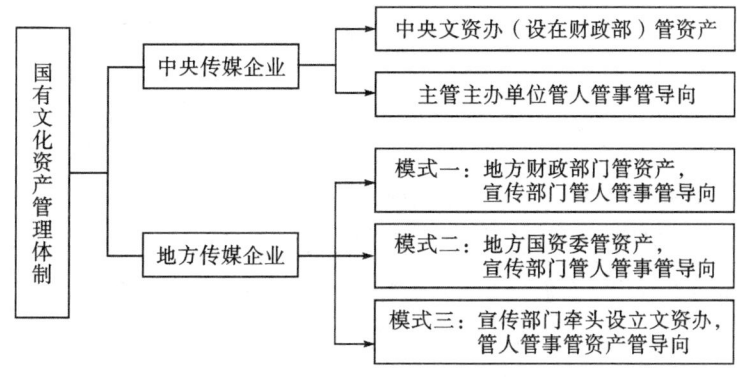

图11-3 当前我国国有文化资产管理体制

行出资人职责的中央文化企业的资产管理工作；省市层面，有些效仿中央做法设立了文资办、但大多数设在宣传部门，有的将履行出资人职责划归至地方国资委，也有部分地区仍由财政部门监管。近年来，一些省市代为履行出资人职责的部门不断变换，甚至出现文资办、财政、国资委以及宣传部门都管传媒资产的情况，增加了沟通成本，降低了管理效率。

此外，由于我国文化传媒领域管理一直坚持"分类指导、区别对待"原则，长期都是按照传播媒介形态进行分业监管，如文化部门监管舞台艺术表演、新闻出版部门监管报刊图书、广电部门监管广播电视影音、网信部门监管互联网等，这种"分业监管""多头监管"的模式也越来越不适应传媒混业经营的需要。

其三，采编经营"两分开、两加强"遇到新的挑战。在推动文化体制改革过程中，主管部门多次强调：党报党刊、电台电视台、通讯社、时政类报刊等新闻单位，可以依法依规开展经营活动，但必须做到事业与企业分开、采编与经营分开，禁止采编播人员与经营人员混岗。但在实际操作中，采编经营"两分开"很难完全做到，从报刊产业链来看：采编、广告、发行、印刷是报刊产品生产的四个环节，实际上"分不开""分不清"，"两分开"人为地割裂了产业链条，由于分开后各部分目标取向并不完全一致，采编事业体制和经营市场化运作不兼容，使得媒体采编和经营部分无法相互赋能，容易出现"两张皮""两脱节"问题。

目前，报业和广电尤其是作为舆论宣传"主阵地""主渠道"的党媒集团，要突破"两分开"管理体制框架，依然很困难。有关文件多次指出，新闻媒体要把正确的舆论导向和社会效益放在首位，主管主办单位和相关部门要"管人管事管资产管导向"，这充分说明：我国对党媒集团所属媒体的改革，既积极又慎重，既鼓励创新，又要坚持分类指导、突出重点、稳步推进、分批实施等要求。采取"两分开"这种形式，就是要在内容导向和产业经营之间筑一道"防火墙"，但在不断深入的传媒体制改革进程中，"两分开"也是一种过渡性质的制度安排。

其四，当前管理体制已经不能满足媒体融合发展需要。新技术发展以及媒体融合的推进，正在改变传媒产业的发展模式与组织架构。媒体融合带来最大的变化就是区域与行业边界消解，媒体的市场策略只能是竞争或者合作，从这一点来说，媒体融合是"事业单位、企业化管理"模式的"破坏者"。同时，媒体融合发展需要大量资金支持，还涉及内容、技术、经营、平台、管理诸多方面的要素配置，更需要适配灵活、高效的体制机制，如果管理体制没有新的突破，实际上没有办法对接市场，引进技术支持和资本力量就是空谈，另外，信息技术在提升新闻生产力的同时，也对传媒原有的组织架构造成了巨大冲击：由于传统媒体收入断崖式下跌，财政扶持资金和资源投入非常有限，营收状况已经无法支撑原有庞大的组织体系，传媒组织重塑过程中极易与僵化的管理模式发生冲突。

11.2.3 体制改革未来方向

由于"事业单位、企业化管理"模式存在着巨大惯性，时至今日，在传统媒体遭受互联网猛烈冲击、普遍经营困难的情况下，有一种声音认为媒体应该"重回事业体制"、重新退回到财政供养体系之中，甚至一些传媒集团的领导者也有类似呼吁。表面上看，这种提法似乎有一定道理，也可以解决一部分新闻媒体的生存问题，但只要稍做思考分析，就会发现这种想法既无逻辑性、也不具备操作性，完全是"一厢情愿"、自说自话。就拿人民日报社、新华社、中央广播电视总台三大央媒来说，它们都被确立为公益一类或二类事业单位，享有全额或差额财政拨款保障，但它们能不能退回到不从事经营活动、全部由财政供养或者"收支两条线"的状况中去？显然是不可能的！因此，回头路走不得，也走不通。

从另一层面来说，改革开放以来，产业化、市场化一直是我国传媒业发展的最强推动力，如果现在传媒重回事业体制，其市场化进程势必会被中断，传媒产业也会因此失去发展动力与目标。传媒业一旦退出市场竞争和市场配置资源机制，对内而言，在改革不断深化、利益多元、价值观复杂的状态下，不利于媒体竞争力的提升和成长；对外而言，在国际话语权竞争日趋激烈的情况下，将会大大降低我国媒体的竞争能力，不利于讲好中国故事。在当下传媒环境中，市场化不仅不能削弱，反而应该继续加强，这也是我国传媒发展壮大的必由之路。

业内人士认为，改革开放40多年来，我国传媒领域从未出现与政府对立、对抗、不服从的现象，更不存在党和政府管不住媒体的情况，这说明用"事业单位"这个"筐子"作为管理手段的意义不大。事实上，媒体走产业化市场化道路，没有给党和政府惹麻烦，不管媒体实行何种体制，党和政府都可以利用法律、行政等手段进行管控。由于党委始终掌握着"宣传内容终审权、资产配置控制权、重大事项决策权、主要干部任免权"等重大权力，即使媒体的采编部分被装入了企业，其意识形态属性不会被削弱，不用担心出现舆论导向失控、抛弃社会效益等现象，这既是尊重媒体产业发展规律的需要，也符合确保文化安全的现实国情。

近年来，我国的出版社和非时政类报刊基本上完成了转企改制，组建了大批企业性质的出版传媒集团，大部分重点新闻网站也进行了转企改制。相较于改制前，这些出版社、报刊和新闻网站通过体制机制转换，竞争能力、经济实力、社会影响力等取得了长足进步。改制企业通过设立编辑委员会、导向问题一票否决、重大事项党委前置审议等组织与机制安排，较好地实现了舆论导向把控和社会效益优先，这说明将传媒机构定位为企业，完全可以发展得更好。

因此，在媒体深度融合成为政治责任、内容产业蓬勃发展背景下，传媒体制改革应该会沿着"一体化"道路继续深入探索，未来极有可能将媒体完整定位为一种特殊性质的国有企业。但是，传媒体制改革也还存在路径依赖与滞后性问题。

"路径依赖"是指一旦选择了某种体制，由于学习效应、协调效应、适应性预期以及既得利益约束等因素的存在，会导致该体制沿着既定的方向不断得以自我强化。路径依赖类似于物理学中的惯性，不管是否有效，即使现实中存在更有利的选择，既有制度都会在一定时期内持续存在并影响其后选择。从新制度经济学的视角来看，某种体制或社会制度之所以长期处于均衡状态或陷入非绩效的锁定状态，是因为各种利益集团的力量达到了平衡状态，利益机制是传媒体制改革产生路径依赖或发生转变的根本原因。同时，由于人的认识、创新能力等原因，制度创新往往滞后，因此，传媒体制变迁是现有制度框架下的一个渐变过程。

未来，传媒体制改革的关键点在于两方面：一是在社会主义市场经济条件下，通过完善顶层设计，加大新闻舆论、网络信息、产业经营等方面的制度供给，逐步形成媒体管理法律法规体系，创造符合国情的法治环境；二是不断推出阶段性的制度安排和机制创新，通过"小步快走"推动传媒体制渐进式改革，比如在文化传媒企业中探索特殊管理股制度，已经成为新一轮改革的方向。

【延伸阅读 11-2】

特殊管理股：传媒改革"新引擎"

所谓特殊管理股制度，是指针对某些事项有特殊投票权的股权在持股比例较低情况下依然享有"一票否决"的权利，以确保其持有者对企业掌控力的一种制度安排。

特殊管理股有两种设计：双重股权结构和金股制度。双重股权结构是将股票分为具有高、低投票权的两类股票，高投票权的股票主要由创始人或管理者持有；金股也叫黄金股，是指被赋予持有某种特殊权利的股份，通过持有一股"金股"在特殊事项上享有终极否决权。

特殊管理股制度源于欧美国家：1956 年，美国福特公司最早实施特殊管理股制度；20 世纪 70 年代，英国政府推行国企私有化，发行由政府或财政部持有的"黄金股"，赋予了政府对企业一些重大或特别事项决策的特别否决权，后来这一制度以法律形式确定下来。

在传媒领域，英国的《每日邮报》《每日电讯报》、美国的《纽约时报》《华盛顿邮报》《华尔街日报》等传媒上市公司以及谷歌、Facebook 等互联网公司都采取了双重股权结构的特殊管理股制度，在不断壮大公司资本的同时，有效地防止被恶意收购或控制权旁落。

1984 年，新加坡成立了报业控股集团公司（SPH），其股权设计有两大特点：一是任何一家外资企业不得拥有其超过 3% 的股权；二是设置了特殊管理股，占总股份的 1%，但每股拥有 200 个普通股的表决权，以确保政府和主流社会对传媒企业的绝对控制权。

2013 年 11 月，党的十八届三中全会通过的《关于全面深化改革若干重大问题的决定》首次提出："要对按规定转制的重要国有传媒企业探索实行特殊管理股制度"。此后，特殊管理股制度在网络新闻信息、网络出版、网络视听等领域铺开，并在主流媒体开展试点。

2015 年，北京华语联合出版公司、人民天舟出版公司获批进行试点，北京联合出版公司和人民出版社分别成为特殊管理股股东；2017 年初，ZAKER 引入深圳报业集团作为特殊管理股试点；同年 8 月，铁血网引入人民网作为特殊管理股试点，持股比例 1.5%。

特殊管理股制度的作用在于：（1）确保党和政府对重要传媒企业的绝对控制权，有利于加强意识形态管理，维护国家文化安全；（2）有利于国有传媒企业整合利用各种资源，引进社会资本，做大做强做优国有文化资本；（3）有利于股权多元化，提升传媒公司治理水平，增强国有传媒企业市场竞争能力；（4）有利于进一步创新管理层以及员工持股等激励方式。

11.3 媒介组织变革

彼得·德鲁克认为，当今社会是组织的社会，其中知识是个人和整个经济的主要资源，组织离不开知识和信息。然而，在巨变和转型的时代，组织所需要的信息与以往大相径庭，管理者必须在组织中建立变革管理的机制。在媒介深度融合的过程中，媒介组织结构、流程变革促进了传媒市场新型发展格局的形成。

11.3.1 组织变革

在不确定的时代，任何企业的变革与创新，不仅仅是战略转型升级、产品与技术创新、商业模式创新等，更深层次的变革是组织结构、运行机制创新，没有组织变革与创新支撑的企业战略转型是难以实现的。管理学认为，独特而有价值的资源与能力是企业长久竞争优势的源泉，也是企业内部实力最重要的体现，但企业资源与能力的运用要在具体的组织框架下进行，因此，企业组织体系在很大程度上决定战略实施的质量，影响着企业战略变革与发展进程。

德鲁克认为，组织是被有目的地设计出来的，始终是专业化的，它只有将注意力集中在某项任务上，才能发挥出效率。他指出，组织建立的目的是不断变革、使创新成为系统化过程，无论是产品、服务或流程，还是一套技术、人际和社会关系，或是组织本身。组织变革是指运用行为科学和相关管理方法，对组织的权力结构、组织模式、沟通渠道、角色设定、组织关系，以及对组织成员的观念、态度和行为，成员之间的合作精神等进行有目的、系统的调整和革新，以适应组织所处的内外环境、技术特征和组织任务等方面的变化，不断提高组织效能。

20世纪80年代开始，经济全球化和信息技术革命给企业带来了前所未有的冲击，企业的组织形式开始经历深刻变革，一些知名国际企业如通用电气、福特等纷纷迈上组织变革之路，进入90年代后，更多企业加入以"流程再造"为核心的组织变革大潮中。组织变革理论创始人库尔特·卢因（Kurt Lewin）基于开放系统视角，形成了著名的"卢因变革模型"，用以解释如何发动、管理和稳定变革的过程，他针对组织成员的心理态度和行为提出了变革的三个步骤：解冻（创造变革动力）—变革（实现变革）—再冻结（巩固变革成果）。

媒介组织是一种较为特殊的社会组织，报刊社、出版社、电台、电视台以及新闻网站、新媒体集团等，都属于此类组织。之所以特殊，因为它们是从事信息的采集、选择、加工、复制和传播的专业组织，也是现代社会主要的信息提供者，是制约社会信息环境的主要变量。丹尼斯·麦奎尔认为，生产内容的媒介组织，是一个社会在与自身沟通过程中的一个必要联接和中介系统，主要特点包括：（1）核心产品是知识。媒介组织的首要任务是以信息、理念和文化产品的形式生产、复制并传递知识。（2）沟通的渠道。媒介组织创造和传递人们希望收到的信息，提供把人们联系起来的渠道，制造了人们对环境的高度敏感。（3）在公开环境下运作。媒介组织是开放的，任何人都可以以接收者的身份加入进来，但其活动也被密切关注、严格监管。（4）常与政治生活和社会权力中心联系在一起。

近年来，越来越多的传媒机构将组织变革视为赢得竞争的关键。尤其是当技术出现巨大突破、外部环境被颠覆性改变、组织模式产生滞后性等问题时，媒介组织的发展战略、组织形态变革就成为一种必然，这个过程既有外力施压，也有内部僵化引起的自然替换。在融合发展过程中，媒介组织变革呈现出两方面的特征：一方面，随着数字技术的发展，传媒形态的壁垒已经被打破，报刊、广播电视、网络所依赖的技术越来越趋同，传媒一体化发展的趋势日益明朗，跨媒介跨产业跨区域发展格局正在形成；另一方面，传统媒体正在加快互联化步伐，建设媒介平台或平台型媒体已成为目前公认的转型路径及主流模式，为适应互联网边界开放、自组织、资本融通以及内部可经营等特点，媒体机构需要建立一个扁平、模块化、网络状的，并且有多个市场主体以及用户共同链接的开放式、去边界化的组织机构，以打破行业部门冲突、激励不足等顽疾，方便寻求外部合作。

11.3.2 媒介组织结构演变

组织结构是对组织内工作安排的制度性设计，主要功能在于界定人、财、物和信息的流动格局以及它们之间互动的关系模式，它是组织战略实施的支撑和保证。管理学者理查德·达夫特（Richard Daft）认为，组织结构决定着组织整体职权的层级数量以及管理幅度，它将不同个体凝聚而成部门，并将各个部门聚合而成为组织的关联纽带。德鲁克认为组织结构必须满足三个条件：(1) 管理结构在组织上必须以绩效为目标，必须让企业有意愿也有能力为未来打拼，而不是安于过去的成就。(2) 组织结构必须尽可能包含最少的管理层级，设计最便捷的指挥链。(3) 组织结构必须能培育和检验未来的高级管理者，并赋予员工管理责任。

媒介组织结构指媒介组织中各种劳动分工与协调方式的总和，它规定着组织内部各个组成单元的任务、职责、权力和相互关系。媒介组织结构是传媒组织体系的核心，决定着整个媒介的运作效率，使其健全对于实现组织目标、提升组织能力有重要意义，合理的组织结构还能够降低经营风险。当然，并不存在一个适合所有媒介使用的组织结构模式，它往往随着传媒所处的环境、目标战略的变化而变化。媒介组织结构包括职能型、事业部制、矩阵式、混合型等。

其一，职能型。这是最常见的媒介组织结构设计，它将媒介组织分为管理层和职能层两类：管理层对媒体进行直线领导，对各级组织行使指挥权，高度集权；职能层按专业化原则，从事组织的各项职能管理工作，不参与决策。职能型结构的优点在于分工明确，各职能部门在专业人才的协助管理下，能够提高管理质量和效率；缺点在于对外界变化反应缓慢，管理层带有行政机关色彩，纵向科层管理易引起高层决策堆积及超负荷运行，部门之间缺少协调。

其二，事业部制。也被称为M型结构，是在媒介组织的统一领导下，根据单个产品、单项服务、产品组合、工程项目等形成不同的事业部，每个事业部包含着调研、财务、市场等职能部门。事业部制以传媒总部与事业部之间的分权为主要特征：总部拥有人事决策、财务控制、审计监督等权利，并对事业部进行利润指标考核；事业部为媒介组织控制下的利润中心，相对独立经营、单独核算，拥有一定经营自主权和财务独立权。这种模式在多元化媒介组织中实施效果最好，不足之处在于机构设置重叠造成资源浪费、管理成本增加、目标冲突难以协调。

其三，矩阵式。矩阵式组织结构是传媒集团发展到一定阶段和规模时的必然选择，它的优点在于传媒总部可以通过职能和业务两条线索指导、协调及控制具体业务的运作，一些多元化经营的跨国传媒集团经常采用此种结构。在业务和职能两条线领导的共同带领下，面对同一业务，不同职能部门可以便捷的沟通协作，有利于项目进展，尤其是在复杂多变、不确定的环境下运作。然而，由于一个岗位要同时向职能和业务两个命令链汇报及负责，一个显而易见的缺陷就是多头领导，以及随之而来的任务重复、命令冲突、职权混淆、利益纷争等弊端。

其四，混合型。混合型结构是传媒企业在规模逐渐扩大、拥有多个产品和市场之时，可能同时反映基于产品、职能、客户、地域、业务流程等不同的设计思路，对组织结构进行多准则的混合型安排。这种类型的结构，保留了传媒在不同发展阶段组织结构的设计思路以及当时主导任务的影响，不仅能获得事业部的适应性，也能实现核心职能部门的效率，使得媒介组织和事业部的目标更好地协调一致，从而有效地应对来自不同业务环境的挑战。但混合型结构复杂庞大，容易导致管理成本增加及组织内部冲突，使媒介组织陷入混乱甚至困境僵局。

近年来，随着新技术革命和社会转型，媒介组织形态、结构面临着新的挑战，新的组织结构模式不断涌现，日益模块化、网络化、虚拟化。比如传媒集团将原本属于内部的任务进行重组外包，精简了内部岗位和业务流程，并与外部专业公司对接合作，形成虚拟的网络型组织；还有一些媒介公司通过减少命令链、不限制控制跨度，取消各种职能部门，取而代之以项目授权，探索建立无边界组织。

11.3.3 媒介组织变革趋势

长期以来，我国主流媒体的组织架构以纵向分权、横向分工的科层制组织架构为主，这种组织结构存在决策缓慢、延误战机、协调困难、协同合作不够、整体责任划分不清、频道和部门间无法形成协调机制，因此导致组织与战略变革进程缓慢以及官僚主义等问题。尤其进入互联网时代后，传统媒体组织形态遭遇极大挑战，已经无法适应新环境要求，主要体现在：

首先，传统金字塔型结构弹性弱。虽然传统媒体组织结构经历了职能型、事业部制、混合型等形式演变，但本质还是自上而下的职能聚合，是一种"金字塔"式的结构，权力主要集中在组织高层。这种组织结构带有强烈的行政管理色彩，其集权制的决策形式难以发挥中层管理者和员工的积极性。同时，我国传媒所有制形式为国有基础上的有限商业运作模式，领导体制大多为首长负责制与层级制，以向上管理、对上负责为主，易产生信息传递效率低、失真、灵活度不高等问题。

其次，类型化部门界限过于分明。当前，按媒体类型划分业务部门的情况普遍存在，传统媒体一个部门、新媒体一个部门，两套人马分开或有限合作。但网络打破了媒体介质界限和部门分割状态，将业务流程和生产要素整合贯通，形成了新的操作体系，如内容中心、运营中心、技术中心、营销中心等。大部分传统媒体缺少"整体重装"的勇气，"重采编轻经营""重内容轻运营"以及业务系统封闭等问题依然存在，只对原有线性业务流程修修补补，意义不大。

最后，"庙堂式"组织文化制约转型。组织文化规定了人们行为的准则和价值取向，并对其产生深刻影响。我国媒体是集公共服务和舆论宣传于一体的组织，是角色型的组织文化，由多层次的等级制度构成，规章制度、规则、程序等非常健全。这种组织文化追求表面上的稳定，行政气息与官僚气息较重，形式较为凝固、容错性不足，在面对新变化时，越发怀念过去身处"庙堂高位"的权威性和垄断性，极易犹犹豫豫，甚至心态失衡、进退失据。

要解决媒介组织中存在的问题，必须进一步推动媒介组织变革。未来，媒介组织变革的方向是：顺应移动互联网发展趋势，不断满足媒体深度融合发展需求，形成开放、包容、共享、创新的组织氛围，促进传媒生产力释放。变革趋势包括以下方面。

一是扁平化。扁平化管理打破了单位界限、部门界限，直接表现为管理跨度增加、管理层级减少、管理指挥链缩短，其核心是分权。它以工作流程为中心构建组织机构，以平台化体系赋予业务单元更大的自由度与自主权，既实现了各类信息快速共享，又增强了媒介组织对外界环境的感应和快速反应能力。

近年来，随着新技术、新应用、新平台的不断发展，媒体部门边界模糊化、组织虚拟化、组织层级减少的趋势凸显，大部分传媒集团都在按照全媒体生产方式来优化内设机构、配置人财物资源，细分领域的部门制逐步被中心制所取代，逐步建立起适应媒体融合发展的扁平化的管理体系。同时，还有一些传媒集团通过确立智媒体发展战略，促进媒介组织架构重塑，互联网组织形态对直线式科层制的替代效应和挤出效应逐渐显现，组织结构逐步转向事业部制、矩阵式等扁平化的组织结构，纵向垂直管理模式也在向授权赋能平台框架转型。

二是柔性化。信息技术的革新应用，不断推动媒介组织朝着更加灵活、共享以及高效协同的方向发展，传媒集团按照产品领域或经营赛道设立事业部、工作室、项目组等，通过采用弹性制、柔性化的管理，挖掘媒体内部资源，促进内部创新创业，提高组织战略的转换效率，不断提升适应环境和自我调节能力。

在新媒体环境下，社会对媒介的创新能力和快速反应能力要求不断提高，小型灵活的融媒工作室成为传媒组织变革的一个着力点。比如，《人民日报》15个部门的260多名编辑记者按照"兴趣化组合、项目制施工"模式，组建了"侠客岛""麻辣财经""学习小组"等45个融媒体工作室，并与报社新媒体部门及原有组织机构形成虚实相间的网线和网络结点，将实型结构的边界虚线化、模糊化，确保分立组织间的可渗透性和可融通性，以网格化、柔性化实现了信息的全方位沟通，提高内部组织的应变力、创新力和协调力，促进了媒介组织变革。

三是生态化。遵循互联网发展趋势和运作规律，建立以产品和服务为核心的组织矩阵，全面打通内部信息、外部资源、应用平台等，不断地优化媒介组织的协同机制，以群体密集的多边联系和交互式协作的优势，解决正式组织之间的协同困难，适应传媒业务发展的"短平快"要求，推动媒介组织构建生态系统。

生态型媒介组织通过自有平台、技术支撑以及端口导流，形成用户、渠道、产品、服务的多重集合，实现价值协同与产业聚合，确保生态系统资源效用最大化。比如，湖南广电正在构建的"芒果全媒体生态"包括：对内，以芒果TV为核心平台整合芒果娱乐、芒果影视、芒果互娱、天娱传媒和快乐购，打通上下游产业链，提高生态协同性；对外，芒果TV与中国移动、华为在5G超高清、全景视频、大数据及人工智能、融媒体技术等方面展开合作，携手上海科技大学成立实验室，布局前沿技术，向金融、游戏、文学等领域拓展，完善生态矩阵。

11.3.4 关键创新：构建中台

如今，越来越多企业在探索新组织模式的同时，将僵化的科层式组织调整为灵活的网络型、平台型组织。平台化并不是新概念，科技企业尤其是头部互联网公司为此进行了多年积淀，部分互联网公司采用的平台模式成功地引起了大众关注，越来越多的企业选择向"后台＋中台＋前端＋生态"的组织形态转变。在这样的组织形态中，企业拥有多样化的前端、用于横向协调的稳定中台、支撑前端和中台运转的后台，以及由前端和外部利益相关者、从业者构成的生态体系。

如今，互联网时代传统媒体的融合与转型发展，也不应仅局限在新闻生产端的流程再造，更要从全局考量、重新梳理生产关系，借鉴、吸收科技企业的变革经验，彻底将组织和管理互联网化，才有可能真正推动匹配技术迭代格局的转型进程。目前来看，虽然大多数传媒集团离生态型组织还比较遥远，但未来媒介组织形态朝着"后台＋中台＋前端＋生态"方向发展的趋势却是愈发清晰（图11-4）。

在媒介组织中，早期媒体业务比较单一，大多只设立若干业务部门，后来随着规模扩大，

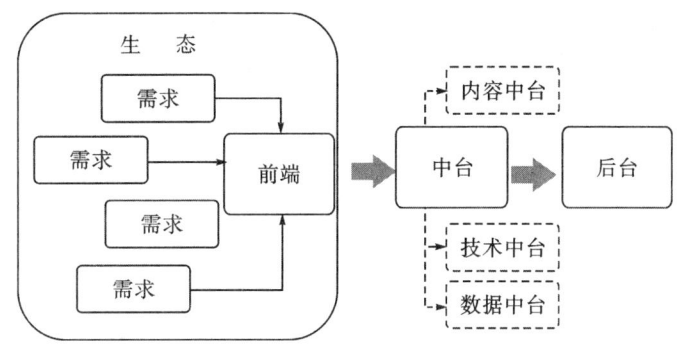

图 11-4 媒介平台组织形态示意图

功能单一的业务部门难以支撑,于是纷纷成立新闻中心、技术中心、经营中心等,这便是今天业务中台的雏形。进入互联网时代后,媒体单位先后建设了网站、客户端等自有平台,又入驻了微博、微信、抖音、头条号等商业平台,但这种简单的相加带来了很多新问题,即系统越建越多,信息孤岛变得越来越严重。因此,媒体需要建设中台作为前后台业务的连接,为各类业务赋能,构建中台成为当前媒介组织最关键的创新任务。媒介组织的中台主要包括:

一是内容中台。内容中台围绕以内容、用户为核心关联的领域组成,它将各个内容业务模块的通用能力抽离、沉淀,形成一个可复用的能力中心集合,如标准化加工中心、多模态检索、版权运营开发等,做到随意组合、开箱即用,为多个产品和平台提供服务。内容中台的主要构成部分为应用中心,比较完整地覆盖了生产、运营流程,支撑着"策、采、编、发、管、控、馈"等全业务场景。

内容中台作为媒体内容数字化的枢纽,功能类似于计算机 CPU,不仅能实现对大量文字、图片、音频、视频等内容的生产、管理、存储、协作,还利用新技术降低了设计门槛,提升了创意内容生产力。经过中台对于内容的处理,前端对私域和公域的传播分发效率将大幅度提升,并且,内容传播和用户数据经由数据技术不断采集和洞察后,又能反哺内容生产方向的优化,实现全域效率增长。

二是数据中台。数据中台是依据企业特有的业务模式和组织架构,通过有形的产品和实施方法论支撑,构建的一套持续不断把数据变成资产并服务于业务的机制。媒介构建数据中台,主要在于获取媒体各业务系统产生的数据,对数据进行标准化、规范化的沉淀和治理,以整合分散在各个"孤岛"上的数据,快速形成数据服务能力,优化业务系统运营,为媒介经营决策、精细化运营提供支撑。

数据中台的核心能力包括:(1)汇聚整合。对数据资源进行整合,实现数据采集、交换等任务配置及监控管理。(2)提纯加工。连通全域数据,通过统一的数据标准和质量体系,建设数据资产体系,以满足业务需求。(3)服务可视化。提供实时流数据分析、预测分析、机器学习等服务,实现数据资产的可视化分析,为数据运营赋能。(4)价值变现。打通各业务系统数据,实现数据更大价值变现。

三是技术中台。技术中台是指在媒介平台的技术架构中,把所有公共的技术组件、工具等提取出来,构建成为可复用的技术服务、数据支撑服务以及业务逻辑服务。比如,媒介平台中的认证、权限、日志、搜索、推荐、算法模型、生物识别、自然语言处理等公共服务都会沉淀在技术中台,并支撑所有业务应用。

技术中台并不是为了解决单点问题，而是提供可复用的"基础服务和能力"的整合平台，如今，大数据、物联网、人工智能等技术已经成为基础性的资源、服务和能力，也是新的"系统架构思路"和"系统建设模式"。新技术不仅为内容生产传播、经营业务提供基础性的服务和支撑，还可以拓展到数据服务、智能交互、网络舆情、媒体智库、智慧政务、智慧城市等新兴业态。因此，构建技术中台，不仅能为上层业务赋能，还可以为媒介组织快速拓展新业务提供支撑。

比如，面对传统媒体先天的技术短板，浙江提出以数字化赋能传媒发展，举全省之力打造重大传播平台和重大技术平台。2023年1月18日，由浙江日报报业集团牵头，浙江广播电视集团、浙江出版联合集团、浙江省文化产业投资集团共同发起的传播大脑科技公司成立，开始探索主流媒体统一技术支撑模式。

【延伸阅读11-3】

传播大脑：构建"大中台"

2023年1月，传播大脑科技（浙江）股份有限公司（以下简称"传播大脑"）成立。

作为新时期浙江宣传的重要计划之一，传播大脑有效整合四大省属文化集团数据、技术、运营等资源，致力于形成独有核心技术，建设全省统一的技术支撑平台和对外出口。

传播大脑的目标是：打造引领媒体变革的技术集成中心、数据交换中台、融合传播中枢，让更多媒体共享开源技术、共建开放生态，以移动互联网新思维新技术，赋能融合发展。

如果说浙江省重大新闻传播平台是一支"传媒舰队"，那么，传播大脑就是这支舰队的技术底座和动力引擎，为舰队出击保驾护航。自成立以来，传播大脑的主要成就如下。

第一，打破"两云"分立难题。浙江融媒体建设原由浙江日报报业集团"天目云"和浙江广电集团"新蓝云"分别提供服务，"天目云"联合"新蓝云"的资源、数据和能力，将其整合为传播大脑"天目蓝云"，聚合内容和用户数据，形成全省统一的融媒体中台。

第二，集成优质科技创新能力。传播大脑自带开放基因，致力于科技集成创新，积极与头部互联网公司、科技公司合作，形成技术新生态，以赋能媒体业务，实现价值叠加。

第三，探索行业首个投放引擎。"两云"合一将聚合浙江各大传媒集团的内容、用户、服务等数据，建设全国唯一的一站式媒体投放引擎，聚焦场景需求，搭建投放产品矩阵。

第四，建设文化数据服务平台。传播大脑负责全省媒体融合"一张网"建设，将通过数据汇聚、数据交工、数据交易、数据成果共享等路径，建设浙江文化数据服务平台。

同时，传播大脑还在多方面赋能全省各级媒体发展，主要包括：（1）赋能生产传播。创建省域泛媒体成员通讯录，实现选题跨地域策划；打造高质量内容生态，协同网内成员素材共享、交换、交易等。（2）赋能运营活动。实现跨地域、跨平台、跨客户端活动运营，组建运营联盟，提升基层运营能力。（3）赋能商业闭环。通过品牌、数据、流量等渠道，打造变现闭环；数字化管理网内成员的摄像机、直播车等资产，连接供需双方，盘活沉没资产。（4）赋能科学管理。深度联动舆论引导在线、国际传播在线等应用，赋能市县用户资产全场景增值。

此外，传播大脑还形成一个包含新闻客户端、媒体资源库、全媒体智能中台、政务管理、数字文化等核心产品矩阵，为省域融媒体建设及其未来发展打开了市场纵深空间。

第十二章 以人为本

马克思主义政治经济学认为，人是生产力中最活跃的因素，调动人的积极性、焕发人的活力是增强企业竞争力的关键和根本。传媒生产经营活动的开展，依赖于各种被称为"生产要素"的社会资源和环境条件，其中关于人的要素有两个：一是传媒劳动力，二是企业家才能。传媒劳动力常被称作"人力资本"，企业家才能更是不可多得、弥足珍贵的一种特殊资源。

生产要素的激活，传媒活动的开展，离不开管理以及管理者。彼得·德鲁克笃信管理是一门博雅艺术，即建立一种情境，使这种艺术在其中得以践行。他认为，管理是一项人的活动，管理的本质就是激发和释放每一个人的善意，管理者要做的是激发和释放人本身固有的潜能，创造价值，为他人谋福祉。在现代经济体系中，生产力提升从来都不是靠体力劳动而达成的，资本设备也只是次要的要素，经济发展的基本要素必然是"智力形成率"，也就是一个国家能以多快的速度培养出想象力丰富、有愿景、受过良好教育、具备推理和分析技能的人才。

当前，对于身处巨大变革中的传统媒体来说，如何对原有人事管理、人才培养、分配激励等机制等重新进行规划，并以此保留、吸引、开发优秀传媒人才，已成为当务之急。而在互联网时代，媒体员工需求日趋多元化，员工个体的创造价值被不断释放，这些变化促使媒体机构必须彻底地更新员工观，核心是要尊重个人的创造能力，真正从以人为本维度重构人力资源管理模式，充分利用好人这个最重要、最具活力的要素资源，更好推动传统媒体转型发展。

12.1 传媒人力资源

随着互联网渗透的加剧以及媒体融合的深入推进，媒体运作早已超越传统的新闻采编业务范畴，现已拓展到新闻网站与客户端运营、产品研发、技术应用、产业经营等诸多领域，传统媒体固有的人事管理模式正面临着严峻挑战。互联网对传媒人力资源管理产生了不可逆转的影响，也提出了新要求，因此，不仅需要重新定义媒介管理者的角色，促进员工自我价值实现也成为一种必然。

12.1.1 "人事管理"模式转型

长期以来，由于传媒机构的事业单位属性，绝大部分传媒集团沿用的是一种类似于党政机关的人事管理模式，即以科层等级为核心对单位职工进行管理，带有强烈的行政管理色彩。人事管理的典型工作内容包括人事档案管理、养老金计划、人事聘用以及处理劳资纠纷、投诉等，它对"管理"存在3个基本误解：首先假定员工不想工作，认为工作是员工为了获得其他的满足而不得不忍受的惩罚；其次，人事管理的观念认为管理员工和工作是专家的职责，而不是管理者的职责，充分显示了幕僚观念所引起的混淆；最后，人事部门往往扮演"救火员"的角色，把人力资源视为会威胁到生产作业平稳顺畅的头痛问题。

当前，传统媒体集团的人事管理模式已暴露出诸多不适应，主要体现在以下方面。

第一，管理理念滞后落后。传统的人事管理模式强调事务管理，忽视了员工的个性化多元化需求，侧重简单、强硬的手段管理员工，强调命令和控制员工。这种管理模式只是把员工当成实现组织目标的一种工具，不重视员工的内心感受和精神需求，经常导致官僚主义作风盛行，甚至造成员工与组织对立、干群关系紧张。在这种模式下，传媒组织不仅缺乏合理有效的人才引进、培养机制，员工晋升主要靠工作年限和组织内定，工作模式极易固化，组织缺乏创新求变能力。

第二，选人用人机制不活。近年来，各大传媒集团在人才招聘、考核激励等方面改革力度较大，但总体上优秀人才体量不足，梯队建设难以为继。传统媒体对记者编辑的宣传纪律、把关意识、专业素养等方面较为重视，但在垂直领域内容生产、全媒体业务技能、运营管理、技术研发、产业经营方面人才储备不足，有想法、有闯劲、有网感的年轻人缺乏有效激励和平台支撑。由于使用机制不够灵活，加上互联网头部平台的"虹吸效应"，人才流失现象严重。

第三，绩效考核方式不合理。当前，各地对国有传媒企业的绩效评价与考核，过于注重国有资产保值增值，社会效益考核权重不够高，使得资金本来就捉襟见肘的国有传媒企业不敢、不愿将资金资源投入技术研发成本高、后续维护费用大、存在一定风险且短期内难以见效的融媒体改革和传播平台建设项目上。此外，考核还缺乏媒体品牌形象建设、受众需求导向等长期绩效指标，对传播力影响力的评价也难以量化，迫切需要建立科学合理的绩效考核体系。

第四，不重视组织文化建设。由于国有传媒企业对员工需求越来越多样化，更多非新闻专业人才进入了媒体行业，在长期奉行"采编优先"的内部环境中，部分传媒人身份认同感不够，对国有传媒企业归属感不足，这些都是由于组织文化建设缺失而造成的。企业组织文化的缺失，会导致团队没有足够的凝聚力，既不利于工作推进，也不利于组织成长。尤其是在互联网时代，传媒企业如果缺少开放、包容、创新文化，对年轻人的吸引力非常有限。

因此，人事管理这种模式走向衰落是必然的，虽然这个过程可能比较漫长。在现实生活中，也有一些组织经常把类似"人是我们最重要的资产"这样的话挂在嘴边，然而能真正做到的非常之少，德鲁克曾经对这种现象进行过深刻描述：大多数组织的观点仍然与19世纪的雇主的观点一样，他们认为"与其说我们需要雇员，不如说雇员需要我们"；事实上，组织必须更加重视成员资格，必须吸引人、留住人、认可和奖励人、激励人、为人服务并满足人的需求。

近年来，人力资源管理作为一个崭新而且重要的管理学领域，得到了快速发展。它是指运用现代化的科学方法，对与一定物力相结合的人力进行合理的培训、组织和调配，使人力、物力经常保持最佳比例，同时对人的思想、心理和行为进行恰当的诱导、控制和协调，发挥人的主观能动性，使人尽其才，事得其人，人事相宜，以实现组织目标。人力资源管理包含六个模块：人力资源规划、招聘与配置、培训与开发、绩效管理、薪酬福利管理、劳动关系管理。

现代人力资源管理与传统人事管理的区别在于：（1）人事管理以"事"为中心，只见

"事"、不见"人",强调"人"要适应工作,目的是"控制人";人力资源管理以"人"为核心,把人看作企业的首要资产,尊重人格,着重促进"人"与"事"的系统优化。(2)人事管理视人力为成本、将人当成一种工具,而人力资源管理将人力当作资源,而且是一种资本性资源。人力资本体现的是边际收益递增规律,即随着人力资本积累的增加,人力资本的收益率将提高。(3)人事管理主要着眼于当前人员(岗位)的补充与培训,而人力资源管理则以激活员工为目的,容易得到被管理者的认可。(4)在组织形式上,人事管理部门仅仅是组织众多部门中的一个,而人力资源管理则贯穿于企业的各个层面,并成为决策部门的重要伙伴。

实际上,无论哪种对人的管理方式,都是建立在某种"人性"假设基础之上的:人事管理是基于"复杂人"的假设,人力资源管理则是基于"价值人"的假设。不同的是,现代人力资源管理成为一个人力资源获取、整合、激励、调整及开发的过程,其核心是认识人性、尊重人性,并且始终强调管理"以人为本"。

12.1.2 重新定义管理者

在现行会计制度中,对企业人员的投资诸如工资、奖金、福利、招聘费用、培训费用等都被记入人力成本或者管理费用,其实这是一种严重误导:它严格地控制对人力的投资,限制了员工的积极性和工作绩效,使员工不愿发挥全部潜力,妨碍了生产技术的改进和物质成本的降低,增加了企业成本。所以,德鲁克说,在企业经营中,会计师所混称为"管理费用"的人中其实包含了最具生产力的资源:管理者、规划人员、设计师、创新者。经典管理理论认为,早期的人事管理涵盖范围只局限于基层员工,而将管理者排除在外,这是一个严重的错误,企业人事组织的讨论起点不能是普通雇员,而必须是管理者。

在每个企业中,管理者都是赋予企业生命、注入活力的要素,如果没有管理者的领导,生产资源始终只是资源,永远不会转化为产品。在竞争激烈的经济体系中,企业能否成功、是否长存,完全要视管理者的素质与绩效而定,因为管理者的素质与绩效是企业唯一拥有的有效优势。故而,企业的管理层是一个独特的领导群体,其主要职责包括:(1)管理企业,创造经济成果,获得绩效;(2)管理不同的管理者,运用资源打造企业;(3)管理员工和工作,有效地组织他们完成任务。

尤为重要的是,管理者从不操纵他人,而是激励、引导、组织他人做好各自的工作,同时,管理者自身必须拥有公平对待的能力、诚实正直的品格以及强烈的社会责任感。在现有传媒机构中,管理者是一个非常庞大的群体,既包括传媒集团的高层决策者、中层职能部门负责人,也包括生产经营一线的主编主管、部门经理、项目负责人等,他们的职责使命是将所有资源整合成生气蓬勃、不断成长的组织。传媒管理者的职责和工作包含了5项基本活动。

首先,管理者设定目标,根据上级要求决定各级组织的发展战略与目标,也决定应该采取哪些行动以实现目标。同时,不同层级的传媒管理者,还要将目标和战略有效地传达给所有部门员工,并通过这些员工来完成工作、达成目标。

其次,管理者从事组织的工作。通过分析达成目标所需的活动、决策和关系,将工作分门别类,并且分割为可以管理的职务或岗位,将这些职务和岗位组织成适当的结构,选择合适的人来管理或完成工作,尽力做到人岗相配、人尽其用。

接下来，管理者还必须激励员工，不断与员工沟通。通过主动管理与下属的关系，以及奖励措施或升迁政策，还有不断的双向交流，传媒管理者把负责不同工作、不同职务的人变成一个团队，并赋予团队实现目标的具体意义。

再次，管理者必须为工作建立衡量标准。这是关乎组织绩效和每个成员的最重要因素之一，不仅传媒组织中的每个人都应该有适用的衡量标准，而且重心必须是整个组织的绩效，还要客观分析员工表现，及时给出评估意见并进行诠释。

最后，管理者必须培养人才。传媒管理者可以不断调整管理方式，让员工更容易或更难以自我发展。管理者能指引下属前进，也可能误导他们；可以激发他们的潜能，也可能压抑其发展；可以令他们勤奋正直，也可能使其利令智昏。

此外，管理者中还有一项特别稀缺的资源，那就是"企业家才能"，具体是指企业家管理与经营企业的才能。法国经济学家萨伊（Say）将土地、劳动与资本视为生产三要素，企业家才能附属于劳动因素，他认为企业家"将资源从生产力和产出较低的领域转移到生产力和产出较高的领域"。但随着资本所有者与经营者的分离，企业的经营者管理权与所有权渐次分离，市场上出现了专门的职业经理人，在经济中扮演着越来越重要的角色。英国经济学家阿尔弗雷德·马歇尔（Alfred Marshall）将企业家才能从劳动要素中分离出来，与土地、劳动、资本并列为第四种生产要素，他认为"企业家是消除市场不均衡性的特殊力量"。

约瑟夫·熊彼特发展了马歇尔的理论，他在《经济发展理论》（1912）中指出，企业家就是经济发展的带头人，也是能够实现生产要素重新组合的创新者。熊彼特首次突出了企业家的创新性，但他认定企业家是一种很不稳定的状态。他认为，实施新组合是企业家最突出的职能，也是能将企业家活动和其他活动区分开来的唯一特征，一旦新企业建成运营，而他本人也不打算再折腾，而只想一心经营这家企业，那么他不能算企业家了。

彼得·德鲁克在《创新与企业家精神》（1985）一书中指出，企业家（或企业家精神）就是：（1）大幅度提高资源的产出；（2）创造出新颖而与众不同的东西，改变价值；（3）开创了新市场和新顾客群；（4）视变化为常态，他们总是寻找变化，对它做出反应，并将它视为机遇并加以利用。在德鲁克眼中，企业家（或企业家精神）的本质就是有目的、有组织的系统创新，并为客户提供价值和满意度。

曾经有人问德鲁克是否同时存在着管理人员和企业家两种不同的人，德鲁克的回答是，既是也不是。工作有企业家和管理者之分。如果你不懂管理，那么你就不可能成为一位成功的企业家；反过来，如果你只懂管理而不具备企业家精神，那么，你有可能变成一个官僚主义者。在德鲁克看来，创新和企业家精神应该是企业高层管理者的工作的一部分。因此，无论是新企业、公共服务机构还是一个跨国巨头，只要实施"企业家的管理"，就可以将二者融合起来。

在传媒领域，技术进步、规制调整与社会变化使传媒业处于一个持续变化、各种新商业机会层出不穷的环境中。传媒企业家需要通过对传媒环境的敏锐感知和对传媒变革内在逻辑的深刻思考，挖掘具有市场价值的新兴传播增长点，捕捉机会、获取外部资源、整合内部要素资源，并构建组织能力以利用各种机会。

12.1.3 传媒劳动力需求

劳动要素作为传媒基本生产要素之一，具有一定特殊性：它不可计量，也不能体现于会计报表中,其作用发挥也不仅取决于人自身的知识和技能储备,还有赖于人的主观意愿和环境资源对其才能释放的配合程度。传媒业是知识密集型、智力密集型产业,产出质量高度依赖劳动者的个性化经验积累与创意能力,传媒劳动力市场并非完全竞争的要素市场,因此,行业内不同劳动者之间存在工资与福利差异,劳动力价格分层和市场供求结构性失衡是常态现象。

在新媒体急剧崛起的时代,不仅技术、资本和人的智力要素投入对传媒业发展越来越重要,而且对传媒人才能力结构提出了新要求。近年来,传媒产业人才需求呈现出专业化、多元化、高级化的态势,除了传统的采编和经营人才之外,还需要技术、运营、管理、产业、资本等多方面的人才,尤其是涉足行业比较多的传媒集团更是如此。传媒人才需求主要包括以下几方面。

第一,具备良好职业素养和过硬专业技能的创新型人才。

在人人都有麦克风的时代,互联网在提供给人们快速、丰富信息的同时,也使信息泛滥、真伪难辨,信息过载成为常态,社会更加需要权威声音和主流表达,因此,职业传媒人的公信力和专业主义精神比过去任何时候都显得重要,而这种权威性、公信力与传媒从业者的职业素养和专业能力是分不开的。原创优质内容已成为网络时代的稀缺资源,它不仅体现在采编技能与技术表现形式之上,更多是运用思想和批判的力量形成意见、观点,给阅读者带去价值。同时,媒体融合发展需要创新精神和具备创新能力的从业者,这是由新媒体特征所决定的。

第二,具有内容、经营、管理等多种技能的复合型人才。

经过多年发展,大多数传媒单位已由最初只包括一两家报刊、印刷厂、经理(广告)部等的机构发展成为拥有多种媒介形态、多层次管理结构、多元化产业布局、规模化运营的大型现代传媒集团,其生产形态早已由单纯的内容传播扩散到不同行业甚至是专业很强的领域,仅仅具有内容采编能力或速成式专业能力远远不够,还必须懂经营、懂管理。事实上,既懂采编、又懂经营,还富有管理经验的复合型传媒人才非常稀缺,他不仅会关注传媒产品的市场、受众和用户需求以及机构管理运作,还能引领业务拓展、参与市场竞争,为传媒企业创造绩效。

第三,适应数字技术要求、"一专多能"的全媒体人才。

数字技术不断更新迭代已是常态,媒体从业者不仅要加强移动互联网和社交媒体两方面的能力,还要培养新媒体运营技能,熟知产品功能和应用以贴近用户需求,并时刻保持自身技术技能的先进性,发展技术思维与工具理性,以胜任全媒体流程生产、平台建设与业态转型。具体而言,全媒体人才应该具备的素养包括5个方面:具有扎实的新闻基本功,能够立足于新闻本位,利用新技术做好新闻采写编评工作;具备良好的大数据意识和数据素养;具有较高审美和视觉素养;良好的互联网生态感知能力,有敏锐的网感;具有舆情分析和舆论引导能力。

其四,具有强烈协作精神、一定抗压能力的团队型人才。

简要分析近年来各大传媒集团的招聘启事不难发现,"具有团队协作精神""团队协调能力""沟通能力"等,已成为媒体非常看重的素质要求。部分媒体还对应聘者提出较高的独立性要求,如能"独立负责重大项目在新媒体平台的策划、执行和宣传推广""独立完成市场调研、线上推广、线下活动策划工作"等。此外,还有一些关键词如"热爱与网友打交道""责任心强""具有较强抗压能力""创新精神"等也频频出现在招聘广告中,不仅要求从业者能够妥善处理工作中遇到的一般问题，还必须具备发散思维能力，能够不断地推陈出新。

进一步梳理近年来各大传媒集团人员招聘信息可以发现，随着媒体融合推进及其工作需要的变化，传媒行业已有多种类型的新岗位出现，比如以下几类。

数据工程师。《人民日报》"中央厨房"中，超过70%的人是数据工程师，这个庞大的数据编辑团队为记者的日常工作提供帮助：一是监测多个数据指标和舆情变化情况，在更大范围内寻找异常，并将异常反映给编辑记者；二是提供相关话题的历史数据线索，使在记者调查采访时有的放矢；三是数据支持人员也能成为采访者和写稿人，只不过采访的对象是数据，写出的稿子是数据分析报告；四是对新闻传播效果数据进行分析，将评估结论反馈给编辑记者。

可视化编辑。一般要求具有新闻或者统计专业背景，在具备较强的新闻敏感性的同时，要有较强的数据梳理及分析能力，并且能够以图表等形式将数据信息完美呈现。这些岗位的从业人员需要担负相关媒体微博、微信的一些特定栏目的编辑工作，如《新京报》的"图个明白"栏目、央视新闻频道的"一图解读"栏目等。

网络互动编辑。这是一类主要负责处理媒体与用户关系的岗位，包括在各类传播平台上，对媒体各类内容进行包装以做出个性化和差异化处理、制定用户策略与策划用户活动、处理回复用户评论或私信。大多对从业者的专业背景没有硬性要求，但要求熟悉各类社交平台的传播特点，擅长虚拟社区的组织与沟通。

舆情分析师。此类岗位要求从业者熟悉国家政策和大政方针，对时事有敏锐的感知力和快速反应能力，而且思维灵活、逻辑性强、善于分析，有比较深刻的洞察力。此外，从业者还要有较好的网感，能够结合网络监控分析、判断、预测舆情走向，具备较强的文字写作能力，为服务单位撰写舆情分析报告。

产品经理。新闻内容的简单输出已经无法满足市场需求，这一类新岗位不仅要求传媒人树立市场意识、形成产品思维，重塑传媒生产理念，还要求从业者具备一定的内容、技术以及广告、营销、公关方面的知识储备，且能够根据地域差异、用户群体差异制定阶段性拓展策略，产品或客户经理还要参与合作谈判。

【延伸阅读12-1】

人人都是"产品经理"

新闻采编人员不懂技术，技术研发人员不懂内容业务，两者"鸡同鸭讲"，沟通困难，这是主流媒体经常出现的现象。如何解决这一问题？产品经理、首席产品官登场了。

在国际上，诸如《纽约时报》、《华盛顿邮报》、彭博社等早已设置产品经理职位。

2017年，中青在线设立产品经理职位。中青在线总经理闵捷介绍，产品经理发挥着连接内容与运营、技术的桥梁作用，新闻平台产品从开发到落地、再到迭代升级，产品经理需要沟通、协调内容、运营、技术团队，它还是收集用户需求、反馈、解决产品问题的专家。

2019年，《齐鲁晚报》·齐鲁壹点设立首席产品官职位。齐鲁壹点董事长魏传强说，首席产品官职责在于全面介入客户端在内容生产、用户互动、产品迭代、对外合作等方面的业务，提出产品需求或协助技术总监完善产品需求，充当技术团队与媒体团队沟通的桥梁。

产品经理是互联网公司的核心职位之一。但凡产品从创意到上市，相关的调研、创意、开发、测试、推广、迭代等，都由产品经理掌控；产品经理最重要的任务是把握用户需求，然后把这种需求付诸实现。腾讯创始人马化腾曾经说过，他就是公司最大的产品经理。

媒介专家胡正荣认为，在全媒体融合趋势下，记者编辑都要向产品经理转型。

如今，产品经理这种懂传播、通技术的应用型、复合型、创新型人才，越来越受到媒体青睐。媒体产品经理需要具备哪些能力？普通记者编辑如何顺利转型为媒体产品经理？

首先，树立用户思维。媒体产品经理要将产品打造和服务重点转移到用户（受众）身上，让每一条内容、活动、栏目等都具有用户思维、运营思维，不断满足用户和市场需求。

其次，强化专业能力。产品经理的核心竞争力是专业能力、学习能力，不仅要对传统媒体固有业务，特别是优势资源和品牌价值等做到心中有数，还要熟悉新技术、新平台、新产品、新模式、新业务，对固有资源和优势进行系统化改造、升级，以实现商业模式升级。

最后，学会系统思考。媒体产品经理经常要跨部门解决问题，非常考验跨界和串联能力，它不一定精通代码但要懂技术实现逻辑、不一定做运营但要会运用数据统计手段、不一定会PS但要能与设计师一起优化产品交互。说到底，媒体产品经理是一种复合型人才。

12.2 激发人才活力

在市场经济环境中，职业经理人作为专业化、职业化、市场化的经营管理人才，已经成为企业人力资源不可缺少的部分，也是企业持续健康发展的重要保障。传媒企业探索、建立职业经理人制度，不仅有利于明确经营上的"委托-代理"关系，也有利于推进绩效管理、激励机制改革，从而全方位激发传媒人才活力。

12.2.1 职业经理人制度

职业经理人制度起源于美国。1841年10月15日，美国马萨诸塞州发生了一起两列火车迎头相撞的事故，社会公众反响强烈，认为铁路企业业主没有能力管理好这种现代企业，应该选择有管理才能的人担任管理者。在州议会的推动下，事故责任方铁路运输公司对企业管理制度进行了改革，从而成为美国第一家以专职支薪经理通过严密的管理系统而经营的现代企业。之后，很多学者将这一标志性事件视为职业经理人诞生的起点，截至目前，职业经理人已有180多年历史。

美国学者艾尔弗雷德·钱德勒（Alfred Chandler）最早提出了较为完整的"职业经理人"概念。他认为随着公司规模越来越大，管理变得越来越复杂，它从其他工作中分离出来，成为一种新的职业，从事这种职业的人就是经理人，在这样的企业中，支薪的职业经理人掌握企业经营管理权和经营决策权。一百多年来，职业经理人制度不断发展完善，为现代企业制度建立发挥了重要作用。

如今，职业经理人可以定义为：在一个所有权、法人财产权和经营权分离的企业中承担法人财产的保值增值责任，全面负责企业经营管理，对法人财产拥有绝对经营权和管理权的职业，由企业在职业经理人市场中聘任，而其自身以受薪、股票期权等为获得报酬主要方式的职业化企业经营管理专家。一般认为，将企业经营管理作为长期职业、具备一定职业素质和职业能力，并实际掌握企业经营权的群体就是职业经理人，而且，企业需要各种类型和不同层次的职业经理人。

近年来，在我国传媒领域引入、建立职业经理人制度，引起了各方极大关注。职业经理人制度得以建立的前提条件有两个：一是企业生产经营规模扩大，社会化大生产对企业经营和资本增值提出了专业化、市场化的要求；二是企业所有权与经营权分离，本质上是契约精神，其管理过程是一种契约化管理。因此，随着我国传媒产业的发展壮大和产权管理体制变迁，在传媒行业建立职业经理人制度的时机已经成熟：一方面，经过多年的发展，国有传媒集团经济规模、综合实力大大增强，产业链涵盖多个领域，人才需求越来越专业化、市场化、职业化；另一方面，随着文化体制改革不断探索，我国传媒企业产权曾长期存在的"所有者缺位"问题已经大大缓解，即便目前各地"代为履行出资人职责"的部门或机构不尽相同，但"所有权方代表"是明确的，所有权与经营权分离也是必然的。

在管理结构上，我国大多数传媒集团已经形成了一种类似于现代企业制度中"法人治理结构"的形态，虽然这种形态有时会受到事业单位性质、事企不分、外部治理等因素的影响，但治理规则事实上具有以下特点：（1）以"委托-代理"关系为基础；（2）以所有权为基础，实行决策权、监督权和执行权三权分立；（3）对代理人（经营者）集中授权；（4）通过分级授权建立科层制结构。也可以说，当前各大传媒集团的领导班子事实上就是接受所有权方代表委托的经营管理层，且通过"委托-代理"关系来承担国有文化资产保值增值职责。

实际上，所有权方代表——国有文化资产监管部门不断强化对各大传媒集团的任期制考核、绩效评价以及契约管理，一方面是不断强化对其国有文化资产所有权方代表身份的认同，并履行出资人代表职责；另一方面也是在强调传媒集团领导班子在经营上的被委托地位，这一点与职业经理人团队几乎没有差别。因此，在传媒领域建立职业经理人制度符合经营管理逻辑，不存在什么障碍。

国家新闻出版署前署长柳斌杰认为，传媒业长期由主管部门委派领导班子是必要的，但不够完备，出版传媒企业既需要出版家也需要职业经理人，培养更多出版传媒精英管理人才——职业经理人已经成为历史发展的必然。南方报业传媒集团原社长范以锦指出，传媒业要真正做强做大，必须培养一批能把传媒业推向市场的职业经理人，而且中国主流媒体的职业经理人应该是既懂得传媒规律，又能适应体制创新要求的高素质经营管理型人才，符合这种要求的社长、总编辑、总经理等都属于职业经理人。近年来，南方报业催生了大批职业经理人和互联网创业者，比较知名的如集团公司前总经理黄晓东转战富德控股、《南风窗》前总编辑陈菊红成为腾讯副总裁、南方都市报前总经理陈朝华成为搜狐网总编辑等。

再举个例子，2022年12月，浙江日报报业集团和正在筹建的传播大脑科技（浙江）股份公司面向全球招聘CTO（首席技术官），希望能够找到有激情、具有全球视野、国际表达的优秀人才，并具有在未来传媒业的竞争格局中抢夺先机的"一颗雄心"，待遇为年薪100万元~200万元，拟进行股权激励。2023年3月28日，招聘尘埃落定，一名叫作张健的准90后脱颖而出：清华大学硕士、中科大电子信息博士在读，曾在百度负责媒体行业产品研发管理工作，担任过人民日报新媒体首席技术官、人民网产品总监，既具有互联网行业管理和研发经验，重要的是还具有传媒行业技术管理经验，的确是当前传媒领域难得的复合型职业经理人。

一般来说，传媒集团的管理层、总编辑、总经理、内容总监、运营总监、发行总监、广告总监、财务总监、人力资源总监以及网络媒体首席执行官、技术官、运营官、财务官等，都属于职业经理人范畴。传媒职业经理人不仅关注传统的采编业务运作，更加关注传媒市场、技术、受众和用户需求；他们精通现代管理和经济学理论，具备战略眼光和开阔视野，善于分析市场和制定有效的竞争策略，懂得运用市场化的手段与资本市场对话，善于运用资本工具谋求传媒企业的扩张和发展。媒介学者邵培仁教授曾说："我反对将媒介交给商人管理，他们往往将赚钱作为首要目标甚至唯一目标；当然也不能将媒介交给政客管理，他们往往不懂媒介经营，但却往往擅长经营政治，不顾媒介经济效益和媒介的生存与发展，没有长远目标和规划。未来媒介领导者应该既是优秀的政治家、传播者，又是精明的企业家，他们应该既懂政治又懂经济，既懂传播学又懂媒介管理学。"

12.2.2 绩效考核与管理

绩效是一种管理学概念，即"业绩"与"成效"的综合，是指组织、团队或个人，在一定的资源、条件和环境下，完成任务的出色程度，是对目标实现程度及达成效率的衡量与反馈。在传媒组织中，绩效包括个人绩效和组织绩效两方面：个人绩效通常用来评定员工工作完成情况、职责履行程度和成长情况等；组织绩效则对传媒集团的生存和兴旺有着举足轻重的影响。应设定绩效和成果目标的领域共有8个，包括市场地位、创新、生产力、实物和财力资源、获利能力、管理者绩效和培养管理者、员工绩效和工作态度、社会责任。

绩效管理包括两方面内容：一方面是组织获得的业绩、成绩等，体现为组织诸目标的实现程度，又分为目标管理和职责要求两部分。目标管理是保证传媒组织朝着希望的方向前进，实现或超额完成目标可以给予奖励，比如奖金、提成、效益工资等；职责要求是对员工日常工作的要求，体现形式为工资。另一方面是传媒组织管理的成熟度，即完成目标的效率、效果、态度、行为、方法、方式等，可分为纪律和品行两部分。纪律包括规章制度、程序规范等，纪律严明的员工可以获得荣誉和肯定，比如各种表彰、颁发奖状或奖杯等；品行是指个人的品德与行为，业绩突出且品行优秀的员工能够得到重用和晋升。

很多时候，绩效评估是以考核的方式进行。绩效考核也称成绩或成果测评，是企业为了实现生产经营目的，运用特定标准和指标，对各级管理人员工作实绩及诸多效果做出价值判断的过程和方法。绩效考核的意义在于：一是达成目标。绩效考核是一种过程管理，而不仅仅是对结果的考核，它将中长期的目标分解成年度、季度、月度指标，不断督促员工实现、完成，以帮助企业达成目标。二是挖掘问题。绩效考核是一个不断制订计划、执行、改正的过程，包括绩效目标设定、要求达成、实施修正、绩效面谈、绩效改进、再制定目标的循环，能够不断发现问题、改进问题。三是分配利益。薪酬与绩效密不可分，员工绩效考核结果必须体现在薪酬上，否则绩效和薪酬都将失去作用。四是促进成长。通过绩效考核找到问题差距，并进行相应提升，促进员工与企业共同成长，最后达到双赢。

绩效考核的方法有很多，运用时要考虑多方面因素，如所处行业、公司规模、发展阶段、组织架构、企业文化等，目前较为常用的主要有5种（表12-1）。

表 12-1 常用的绩效考核方法

考核方法	主要做法
目标管理法（MBO）	管理者和下属共同制定目标，首先确定企业总目标，然后对总目标进行分解、逐级展开，通过协商制定出各部门以及员工目标。目标管理法强调自主、自觉，属于结果导向型的考评方法之一，考评的重点是员工的工作成效和劳动成果。
关键业绩指标法（KPI）	将绩效评估简化为对几个关键指标的考核，是目标管理法与帕累托定律的有效结合，管理者和被考核者能清晰知道绩效达成情况，有利于目标管理和经营改善，有利于个人利益与组织利益形成一致，一般以月度或年度为周期进行考核。
目标与关键成果法（OKR）	OKR 是一套实行目标管理、推动执行与合作的工具和方法，重点是明确企业、团队目标以及可衡量的关键结果，通常目标设定为一个时期的定性表述，关键结果由量化指标呈现，多应用于 IT、风投、游戏、创意等以项目为主的企业。
平衡记分卡（BSC）	主要从业绩、管理能力、服务满意度、学习和成长等四个维度进行考核，平衡计分卡是非财务与财务考核手段之间的互补平衡，它使绩效考核成为战略实施的手段，并将考核重点放在组织的绩效指标上，以确保组织的长期发展。
360 度考核法	最早由英特尔公司提出、运用，又称为"全方位考核法"，其反馈评价原则是由与被考核者有着紧密关系的人，包括上司、同事、下属、客户等分别进行匿名考评，相较于单纯的上司评价，360 度综合多方面进行评估，结果更为客观。

一般关于企业绩效管理的做法，也是适用于传媒业的，但传媒业的情况更加复杂一些，主要原因还是其双重属性所致——媒体首先要有优质稳定的社会效益输出，其次才是对其经济方面的绩效考核评估，这是不能偏离的大方向。当前，传媒集团绩效考核管理存在的主要问题有：（1）由于发展方向不清晰、战略目标不明确，一些传媒集团的绩效目标与考核指标很难准确确定，关键指标甚至变来变去，随意性比较强，缺少连续性和稳定性，被考核的部门和员工无所适从，使绩效考核流于形式；（2）过于注重经济效益指标考核，社会效益考核方法不科学、权重不高，尤其是传播力、引导力、影响力、公信力难以量化，也缺乏对媒体技术能力、品牌建设、受众运营、需求导向等长期绩效指标的评价；（3）考核理念存在偏差，绩效管理的本质是激励，而不是惩罚，核心目标是发挥员工主动性和创造性、引导员工完成工作目标，操作中却背道而驰，有的只重视目标和结果、不关注过程；（4）完整的绩效考核体系包括计划、实施、评价、反馈、应用五个环节，任何一个环节缺失都有影响，目前多数传媒集团没有形成考核体系和管理闭环，绩效实施与评价之间衔接弱，反馈较为形式化。

在媒体融合发展背景下，传媒集团绩效考核可以从四个方面进行优化。

首先，建立健全绩效考核机制。国有传媒集团应建立以社会效益考核为主、社会效益与经济效益相统一的考核机制，注重媒体深度融合发展对考核的牵引作用。集团人力资源部门制定统一的评价标准，建立闭环绩效管理流程，包括制定绩效计划和指标、绩效实施、绩效考核评估、绩效沟通反馈和绩效结果应用五个环节，并使全体员工参与到绩效考核中来。一般先将战略目标转化为绩效考核目标，将各项指标由集团分解到各媒体（公司），再到各部门（中心），最后明确到个人。然后，通过制定明确具体、可衡量可达到的考核指标保障绩效目标达成。

其次，优化完善绩效指标体系。科学合理的绩效指标体系应符合可衡量、可达成、相关性、可控性、时效性等设计原则。绩效指标应与企业战略及年度经营计划匹配，并加强与被考核人的沟通，以便在考核指标设定方面达成一致，平衡好当期利益与长远目标要求。在媒体深度融合发展中，传媒集团岗位更加多样化、业务更趋差异化，应针对采编、经营、管理、技术、运营等不同类型岗位差异化设置绩效指标。同时，考核指标应按实际工作量和贡献，减少与岗位等级和资历挂钩，兼顾质和量的考核，体现多劳多得、优劳优得。

再次，加强制度宣讲与沟通反馈。绩效考核应加强与考核对象之间的沟通，帮助考核对象了解考核内容，及时纠正考核中产生的偏差问题，确保信息对称。各部门应根据集团总体绩效考核意见制定部门考核细则，并做好宣讲和传达，让员工清楚了解自己的绩效工资是如何计算出来的。同时，还要及时准确地向考核对象反馈评估结果，探索建立有效的绩效考核反馈系统来帮助员工接收考核结果，还可以借助系统反馈分析薪酬、奖惩、晋升等敏感指标，对一些负面反馈进行识别与处理，调动员工工作积极性，不断提升集团治理效能。

最后，注重绩效考核结果运用。绩效考核结果应与员工薪酬挂钩，既要保证内部公平性，又要使薪酬具有一定的外部竞争性，与当地同行业类似岗位工作人员的薪酬相匹配。考核结果也应与员工荣誉激励相结合，媒体深度融合发展使员工工作节奏和精神压力相对提升，要让员工在高强度工作中明确自身价值，获得成就感，例如建立职工职级晋升与考核结果关联机制，帮助员工意识到自己可以通过努力推动集团发展的同时实现自我价值。集团还可通过授予荣誉称号等其他内部荣誉的方式，有效调动员工的工作热情，让员工积极参与、配合相关工作。

12.2.3　激励理论与方法

激励是指通过特定的方法和管理系统使员工对组织的承诺最大化的过程，也就是利用某种外部诱因调动人的积极性和创造性，使人向所期望的目标前进的心理过程，其含义包括：（1）激励是一种心理刺激、满足的过程；（2）激励是为了调动人的积极性和创造性，通过奖励或惩罚促使人积极工作；（3）激励的主体包括组织和员工自身，可以是自我激励，但更多人是需要被激励的；（4）激励的诱因包括物质的和精神的，应该满足员工多个层次的需要。

激励理论是对满足人们多样化需求、调动人们积极性的原理和方法的概括，可分为内容型激励理论和过程型激励理论两大类（表12-2）：前者集中分析人的需要，探讨如何顺应人性，以激励人的行为，主张管理者要积极创造条件满足人的需要，使员工产生工作的动机，完成岗位工作；后者则围绕激励过程及人对工作行为的决定性影响，特别注意解释需要、奖励和行为之间的关系和相互作用。

表12-2 七种常见的"激励理论"

类型	激励理论	提出者	主要内容
内容型激励	需求层次理论	亚伯拉罕·马斯洛	马斯洛认为人的需求分生理、安全、社交、尊重和自我实现五个层次，并且阶梯式上升，每一层次都包含着众多需要，具有丰富的激励作用，但当某一层次的需求得到满足时，其激发动机的作用将减弱或消失，此时上一层次的需求会成为新的激励因素。
	ERG理论	克雷顿·奥尔德弗	奥尔德弗认为人有生存（existence）、关系（relation）和成长（growth）三种核心需要，之间没有明显界限，人们可以同时追求不同层次的需要，各种需要同时具备激励作用，如果较高层次的需要不能得到满足时，对满足较低层次的需要欲望会加强。
	成就动机理论	戴维·麦克利兰	该理论认为，人们在生理需要得到满足后，还有三种基本的激励需要，即对权力的需要、对归属的需要和对成就的需要，它为管理者提供了三种人设，针对不同的人设需要采取不同激励措施。
	双因素理论	弗雷德里克·赫茨伯格	也称作激励因素——保健因素理论：保健因素包括公司政策、管理实践、监督、人际关系、物质条件、工资、福利等，激励因素包括成就、赏识、挑战性以及成长和发展机会等，如果工作场景具备了这些因素，就能对员工产生激励效果，二者可以转化。
过程型激励	目标设置理论	埃德温·洛克	该理论认为人的行为受目标驱使，行为是有意识的目标和意图的结果，为实现目标而工作是获得激励的主要源泉，明确而具体的目标能够提高工作绩效，因此，需要给组织中的人设定目标。
	期望理论	维克托·弗鲁姆	该理论认为，人们只有在预期有可能达到目标的情况下才会被激励起来，产生内在的激发力量，这种行为动机由效价、期望、工具性三种因素共同作用，激励水平取决于期望值和效价的乘积。
	公平理论	斯塔西·亚当斯	又称作社会比较理论，其基本观点是：人们不仅关心自己的绝对报酬，还关心自己和他人上在工作和报酬上的相对关系；员工倾向于将自己的产出和投入的比率与他人（参照对象）进行比较，来进行公平判断，比较的结果将直接影响今后工作的积极性。

美国哈佛大学威廉·詹姆士教授的一项研究表明：企业员工在受到充分激励时，可发挥其能力的80%～90%，而在仅保住饭碗不被开除的低水平激励状态下，员工只发挥其能力的20%～30%。在传媒集团实践中，常用的激励办法主要包括以下几种。

一是物质激励。物质激励是最重要的一种激励方式，最常用的有工资、奖金、奖品、股权、福利、带薪休假、舒适办公条件等。在社会生活中，每个人都离不开一定的物质需求和物质利益，这不仅是维持生存的基本条件，而且是个人在各方面获得发展的重要前提，物质利益是人们从事一切社会活动的物质动因。

二是精神激励。精神激励可在较高层次上调动员工的积极性，激励深度大，维持时间较长。管理者应当善用运用这种方法来激励员工，精神激励重要的是让员工意识到工作的意义，激发他们自我实现和赢得尊重的心理渴求。精神激励的方法有很多，比如目标激励、荣誉激励、舆论激励、示范激励、参与激励等。

三是情感激励。情感需要是人的基本需要，人的任何认知和行为，都是在一定的情感推动下完成的，所以管理者应从情感上满足员工的需要，真心关怀、爱护员工，从而激发其积极性、创造性以及归属感，比如关心员工生活、经常与员工沟通、尊重员工诉求、赞美员工等，情感激励法也被称为"爱的经济学"。

四是发展性激励。传媒企业应对组织结构进行再设计，明确职权与职位等级，使员工事业发展有空间，同时完善晋升机制和培训机制，使员工发展成长有制度保障。还要加强员工职业生涯规划，为不同员工设计不同的职业生涯，使员工在组织中有明确发展方向，同时为其提供更多外出培训机会，进一步提升其能力。

五是企业文化激励。企业文化以调动人的积极性创造性、提高企业效益为根本目的，渗透于传媒企业的各项活动之中。企业文化作为特殊的精神黏合剂，使员工产生使命感、自豪感和归属感，因此，用员工认可的文化来管理企业，可以为企业的长远发展提供持久动力，激励机制必须和企业文化建设紧密结合。

我国传媒业一直在探索各种激励机制，但仍然存在较多问题：（1）平均主义、大锅饭现象比较严重，心理影响仍然较大；（2）在改革过程中，"老人老办法"使事业编制得以保留，"铁饭碗"难以彻底打破；（3）"内部人控制"使传媒经营者掌握着较大分配权力，给"人治"、权力寻租留下了空间，难以激励员工；（4）过于迷信绩效考核计酬的分配方式，对组织长远利益考虑不够，忽视员工个人成长。

近年来，在有关政策的引导推动下，股权激励逐渐在我国传媒行业兴起，甚至经历了一个从个别试点到小范围铺开的阶段，成为激励领域内值得关注的热点。这是因为，在所有的激励办法中，股权激励被认为是一种比较成熟而且行之有效的办法，它不仅能激发传媒企业员工的归属感和认同感，也能约束被激励对象、预防短期行为，形成企业与员工共享发展成果、共同承担风险的长期机制。

我国股权激励始于20世纪末，主要围绕上市公司展开。在操作中，股权激励的方式有很多，常见的有股权期权计划、限制性股票、员工持股计划、业绩分红股票、超额利润分享、股票增值权、虚拟股权等。此外，国有文化传媒上市公司实施股权激励，除了正常审批程序外，还要报文资监管部门进行前置审批。2016年9月19日，东方明珠实施股权激励计划，成为我国国有传媒企业第一家实施股权激励的上市公司，此后，文化传媒公司开始了各种形式的探索（表12-3）。

表12-3 我国部分文化传媒上市公司的股权激励

公司名称	公告时间	股权激励方案主要内容
东方明珠	2016年9月19日	向574名激励对象授予1 812万股限制性股票（占公司总股本0.69%）、价格为每股12.79元，激励股票锁定期为3年，从2019年起依次能解锁33%、33%、34%，解锁条件包括每股收益、导向把控、社会影响等。

续表

公司名称	公告时间	股权激励方案主要内容
人民网	2020年3月16日	向259名首批激励对象授予718万股限制性股票（占公司总股本0.65%、含预留143.65万股），价格为每股10.82元；激励对象限于公司董事、中高层管理人员、核心业务人员，占2018年底在职员工总数的9.11%。
浙数文化	2020年9月9日	激励形式为股票期权，股票来源为公司向激励对象定向发行；拟向189名激励对象授予不超过1 300万份股票期权，行权价格为每份9.71元，激励对象包括公司管理层、核心产业板块经营管理及业务技术骨干等。
光线传媒	2023年9月18日	拟向不超过28名激励对象一次性授予限制性股票19 727 575股，占草案公告时公司股本总额的0.67%，授予价格为每股4.28元，激励对象具体包括公司董事、高级管理人员以及公司（含子公司）其他核心员工。
华策影视	2017年5月16日	在2011年首次授予61名激励对象403.5万份期权的基础上，又发布了第二次股权激励计划：包括股票期权和限制性股票，激励对象338人，计划向激励对象授予权益合计4 000万份，约占公司股本总额的2.29%。
华谊兄弟	2018年6月12日	已实施两期股权激励：2012年，向130名激励对象授予1 155万份股票期权，行权价格为每股14.85元；2018年，又向管理层及核心骨干授予限制性股票3 000万股，占公司总股本1.08%，授予价格每股3.82元。

总的来看，虽然目前我国已经上市的国有控股传媒公司有几十家，但真正实施了股权激励的仍只有少数几家，并且用于股权激励的股票数量较少、股票价格也不低，加上行权时间长、兑现门槛高，股权激励的实际效果相对有限。同时，按照现行"窗口指导政策"规定，非上市以及上市前的国有传媒企业不能进行股权激励，因此，在未来较长时间里，股权激励可能只适用于传媒类上市公司。

【延伸阅读12-2】

果麦文化：在"股权激励"中成长

2012年6月6日，出版商路金波与一位上海老阿姨周巧蓉在杭州设立了一家文化企业：杭州果麦文化传媒有限公司（以下简称"果麦文化"），注册资本金300万元。路金波与上海老阿姨成立公司，貌似有点不科学，但聪明的读者应该猜到——她的儿子叫韩寒。

2020年11月25日，果麦文化IPO过会；次年8月30日，果麦文化在创业板上市。

十年时间，果麦文化从一个类似于出版工作室的机构，成长为一家创业板上市公司，其秘诀是什么？作为一家创意出版公司，果麦文化深知人才和创意是最宝贵的资源，先后五次进行股权激励，通过股权绑定核心资源——员工和作家，并以此促进公司快速发展。

2012年6月18日，路金波将其持有的果麦文化股份30万股以30万元价格转让给员工持股平台——上海果麦文化传播有限公司（以下简称"果麦传播"），10名核心员工持股。

2013年10月25日，路金波又将持有的果麦文化137.5万元股份以对价25万元转让给果麦传播，扩大员工激励股权池，经过此轮转让，公司核心员工股份得以进一步增持。

2015年1月，果麦文化又授予金锐、刘亚红等15名员工相当于公司39.01万元股份的员工期权，并设定行权条件及价格；2016年1月，上述激励对象均完成行权考核，路金波将其通过果麦传播间接持有的39.01万股转让给以上员工。

2016年1月28日，上海果麦投资管理合伙企业（有限合伙）（以下简称"果麦合伙"）设立，原果麦传播股东成为果麦合伙的合伙人；设立果麦合伙，是为了引入知名作家建立的持股平台，同时取代果麦传播成为新的员工持股载体，使员工持股和作家持股合二为一。

2017年4月，李继宏、易中天、黄山以875万元的价格认缴果麦合伙部分合伙份额，间接持有果麦文化35.2467万元股份，增资单价为24.82元；2018年6月，签约作家张皓宸通过果麦合伙以330万元的价格向果麦文化增资10.7022万元，单价为30.8348元。

至此，经过6年时间4轮运作，果麦文化完成了员工和作家的股权激励计划，累计激励员工25人、作家4人，而当初第一批员工投资的每一元钱，都已经上涨了500倍。

2021年10月20日，果麦文化上市不到两个月，又推出了新一轮股权激励计划草案：计划授予21名激励对象144万股限制性股票，约占公司股本总额2%，价格为8.28元一股。

2023年3月21日，果麦文化公告：第一期行权条件达成，授予激励对象68.128万股。

12.3 传媒组织文化

处于一定经济社会背景下的组织，在长期发展过程中逐步形成了日趋稳定、独特的价值观（文化理念），并以此为核心形成的行为规范、道德准则、群体意识、风俗习惯等的总和，就是组织文化。组织文化是指组织的共同观念系统，即一种存在于组织成员之的共同理解，它是一个组织长期核心竞争力的来源与体现。传媒组织在承担"以文化人"社会功能时，更需要以人为本、善待员工。

12.3.1 把员工变成资源

现代管理理论认为，人力资源是所有经济资源中使用效率最低的资源，提升经济绩效的最大契机在于企业能否提升员工的工作效能，员工表现决定着绩效。彼得·德鲁克在《管理的实践》一书中指出：企业雇用的是员工整个人，而不是他的任何一部分，人力资源是所有资源中最有生产力、最多才多艺也最丰富的资源。因此，把员工变成企业资源势在必行，可以从以下三个方面来理解。

首先，必须把工作中的人力当"人"来看待。换句话说，就是要重视"人性面"，强调人是有道德和社会性的动物，设法让工作的设计符合人的特质。作为一种资源，人力为企业所使用，很大程度上取决于人本身的自我利用和能力发挥，因为人对于自己要不要工作，握有绝对的自主权。正如"生产力是一种态度"，设法改变工作动机是非常有必要的，管理者也必须清楚地认识到，离开了"人"这个基础与本性，管理就一定会成为束缚"人"的自主性和创造性的桎梏。

其次，人类有办法控制自己要把工作做得多好、做多少工作，也就是控制生产的品质和数量。员工积极参与企业生产流程，而不像其他资源都只是消极参与，针对预设的刺激被动反应。此外，人类在群体中工作，也组成工作团队，但"人"终究是独立的个体，群体关系会影响任务完成。因此，工作的组织方式必须设法让个人所有的长处、进取心、责任感和能力，都能对群体的绩效和优势有所贡献，使群体和个人之间保持和谐，这也是组织的首要原则。

最后，人力资源和其他资源的不同之处在于，一个人的发展无法靠外力来完成，不是找到更好的方法来运用既有特性这么简单。人力资源发展代表的是个人的成长，而个人的成长往往必须从内在产生。管理者的作用，就是鼓励并引导个人的成长，否则无法充分运用人力资源的特长。也可以这样理解，管理者应该设法使员工迎接挑战，而不是试图找出一般员工的平均工作量，把运用人力的工作变得不需要技能、努力或思考，使工作无法提供任何有意义的挑战。

在具体实践中，对"人"的管理，尤其是在激励人这方面，存在着太多的误区，比较突出的问题包括：一是凭直觉和经验进行管理，可能是"一人当家"，把报告和程序当成控制下属的工具，以程序取代判断，管理者无法激发管理团队和员工责任。因为意图控制每个人和每件事情，就等于什么也控制不了，而试图控制不相干的事情，总是会误导方向。二是靠压力或危机进行管理，已经成为一种有害的经营恶习，就像靠所谓严厉措施进行管理一样，无疑是一种困惑的标志，它是对无能的一种承认，说明管理者不懂得怎么去制订计划。在一个靠压力管理的组织中，员工或是将精力集中于对付压力，或是将压力放在一边，消极怠工，甚至麻木不仁。三是依靠人际关系进行管理，虽然保持和谐的人际关系很有必要，但糟糕的是，"私人智囊团"的势力日益膨胀。老板或首席执行官的身边，总是围绕着一群私人亲信和助理、分析家、"控制部门"等，他们没有明确的职责，但却能与老板直接接触，在组织中拥有神秘的权力。他们是组织不良的最大病源，阻断了一线与高层的沟通，形成了"亲信统治"的混乱局面。

如今，人类社会已经跨入信息时代、知识社会，管理者面对的是知识型员工、创造性劳动，劳动成果的表现方式多种多样，很多时候难以客观地衡量。过去，许多企业运用高压力、高绩效、高回报的"三高"文化驱动员工不断创造成果，但这种"三高"文化是否适应互联网和新经济要求？90后、00后员工是否买"三高"文化的账？从"人"的角度来看，唯一有效的办法是增强员工责任感，以追求绩效的内在动机取代外部压力。如何造就负责任的员工？具体方式有以下几种。

第一，慎重安排员工职务。管理者应充分了解员工特点、能力、特长等，将其安排到适当职位上，让这些特质和分配的工作形成最佳匹配，从而达到更高效的工作成果，员工也容易从工作中找到快乐、得到锻炼。最能有效刺激员工改善绩效、带给他工作上的自豪感与成就感的，莫过于分派给他更高要求的职务。

第二，为管理者设定高绩效标准。最打击员工士气的事情莫过于管理者像无头苍蝇般瞎忙时，却让员工闲在那儿无所事事，无论员工表面上多么庆幸可以领薪水而不用做事，但在他们眼中，这充分显示了管理者的无能。最能激励员工绩效的就是把内部管理事务处理得无懈可击，通过这些活动向员工展现管理者的才干和认真的态度，也直接反映出管理者的能力和标准。

第三，提供员工自我控制所需的信息。根据目标来衡量绩效，需要有充足的信息，员工才有能力控制、衡量和引导自己的表现，并知道自己的表现如何，而不是等别人来告诉他。同时，企业也要设法让员工为后果负责，使其知道自己的工作和整体有何关联、对于企业有何贡献，以及通过企业对社会有何贡献。

第四，提供员工参与机会以培养管理者愿景。如果员工能站在管理者的角度来看待企业，认为自己的绩效将影响企业兴衰，那么他才会承担起最高绩效的责任。并且，员工真正的自豪感、成就感和受重视感是基于积极、负责任地参与有关自己的工作和管理决策。

12.3.2 组织文化功能

组织文化是对组织运转和经营绩效具有重要影响的一种属性，也被称作企业文化或公司文化，德鲁克曾将其称之为"组织精神"，简而言之，就是一个组织里人们共享的价值体系。组织文化表现的载体和作用的媒介包括：组织的建筑风格、语言特色、办公室设计、着装规定、制度安排、标语口号、庆典礼仪、故事传说和禁忌回避等。组织文化通常有其独特的韧性，潜移默化地发生作用。

组织文化具有客观性、个异性、民族性、稳定性，任何组织都有特定的组织文化，但它对成员的影响程度不同，员工接受的共同价值观念越多，对这些观念越认同，组织文化就越强、越稳定。经典的组织文化理论较多，包括7S模型、德尼森模型、卓越公司8种品质、三层次理论等，其中"三层次"说使用较多。

美国学者埃德加·沙因（Edgar Schein）在其所著的《组织文化与领导》（1992）中将组织文化定义为："一种基本假设的模型——由特定群体文化在处理外部适应与内部聚合问题的过程中发明、发现或发展出来的——由于运作效果好而被认可，并传授给组织新成员以作为理解、思考和感受相关问题的正确方式。"沙因强调，组织文化具有高度的可见性和易感受性，它是一种客观存在，无论是在社会、社区或者企业，还是在其他团体，组织文化都有重要影响。

沙因将组织文化分为三个层次：（1）人工制品。指那些外显的文化产品，看得见、听得见、摸得着，却不易被理解。（2）信仰与价值。藏于人工制品之下的便是组织的信仰与价值，它们是组织的战略、目标和哲学。（3）基本隐性假设与价值。组织文化的核心或精华是早已在人们头脑中生根的不被意识到的假设、价值、信仰、规范等，它们大部分是一种无意识，所以很难被观察到；然而正是由于它们的存在，人们才得以理解每一个具体组织事件为什么会以特定的形式发生。

组织文化的功能是界定人的行为规范和准则并维系、凝聚人对组织的认知及归属，这些都是由反映组织文化特色的主导价值体系所决定的。各种不断发展的价值观、仪式、规章、习惯等，一旦为全体员工所接受，就变成了组织的共同观念，成为组织文化的一部分，就会对组织成员的思维和行为施加影响，并体现在组织行为和形象中。良好的组织文化是组织久盛不衰的秘诀，是组织管理的灵魂和最高目标，具有强大的激励作用。组织文化的主要功能包括：

其一，导向功能。组织文化能对组织整体及每个成员的价值取向与行为取向起引导作用，通过外显层面（人工制品、故事、仪式、典礼等）以及内隐的层面（组织的价值标准、道德规范、行为准则、生活观念等），组织文化可以使组织成员的思想、价值观、行为与组织目标保持一致，从而确保组织目标的实现。

其二，凝聚功能。组织文化是一种黏合剂，它通过为组织成员提供言行举止标准，把整个组织聚合起来。组织文化使成员的个人目标同化于组织目标中，当成员对组织产生了强烈的认同感，组织就成为一个具有共同的价值观念、精神状态和理想追求的统一体，此时成员更加忠诚，组织具有更强凝聚力和向心力。

其三，约束功能。组织文化对组织成员的思想、心理和行为具有约束和规范作用，当然，组织文化的约束并不一定是制度安排的硬约束，而是一种软约束，这种约束产生于组织的文化氛围、行为准则和道德规范。组织可以发挥文化的这一功能来减少那些起消极作用的破坏行为，从而维持组织的良好秩序。

其四，激励功能。组织文化能满足员工的多重需要，并对不合理的需要加以约束，使组织成员从内心产生高昂的情绪和奋发进取的精神。积极向上的价值观念和行为准则会形成强烈的使命感、持久的驱动力，引导、激励员工。组织可以发挥文化的这一功能，促使适当的组织成员充当"活性因子"，增强组织活力。

其五，塑造形象。组织文化是组织的个性表现，具有鲜明的特征，因此，它起着划分界限的作用，使某些组织和其他组织区分开来。一个在文化上具有鲜明个性特征的组织，更容易在社会公众面前树立自己的形象，也能提高组织知名度。

同时，不能忽视的是，在特定背景下，组织文化也会对组织发展产生束缚或限制作用，比如有可能成为推动组织变革、进入新领域以及兼并收购的阻碍等。

近年来，媒介形态不断更迭，媒体融合的组织场域中形成了新的媒体生态系统。美国媒介学者亨利·詹金斯（Henry Jenkins）认为，媒体融合主要是文化的融合，新型传媒机构的实践活动，某种程度上就是组织文化调整的直接表现。

还有研究者认为，媒介组织文化有一定特殊性，媒介组织文化特性包括共同价值、行为规范、媒介伦理和形象活动：共同价值贯穿于组织活动的始终并发挥长远影响；行为规范以组织条例的形式展示，要求组织成员去遵循；媒介伦理的作用在于处理组织机构在活动中的争端与争议，规范组织活动，找到媒介机构与其他机构合作的最优模式；形象活动是组织文化的外在表现，表现在组织活动的后期阶段，是提高组织机构影响力、树立良好形象的直接举措。

12.3.3 传媒组织文化建设

对与专门从事精神产品生产和信息传播的传媒组织而言，积极构建独具特色的组织文化是应有之义。可以说，组织文化是传媒集团的精神与灵魂，也是全体员工共享价值体系的制度化安排和体现，缺少内在文化的传媒组织，很可能内部缺少向心力和凝聚力、外部缺少影响力和竞争力，很难做到基业长青。

多年来，我国传媒机构一直在"事业单位、企业化管理"的体制下运行，由于事业单位和企业本身性质不同、特点不同，"双轨运行"使组织文化定位存在内部冲突，因此传媒集团开展组织文化建设的困难和问题比较多，主要有：

第一，管理者对传媒组织文化建设认识不足、重视不够。有些管理者认为，组织文化建设比较虚，看不见、摸不着，也不重要，传媒集团只要抓好生产传播、经营指标、制度纪律等就可以了，因此，对于以人为核心、以凝聚为特点的组织文化视而不见。还有管理者将组织文化建设等同于思想政治工作，殊不知文化建设是一种管理活动，它不仅针对员工，也针对管理者，是组织的黏合剂、催化剂。

第二，组织文化只体现少数人价值观，难以在组织内传播。这是一个普遍存在的问题，有些传媒集团的组织文化以高层管理者为中心，甚至只体现"一把手"的思想和意志，还有些领导者忽视了组织文化与管理政策相结合的重要性，造成管理政策与组织文化不一致，致使组织成员对组织文化产生怀疑和不信任。

第三，具体操作中将组织文化建设抽象化、运动化、肤浅化。有的传媒集团只是凭主观想象，提几句口号、写几个标语，既不反映组织特色，又不能与员工产生共鸣；还有的将组织文化建设当成运动,"一阵风"一拥而上,"风一过"一哄而散,没有长期打算;更有甚者,将组织文化建设等同于举办文体活动。

第四,片面追求商业利益导致形象受损和核心价值观散失。部分传媒集团片面追求经济利益最大化,忽视了应该承担的社会责任和历史使命,忽视了核心价值观对组织成员的浸润、影响,致使有些媒体出现价值维系滑坡。传媒集团中或多或少还存在着"人治"和行政机关色彩,"重事轻人"的观念非常浓厚,领导者往往认为自己永远正确,员工习惯于唯命是从,难以形成独立思考和判断的能力。

第五,传媒组织文化建设缺乏创新和特色,不能与时俱进。组织文化是一种个性化表现,没有标准统一模式,传媒组织发展历程不同、组成结构不同、竞争压力不同,对环境的反应策略和内部冲突处理方式都会不尽相同。同时,在快速变化的市场环境中,传媒组织文化也不可能一成不变,但最本质、灵魂性的内容不能变,与时俱进的是组织文化的载体、理念、制度、机制以及执行方式等。

举例来说,广东省处于我国改革开放前沿,地域文化中敢闯敢干、包容开放的养分充足,因此,南方报业传媒集团深受此风气的浸润影响,形成了独具特色的组织文化,其核心内容是四个关键词:(1)担当。体现社会责任观,强烈的使命感和责任感促使传媒组织勇于担负它对国家、民族、社会所必须承担的责任和承诺,使组织拥有广泛的公信力、影响力和生命力。(2)创新。体现文化基因,南方报业从产品创新起步,激发经营创新和产业创新,它从组织创新起步,进而拓展到制度创新,创新意识源自组织的文化发展观。(3)包容。体现基本理念,包容就是多元共存、兼容并包,使得媒体既具有共同的精神特征和文化底蕴,又保留了各自鲜明的个性风格,同时大胆起用新人,用人所长,宽容失误。(4)卓越。体现组织的业绩观,卓越是一种境界,也是一种积极向上的姿态,它要求员工积极进取、不断超越自我,还要求传媒组织发奋图强,不断在市场竞争中成长进步。

值得注意的是,传媒组织文化也不可避免地会受到互联网组织文化的影响。在平台型媒体中,互联网组织文化间接参与了企业产品生产。比如在制度层面,互联网企业内部存在多类型的组织文化制度,实现了对员工的赋权,员工可随时对组织的决策和行为活动提出建议对策,实现了信息的多线条沟通;全语境工作原则能尽可能最大范围地同步消息,促进员工的跨部门合作,减少审批流程;目标与关键成果法作为一套明确和跟踪目标及其完成情况的管理工具和工作方法,被百度、字节跳动等互联网企业广泛使用,它的工作机制表现为每个部门或个人,按照组织整体战略目标,参照上级工作进度,观察其他部门活动,做出调整、支持、帮助、合作等行为,实现了工作层面上下对齐的状态。

当前,科学技术加速演进,人类社会进入智能传播时代,意识形态领域复杂严峻,百年变局和世纪疫情交织叠加,媒体深度融合发展和新型主流媒体能力建设任重而道远。组织文化是传媒机构核心竞争力的内在体现,新型主流媒体必须坚持以文化铸魂,才能坚定信念、凝聚团队,进一步在传媒生态变迁中迎难而上、行稳致远。

参考文献

专著

[1] 魏炜,李飞,朱武祥. 商业模式学原理[M]. 北京:北京大学出版社,2020.

[2] 魏炜,朱武祥. 发现商业模式[M]. 北京:机械工业出版社,2022.

[3] 柴春雷. 商业模式进化论[M]. 北京:机械工业出版社,2018.

[4] 司春林. 商业模式创新[M]. 北京:清华大学出版社,2013.

[5] 葛建新. 商业模式[M]. 北京:高等教育出版社,2020.

[6] 陈少峰,张立波. 文化产业商业模式[M]. 北京:北京大学出版社,2011.

[7] 昝胜锋. 文化产业商业模式概论[M]. 福州:福建人民出版社,2017.

[8] 郭斌,王真. 商业模式创新[M]. 北京:中信出版集团股份有限公司,2022.

[9] 彭志强. 商业模式的力量[M]. 北京:中信出版集团股份有限公司,2013.

[10] 余来文,等. 互联网思维:商业模式的颠覆与重塑[M]. 北京:经济管理出版社,2020.

[11] 于正凯. 价值与关系:网络媒体商业模式研究[M]. 北京:中国社会科学出版社,2015.

[12] 于雯雯. 在线知识付费平台商业模式创新研究[M]. 北京:北京工业大学出版社,2021.

[13] 窦毓磊. 社会化媒体商业模式创新研究[M]. 北京:中国传媒大学出版社,2016.

[14] 马浩. 战略管理:商业模式创新[M]. 北京:北京大学出版社,2015.

[15] 喻国明,丁汉青,支庭荣,等. 传媒经济学教程[M]. 2版. 北京:中国人民大学出版社,2019.

[16] 喻国明,曲慧. 网络新媒体导论[M]. 北京:人民邮电出版社,2021.

[17] 喻国明. 传媒影响力:传媒产业本质与竞争优势[M]. 广州:南方日报出版社,2003.

[18] 喻国明,丁汉青. 传媒经济学:中国的学科构建[M]. 北京:人民日报出版社,2016.

[19] 喻国明,杨雅,等. 元宇宙与未来媒介[M]. 北京:人民邮电出版社,2022.

[20] 丁和根,喻国明,崔保国. 传媒经济与管理研究[M]. 南京:南京大学出版社,2021.

[21] 彭兰. 网络传播概论[M]. 4版. 北京:中国人民大学出版社,2017.

[22] 彭兰. 新媒体用户研究[M]. 北京:中国人民大学出版社,2022.

[23] 彭兰. 社会化媒体：理论与实践解析［M］. 北京：中国人民大学出版社，2015.

[24] 彭兰. 新媒体导论［M］. 北京：高等教育出版社，2016.

[25] 卜彦芳. 传媒经济学：理论与案例［M］. 2 版. 北京：中国国际广播出版社，2017.

[26] 唐俊. 万物皆媒：5G 时代传媒应用与发展路径［M］. 上海：复旦大学出版社，2021.

[27] 郭庆光. 传播学教程［M］. 2 版. 北京：中国人民大学出版社，2011.

[28] 吴信训. 新媒体与传媒经济［M］. 上海：上海三联书店，2008.

[29] 宋建武. 传媒经济学——原理及其在中国的实践［M］. 北京：中国人民大学出版社，2006.

[30] 赵曙光. 媒介经济学［M］. 2 版. 北京：清华大学出版社，2014.

[31] 张辉锋. 传媒经济学［M］. 4 版. 北京：人民日报出版社，2023.

[32] 张治中. 传媒盈利模式的经济学分析［M］. 北京：中国传媒大学出版社，2020.

[33] 张建星. 中国报业 40 年［M］. 北京：人民日报出版社，2018.

[34] 丁汉青. 传媒版权管理研究［M］. 北京：中国人民大学出版社，2017.

[35] 宋丕成，崔可. 内容消费［M］. 北京：北京联合出版公司，2021.

[36] 戴卫星. 内容创业［M］. 北京：人民邮电出版社，2018.

[37] 朱嘉明. 元宇宙与数字经济［M］. 北京：中译出版社，2022.

[38] 陈威如，余卓轩. 平台战略——正在席卷全球的商业模式革命［M］. 北京：中信出版社，2013.

[39] 谭天. 媒介平台论：新兴媒体的组织形态研究［M］. 北京：中国人民大学出版社，2016.

[40] 付登波，江敏，等. 数据中台：让数据用起来［M］. 北京：机械工业出版社，2022.

[41] 巩强. 新文创［M］. 北京：电子工业出版社，2021.

[42] 成生辉. ChatGPT：智能对话开创新时代［M］. 北京：中信出版集团股份有限公司，2023.

[43] 三谷宏治. 商业模式全史［M］. 马云雷，杜君林，译. 南京：江苏凤凰文艺出版社，2016.

[44] 亚历山大·奥斯特瓦德，伊夫·皮尼厄. 商业模式新生代［M］. 黄涛，郁婧，译. 北京：机械工业出版社，2022.

[45] 汉克·沃尔伯达，弗兰斯·范登博斯，凯文·凯伊. 重塑商业模式［M］. 钟心仪，王静，唐旭，译. 北京：中信出版集团股份有限公司，2020.

[46] 吉莉安·道尔. 理解媒介经济学［M］. 黄淼，董鸿英，译. 北京：清华大学出版社，2018.

[47] 罗伯特·皮卡德. 媒介经济学：概念与问题［M］. 赵丽颖，译. 北京：中国人民大学出版社，2005.

[48] 艾伦·B. 艾尔巴兰. 传媒经济［M］. 兰培，译. 大连：东北财经大学出版社，2016.

[49] 阿兰·B. 阿尔瓦兰. 传媒经济与管理学导论［M］. 崔保国，等译. 北京：清华大

学出版社，2010.

[50] 马歇尔·麦克卢汉. 理解媒介：论人的延伸 [M]. 何道宽，译. 南京：译林出版社，2019.

[51] 哈罗德·伊尼斯. 传播的偏向 [M]. 何道宽，译. 北京：中国人民大学出版社，2003.

[52] 沃尔特·李普曼. 舆论 [M]. 常江，肖寒，译. 北京：北京大学出版社，2018.

[53] 尼尔·波兹曼. 娱乐至死 [M]. 章艳，译. 北京：中信出版集团股份有限公司，2015.

[54] 尼尔·波兹曼. 技术垄断：文化向技术投降 [M]. 何道宽，译. 北京：中信出版集团股份有限公司，2003.

[55] 弗雷德里克·西伯特，西奥多·彼得森，威尔伯·施拉姆. 传媒的四种理论 [M]. 戴鑫，译. 北京：中国人民大学出版社，2008.

[56] 威尔伯·施拉姆，威廉·波特. 传播学概论 [M]. 何道宽，译. 北京：中国人民大学出版社，2010.

[57] 丹尼斯·麦奎尔. 麦奎尔大众传播理论（第五版）[M]. 崔保国，李琨，译. 北京：清华大学出版社，2010.

[58] 丹尼斯·麦奎尔. 受众分析 [M]. 刘燕南，李颖，杨振荣，译. 北京：中国人民大学出版社，2006.

[59] 菲利普·南波利. 受众经济学：传媒机构与受众市场 [M]. 陈积银，译. 北京：清华大学出版社，2007.

[60] 尤尔根·哈贝马斯. 公共领域的结构转型 [M]. 曹卫东，等译. 上海：学林出版社，1999.

[61] 保罗·莱文森. 数字麦克卢汉——信息化新纪元指南 [M]. 何道宽，译. 北京：社会科学文献出版社，2001.

[62] 保罗·莱文森. 人类历程回放：媒介进化论 [M]. 邬建中，译. 重庆：西南师范大学出版社，2017.

[63] 保罗·莱文森. 新新媒介 [M]. 何道宽，译. 上海：复旦大学出版社，2020.

[64] 克利福德·克里斯琴斯，西奥多·格拉瑟，等. 传媒规范理论 [M]. 黄典林，陈世华，译. 北京：中国人民大学出版社，2022.

[65] 本·巴格迪坎. 传播媒介的垄断 [M]. 林珊，等译. 北京：新华出版社，1986.

[66] 詹姆斯·卡瑞，珍·辛顿. 有权无责：英国的报纸、广播、电视与新媒体 [M]. 栾轶玫，译. 北京：清华大学出版社，2016.

[67] 汤姆·斯丹迪奇. 社交媒体简史：从莎草纸到互联网 [M]. 林华，译. 北京：中信出版集团股份有限公司，2019.

[68] 尼古拉·尼葛洛庞帝. 数字化生存 [M]. 胡泳，范海燕，译. 海口：海南出版社，1997.

[69] 阿尔文·托夫勒. 第三次浪潮 [M]. 黄明坚，译. 北京：中信出版社，2006.

[70] 凯文·凯利. 科技想要什么 [M]. 严丽娟，译. 北京：电子工业出版社，2016.

[71] 凯文·凯利. 失控 [M]. 张行舟, 陈新武, 王钦, 等译. 北京: 电子工业出版社, 2016.

[72] 凯文·凯利. 必然 [M]. 周峰, 董理, 金阳, 等译. 北京: 电子工业出版社, 2016.

[73] 克莱·舍基. 未来是湿的 [M]. 胡泳, 沈满琳, 译. 北京: 中国人民大学出版社, 2009.

[74] 克莱·舍基. 认知盈余: 自由时间的力量 [M]. 胡泳, 哈丽丝, 译. 北京: 北京联合出版公司, 2018.

[75] 约瑟夫·熊彼特. 经济发展理论 [M]. 郭武军, 译. 北京: 中国华侨出版社, 2020.

[76] 彼得·德鲁克. 创新与企业家精神 [M]. 蔡文燕, 译. 北京: 机械工业出版社, 2007.

[77] 彼得·德鲁克. 巨变时代的管理 [M]. 朱雁斌, 译. 北京: 机械工业出版社, 2019.

[78] 彼得·德鲁克. 管理的实践 [M]. 齐若兰, 译. 北京: 机械工业出版社, 2023.

[79] 罗伯特·斯考伯, 谢尔·伊斯雷尔. 即将到来的场景时代 [M]. 赵乾坤, 周宝曜, 译. 北京: 北京联合出版公司, 2014.

[80] 施蒂格·夏瓦. 文化与社会的媒介化 [M]. 刘君, 等译. 上海: 复旦大学出版社, 2018.

[81] 菲利普·迈耶. 正在消失的报纸: 如何拯救信息时代的新闻业 [M]. 张卫平, 译. 北京: 新华出版社, 2007.

[82] 查尔斯·斯特林. 媒介即生活 [M]. 王家全, 崔元磊, 张祎, 译. 北京: 中国人民大学出版社, 2014.

[83] 托马斯·弗里德曼. 世界是平的 [M]. 何帆, 肖莹莹, 郝正非, 译. 长沙: 湖南科学技术出版社, 2006.

[84] 何塞·范·迪克, 托马斯·普尔, 马丁·德·瓦尔. 平台社会: 互联世界中的公共价值 [M]. 孟韬, 译. 大连: 东北财经大学出版社, 2023.

[85] 杰奥夫雷 G. 帕克, 马歇尔 W. 范·埃尔斯泰恩, 桑基特·保罗·邱达利. 平台革命: 改变世界的商业模式 [M]. 志鹏, 译. 北京: 机械工业出版社, 2017.

[86] 维克托·迈尔-舍恩伯格, 肯尼思·库克耶. 大数据时代: 生活、工作、思维的大变革 [M]. 盛杨燕, 周涛, 译. 杭州: 浙江人民出版社, 2013.

[87] 伊莱·帕里泽. 过滤泡: 互联网对我们的隐秘操控 [M]. 方师师, 杨媛, 译. 北京: 中国人民大学出版社, 2020.

[88] 弗格斯·皮特. 传感器与新闻 [M]. 章于炎, 译. 北京: 北京大学出版社, 2017.

[89] 迈克尔·波特. 竞争优势 [M]. 陈丽芳, 译. 北京: 中信出版社, 2014.

[90] 弗雷德·R. 戴维. 战略管理 [M]. 李克宁, 译. 北京: 经济科学出版社, 2001.

[91] 克里斯·安德森. 长尾理论: 为什么商业的未来是小众市场 [M]. 乔江涛, 石晓燕, 译. 北京: 中信出版集团股份有限公司, 2022.

[92] 马克·舒伦伯格, 里克·彼得斯. 算法社会: 技术、权力和知识 [M]. 王延川, 栗鹏飞, 译. 北京: 商务印书馆, 2023.

[93] 李时韩. 元宇宙新经济 [M]. 王家义, 译. 北京: 中译出版社, 2022.

论文

[1] 喻国明，梁爽. 移动互联时代：场景的凸显及其价值分析 [J]. 当代传播，2017（1）.

[2] 喻国明，秦子禅. 场景时代：主流媒体面临的挑战与创新路径 [J]. 媒体融合新观察，2022（2）.

[3] 喻国明，马慧. 互联网时代的新权力范式："关系赋权"——"连接一切"场景下的社会关系的重组与权力格局的变迁 [J]. 国际新闻界，2016（10）.

[4] 喻国明，张超，李珊，等. "个人被激活"的时代：互联网逻辑下传播生态的重构——关于"互联网是一种高维媒介"观点的延伸探讨 [J]. 现代传播，2015（5）.

[5] 喻国明，马慧. 关系赋权：社会资本配置的新范式——网络重构社会连接之下的社会治理逻辑变革 [J]. 编辑之友，2016（9）.

[6] 喻国明，耿晓梦. "深度媒介化"：媒介业的生态格局、价值重心与核心资源 [J]. 新闻与传播研究，2021（12）.

[7] 喻国明，耿晓梦. 何以"元宇宙"：媒介化社会的未来生态图景 [J]. 新疆师范大学学报，2022，43（3）.

[8] 喻国明，焦建，张鑫. "平台型媒体"的缘起、理论与操作关键 [J]. 中国人民大学学报，2015（6）.

[9] 喻国明，何健，叶子. 平台型媒体的生成路径与发展战略——基于Web 3.0逻辑视角的分析与考察 [J]. 新闻与写作，2016（4）.

[10] 喻国明. 新型主流媒体：不做平台型媒体做什么？——关于媒体融合实践中一个顶级问题的探讨 [J]. 编辑之友，2021（5）.

[11] 喻国明，郭超凯，王美莹，等. 人工智能驱动下的智能传媒运作范式的考察——兼介美联社的智媒实践 [J]. 江淮论坛，2017（3）.

[12] 喻国明，耿晓梦. 算法即媒介：算法范式对媒介逻辑的重构 [J]. 编辑之友，2020（7）.

[13] 喻国明. 算法即媒介：如何读解这一未来传播的关键命题 [J]. 传媒观察，2022（4）.

[14] 彭兰. 场景：移动时代媒体的新要素 [J]. 新闻记者，2015（3）.

[15] 彭兰. 移动化、社交化、智能化：传统媒体转型的三大路径 [J]. 新闻界，2018（1）.

[16] 彭兰. 5G时代"物"对传播的再塑造 [J]. 探索与争鸣，2019（9）.

[17] 彭兰. 万物皆媒——新一轮技术驱动的泛媒化趋势 [J]. 编辑之友，2016（3）.

[18] 彭兰. 视频化生存：移动时代日常生活的媒介化 [J]. 中国编辑，2020（4）.

[19] 彭兰. "数据化生存"：被量化、外化的人与人生 [J]. 苏州大学学报，2022（1）.

[20] 彭兰. 算法社会的"囚徒"风险 [J]. 全球传媒学刊，2021，8（1）.

[21] 蔡雯，翁之颢. 融合转型的传媒业需要什么样的新闻传播人才？——对近年传媒业人才需求状况的观察与分析 [J]. 新闻记者，2016（12）.

[22] 蔡雯，蔡秋芃. 媒体办智库：转型期的实践探索和理论发展——对2008—2018年媒

体智库及相关研究的分析［J］. 国际新闻界，2019（11）.

［23］陈昌凤. 用户为王："产消融合"时代的媒体思维［J］. 新闻与写作，2014（11）.

［24］陈昌凤，黄家圣. "新闻"的再定义：元宇宙技术在媒体中的应用［J］. 新闻界，2022（1）.

［25］陈昌凤，黄家圣. 对传媒业生态重构与深度融合的再思考［J］. 电视研究，2022（6）.

［26］常江，何仁亿. 安德烈亚斯·赫普：我们生活在"万物媒介化"的时代——媒介化理论的内涵、方法与前景［J］. 新闻界，2020（6）.

［27］李良荣，辛艳艳. 从2G到5G：技术驱动下的中国传媒业变革［J］. 新闻大学，2020（7）.

［28］李良荣，周玉桥. 在不断探索中建构新闻学的学术话语体系［J］. 新闻大学，2019（10）.

［29］史安斌，杨晨晞. 从NFT到元宇宙：前沿科技重塑新闻传媒业的路径与愿景［J］. 青年记者，2021（21）.

［30］史安斌，薛瑾. 播客的兴盛与传媒业的音频转向［J］. 青年记者，2018（16）.

［31］孙玮. 媒介化生存：文明转型与新型人类的诞生［J］. 探索与争鸣，2020（6）.

［32］孙玮. 技术文化：视频化生存的前世、今生、未来［J］. 新闻与写作，2022（4）.

［33］罗昕，李怡然. 互联网时代的媒体形态变迁与商业模式重构［J］. 现代传播，2017（10）.

［34］罗昕. 算法媒体的生产逻辑与治理机制［J］. 人民论坛·学术前沿，2018（24）.

［35］罗静. 传播生态嬗变重新定义媒体商业模式［J］. 传媒观察，2020（10）.

［36］丁汉青. "新闻＋政务商务服务"创新运营模式分析［J］. 法治新闻传播，2022（1）.

［37］支庭荣. 互联网环境下报业"二次售卖"赢利模式再审视［J］. 现代传播，2015（5）.

［38］詹新惠. 内容收费的重点或许不在收费［J］. 青年记者，2021（24）.

［39］张莉，郭可儿. 公共广播电视面临的新挑战：从BBC 2017年宪章改革谈起［J］. 新闻界，2019（2）.

［40］吴海明. 媒体变局：谁动了报业的蛋糕——关于报业未来走势的若干预测［J］. 中国报业，2005（11）.

［41］辜晓进. 新闻内容付费：全球趋势与中国道路［J］. 青年记者，2022（4）.

［42］辜晓进. 美主流报纸积极巩固转型成果（外5则）［J］. 青年记者，2021（23）.

［43］张玉. 著作权法中时事新闻之再定性及保护［J］. 青年记者，2013（12Z）.

［44］胡翼青，罗喆. "版权之争"还是"端口之争"：一种思考新旧媒体之争的新视角［J］. 新闻界，2018（4）.

［45］胡翼青，张一可. 如何破局：数字经济时代传媒业的挑战与机遇［J］. 南方传媒研究，2021（6）.

［46］范以锦. 从非主流到主流的嬗变：南方农村报"新闻＋政务服务商务"运营模式探研［J］. 新闻与写作，2021（3）.

[47] 李鹏. 论新型主流媒体的七种能力 [J]. 中国记者, 2022 (10).

[48] 管洪, 田宏明. 重庆传媒审读中心——可以"复制"的创新模式 [J]. 中国报业, 2022 (15).

[49] 曹轲, 李晓艺. 我国媒体智库发展的挑战与进路 [J]. 青年记者, 2022 (15).

[50] 张玉洪.《经济学人》智库: 打造全球信息服务商 [J]. 青年记者, 2019 (15).

[51] 李枞, 宋程程, 刘洋. 融合赋能, 践行网上群众路线——人民网"领导留言板"的创新路径研究 [J]. 全媒体探索, 2023 (1).

[52] 麦尚文. 关系编织与传媒聚合发展——社会嵌入视野中的传媒产业本质诠释 [J]. 国际新闻界, 2010 (1).

[53] 戴兵, 殷美玲. 为用户服务, 做用户的朋友——结合媒体公号运营案例谈私域流量的本质 [J]. 全媒体探索, 2023 (3).

[54] 王成. 媒体融合时代的活动营销模式及发展趋势展望 [J]. 新闻研究导刊, 2021 (9).

[55] 崔波, 李武, 潘祥辉, 等. 如影相随的短视频生产与传播 [J]. 编辑之友, 2020 (11).

[56] 刘沫潇. 2023全球数字新闻发展趋势 [J]. 青年记者, 2023 (13).

[57] 许芳, 何超. 打通"点线面圈", 提升沉浸式报道生产水平 [J]. 新闻战线, 2023 (12).

[58] 饶淼. 传感器新闻物质性特点、困境与反思 [J]. 新闻研究导刊, 2022 (3).

[59] 张晓锋. 论媒介化社会形成的三重逻辑 [J]. 现代传播, 2010 (7).

[60] 祝青, 丁峰, 朱炜. "走进人海", 让经营有"甜头"——安吉县融媒体中心深融经营经验谈 [J]. 全媒体探索, 2023 (9).

[61] 张志安, 姚尧. 平台媒体的类型、演进逻辑和发展趋势 [J]. 新闻与写作, 2018 (12).

[62] 何塞·范·迪克, 张志安, 陶禹舟. 平台社会中的新闻业: 算法透明性与公共价值——对话荷兰乌德勒支大学杰出教授何塞·范·迪克教授 [J]. 新闻界, 2022 (8).

[63] 郭全中. 主流媒体打造自主可控平台的难点与对策——以"芒果TV"的成功实践为例 [J]. 新闻与写作, 2021 (11).

[64] 郭全中. 传统媒体布局直播电商研究 [J]. 青年记者, 2020 (19).

[65] 郭全中. To G: 传统媒体商业模式转型 [J]. 新闻与写作, 2018 (4).

[66] 郭全中. 党报可以持续发展战略: "互联网+跨界" [J]. 新闻战线, 2021 (11).

[67] 肖叶飞. 互联网+时代传统媒体商业模式与战略转型 [J]. 新闻战线, 2016 (7).

[68] 武超群. 分众化时代期刊的"N次售卖" [J]. 新闻前哨, 2009 (10).

[69] 赵子忠, 廖文瑞. 连接——主流媒体平台化建设的关键路径 [J]. 新闻战线, 2023 (4).

[70] 陈国权. 芒果TV转型十年路 [J]. 中国记者, 2023 (7).

[71] 杨丽萍, 曾祥敏. 激活造血功能: 媒体生态平台构建的现实困境与突破 [J]. 青年记者, 2022 (10).

[72] 李长青. 历届"全国文化企业 30 强"及提名企业上榜名单分析与启示 [J]. 出版广角, 2023 (1).

[73] 周俊杰, 张宇宜. 媒体要做主流, 先要成为技术流——浙江省媒体技术统一平台"传播大脑"在探索中前进 [J]. 青年记者, 2023 (7).

[74] 董广安, 吕冰汝. 物联网技术的传播应用及其伦理挑战 [J]. 现代传播, 2017 (9).

[75] 何蒲, 于戈, 张岩峰, 等. 区块链技术与应用前瞻综述 [J]. 计算机科学, 2017, 44 (4).

[76] 张洪忠, 石韦颖, 刘力铭. 如何从技术逻辑认识人工智能对传媒业的影响 [J]. 新闻界, 2018 (2).

[77] 杜江茜. 元宇宙技术在传媒行业的应用及展望——以封面新闻为例 [J]. 全媒体探索, 2023 (1).

[78] 张凌寒. 算法权力的兴起、异化及法律规制 [J]. 法商研究, 2019 (4).

[79] 罗新宇. 智媒体传播中"算法推荐"伦理的冲突与规制 [J]. 新闻爱好者, 2020 (11).

[80] 谭九生, 范晓韵. "算法权力"的异议与证成 [J]. 北京行政学院学报, 2021 (6).

[81] 石义彬, 吴鼎铭. 论媒介形态演进与话语权力的关系变迁——以话语权为研究视角 [J]. 新闻爱好者, 2013 (5).

[82] 李潇涵. 智媒时代算法推荐技术的新闻伦理思考 [J]. 今传媒, 2020, 28 (2).

[83] 孙茜楠. 算法时代突发事件的传播困境与应对策略研究 [J]. 新闻研究导刊, 2020, 11 (14).

[84] 虞鑫, 兰旻. 媒介治理: 国家治理体系中的媒介角色——反思新自由主义的传播与政治 [J]. 当代传播, 2020 (6).

[85] 黄常开. 新型主流媒体建设漫谈——与国内媒体同行调研交流的几点思考 [J]. 南方传媒研究, 2023 (4).

[86] 刘永钢, 黄杨. 澎湃新闻的融合转型法则: "一心""二用""三做""四化" [J]. 青年记者, 2023 (9).

[87] 柳斌杰. 时代呼唤出版传媒职业经理人 [J]. 新闻与写作, 2015 (2).

[88] 沈正赋. 新闻作品著作权中边界模糊问题的症候、纠偏与调适——基于《中华人民共和国著作权法》第三次修改草案新闻传播条款的修正 [J]. 当代传播, 2021 (1).

[89] 李亦元. 媒体深度融合发展下国有传媒集团考核与激励研究 [J]. 传媒评论, 2022 (10).

[90] 卢铮. 媒介融合背景下的报业组织变革——以两家证券报为例 [D]. 上海: 复旦大学, 2012.

[91] 潘昊颐. "互联网+"战略下传媒组织变革创新性研究——以浙江日报报业集团为例 [D]. 广州: 华南理工大学, 2017.

[92] 王哲. 融媒体人才需求困境与对策研究 [D]. 南昌: 南昌大学, 2020.

报纸

[1] 王珏. 满足人民文化需求 增强人民精神力量 [N]. 人民日报, 2022-08-25 (2).

［2］宋建武. 未来媒体将是平台型媒体［N］. 光明日报，2016-11-05（6）.

［3］郭新茹. 文化产业集聚推动经济高质量发展［N］. 新华日报，2021-12-31（18）.

［4］庞沁文."出版+教育"的现在与未来［N］. 中国新闻出版广电报，2017-10-13（4）.

［5］段丹洁，阎庆宜. 辩证理解媒介技术与社会关系［N］. 中国社会科学报，2022-12-19（1）.

报告

［1］崔保国，等. 中国传媒产业发展报告（2022）［R］. 北京：社会科学文献出版社，2022.

［2］崔保国，等. 中国传媒产业发展报告（2023）［R］. 北京：社会科学文献出版社，2023.

［3］胡正荣，黄楚新. 中国新媒体发展报告 No.13（2022）［R］. 北京：社会科学文献出版社，2022.

［4］中国互联网络信息中心（CNNIC）. 第 51 次中国互联网络发展状况统计报告［R］.

［5］国际报刊联盟（FIPP）. 2022 全球数字订阅报告［R］.

［6］国家广播电视总局. 2022 年全国广播电视行业统计公报［R］.

［7］中国信息通信研究院. 全球数字经济白皮书（2022 年）［R］.

［8］中国证券投资基金业协会. 私募基金管理人登记及产品备案月报（2022 年 12 月）［R］.

［9］人民网研究院. 2021 全国党报融合传播指数报告［R］.

［10］中关村互动营销实验室等. 2021 年中国互联网广告数据报告［R］.

［11］浙江大学信息资源分析与应用研究中心. 全球智库影响力评价报告 2021［R］.

［12］中国音像与数字出版协会. 2022 年度中国数字阅读报告［R］.

电子

［1］国务院. 关于印发"十四五"数字经济发展规划的通知：国发〔2021〕29 号［A/OL］.（2021-12-12）［2023-01-22］. https：//www.gov.cn/gongbao/content/2022/content_5671108.htm.

［2］国务院. 关于积极推进"互联网+"行动的指导意见：国发〔2015〕40 号［A/OL］.（2015-07-04）［2023-01-22］. https：//www.gov.cn/zhengce/content/2015-07-04/content_10002.htm.

［3］中共中央办公厅，国务院办公厅. 关于加强中国特色新型智库建设的意见［A/OL］.（2015-01-20）［2023-04-19］. https：//www.gov.cn/gongbao/content/2015/content_2810090.htm.

［4］中共中央办公厅，国务院办公厅. 关于推进实施国家文化数字化战略的意见［A/OL］.（2022-05-22）［2023-05-08］. http：//www.gov.cn/xinwen/2022-05/22/content_5691759.htm.

［5］国务院办公厅. 关于在政务公开工作中进一步做好政务舆情回应的通知：国办发〔2016〕61 号［A/OL］.（2016-08-12）［2023-04-18］. http：//www.gov.cn/zhengce/content/2016-08/12/content_5099138.htm.

［6］财政部. 关于印发《中央支持地方公共文化服务体系建设补助资金管理办法》的通知：财

教〔2022〕270 号［A/OL］.（2022-12-29）［2023-03-02］. http：//jkw. mof. gov. cn/zhengcefabu/202301/t20230119_3863773. htm.

[7] 国家发展改革委,商务部. 关于印发《市场准入负面清单（2022 年版）》的通知：发改体改规〔2022〕397 号［A/OL］.（2022-03-12）［2023-03-21］. https：//www. gov. cn/zhengce/zhengceku/2022-03/26/content_5682276. htm.

[8] 国家新闻出版广电总局. 关于印发《关于加快新闻出版行业智库建设的指导意见》的通知：新广出发〔2018〕14 号［A/OL］.（2018-03-21）［2023-04-19］. https：//www. nppa. gov. cn/xxfb/tzgs/201803/t20180321_666178.html.

[9] 文化和旅游部. 关于印发《国家级文化产业示范园区（基地）管理办法》的通知：文旅产业发〔2023〕45 号［A/OL］.（2023-04-06）［2023-04-28］. https：//zwgk. mct. gov. cn/zfxxgkml/zcfg/gfxwj/202304/t20230411_942984. html.

[10] 文化和旅游部. 关于推动数字文化产业高质量发展的意见：文旅产业发〔2020〕78 号［A/OL］.（2020-11-18）［2023-05-02］. https：//zwgk. mct. gov. cn/zfxxgkml/cyfz/202012/t20201206_916978. html.

[11] 中国资产评估协会. 关于印发《文化企业无形资产评估指导意见》的通知：中评协〔2016〕14 号［A/OL］.（2016-03-30）［2023-08-15］. http：//jkw. mof. gov. cn/zhengcefabu/201907/t20190715_3300241. htm.

[12] 浙江省人民政府办公厅. 关于全面推进基层政务新媒体规范化建设工作的实施意见：浙政办发〔2022〕15 号［A/OL］.（2022-03-28）［2023-03-21］. https：//www. zj. gov. cn/art/2022/4/1/art_1229019365_2399456. html.

[13] 殷陆君,李振军. 来自浙江省湖州市县级媒体的调研报告［R/OL］.（2019-03-21）［2023-03-02］. https：//mp. weixin. qq. com/s/1XSY0VOhe_gXeBtk84uPfw.

[14] 印刷技术杂志. 全国报纸印量最新统计出炉！2022 年又下降！［EB/OL］.（2023-04-06）［2023-06-05］. https：//mp. weixin. qq. com/s/SKq3utg56M483EyIE16Ylg.

[15] 2021 年中国版权产业增加值占到 GDP 的 7.41%［EB/OL］.（2023-02-15）［2023-03-10］. https：//www. ncac. gov. cn/chinacopyright/contents/12227/357267. shtml.

[16] 腾讯网. 全球数字媒体付费订户数量排名：纽约时报居首,财新成为英美之外全球最大付费媒体［EB/OL］.（2022-07-13）［2023-03-06］. https：//new. qq. com/rain/a/20220713A0491S00.

[17] 王涵. 提前 3 年完成 1000 万订阅目标,《纽约时报》增长模式正在如何转变？［EB/OL］.（2022-12-21）［2023-03-05］. https：//mp. weixin. qq. com/s/Qd4MZIPOMfAHWcrQlZtGXg.

[18] 英国《卫报》如何成功转型？［EB/OL］.（2019-01-08）［2023-03-06］. https：//mp.weixin. qq. com/s/3MtvZc96QXQTxSne1qziLQ.

[19] 徐平.《南方周末》"内容付费工程"交出 5 年成绩单［EB/OL］.（2023-05-23）［2023-09-10］. https：//mp. weixin. qq. com/s/ioF3_M3ZD-xquPsMaVuTTg.

[20] 全媒派. 界面新闻副总编辑崔宇：付费模式是必须要玩的游戏［EB/OL］.（2021-05-11）［2023-03-10］. https：//mp. weixin. qq. com/s/noAJ3b0i3S12nQ15bbEOIA.

[21] 全媒派. 国内老生常谈的垂直媒体,在国外是什么情况？［EB/OL］.（2020-03-19）［2023-

03-23]. https://mp. weixin. qq. com/s/GrhfrOrXW9UFDMRmOADL5Q.

[22] 全媒派. 这家123岁的小镇报纸,以数字化转型打了个营收翻身仗[EB/OL]. (2019-10-19)[2023-08-05]. https://mp. weixin. qq. com/s/CquJlnZcXZDrQMnZX_J_MQ.

[23] 全媒派. 媒体进军电商,有哪些新举措与深层逻辑？[EB/OL]. (2020-09-10)[2023-04-25]. https://mp. weixin. qq. com/s/eFd3dtzHwcJWkP3MCNMdpQ.

[24] 喻国明. 5G时代,数据会成为主流媒体最重要的一种能量[EB/OL]. (2020-01-22)[2023-08-10]. https://mp. weixin. qq. com/s/vvTSnXK2uR0CCPYhNGoBlw.

[25] 喻国明. ChatGPT引发传播革命与媒介生态的重构[EB/OL]. (2023-03-24)[2023-06-15]. https://mp. weixin. qq. com/s/DIWvcRJ737ViSlIgEFDYJw.

[26] 喻国明. 媒体融合是一场革命：三个关键问题的思考[EB/OL]. (2023-07-20)[2023-08-10]. https://mp. weixin. qq. com/s/T2SuxaH6OrmF9-_GUGPegw.

[27] 搜狐网. 中宣部媒体融合专家宋建武：没有一个主流媒体自主可控的平台,就没有主流媒体的一切！[EB/OL]. (2019-03-15)[2023-07-28]. https://www. sohu. com/a/301440423_717968.

[28] 李磊. TO B还是TO C,媒体如何将版权变为真金白银？[EB/OL]. (2021-04-27)[2023-03-13]. https://mp. weixin. qq. com/s/wR_bDrcF_4rU0v808p-nTg.

[29] 李磊. 产品经理、数据分析师、首席内容官,这些媒体新职位都是干啥的？[EB/OL]. (2021-08-13)[2023-10-06]. https://mp. weixin. qq. com/s/Sy_I4OrrYsWKiA4ZvXbikg.

[30] 李磊. 为啥这些媒体靠社群年入百万,你却做成了"僵尸群"？[EB/OL]. (2022-01-13)[2023-04-22]. https://mp. weixin. qq. com/s/L3VjubuNDklDmfykpdLgvA.

[31] 陈莹. 月薪2万5 VS 5千,媒体产品经理收入凭啥远超记者？[EB/OL]. (2022-08-16)[2023-10-06]. https://mp. weixin. qq. com/s/oqN6tGtzfW-yQN_gHqT1RQ.

[32] 陈莹. 内容审核这块"肉"有多"肥"？哪些媒体挣钱了？[EB/OL]. (20122-10-19)[2023-03-16]. https://mp. weixin. qq. com/s/_ksGo1HcvgcJuyOHWRZsVA.

[33] 陈莹. 年营收数千万元！主流媒体做好政务新媒体运营就靠这几招！[EB/OL]. (2022-03-29)[2023-03-20]. https://mp. weixin. qq. com/s/MfnH19vYZPXBtzte89rP-Q.

[34] 陈莹. 养老产业9万亿规模！垂类节目如何掘金深海市场？[EB/OL]. (2022-06-14)[2023-03-26]. https://mp. weixin. qq. com/s/BZYAVyb4pamyXpv65y4aZQ.

[35] 叶莉. 平台型媒体崛起,主流媒体如何通过"平台号"实现深度融合？[EB/OL]. (2021-06-11)[2023-03-22]. https://mp. weixin. qq. com/s/Ivye-wZ8RRGmc5YAf_8KcQ.

[36] 郑佳欣,代羽,吴枫. 南方号：平台化时代新型主流媒体内容生产逻辑再造[EB/OL]. (2021-09-08)[2023-03-22]. https://mp. weixin. qq. com/s/Hwh3A19KL7gjKsrG1m5Njg.

[37] 李鸿谷.《三联生活周刊》生产经营大公开(主编干货版)[EB/OL]. (2022-08-10)[2023-03-23]. https://mp. weixin. qq. com/s/M1eReAczXWGooiKeREUg8A.

[38] 新浪财经. 吴晓波震撼演讲：大变局中如何拯救你的资产[EB/OL]. (2015-08-17)[2023-03-23]. http://finance. sina. com. cn/hy/20150817/101922982843. shtml? qq-pf-to=pcqq. c2c.

[39] 王静,邢饶佳,张猛. 数字广告：概念、特征与未来[EB/OL]. (2022-10-25)[2023-04-16]. https://mp. weixin. qq. com/s/K06PgG5jLEjAxrgBCw53QQ.

[40] 闫德利. 数字广告是数字经济的重要基石[EB/OL]. (2022-11-08)[2023-04-16]. https://mp.weixin.qq.com/s/em36XghOGOGNDoUk6jGAOw.

[41] 刘鹏飞,唐钘. 媒体开展舆情业务的优势与探索[EB/OL]. (2019-07-17)[2023-04-18]. https://mp.weixin.qq.com/s/5Bk4uLxe7-Jikzb4mR0ROQ.

[42] 王莉丽. 中国媒体智库的定位与发展路径[EB/OL]. (2018-02-24)[2023-04-19]. https://mp.weixin.qq.com/s/4JrCRlHqvBVO0m3J3DKOxw.

[43] 杜一娜. 多彩贵州网在"多彩"的路上有"多彩"？[EB/OL]. (2023-04-10)[2023-04-16]. https://mp.weixin.qq.com/s/rpzqMRtpU6oxu8A2RFmfHw.

[44] 河南日报社社长董林:报业的未来是"数据化生存"[EB/OL]. (2022-11-06)[2023-04-18]. https://mp.weixin.qq.com/s/CTBCZcaCkjMTv0S6FyWTLw.

[45] 娄立原,王一婷. 生成式AI引发版权内容数据投喂争议,新闻数据库为"版权资产"增值[EB/OL]. (2023-04-06)[2023-04-18]. https://mp.weixin.qq.com/s/4lWu11HBDXYhRQpTTO5RBA.

[46] 吴育新. 甬派客户端:新媒体＋大数据让数字化赋能进一步[EB/OL]. (2022-11-23)[2023-04-20]. https://mp.weixin.qq.com/s/XdPlCssA7sKItgKT50sF_g.

[47] 新业务年收入超1亿美元:BuzzFeed、NBC环球如何抢占电商红利？[EB/OL]. (2020-07-09)[2023-04-25]. https://mp.weixin.qq.com/s/QyzLdfxZzmxTkvPW7bB0UQ.

[48] 郭倩. 传统媒体怎样切入电商赛道？《纽约时报》线上购物季度收益超百万[EB/OL]. (2020-09-22)[2023-04-26]. https://mp.weixin.qq.com/s/Aq1hBo4bNqpNthLKuEf9pg.

[49]《时代周刊》单项收入突破千万美元,活动营销成媒体融合新抓手？[EB/OL]. (2023-08-03)[2023-10-15]. https://mp.weixin.qq.com/s/C_Pf6P4859d_gEb0zBhPYQ.

[50] 莫士安. 会展年收入破六千万,都市快报"都市类媒体＋会展业生态"融合发展的商业逻辑[EB/OL]. (2021-04-15)[2023-04-26]. https://mp.weixin.qq.com/s/9f8Q35ouMnHeCqOg5FhUVQ.

[51] 张振鹏. 文化产业园区的内涵、功能与发展方向[EB/OL]. (2020-08-23)[2023-04-28]. https://mp.weixin.qq.com/s/UMU2v1z9KCxOVbiPX4-gFA.

[52] 产值超300亿元！培育9家上市公司！羊城创意产业园形成文创产业园区发展特色模式[EB/OL]. (2021-06-25)[2023-04-29]. http://news.ycwb.com/2021-06/25/content_40100676.htm.

[53] 全球最赚钱的50个IP:第一名收入1000亿美元,760亿来自授权衍生品[EB/OL]. (2021-03-16)[2023-04-30]. https://www.jiemian.com/article/5811814.html?ivk_sa=1024320u.

[54] 王明辉,任师攀. 从战略高度重视ChatGPT引发的新一轮人工智能革命[EB/OL]. (2023-05-18)[2023-6-06]. https://mp.weixin.qq.com/s/JCKvSEtvRp0Z9hEtxhkptA.

[55] 最新报告:近半数新闻媒体使用类ChatGPT产品,七步助力开启生成式AI之旅[EB/OL]. (2023-06-13)[2023-6-15]. https://mp.weixin.qq.com/s/IXdZKIflp92Fr0Pn-nJ4ZQ.

[56] 腾讯发布AIGC发展趋势报告:迎接人工智能的下一个时代[EB/OL]. (2023-01-31)[2023-06-16]. https://mp.weixin.qq.com/s/9AjTpyL4HmQ6BDhWIDbD0A.

[57] 王焕超,胡晓萌.AIGC时代,新闻业发展的6种可能[EB/OL].(2023-09-04)[2023-10-26]. https://mp.weixin.qq.com/s/XpjMBPgTyVkv_BIEto3Ekg.

[58] 汪尧.过去的2021,"播客"悄然复兴[EB/OL].(2022-01-14)[2023-07-17]. https://mp.weixin.qq.com/s/La9mkI2ltbp3RfWfEkNRGw.

[59] 朱家辉.智能传播时代的"深度媒介化":物质景观与多元实践——读《Deep Mediatization》[EB/OL].(2023-06-27)[2023-07-19]. https://mp.weixin.qq.com/s/4l-VLDjj4n7r7YKck9_CJg.

[60] 顾烨烨,方兴东.中国媒体融合30年:基于政策的视角[EB/OL].(2023-06-21)[2023-07-22]. https://mp.weixin.qq.com/s/Tx0NDtoxamacoV1RNgU0JQ.

[61] 闫德利.数字经济再认识:它是什么,不是什么?[EB/OL].(2021-05-18)[2023-08-02]. https://mp.weixin.qq.com/s/7Hu7SvtHi1prDlJLrZQreA.

[62] 姚怡云.从生产者到挖掘者:大数据时代新闻媒体的角色转变[EB/OL].(2016-03-31)[2023-08-10]. http://media.people.com.cn/GB/n1/2016/0331/c402791-28241441.html.

[63] 许晓东,邝岩.算法权力的形成与风险治理[EB/OL].(2022-09-22)[2023-08-12]. https://mp.weixin.qq.com/s/SNSW1hZAnpmvfEWZNSADhw.

[64] 杨明品.新型主流媒体的基本内涵和特征[EB/OL].(2020-06-30)[2023-09-16]. https://mp.weixin.qq.com/s/w5rbou7Hgqw966UmA6kLvg.

[65] 刘永钢.澎湃新闻:启动新的自我革命[EB/OL].(2023-07-22)[2023-09-18]. https://mp.weixin.qq.com/s/PsEz6iOmn9k24H7wHhKq7w.

[66] 赵新宁.组织文化在媒体机构中的角色与作用机制[EB/OL].(2020-06-18)[2023-10-15]. https://mp.weixin.qq.com/s/D2cjEWTRUcohZEkLtx5nyg.

后　记

歌德在《浮士德》中写道：理论是灰色的，唯生活之树常青。

本书亦对此作出小小印证。随着数字技术革命的深入开展，互联网渗透到了社会的每一个行业和角落，传媒业正在发生着深刻乃至颠覆性的变化。面对日益动荡的生存环境和不断变化的发展趋势，大众传媒经历了短暂的失重和失语后，即便是步履蹒跚、身影消瘦，也依然不会停歇，未来之浪潮将送我们去远方。

当代最具影响力的科幻作家威廉·吉布森说：未来已至，只是分布不均。

两年多前，秋冬之际，单位领导交给我和同事一项重要工作：起草一份推动传媒集团产业高质量发展的指导性意见。因此，我得以有机会前往上海、浙江等地传媒集团考察学习，又先后访谈了学界业界数十位专家、一线大咖，大家比较普遍地感到焦虑与无奈，甚至还有些茫然和悲观。这样的状况，对一名从业近30年的媒体人来说，心里颇感不是个滋味。理想丰满，现实骨感，故而沉思：

大众传媒身在何处？媒体未来的"饭碗"在哪里？新媒体如何持续挣钱？

因此，工作任务完成后，我给自己提出了新的问题：能不能从一些显性的变化入手，找到近年来传媒转型发展的某些规律及其支撑逻辑，进而窥见未来之"一豹"？

实际上，当今传媒领域的研究，无论是媒介融合还是社会建构，无论是产业变迁还是经营管理，其广度、深度、精度都已远远超越传统的新闻学范畴。在万物互联、万物皆媒、万物生长的新传播时代，传媒研究的杂糅特性更加明显，传播学、经济学、管理学、社会学以及技术科学掺杂其中，已成蔚为大观之势。

对我来说，这是一个极其艰难的过程。刚开始杂乱无章，几个月毫无进展，能做的事只有大量阅读和胡思乱想，这种状况差不多持续了大半年的时间。忽然有一天，脑海里突然一道闪电劈过：新闻传播、传媒经营从来就是实践的科学，离开丰富多彩的实践而空谈理论毫无意义，简而言之，大众传媒目前最大的困境，不就是用户不断流失和以广告营销为核心的"二次售卖"模式失灵了吗？

从此出发，由表及里，可以看见商业模式创新的魅力与趋势：在互联网时代的深度媒介化社会中，技术变革促进了媒介融合，媒介融合推动着产业转型，它们又共同激发了商业模式创新，使之成为传媒经济发展的新动能。正如德鲁克所言——当今企业的竞争，不是产品之间的竞争，而是商业模式之间的竞争，商业模式创新已经取代单纯的技术和产品创新，成为市场竞争的最有力工具。

大众传媒机构作为资源要素的集合体，近年来的探索与实践不仅为此提供了丰富素材，也折射出了传媒商业模式创新的"N种可能"：从内容服务到场景应用、跨界链接，从"内容＋""媒体＋""文化＋"多个维度拓展，再到平台、技术、资本、管理、人才等诸要素重构，边界消融，市场焕新，不正是"进化之道"吗？

凯文·凯利对于"进化"有着精辟见解，他认为"进化"是一种自身求变、自行重组的有组织变化的架构，"与其不断地泵入少许的变化，不如将变化的本质——一种适应的精神，植入系统的内核"[①]。这也是大众传媒正在经历的过程。数字技术、媒介形态、管理理念、产业结构、商业模式等都在不断地进化，这些"进化"又将凝聚成为一股强大的原生力量，不动声色地塑造着传媒的未来。

略感遗憾的是，目前国内对传媒商业模式创新的研究尚处于起步阶段，长期关注此领域的研究者很少，成熟可供借鉴的成果并不多。因此，只能"撑一支长篙"向更深更远处"漫溯"，当然，有机会回到麦克卢汉、凯文·凯利、威尔伯·施拉姆、丹尼斯·麦奎尔、尼尔·波兹曼、保罗·莱文森、罗伯特·皮卡德、吉莉安·道尔以及熊彼特、德鲁克、波特等大师的世界里，这个过程令人愉悦。

于是，我一边在不太熟悉的经济学、管理学、社会学领域里"徜徉"，一边翻阅着喻国明、彭兰、陈昌凤、宋建武、崔保国、卜彦芳等传播学者的专著论文，以方家之见解惑，同时收集整理各种各样的传媒案例，春夏秋冬，沉醉不觉。

这是多么奇妙的历程啊！仿佛回到了多年前花香四溢的桂子山，又好像穿越到当年那样的读书、学习时光，如同一个孤独的散步者在遐想……真正动笔后，整整十个月，几乎所有的节假日和夜晚，我都将身心交付于文字，随其律动，期待涅槃。白天，天气晴朗时，我喜欢站在阳台眺望远方，总有阳光透过鳞次栉比的高楼间隙照射过来、落在身上，而在那些灯光寂静的夜晚，偶尔还能听到不远处宽阔江面上传来断断续续的汽笛声，这亦是大多数人的生活吧。

倏忽三十载，时代车轮滚滚前行，人生如白驹过隙，沧海桑田，白云苍狗，那堪回首？"愿以深心奉尘刹，不予自身求利益。"[②] 2023年10月18日，初稿完成的那一刻，不由得想起万历宰辅的这句偈语，竟然早已为此写下最好之注脚。从缘起到成稿，正好两年时间，既是一次职业自省，也算了却一桩心愿。

知名传播学者查尔斯·斯特林在《媒介即生活》一书中写道：在数字时代，人们通过大众传媒不仅了解新闻事件，同样也是在了解历史的发展进程，使得人类能够为自己的未来筹谋。因而，拥有正确的态度和开放的思想，人们就能够从所有媒介中学习，从所有声音和思想中学习，无论渊博与否，无论信仰如何。

对于跋涉者而言，这不仅是一种巨大的挑战，更是一种长期的责任。

书稿付梓时，料想应是冬去春来、草长莺飞的季节了，不敢奢望之事居然将成为现实，令我感叹良久，感激不尽。毕竟，本书的写作和出版，得到了许多领导、同事以及家人、朋友们的关心和鼓励，请允许我向他们致以深深的谢意：

赵洪松、黄学龙、刘永坚三位先生，多年来亦师亦友，在工作和学习上对我帮助有加、关爱有加，不仅在百忙中抽出时间作序，还对书稿提出了很多中肯的修改建议，令我茅塞顿开、获益匪浅，他们的序言和建议为本书增色良多。

衷心感谢沈阳教授、卢志武教授和强月新院长、张明新院长、万忆院长，以及江南春董事

[①] 凯文·凯利. 失控[M]. 张行舟，陈新武，王钦，等译. 北京：电子工业出版社，2016：548.
[②] 出自明代张居正《答李中溪有道尊师》。

长、李春燕董事长、钟胜辉董事长、王鸣董事长等学界业界大咖，他们热情地为本书写下推荐语，激励我在研究之路上不忘初心、继续前行。

同事们为本书写作提供了有力支持：王晓琴、谢睿、唐鲲整理了部分案例，卢宣皓代为购买了部分参考书籍，邬慕婕不仅绘制了书中大部分图例、还协助处理了大量出版事务……此外，应该列在这份名单上的朋友们，至少还包括马晓露、陈俊旺、王怀民、方天雨、叶海峰等人，感谢他们以各种方式施以无私帮助。

母校出版社的付义朝社长一直关注、推动本书出版，始终肯定、认可本书的思想价值和学术特色，给予我莫大之精神慰藉；多年老友、知名出版人章雪峰兄和尹志勇兄为本书出版出谋划策，令我倍感温暖；本书最终得以顺利出版，责任编辑胡小忠老师付出了大量精力，他的敬业态度和专业精神令我感动而钦佩。

最后，还要感谢家人的鼓励与支持，妻子和孩子一直期待我将职业思考变成文字，多年来，我们彼此激励，相伴成长，这本书也是献给他们的一份礼物。

作者，2023 年冬于武汉